Olympische Spiele

Sven Simon

Olympische Spiele

Sydney 2000

In Zusammenarbeit mit der größten Sport-Nachrichtenagentur der Welt sid

COPRESS SPORT

Eine Produktion des Copress-Teams, München

Verantwortlich für Inhalt und redaktionelle Konzeption: sid, Sport-Informations-Dienst, Neuss

Lektorat und Bildredaktion	Pierre Sick
Produktion und Layout	VerlagsService Dr. Helmut Neuberger & Karl Schaumann GmbH
Alle Fotos	von SVEN SIMON, außer Bongarts: S. 84, 85, 102, 103, 140, 140/141, 142, 143 (2)
Fotografen	Frank Hörmann Franz Wälischmiller Thomas Schreyer
Chefredaktion	Dieter Hennig
Textredaktion	Wolfgang Harder, Gerd Heydn, Thomas Kommer, Nicola Schnitzler, Uschi Vogel, Helmut Zimmermann
Dokumentation, Statistik	sid new media, Jens Wagner, Heiner Gerhardts, Rachel de Heuvel, Uli Schember, Andreas Schwerdtfeger, Tobias Käufer, Harald Gehring
Technische Koordination	Wolfgang Griese
sid-Team Sydney	
Leitung	Dieter Hennig
Chefs vom Dienst	Angela Bern, Thomas Häberlein, Thomas Lipinski, Ralf Loweg, Jürgen Magh, Markus Seyrer
Redaktion	Dietmar Kramer, Delia Fischer, Marcel Grzanna, Michael Huppertz, Jörg Kottmeier, Christian Sachs
Reporter	Lars Becker, Henning Eisfeld, Christoph Fischer, Andreas Frank, Andreas Hardt, Frank Hoffmann, Gerd Holzbach, Ulrike Lange, Berthold Mertes, Mark Mittasch, Peter Stracke
Redaktions-Assistenz	Hildegard Baecker, Michel Lefebvre, Sabine Plum
Technik	Herbert Behr
Organisation	Peter Rebig
Die Deutsche Bibliothek – CIP-Einheitsaufnahme	Olympic Games <27, 2000, Sydney>: Olympische Spiele Sydney 2000/Sid; Sven Simon. – München : Copress-Verl., 2000 ISBN 3-7679-0510-8

Gesamtherstellung	Stiebner, München. www.stiebner.com
Druck	Sellier-Druck GmbH
Buchbinder	Conzella GmbH & Co. KG
Druckvorstufe	Tausend Premedia GmbH
Papier	nopaCoat classic silk 170 g/m^2, holzfrei. Ein Produkt der UPM-Kymmene Fine Paper GmbH, Dörpen
Printed in	Germany
ISBN	3-7679-0510-8

Ein Sommernachtstraum

Ganz selten fügt sich alles so glücklich wie in den 17 olympischen Tagen von Sydney. »Dies waren die besten Spiele aller Zeiten, sie hätten nicht besser sein können«, rief Juan Antonio Samaranch den gut 100000 im Stadium Australia bei der Schlussfeier zu. Niemand konnte ihm widersprechen.

Es waren die letzten Spiele in der Ära des Spaniers, der die Führung des IOC 1980 übernommen hatte, auf einem Tiefpunkt. Er hinterlässt seinem Nachfolger hohe Maßstäbe: das »Wintermärchen« von Lillehammer 1994 und den »Sommernachtstraum« von Sydney.

Es waren wieder Rekord-Spiele an allen Fronten. Mit 200 Mannschaften und 300 Wettbewerben. Die Grenze ist erreicht.

Die deutsche Mannschaft ist erstmals seit der Wiedervereinigung aus dem Kreis der »großen Drei« auf Platz fünf der Medaillenwertung zurückgefallen. Hinter die USA und Russland schoben sich China und Australien.

Erst an den Schlusstagen sorgten Radprofi Jan Ullrich, Siegläufer Nils Schumann und Ringer Alexander Leipold für ein starkes Finish, das von zwei Vorzeige-Frauen gekrönt wurde. Heike Drechsler gewann nach acht Jahren ihr zweites Weitsprung-Gold, Birgit Fischer fuhr zum siebten Kanu-Sieg. So wurde sie mit 38 Jahren bei ihren fünften Spielen die erfolgreichste deutsche Olympionikin aller Zeiten.

Selten war die Wehmut beim Abschied so groß. Ein kurzer Sommernachtstraum war viel zu schnell zu Ende gegangen.

Inhalt

Tor zur großen Welt: die Harbour Bridge

Andenken total: Kommerz am Rande gab es auch diesmal satt

Avantgardistische Architektur: die Oper von Sydney

Eindrucksvolle Kulisse für Olympia down under: Sydneys unvergessliche Skyline

Wildwechsel einmal anders

Riecht wie ein Eukalyptus-Bonbon, schmeckt aber nicht so: Koala

Manche Medaillenträume gingen hier baden: das Aquatic Centre

Steinerne Nadeln in der Wüste: »Pinnacles«

Eindrucksvolle Bühne für viele Wettbewerbe: das Stadium Australia

Außen hui, innen hui: Sydneys Oper

»Die Nacht unseres Lebens«

Am Abend des 15. September 2000 endete der längste Fackellauf der Geschichte mit der Entzündung des Olympischen Feuers durch Cathy Freeman, Weltmeisterin über 400 Meter. Eine Aborigine, Nachfahrin jener Ureinwohner, die rund 50000 Jahre lang den fünften Kontinent allein bevölkert hatten, ehe die ersten Siedler kamen.

Ein junges Mädchen war am Anfang durch das Stadion geschwebt, wie ein Fisch im Wasser, und hatte alle mitgenommen auf einen traumhaften Streifzug durch die Geschichte Australiens. Die 110000 in der Arena und die geschätzten drei Milliarden an den Bildschirmen rund um die Welt.

200 Mannschaften – natürlich ein Rekord – marschierten ins Stadium Australia ein; Nord- und Süd-Korea erstmals gemeinsam hinter einer Fahne, auch wenn sie wieder getrennt in die Wettkämpfe gehen wür-

den. Die deutsche Flagge trug die Kanutin Birgit Fischer, Österreich wurde vom Schützen Wolfram Waibel angeführt, die Schweiz vom Mountainbiker Thomas Frischknecht.
Am 8. Juni war die Flamme am Uluru angekommen, wie die Aborigines den Ayers Rock in der Mitte des weiten Landes nennen, und von dort aus über 27000 km bis nach Sydney getragen worden. Über die Hälfte der 19 Millionen Einwohner hatten sie auf der hundert Tage langen Reise gefeiert.
Die im Stadion sahen nun staunend, wie Cathy Freeman am Fuß eines Wasserfalls mit der Fackel einen Ring aus Feuer in das Becken zauberte. Wer anders als eine Aborigine hätte das gekonnt.
Die 27-Jährige war vom Flammenring umgeben, dann schwebte das mächtige Feuer wie ein

Raumschiff an den Rand der Arena. Dort leuchtete es bis zum 1. Oktober über der Metropole von Neusüdwales, der größten Stadt Australiens mit fast vier Millionen Einwohnern. Es war die spektakulärste Entzündung des Feuers, die es je gab. »Die Nacht unseres Lebens«, beschrieb sie die Zeitung »The Australian« am Morgen danach. Die Spiele der XXVII. Olympiade hatten einen traumhaften Anfang genommen.

Olympisches Tagebuch

Mittwoch, 13. September

■ Dr. Thomas Bach aus Tauberbischofsheim wird als dritter Deutscher nach Willi Daume und Berthold Beitz zum Vizepräsidenten des Internationalen Olympischen Komitees (IOC) gewählt.

Freitag, 15. September

■ Um 22:41 Uhr Ortszeit erklärt Generalgouverneur Sir William Deane als Vertreter der britischen Königin vor 110 000 Zuschauern im Stadium Australia die Spiele der XXVII. Olympiade von Sydney 2000 für eröffnet.

Samstag, 16. September

■ Die Amerikanerin Nancy Johnson gewinnt um 11:22 Uhr Ortszeit im Luftgewehrschießen die erste von 300 Goldmedaillen. Die erste Medaille für das 428-köpfige deutsche Team geht in Form von Bronze an die Remscheider Judoka Anna-Maria Gradante.

■ Brigitte McMahon holt sich beim ersten Triathlon der olympischen Geschichte die einzige Schweizer Goldmedaille in Sydney.

■ Wegen der schweren Krebserkrankung seiner Gattin Maria-Teresa Salisachs-Rowe verlässt der spanische IOC-Präsident Juan Antonio Samaranch Sydney. Als er nach 24 Stunden Flug in Barcelona ankommt, ist seine Frau bereits gestorben. Samaranch kehrt vier Tage später nach Sydney zurück.

Sonntag, 17. September

■ Erste Goldmedaille für Deutschland durch den Berliner Bahnradfahrer Robert Bartko in der Einzelverfolgung.

Montag, 18. September

■ Das Arbitration Panel des Leichtathletik-Weltverbandes (IAAF) gibt die Zwei-Jahres-Sperre des Leverkusener Langstreckenläufers Dieter Baumann unter Anrechnung der früheren Suspendierung bis zum 21. Januar 2001 bekannt.

Dienstag, 19. September

■ Eric Moussambani aus Äquatorial-Guinea avanciert durch seinen eigenwilligen Schwimmstil und die Zeit von 1:52,72 Minuten über die 100 m Freistil als »langsamster Schwimmer aller Zeiten« zum viel beachteten Medienstar.

■ Der deutsche Bahnrad-Vierer durchbricht mit 3:59,710 die »Vier-Minuten-Schallmauer« zum Gewinn der Goldmedaille.

Mittwoch, 20. September

■ Nach einer plötzlichen Hitzewelle, einem Verbot der Feuerwehr und einer Ausnahmegenehmigung ist die Olympische Flamme im Stadium Australia die einzige offene Feuerstelle in Sydney.

■ Der Bad Kreuznacher Thomas Schmidt holt sich Gold im Kanuslalom.

Donnerstag, 21. September

■ Die französische 400-Meter-Läuferin Marie-José Perec, 1992 und 1996 dreifache Goldmedaillen-Gewinnerin, fühlt sich in ihrem Hotel belästigt, reist aus Sydney ab und verzichtet auf Olympia.

Freitag, 22. September

■ Die Segler Roman Hagara und Hans Peter Steinacher stehen in der Tornado-Klasse bereits zwei Wettfahrten vor Schluss als Sieger fest, gewinnen damit die erste Medaille für Österreich und die 100. Goldmedaille in Sydney.

■ Am »chinesischen Tag« mit sechsmal Gold, dreimal Silber und zweimal Bronze bleibt das deutsche Team medaillenlos.

Samstag, 23. September

■ Gold für die deutschen Ruderinnen Kathrin Boron/Jana Thieme. Im Vierer ohne holt der britische Ausnahme-Ruderer und neunmalige Weltmeister Steven Redgrave sein fünftes Gold in Folge.

■ Die 100-Meter-Finals der Leichtathleten bringen den amerikanischen Doppeltriumph durch die Sprintstars Maurice Greene und Marion Jones. Die Schwimmwettbewerbe gehen mit dem 14. Weltrekord und der dritten Goldmedaille für die »fliegende Holländerin« Inge de Bruijn zu Ende.

Sonntag, 24. September

■ Lange Durststrecken überwinden der britische Ruder-Achter mit der ersten Goldmedaille seit 1912 und Naoko Takahashi mit dem ersten Marathon-Gold für Japan seit 64 Jahren. Ruder-Gold für den deutschen Frauen-Doppelvierer.

Montag, 25. September

■ Lars Riedels Silber im Diskuswerfen ist die erste deutsche Leichtathletik-Medaille und bleibt die einzige des Tages für das deutsche Team. Die klassische Stadionrunde über 400 m geht an den Amerikaner Michael Johnson und Australiens Idol Cathy Freeman.

Dienstag, 26. September

■ In den Mannschaftssportarten scheiden nach den deutschen Hockey-Damen auch die DHB-Herren, die Handballer und die Volleyballerinnen aus.

Mittwoch, 27. September

■ Dreimal Gold binnen sechs Stunden: für die seit 28 Jahren bei Olympia nicht mehr geschlagene deutsche Dressur-Equipe, für Jan Ullrich im Straßenrennen und Nils Schumann mit dem ersten deutschen Sieg über die 800 m.

■ Angesichts der ausgelassenen Stimmung im Olympischen Dorf behebt die offizielle Ausrüsterfirma mit der Lieferung von weiteren 20000 Kondomen einen Besorgnis erregenden Engpass.

■ Mistral-Surfer Christoph Sieber macht mit der zweiten Goldmedaille für Österreich die Spiele bereits am elften Wettkampftag zu den erfolgreichsten seit Berlin 1936.

Donnerstag, 28. September

■ Die deutsche Springreiter-Equipe um den scheidenden Bundestrainer Herbert Meyer gewinnt ihre achte Goldmedaille seit 1912.

■ Nach 48 Jahren gibt es für Vietnam durch die Taekwondoka Hieu-Ngan Tran in Form von Silber den ersten Medaillengewinn bei Olympischen Spielen.

Freitag, 29. September

■ Heike Drechsler gewinnt zum zweiten Mal nach 1992 den Weitsprung. Der Pole Robert Korzeniowski macht mit seinem Sieg über 50 km den ersten olympischen Doppel-Triumph im Gehen perfekt.

Samstag, 30. September

■ Erfolgreichster deutscher Tag in Sydney mit zehn Medaillen, darunter Gold für Freistilringer Alexander Leipold, Birgit Fischer im Vierer-Kajak und Andreas Dittmer im Einer-Canadier.

Sonntag, 1. Oktober

■ Birgit Fischer siegt auch im Zweier-Kajak, holt damit die 14. und letzte Goldmedaille für das deutsche Team und wird mit ihrem siebten Olympiasieg erfolgreichste deutsche Teilnehmerin aller Zeiten.

■ Den letzten von 300 Wettbewerben gewinnt im Marathon der Äthiopier Gezaghne Abera. Die USA führen mit 39 Gold-, 25 Silber- und 33 Bronzemedaillen die inoffizielle Nationenwertung vor Russland (32-28-28), China (28-16-15) und Australien (16-25-17) an. Deutschland wird mit 14-mal Gold, 25-mal Silber und 26-mal Bronze Fünfter, Österreich (2-1-0) endet auf Platz 32, die Schweiz (1-6-2) auf Rang 36.

■ Um 21.04 Uhr Ortszeit erklärt IOC-Präsident Juan Antonio Samaranch die Spiele der XXVII. Olympiade von Sydney 2000 für beendet.

V wie Victory: Beach-Volleyball war ein großer Gewinner bei den Ballsportarten, auch wenn Maike Friedrichsen (großes Bild) mit ihrer Partnerin Danja Müsch ohne Medaille vom Bondi Beach heimkehrten. Japan (oben) gewann im Baseball überraschend Bronze. Die Fußball-Frauen (Mitte, Bettina Wiegmann im Kopfball-Duell) holten als Dritte die einzige Mannschafts-Medaille für Deutschland. Deutschlands Hockeyspielerinnen (unten) verpassten durch ein 2:2 gegen die Niederlande das Halbfinale.

Ballsport

Nachdenklichkeit beim amerikanischen »Dream Team III«: Die NBA-Profis gewannen zwar pflichtgemäß erneut die Goldmedaille, erreichten aber nicht annähernd die Klasse ihrer Vorgänger in Barcelona 1992 und Atlanta 1996.

Ballsport

Kontrastprogramm

Gemeinsam haben sie die Goldmedaille und die US-Flagge – ansonsten trennen sie Welten. Hier das hochdotierte und scheinbar übermächtige »Dream Team III«, das eher gelangweilt zum dritten Olympiasieg in Folge stolperte. Dort die bunt zusammengewürfelte Truppe aus zweitklassigen Baseball-Desperados und College-Frischlingen, die das Unmögliche möglich machten und den Erzrivalen Kuba als olympischen Dauersieger von 1992 und 1996 entthronten.

Als der letzte Ball des Kubaners Yasser Gomez klatschend in den Handschuh eines jungen Mannes namens Mike Neill fiel, wurde Tommy Lasorda von seinen Emotionen überwältigt. Der 70 Jahre alte Coach, im Baseball-Mutterland USA eine lebende Legende mit dem Bekanntheitsgrad eines Franz Beckenbauer in Deutschland, rannte trotz seiner künstlichen Hüften über das Spielfeld, die »Stars and Stripes« über der Schulter und Tränen der Rührung in den Augen, und feierte ausgelassen eine olympische Sensation. »Jetzt kennt die ganze Welt dieses Team«, rief Lasorda.

Ohne die Stars aus der Profiliga Major League Baseball (MLB) besiegten die USA den Erzrivalen Kuba im Endspiel mit 4:0. Nur wenige Tage zuvor hatten Fidel Castros selbstsichere Staatsamateure den Klassenfeind nach einer Beinahe-Schlägerei beider Mannschaften mit 6:1 gedemütigt – ihre Dynastie schien unantastbar. Lasorda: »Wir hatten nur einen Haufen Babies – und die waren unschlagbar.«

Das Kontrastprogramm lieferten die NBA-Profis, die im Finale Gold gegen Frankreich holten, mit ihren Darbietungen aber nur selten Beifallsstürme wie in Atlanta und vor allem in Barcelona entfachten. Trotz Kevin Garnett, Vince Carter oder Alonzo Mourning: Gute Nacht Dream Team.

Vertane Chancen

Der Mannschaftssport hat nicht nur bei Olympischen Spielen einen besonderen Reiz. Gemeinsam Sieg und Niederlage, Freude und Frust, Himmel und Hölle zu erleben, übt eine ganz eigene Faszination auf Beteiligte und Betrachter aus. Nicht umsonst waren in der Vergangenheit Erfolge in den Ballsportarten bei Olympischen Spielen schon oft Lokomotive und Stimmungsmacher für das gesamte deutsche Team gewesen.
In Sydney war das nicht so. Am Dienstag, 26. September, verabschiedeten sich Handballer, Hockeyspieler und Volleyballerinnen fast gleichzeitig aus dem Kampf um Gold, Silber und Bronze. Schon fünf Tage zuvor hatten die Hockey-Damen die Medaillenrunde verpasst. Die Gründe waren unterschiedlich, die Konsequenz in allen Fällen die gleiche: Blech statt Gold, Tränen statt Jubel. Einzig die Fußballerinnen konnten die kollektive Enttäuschung mit Bronze noch ein wenig lindern.
Nimmt man die Volleyball-Frauen aus, die gegen Brasilien nicht wirklich gewinnen konnten, so haben vor allen Handballer und Hockeyspieler in Sydney eine große Chance im Sinne des »Wir-Gefühls« vertan.
In den Mannschaftssportarten Basketball (Männer Europameister 1993, Frauen EM-Dritter 1997), Volleyball der Männer, Handball der Frauen (Weltmeister 1993), Fußball der Männer (Olympia-Bronze 1988) oder Wasserball (Männer vier Olympia-Medaillen, Europameister 1981 und 1989) waren deutsche Teams in Sydney erst gar nicht mehr vertreten.

S T A T I S T I K

Badminton Einzel, Männer 23.09.2000

1. Ji Xingpeng	CHN	2:0 (15:4, 15:13)
2. Hendrawan	INA	
3. Xuanze Xia	CHN	2:0 (15:13, 15:5)
4. Peter Gade	DEN	

HF: Hendrawan – Xia 2:0, Ji – Gade 2:1, **VF:** Hendrawan – Jun Sun (CHN) 2:0, Xia – Choong Hann Wong (MAS) 2:0, Ji – Taufik Hidayat (INA) 2:0, Gade – Marlev Mario Mainaky (INA) 2:0

Badminton Doppel, Männer 21.09.2000

1. Tony Gunawan/ Candra Wijada	INA	2:1 (15:10, 9:15, 15:7)
2. Dong-Soo Lee/ Yong-Sung Yoo	KOR	
3. Tae-Kwon Ha/ Dong-Moon Kim	KOR	2:0 (15:2, 15:8)
4. Tan Fook Choong/ Wan Wah Lee	MAS	

HF: Lee/Yoo – Choong/Lee 2:1, Gunawan/ Wijada – Kim/Ha 2:0, **VF:** Choong/Lee – Eng Hian/Flandy Limpele (INA) 2:0, Lee/Yoo – Jens Eriksen/Jesper Larsen (DEN) 2:0, Ha/Kim – Ricky Ahmad Subagja/Rexy Mainaky (INA) 2:0, Gunawan/Wijaya – Simon Archer/Nathan Robertson (GBR) 2:0, **1.R.:** Peter Axelsson/Par-Gunnar Jönsson (SWE) – Michael Helber/Björn Siegemund (GER) 2:0

Badminton Einzel, Frauen 22.09.2000

1. Gong Zhichao	CHN	2:0 (13:10, 11:3)
2. Martin Camilla	DEN	
3. Ye Zhaoying	CHN	2:1 (8:11, 11:2, 11:6)
4. Dai Yun	CHN	

HF: Zhichao – Zhaoying 2:0, Martin – Dai 2:0, **VF:** Martin – Mia Audina Tjiptawan (NED) 2:0, Gong – Yasuki Mizui (JPN) 2:0, Ye – Chia-Chi Huang (TPE) 2:0, Dai – Ji-Hyun Kim (KOR) 2:0, **3.R.:** Kim – Nicole Grether (GER) 2:0

Badminton Doppel, Frauen 23.09.2000

1. Fei Ge/Jun Gu	CHN	2:0 (15:5, 15:5)
2. Nanyan Huang/ Wei Yang	CHN	
3. Ling Gao/ Yiyuan Qin	CHN	2:0 (15:10, 15:4)
4. Jae Hee Chung/ Kyung-Min Ra	KOR	

HF: Huang/Yang – Chung/Ra 2:0, Ge/Gu – Gao/Qin 2:0, **VF:** Gao/Qin – Joanna Goode/Donna Kellogg (GBR) 2:0, Chung/Ra – Helene Kirkegaard/Rikke Olsen (DEN) 2:1, Huang/Yang – Lotte Jonathans/Nicole van Hooren (NED) 2:0, Ge/Gu – Eti Tantra/ Chyntia Tuwankotta (INA) 2:0, **3.R.:** Jonathans/ Hooren – Nicole Grether/Karen Stechmann (GER) 2:0

Badminton, Mixed 21.09.2000

1. Jun Zhang/ Ling Gao	CHN	2:1 (1:15, 15:13, 15:11)
2. Tri Kusharyanto/ Minarti Timur	INA	
3. Simon Archer/ Joanne Goode	GBR	2:1 (15:4, 12:15, 17:14)
4. Michael Sogaard/ Rikke Olsen	DEN	

HF: Kusharyanto/Timur – Archer/Goode 2:1, Zhang/Gao – Sogaard/Olsen 2:1, **VF:** Kusharyanto/Timur – Jens Eriksen/Mette Schjoldager (DEN) 2:0, Zhang/Gao – Dong-Moon Kim/Kyung-Min Ra (KOR) 2:0, Archer/Goode – Chris Bruil/Erica van den Heuvel (NED) 2:0, Sogaard/Olsen – Bambang Suprianto/Zelin Resiana (INA) 2:1, **2.R.:** Eriksen/Schjoldager – Michael Keck/Nicole Pitro 2:0, **1.R.:** Zhang/ Gao – Björn Siegemund/Karen Stechmann (GER) 2:1

Softball, Frauen 26.09.2000

1. USA	2:1
2. Japan	
3. Australien	
4. China	

FR: JPN – AUS 1:0, USA-CHN 3:0, USA – AUS 1:0

Vorrunde: CAN – USA 0:6, ITA – CHN 0:5, CUB – JPN 1:4, NZL – AUS 2:3, CHN – JPN 1:3, CUB – USA 0:3, NZL – CAN 3:2, AUS – ITA 7:0, JPN – USA 2:1, ITA – CUB 1:0, NZL – CHN 0:10, AUS – CAN 1:0, NZL – CUB 6:2, JPN – AUS 1:0, CAN – ITA 7:1, CHN – USA 2:0, ITA – NZL 1:0, AUS – USA 2:1, CUB – CHN 0:7, CAN – JPN 3:4, NZL – USA 0:2, CUB – CAN 2:1, AUS – CHN 1:0, JPN – ITA 2:0, AUS – CUB 8:1, CHN – CAN 1:0, JPN – NZL 2:1, USA – ITA 6:0

1. JPN	7/0*
2. AUS	6/1
3. CHN	5/2
4. USA	4/3
5. ITA	2/5
6. NZL	2/5
7. CUB	1/6
8. CAN	1/6

*) Siege/Niederlagen

Baseball, Männer 27.09.2000

1. USA	4:0
2. Kuba	
3. Südkorea	3:1
4. Japan	

HF: CUB – JPN 3:0, USA – KOR 3:0; **Vorrunde:** RSA – CUB 0:16, JPN – USA 2:4, KOR – ITA 10:2, NED – AUS 6:4, ITA – CUB 5:13, AUS – KOR 5:3, RSA – USA 1:11, NED – JPN 2:10, ITA – RSA 13:0, JPN – AUS 7:3, USA – NED 6:2, CUB – KOR 6:5, JPN – ITA 6:1, NED – CUB 4:2, RSA – AUS 4:10, USA – KOR 4:0, KOR – NED 2:0, CUB – AUS 1:0, RSA – JPN 0:8, USA – ITA 4:2, RSA – NED 3:2, KOR – JPN 7:6, ITA – AUS 8:7, USA – CUB 1:6, NED – ITA 3:2, KOR – RSA 13:3, NED – ITA 3:2, JPN – CUB 2:6, USA – AUS 12:1

1. CUB	6 Siege / 1 Niederlage
2. USA	6/1
3. KOR	4/3
4. JPN	4/3
5. NED	3/4
6. ITA	2/5
7. AUS	2/5
8. RSA	1/6

Basketball, Männer 01.10.2000

1. USA	85:75 (46:32)
2. Frankreich	
3. Litauen	89:71 (51:35)
4. Australien	

Beste Werfer, Finale: Allen/13, Carter/13, Baker/11 – Sciarra/19, Risacher/15, Julian/11. **Platz 3:** Stombergas/28, Jasikevicius/22, Timinskas/10 – Gaze/22, Vlahov/13, Anstey/10. **HF:** AUS – FRA 52:76 (29:44), LIT – USA 83:85 (36:48), **VF:** ITA – AUS 62:65 (27:31), CAN – FRA 63:68 (23:38), YUG – LTU 63:76 (37:32), USA – RUS 85:70 (46:41), **Platz 5:** ITA – YUG 69:59 (33:31), **Platz 7:** CAN – RUS 86:83 (69:69, 36:43) n.V., **Platz 9:** ESP – CHN 84:64, **Platz 11:** NZL – ANG 70:60, VR/Gruppe A: FRA – NZL 76:50, ITA – LTU 50:48, USA – CHN 119:72, CHN – NZL 75:60, USA – ITA 93:61, LTU – FRA 81:63, ITA – NZL 78:66, FRA – CHN 82:70, USA – LIT 85:76, LTU – CHN 82:66, NZL – USA 56:102, FRA – ITL 57:67,NZL – LTU 75:85, ITL – CHN 76:85, FRA – USA 94:106, **Gruppe B:** YUG – RUS 66:60, CAN – AUS 101:90, ESP – ANG 64:45, CAN – ANG 99:54, RUS – ESP 71:63, YUG – AUS 80:66, CAN – ESP 91:77, YUG – ANG 73:64, AUS – RUS 75:71,ESP – YUG 65:78, RUS – CAN 77:59, ANG – AUS 75:86, ANG – RUS 65:88, YUG – CAN 75:83, AUS – ESP 91:80

Gruppe A		Gruppe B	
1. USA	10	1. Kanada	9
2. Italien	8	2. Jugoslawien	9
3. Litauen	8	3. Australien	8
4. Frankreich	7	4. Russland	8
5. China	7	5. Spanien	6
6. Neuseeland	5	6. Angola	5

Basketball, Frauen 30.09.2000

1. USA	76:54 (43:30)
2. Australien	
3. Brasilien	84:73 (34:30)
4. Korea	

Beste Werferinnen, Finale: Leslie/15, Williams/15, Swoopes/14 – Jackson/20, **Platz 3:** Arcain/28, Oliveira/26 – Jung/23, Park/22; HF: AUS – BRA 64:52 (36:27), KOR – USA 65:78 (40:42), **VF:** AUS – POL 76:48 (43:28), BRA – RUS 68:67 (38:39), KOR – FRA 68:59 (30:27), USA – SVK 58:43 (32:23), Platz 5: FRA – RUS 71:59, **Platz 7:** SVK – POL 64:57, **Platz 9:** CUB – CAN 67:58, **Platz 11:** NZL – SEN 72:69, **VR/Gruppe A:** BRA – SVK 76:60,FRA – SEN 75:39, CAN – AUS 46:78, CAN – SEN 62:41, FRA – SVK 58:51, AUS – BRA 81:70, FRA – CAN 70:58, BRA – SEN 82:48, AUS – SVK 70:47, SVK – CAN 68:56, FRA – BRA 73:70, SEN – AUS 39:96, SEN – SVK 32:68, FRA – AUS 62:69, BRA – CAN 60:61, **Gruppe B:** POL – NZL 75:52, CUB – RUS 62:72, USA – KOR 89:75, RUS – POL 84:46, KOR – NZL 101 – 62, USA – CUB 90:61, CUB – NZL 74:55, USA – RUS 88:77, KOR – POL 62:77, KOR – RUS 75:73, USA – NZL 93:42, POL – CUB 72:65, NZL – RUS 54:92, CUB – KOR 56:69, USA – POL 76:57

Gruppe A		Gruppe B	
1. Australien	10	1. USA	10
2. Frankreich	9	2. Russland	8
3. Brasilien	7	3. Südkorea	8
4. Slowakei	7	4. Polen	8
5. Kanada	7	5. Kuba	6
6. Senegal	5	6. Neuseeland	5

Sieg gegen Australien, aber Halbfinal-Niederlage gegen Norwegen: Die deutschen Fußballfrauen brachten als einziges Team in den Mannschafts-Sportarten eine Medaille aus Sydney mit nach Hause.

Fußball

Wunderliches Eigentor

Ein wunderliches Eigentor von Tina Wunderlich brachte Deutschlands Fußball-Frauen um eine wertvollere Medaille als Bronze. Der Kopfballtreffer ins eigene Netz der Abwehrspielerin von Pokalsieger 1. FFC Frankfurt verhinderte im Halbfinale beim 0:1 gegen Norwegen den Sprung ins Endspiel. Während dort die Skandinavierinnen völlig überraschend Weltmeister USA entzauberten, bejubelten die Schützlinge von Bundestrainerin Tina Theune-Meyer das 2:0 gegen den WM-Dritten Brasilien und den Gewinn der Bronzemedaille.

»Wir stehen als einzige deutsche Mannschaft auf dem Treppchen, das geht runter wie Öl«, freute sich Spielführerin Doris Fitschen. Verdrängt war damit die bittere Niederlage gegen Norwegen, vergessen das Theater um den Rauswurf von Ex-Spielführerin Martina Voss und auch die Kritik innerhalb des Deutschen Fußball-Bundes (DFB) an der drei Monate langen und 850 000 Mark teuren Vorbereitungsphase.

»Das ist der einzige Weg, um in der Weltspitze mithalten zu können«, verteidigte Tina Theune-Meyer das Projekt Olympia. Nach dem Debakel der Nationalmannschaft bei der EURO 2000 schmückt sich der DFB im Jahr seines 100. Geburtstages

STATISTIK

Fußball, Männer 30.09.2000

1. Kamerun	2:2 (2:2, 2:0) n.V. 5:3 i.E.
2. Spanien	
3. Chile	2:0 (0:0)
4. USA	

Finale: 0:1 Xavi (2.), 0:2 Gabri (45.), 1:2 Amaya (53., ET), 2:2 Eto'o Fils (58.), ES: 3:2 Mboma, 3:3 Xavi, 4:3 Eto'o Fils, 4:4 Capdevila, 5:4 Njitap Fotso, Amaya verschießt 6:4 Etame Mayer, 6:5 Albelda, 7:5 Wome, **Platz 3:** Tore: 1:0 Zamorano (70., Foulelfmeter), 2:0 Zamorano (84.), **HF:** USA – ESP 1:3 (1:2), CMR – CHI 2:1 (0:0), **VF:** USA – JPN 7:6 n.V. (0:1), BRA – CMR 1:2 n.V. (0:1), ITA – ESP 0:1 (0:0), CHI – NGR 4:1 (3:0)

Gruppe A: ITA – AUS 1:0, NGR – HON 3:3, NGR – AUS 3:2, ITA – HON 3:1, HON – AUS 2:1, ITA – NIG 1:1

Gruppe B: CHI – MAR 4:1,ESP – KOR 3:0, CHI – ESP 3:1, KOR – MAR 1:0, ESP – MAR 2:0, KOR – CHI 1:0

Gruppe C: USA – CZE 2:2,CMR – KUW 3:2, USA – CMR 1:1, KUW – CZE 3 – 2, USA – KUW 3:1, CZE – CMR 1:1

Gruppe D: JPN – RSA 2:1, BRA – SVK 3:1, JPN – SVK 2:1, RSA – BRA 3:1, SVK – RSA 2:1, BRA – JPN 1:0

Gruppe A

1. ITA	5:2	7
2. NGR	7:6	5
3. HON	6:7	4
4. AUS	3:6	0

Gruppe B

1. CHI	7:3	6
2. ESP	6:3	6
3. KOR	2:3	6
4. MAR	1:7	0

Gruppe C

1. USA	6:4	5
2. CMR	5:4	5
3. KUW	6:8	3
4. CZE	5:6	2

Gruppe D

1. BRA	5:4	6
2. JPN	4:3	6
3. RSA	5:5	3
4. SVK	4:6	

Fußball, Frauen 28.09.2000

1. Norwegen	3:2 n.V. (2:2, 1:1)
2. USA	
3. Deutschland	2:0 (1:0)
4. Brasilien	

Finale: NOR – USA 0:1 Milbrett (5.), 1:1 Espeseth (44.), 1:2 Lehn (78.), 2:2 Milbrett (90.), 3:2 Mellgren (102.), **Platz 3:** GER – BRA 1:0 Lingor (64.), 2:0, Prinz (78.), **HF:** NOR – GER 1:0 (0:0), USA – BRA 1:0 (0:0)

VR, Gruppe E: BRA – SWE 2:0, GER – AUS 3:0,AUS – SWE 1:1, GER – BRA 2:1, GER – SWE 1:0, BRA – AUS 2:1

Gruppe F: CHN – NGR 3:1, USA – NOR 2:0, NOR – NGR 3:1, USA – CHN 1:1, NOR – CHN 2:1, USA – NGR 3:1

Gruppe E

1. GER	6:1	9
2. BRA	5:3	6
3. SWE	1:4	1
4. AUS	2:6	1

Gruppe F

1. USA	6:2	7
2. NOR	5:4	6
3. CHN	5:4	4
4. NGR	3:9	0

Deutsche Mannschaft

Name	Position	Verein	Geb.-Datum	Länderspiele	Tore
Nadine Angerer	T	FC Bayern München	10.11.1978	12	–
Silke Rottenberg	T	FFC Brauweiler Pulheim 2000	25.01.1972	50	–
Doris Fitschen	A	1. FFC Frankfurt	25.10.1968	133	19
Jeanette Götte	A	FFC Flaesheim-Hillen	13.03.1979	5	–
Stefanie Gottschlich	A	WSV Wolfsburg-Wendschott	05.08.1978	15	–
Steffi Jones	A	1. FFC Frankfurt	22.12.1972	65	5
Sandra Minnert	A	1. FFC Frankfurt	07.04.1973	68	7
Kerstin Stegemann	A	FFC Flaesheim-Hillen	29.09.1977	61	1
Tina Wunderlich	A	1. FFC Frankfurt	10.10.1977	27	–
Nicole Brandebusemeyer	M	FFC Brauweiler Pulheim 2000	09.10.1974	8	–
Ariane Hingst	M	1. FFC Turbine Potsdam	25.07.1979	45	6
Melanie Hoffmann	M	FCR Duisburg	29.11.1974	37	2
Renate Lingor	M	1. FFC Frankfurt	11.10.1975	41	7
Bettina Wiegmann	M	FFC Brauweiler Pulheim 2000	07.10.1971	118	37
Inka Grings	S	FCR Duisburg	31.10.1978	41	23
Maren Meinert	S	FFC Brauweiler Pulheim 2000	05.08.1973	78	24
Claudia Müller	S	WSV Wolfsburg-Wendschott	21.05.1974	35	15
Birgit Prinz	S	1. FFC Frankfurt	25.10.1977	77	34

mit der ersten olympischen Medaille seit zwölf Jahren. In Seoul hatten die Mannen um Jürgen Klinsmann dem DFB mit der Bronzemedaille zu olympischen Ehren verholfen. Zwischen 1964 und 1980 hatte die DDR-Auswahl Gold, Silber und zweimal Bronze errungen. Gold schien auch für das US-Team um Superstar Mia Hamm, in ihrer Heimat populärer als Golf-Star Tiger Woods, beschlossene Sache. Doch in einem dramatischen Finale entthronte Norwegen die USA durch das erste Golden Goal in der olympischen Frauen-Geschichte von Dagny Mellgren in der 104. Minute mit 3:2 (2:2, 1:1).

Mit einem Überraschungs-Sieger endete auch das Turnier bei den Männern. Kameruns Staatspräsident gratulierte als Erster und befahl nach dem ersten Olympiasieg überhaupt den kollektiven Goldrausch für die ganze Nation. »In den nächsten fünf Tagen muss keiner arbeiten, das ganze Land hat frei«, berichtete Serge Branco, Fußballprofi in Diensten von Eintracht Braunschweig, über das Telefonat mit Staatsoberhaupt Paul Biya.

Die ganze Nation saß am Fernseher, als die »unbezähmbaren Löwen« den Final-Krimi in Sydney gegen Spanien mit 5:3 im Elfmeterschießen für sich entschieden.

Inka Grings aus Duisburg erzielte vor 25 000 Zuschauern im Bruce Stadium von Canberra zwei Tage vor der offiziellen Eröffnungsfeier das erste deutsche Tor beim 3:0 der deutschen Fußballfrauen über die australischen »Matildas«.

Pech für den erneut verletzten »Welt-Handballer des Jahres« Daniel Stephan und vielleicht letzte Medaillenchance für den schon 30 Jahre alten Christian Schwarzer (mitte): Für viele Beobachter war Deutschland in Sydney die spielerisch absolut beste Mannschaft.

Handball

Handballer Schicksal

Sie hatten den Himmel zum Greifen nah und landeten wieder einmal im Tal der Tränen. 40 Sekunden vor Schluss platzte der Traum der deutschen Handballer von einer Olympia-Medaille im dramatischen Viertelfinale gegen Spanien. Ein Wurf von Stefan Kretzschmar vom SC Magdeburg traf nur die Latte, im Gegenzug markierte Welt-Handballer Rafael Guijosa das 27:26 (11:13) für die glücklichen Spanier. Gestandene Mannsbilder heulten wie Schlosshunde, unfähig, das Unfassbare in Worte zu fassen.

Als erster fand Bundestrainer Heiner Brand die Sprache wieder: »Ich kann und will der Mannschaft keinen Vorwurf machen. Wir haben die Big Points nicht gemacht.« Schicksal Olympia – wieder einmal stehen die deutschen Handballer mit leeren Händen da. Seit 16 Jahren, als es 1984 Silber in Los Angeles gab, wartet die DHB-Auswahl auf eine Medaille. Platz zehn in Barcelona, Platz sieben in Atlanta – und jetzt Platz fünf durch ein 25:22 (11:11) gegen Frankreich.

Dennoch liegen Handball-Welten zwischen den Verlierern von heute und gestern. »Die Mannschaft hat das Versager-Image nicht verdient. Wir haben eine Woche lang Positiv-Werbung für den Handball betrieben«, tröstete Brand. Das größte Lob kam vom Gegner. »Deutschland war mit Abstand die beste Mannschaft hier in Sydney und hat den besten Handball gespielt. Der Knackpunkt war die Niederlage gegen Ägypten«, meinte Spaniens Spielmacher Talant Duschebajew, der sein Geld in der Bundesliga bei GWD Minden verdient. Brands Schützlinge machten sich das Olympia-Turnier mit dem 21:22 gegen Äygpten unnötig schwer und verschenkten den Gruppensieg. Slowenien, dass mit 22:33 gegen Russland ausschied, wäre sicherlich der leichtere Gegner im Viertelfinale gewesen. Brand

»Ich weiß es ja auch nicht«: Ratlosigkeit bei Bundestrainer Heiner Brand, denn fünf Siege, ein Unentschieden und zwei Niederlagen reichten für die deutschen Handballer in Sydney nur zu Rang fünf.

Der Magdeburger Stefan Kretzschmar trauert seinem Lattentreffer 40 Sekunden vor Schluss nach, im Hintergrund jubeln Spaniens Handballer nach dem mehr als glücklichen 27:26 im Viertelfinale gegen Deutschland.

dazu: »Das ist eine Hypothese, die man aufstellen kann.«
Den Beweis lieferte Russland, das in der Vorrunde mit 23:25 (15:11) gegen Deutschland verloren hatte, dann im Finale gegen Schweden. Mit 28:26 (13:14) bezwang der Europameister die Skandinavier, die damit zum dritten Mal in Folge die Goldmedaille bei Olympischen Spielen verpassten. Russland feierte bereits den vierten Olympiasieg nach 1976, 1988 (UdSSR) und 1992 (GUS).

Österreicherinnen Fünfte

Wie Deutschlands Herren landeten auch die österreichischen Handballerinnen nach dem 29:23 (12:12) gegen Rumänien auf dem fünften Platz. Gold gewannen wie 1996 in Atlanta Dänemarks Handballerinnen. Die Skandinavierinnen besiegten im Finale den WM-Fünften Ungarn mit 31:27 (14:16). Bronze ging an Welt- und Europameister Norwegen durch ein 22:21 (12:13) gegen den zweifachen Olympiasieger Südkorea.

STATISTIK

Handball, Männer 30.09.2000

1.	Russland	28:26 (13:14)
2.	Schweden	
3.	Spanien	26:22 (12:9)
4.	Jugoslawien	

Beste Werfer, Finale: Tutschkin/7, Kudinow/6, Torgowanow/5–Vranjes/8, Larsson/5, Wislander/3, **Platz 3:** Ortega/7, Guijosa/6, Masip/4 –Skrbic/6, Milosavljevic/6, Jovanovic/4, **HF:** RUS – YUG 29:26, SWE – ESP 22:25, VF: RUS – SLO 33:22, ESP – GER 27:26, YUG – FRA 26:21, SWE – EGY 27:23, **Platz 5–8:** FRA – SLO 29:22, GER – EGY 24:18,**Platz 5:** GER – FRA 25:22, **Platz 7:** SLO – EGY 28:34, **Platz 9:** KOR – TUN 24:19 **Platz 11:** CUB – AUS 26:24.

Gruppe A		Gruppe B	
1. Russland	8:2	1. Schweden	10:0
2. Deutschland	7:3	2. Frankreich	7:3
3. Jugoslawien	6:4	3. Spanien	6:4
4. Ägypten	6:4	4. Slowenien	5:5
5. Südkorea	3:7	5. Tunesien	2:8
6. Kuba	0:10	6. Australien	0:10

Gruppe A: GER – CUB 30:22, YUG – KOR 25:24, RUS – EGY 22:21, KOR – GER 24:24, YUG – EGY 25:22, RUS – CUB 31:26, RUS – KOR 26:24, EGY – CUB 29:26, GER – YUG 28:22, KOR – EGY 21:28, YUG – CUB 33:26, GER – RUS 25:23, CUB – KOR 28:35, GER – EGY 21:22, RUS – YUG 27:25

Gruppe B: FRA – SLO 24:24, ESP – TUN 24:22, SWE – AUS 44:23, FRA – TUN 20:17, ESP – AUS 39:23, SWE – SLO 32:30, SWE – TUN 27:18, SLO – AUS 33:20, FRA – ESP 25:23, ESP – SLO 31:28, TUN – AUS 34:24, FRA – SWE 23:24, SLO – TUN 22:20, FRA – AUS 28:16, SWE – ESP 28:27

Handball, Frauen 01.10.2000

1.	Dänemark	31:27 (14:16)
2.	Ungarn	
3.	Norwegen	22:21 (12:13)
4.	Südkorea	

Finale: Beste Werfer: Hoffmann – Moberg/11, Andersen/7, Kolling/5–Radulovic/9, Balogh/7, Siti/3, **Platz 3:** Beste Werfer: Grini/7, Soerlie/4, Haltvik/3–Oh/7, Lee/5, Kim/4, **HF:** DEN – KOR 31:29 (20:11), HUN – NOR 28:23 (16:10), **VF:** KOR – BRA 35:24, AUT – HUN 27:28, FRA – DEN 26:28, NOR – ROM 28:16, **Platz 5–8:** FRA – BRA 32:23, AUT – ROM 29:23,**Platz 5:** AUT – FRA 33:32 n.V., **Platz 7:** ROM – BRA 38:33, **Platz 9:** ANG – AUS 26:18

Gruppe A		Gruppe B	
1. Südkorea	8:0	1. Norwegen	8:0
2 Ungarn	5:3	2. Dänemark	6:2
3. Frankreich	4:4	3. Österreich	4:4
4. Rumänien	3:5	4. Brasilien	2:6
5. Angola	0:8	5. Australien	0:8

Gruppe A: HUN – ANG 42:22, KOR – FRA 25:18, HUN – FRA 23:22, KOR – ROM 34:25, ROM – ANG 35:25, KOR – HUN 41:33, ANG – FRA 27:29, ROM – HUN 21:21, KOR – ANG 31:24, FRA – ROM 21:18.

Gruppe B: DEN – NOR 17:19, AUS – BRA 19:32, NOR – AUS 28:18, DEN – AUT 30:26, AUT – BRA 45:26, DEN – AUS 38:12, BRA – NOR 16:30, AUT – AUS 39:10, DEN – BRA 39:26, NOR – AUT 24:21.

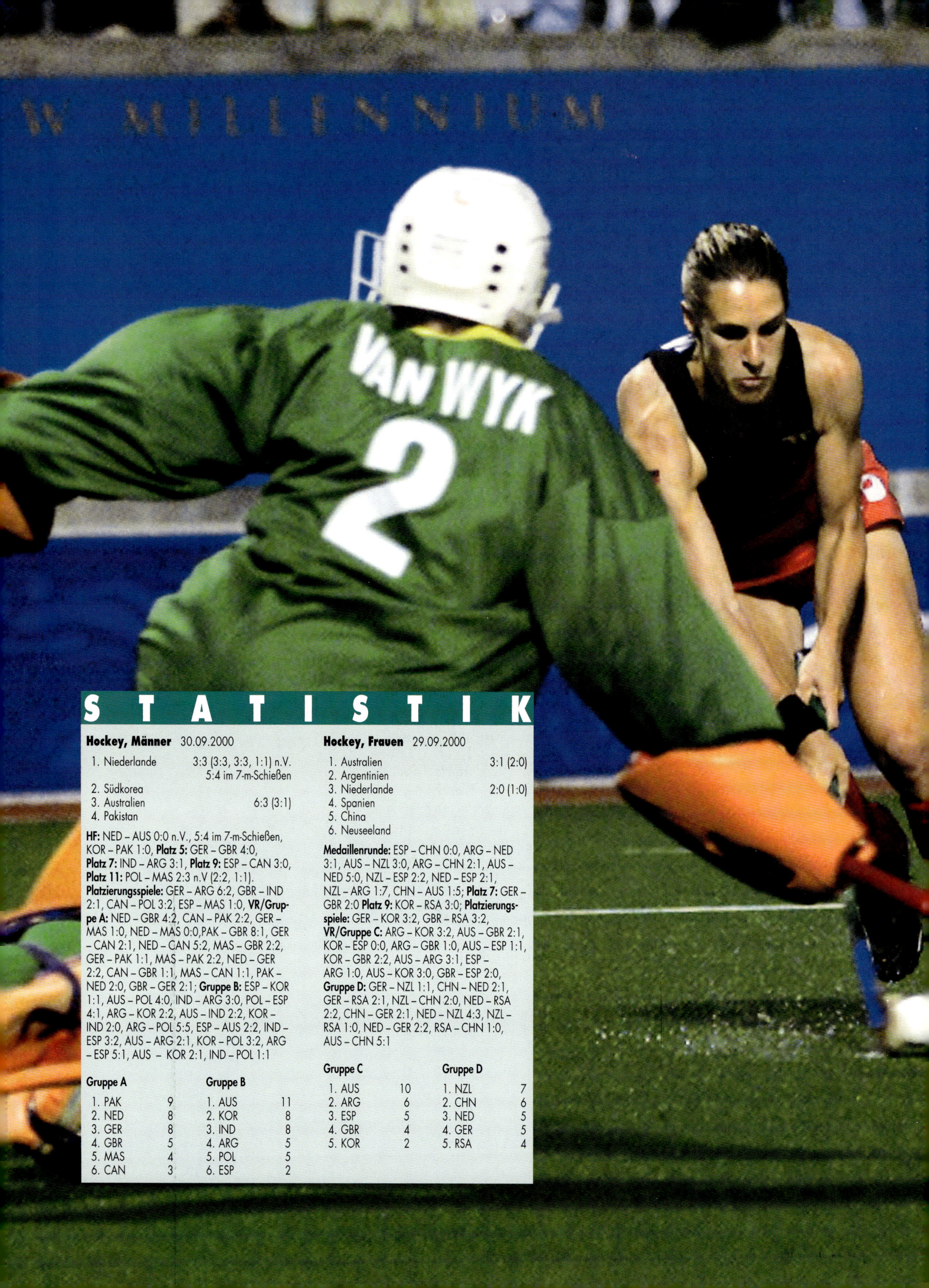

STATISTIK

Hockey, Männer 30.09.2000

1. Niederlande 3:3 (3:3, 3:3, 1:1) n.V. 5:4 im 7-m-Schießen
2. Südkorea
3. Australien 6:3 (3:1)
4. Pakistan

HF: NED – AUS 0:0 n.V., 5:4 im 7-m-Schießen, KOR – PAK 1:0, **Platz 5:** GER – GBR 4:0, **Platz 7:** IND – ARG 3:1, **Platz 9:** ESP – CAN 3:0, **Platz 11:** POL – MAS 2:3 n.V (2:2, 1:1). **Platzierungsspiele:** GER – ARG 6:2, GBR – IND 2:1, CAN – POL 3:2, ESP – MAS 1:0, **VR/Gruppe A:** NED – GBR 4:2, CAN – PAK 2:2, GER – MAS 1:0, NED – MAS 0:0,PAK – GBR 8:1, GER – CAN 2:1, NED – CAN 5:2, MAS – GBR 2:2, GER – PAK 1:1, MAS – PAK 2:2, NED – GER 2:2, CAN – GBR 1:1, MAS – CAN 1:1, PAK – NED 2:0, GBR – GER 2:1; **Gruppe B:** ESP – KOR 1:1, AUS – POL 4:0, IND – ARG 3:0, POL – ESP 4:1, ARG – KOR 2:2, AUS – IND 2:2, KOR – IND 2:0, ARG – POL 5:5, ESP – AUS 2:2, IND – ESP 3:2, AUS – ARG 2:1, KOR – POL 3:2, ARG – ESP 5:1, AUS – KOR 2:1, IND – POL 1:1

Gruppe A		Gruppe B	
1. PAK	9	1. AUS	11
2. NED	8	2. KOR	8
3. GER	8	3. IND	8
4. GBR	5	4. ARG	5
5. MAS	4	5. POL	5
6. CAN	3	6. ESP	2

Hockey, Frauen 29.09.2000

1. Australien 3:1 (2:0)
2. Argentinien
3. Niederlande 2:0 (1:0)
4. Spanien
5. China
6. Neuseeland

Medaillenrunde: ESP – CHN 0:0, ARG – NED 3:1, AUS – NZL 3:0, ARG – CHN 2:1, AUS – NED 5:0, NZL – ESP 2:2, NED – ESP 2:1, NZL – ARG 1:7, CHN – AUS 1:5; **Platz 7:** GER – GBR 2:0 **Platz 9:** KOR – RSA 3:0; **Platzierungsspiele:** GER – KOR 3:2, GBR – RSA 3:2, **VR/Gruppe C:** ARG – KOR 3:2, AUS – GBR 2:1, KOR – ESP 0:0, ARG – GBR 1:0, AUS – ESP 1:1, KOR – GBR 2:2, AUS – ARG 3:1, ESP – ARG 1:0, AUS – KOR 3:0, GBR – ESP 2:0, **Gruppe D:** GER – NZL 1:1, CHN – NED 2:1, GER – RSA 2:1, NZL – CHN 2:0, NED – RSA 2:2, CHN – GER 2:1, NED – NZL 4:3, NZL – RSA 1:0, NED – GER 2:2, RSA – CHN 1:0, AUS – CHN 5:1

Gruppe C		Gruppe D	
1. AUS	10	1. NZL	7
2. ARG	6	2. CHN	6
3. ESP	5	3. NED	5
4. GBR	4	4. GER	5
5. KOR	2	5. RSA	4

Die Kölner Stürmerin Heike Lätzsch konnte sich in den Gruppenspielen nur beim 2:1 gegen Südafrika über einen Sieg freuen. Schließlich belegten die deutschen Hockeydamen einen mäßigen siebten Platz.

Zwei Plätze weiter vorne endeten die ebenfalls hoch eingeschätzten deutschen Herren. Auch sie liefen sich, wie hier Christoph Bechmann im Platzierungsspiel gegen Argentinien, viel zu oft an den gegnerischen Abwehrreihen fest.

Hockey

Wüterich war wütend

Der Präsident machte seinem Namen alle Ehre und verlangte von den Bundestrainern Berti Rauth und Paul Lissek Erklärungen. »Wir erwarten schnellstens schriftliche Analysen über das olympische Turnier und gleichzeitig eine Zukunftskonzeption, wie wir 2004 in Athen wieder um Medaillen mitspielen können«, sagte DHB-Präsident Christoph Wüterich, »mit Platz fünf und sieben können wir nichts reißen.«

Die deutschen Mannschaften, die als heiße Medaillenkandidaten nach Australien geflogen waren, mussten sich mit dem schwächsten Ergebnis zufrieden geben, seit 1980 auch Damenteams bei Olympia zugelassen wurden. Die DHB-Damen erreichten nach verpasster Zwischenrunde mit einem 2:0 über Großbritannien Platz sieben, verpassten die Qualifikation für die Champions Trophy 2001 und verabschiedeten sich damit nicht nur aus der Weltspitze, sondern auch aus der Maximal-Förderung des deutschen Sports.

Mit dem dritten Gold nach 1988 und 1996 durch ein 3:1 im Endspiel gegen Argentinien beschenkten die Weltmeisterinnen aus Australien ihren scheidenden Erfolgscoach Dr. Richard Charlesworth. Bronze ging durch ein 2:0 gegen Spanien an Europameister Niederlande.

Die deutschen Herren schlugen im Match um Platz fünf Großbritannien mit 4:0 und zeigten damit, was möglich gewesen wäre, hätten sie nicht im letzten Vorrundenspiel durch eine 1:2-Niederlage gegen denselben Gegner die Halbfinal-Teilnahme vergeben. Die Goldmedaille wurde erstmals nach einem 3:3 nach regulärer Spielzeit und Verlängerung in einem Penalty-Schießen vergeben. Den »goldenen Schuss« zum 5:4 für Atlanta-Gewinner und Weltmeister Niederlande gegen das erstaunlich starke Südkorea setzte nach drei »regulären« Treffern der überragende Teamkapitän Stephan Veen. 15000 Zuschauer hatten zuvor das 6:3 der australischen »Kookaburras« im Kampf um Bronze gegen Pakistan bejubelt.

»Wir haben die große Chance verpasst, bei dem allgemein enttäuschenden Abschneiden der Ballsportarten ein positives Highlight zu setzen«, bilanzierte Wüterich. »Wir sind umso enttäuschter, weil beide Teams in der Vorbereitung die bestmöglichen Bedingungen hatten.« Das seit 18 Monaten amtierende, junge DHB-Präsidium war angetreten, die Randsportart Hockey aus ihrem Dornröschenschlaf zu wecken. Mit dem Abschluss eines neuen Hauptsponsor-Vertrages über jährlich rund 350000 Mark war in Sydney ein erster Erfolg gelungen. Doch der für ein positives Image und öffentliche Aufmerksamkeit notwendige sportliche Triumph blieb aus.

in Sydney eingetroffen. Der ganze Sommer war hin, Training wochenlang unmöglich. »Ehrlich gesagt, wollte ich nur die Eröffnungsfeier erleben und dann mal weiter sehen. An eine Medaille war nie zu denken.«
Sein Image hat Tommy Haas im Sydney Olympic Park gründlich aufpoliert. Einmal auf den olympischen Geschmack gekommen, will er am liebsten gleich mehr: »Wenn ich in vier Jahren noch gut genug bin, würde ich gerne wieder bei den Olympischen Spielen für Deutschland antreten.«
Herausragende Teilnehmerin des Turniers ohne Stars wie Pete Sampras, Andre Agassi oder Martina Hingis war erwartungsgemäß die amerikanische Wimbledon- und US Open-Gewinnerin Venus Williams. Die 20-Jährige feierte im Damenfinale mit 6:2, 6:4 gegen die Russin Jelena Dementiewa ihren 32. Einzelsieg in Folge und sicherte sich im noch einseitigeren Doppelendspiel mit ihrer jüngeren Schwester Serena mit 6:1, 6:1 gegen die Niederländerinnen Kristie Boogert/Miriam Oremans die zweite Goldmedaille.
Das Herrendoppel-Finale endete ohne das von einer ganzen Nation erhoffte Gold für die »Woodies«. Die Kanadier Sebastien Lareau und Daniel Nestor verwehrten mit 5:7, 6:3, 6:4, 7:6 (7:2) den »Aussies« die Komplettierung ihrer ansonsten lückenlosen Titelsammlung. Von Mark Woodforde getröstet kamen Todd Woodbridge die Tränen: »Nicht wegen der Niederlage, sondern weil es jetzt für alle Zeiten zu Ende ist.«

»Es ist schwerer als bei einem normalen Turnier, der Druck ist weitaus größer, denn man muss immer daran denken, dass man für Deutschland spielt«, freute sich Tommy Haas nach dem Gewinn der Silbermedaille.

Tennis

Versilberter »Tourist«

Er kam als Tourist und ging mit Silber. Dass am Ende des 3:35 Stunden langen Tenniskrimis eine 6:7 (4:7), 6:3, 2:6, 6:4, 3:6-Niederlage gegen Jewgeny Kafelnikow stand, störte ihn schon kurz nach dem Matchball nicht mehr: »Ich bin stolz auf mich. Das ist das beste Ergebnis meiner Karriere.«
Zwei Wochen vorher war er als selbstzweifelnder junger Mann mit Rückenproblemen und in körperlich desolater Verfassung

Für Jana Kandarr, nach der verletzungsbedingten Absage von Anke Huber einzige deutsche Starterin im 64-köpfigen Damenfeld, war im Achtelfinale gegen die zweifache Goldmedaillen-Gewinnerin Venus Williams aus den USA Endstation.

STATISTIK

Tennis, Einzel, Männer 28.09.2000

1. Jewgeny Kafelnikow RUS 7:6 (4), 3:6, 6:2, 4:6, 6:3
2. Tommy Haas GER
3. Arnaud di Pasquale FRA 7:6 (5), 6:7 (7), 6:3
4. Roger Federer SUI

HF: Haas – Federer 6:3, 6:2, Kafelnikow – Di Pasquale 6:4, 6:4, **VF:** Kafelnikow – Gustavo Kuerten (BRA) 6:4, 7:5, Haas – Max Mirnyi (BLR) 4:6, 7:5, 6:3, Di Pasquale – Juan Carlos Ferrero (ESP) 6:2, 6:1, Federer – Karim Alami (MAR) 7:6 (2), 6:1, **2.R.:** Kuerten – Rainer Schüttler (GER) 6:4, 6:4, **1.R.:** Di Pasquale – Nicolas Kiefer (GER) 6:4, 6:3, Federer – David Prinosil (GER) 6:2, 6:2

Tennis, Doppel, Männer 27.09.2000

1. Sebastien Lareau/ David Nestor CAN 5:7, 6:3, 6:4, 7:6 (2)
2. Mark Woodforde/ Todd Woodbridge AUS
3. Alex Corretja/ Albert Costa ESP 2:6, 6:4, 6:3
4. David Adams/ John-Laffnie De Jager RSA

HF: Woodbridge/Woodforde – Corretja/Costa 6:3, 7:6 (5), Lareau/Nestor – Adams/De Jager 6:1, 6:2, **VF:** Corretja/Costa – Max Mirnyi/ Wladimir Woltschkow (BLR) 6:7 (4), 6:3, 7:5, Woodbridge/Woodforde – Dominik Hrbaty/ Karol Kucera (SVK) 7:6 (5), 6:4, Lareau/Nestor – Tommy Haas/David Prinosil (GER) 6:0, 6:4, Adams/De Jager – Mark Knowles/Mark Merklein (BAH) 4:6, 6:2, 14:12

Tennis, Einzel, Frauen 27.09.2000

1. Venus Williams USA 6:2, 6:4
2. Jelena Dementiewa RUS
3. Monica Seles USA 6:1, 6:4
4. Jelena Dokic AUS

HF: Williams – Seles 6:1, 4:6, 6:3, Dementiewa – Dokic 2:6, 6:4, 6:4, **VF:** Dokic – Amanda Coetzer (RSA) 6:1, 1:6, 6:1, Dementiewa – Barbara Schett (AUT) 2:6, 6:2, 6:1, Seles – Dominique Van Roost (BEL) 6:0, 6:2, Williams – Arantxa Sanchez (ESP) 3:6, 6:2, 6:4, **AF:** Williams – Jana Kandarr (GER) 6:2, 6:2, **2.R.:** Sanchez – Patricia Wartusch (AUT) 6:2, 6:4, Kandarr – Emmanuelle Gagliardi (SUI) 7:5, 6:4, **1.R.:** Dementiewa – Miroslava Vavrinec (SUI) 6:1, 6:1, Rita Grande (ITA) – Sylvia Plischke (AUT) 6:2, 6:2

Tennis, Doppel, Frauen 28.09.2000

1. Venus Williams/ Serena Williams USA 6:1, 6:1
2. Kristie Boogert/ Miriam Oremans NED
3. Els Callens/ Dominique Van Roost BEL 4:6, 6:4, 6:1
4. Olga Barabanschikowa/ Natascha Zwerewa BLR

HF: Boogert/Oremans – Barabanschikowa/ Zwerewa 6:3, 6:2, Williams/Williams – Callens/Van Roost 6:4, 6:1, **VF:** Williams/ Williams – Julie Halard-Decugis/Amelie Mauresmo (FRA) 6:3, 6:2, Barabanschikowa/ Zwerewa – Petra Mandula/Katalin Marosi-Aracama (HUN) 6:3, 7:5, Boogert/Oremans – Benjamas Sangaram/Tamarine Tanasugarn (THA) 6:4, 3:6, 7:5, Callens/Van Roost – Milagros Sequera/Maria Alejandra Vento (VEN) 4:6, 7:5, 6:4, **1.R.:** Milagros Sequera/Maria Alejandra Vento – Emmanuelle Gagliardi/Miroslava Vavrinec (SUI) 6:2, 7:5, Barabanschikowa/Zwerewa – Barbara Schett/Patricia Wartusch (AUT) 6:2, 6:2

Tischtennis

Chinesische Mauer

Auch das schwedische Tischtennis-Genie Jan-Ove Waldner konnte im Specific Sports Centre von Sydney kein Loch in die chinesische Mauer schlagen. Der Olympiasieger von Barcelona verlor als Europas letzte Hoffnung im Finale das Duell der Ex-Weltmeister gegen Linghui Kong mit 16:21, 19:21, 21:17, 21:14, 13:21 und musste sich mit Silber begnügen.

Bronze ging an den chinesischen Atlanta-Gewinner und Weltmeister Guoliang Liu durch ein 3:1 gegen Waldners Landsmann und Ex-Weltmeister Jörgen Persson. Durch seinen dritten Platz gewann der Viertelfinal-Bezwinger des Atlanta-Dritten Jörg Roßkopf (Gönnern) als erster Spieler bei zwei Olympia-Turnieren in Folge eine Einzelmedaille.

Roßkopf sah nach dem deutlichen 11:21, 14:21, 7:21 gegen Liu sein Abschneiden und seine Perspektiven realistisch: »Es ist schade, wenn man zum Schluss so eine Abfuhr kriegt. Aber ich bin in die Weltspitze zurückgekehrt.« Der 31 Jahre alte Linkshänder stand bei seinen vierten Olympischen Spielen als erster Aktiver überhaupt zum dritten Mal in Folge im Viertelfinale. China holte wie schon vor vier Jahren in Atlanta in allen vier Wettbewerben Gold. Insgesamt gingen in Sydney acht von zwölf möglichen Medaillen ins Reich der Mitte, das bei der Einzel-WM 1999 in Eindhoven alle fünf möglichen Titel gewonnen hatte. Aus Europa standen in Australien neben Waldner lediglich die Franzosen Jean-Philippe Gatien/Patrick Chila als Dritte im Doppel auf dem Treppchen.

Kong und Liu rehabilitierten sich durch ihre Erfolge in den beiden Medaillen-Duellen zugleich für Chinas überraschende Niederlage bei der Mannschafts-WM.

Im chinesischen Tianjin geboren wurde vor 32 Jahren auch Europameisterin Qianhong Gotsch aus Betzingen, die nach einer 2:0-Satzführung gegen Jing Chen aus Taiwan als letzte deutsche Teilnehmerin im Viertelfinale ausschied.

Wenngleich die deutsche Bilanz gegenüber den zwei Halbfinalplätzen und einer Viertelfinalteilnahme gegenüber Atlanta 1996 schwächer ausfiel, zog Bundestrainer Dirk Schimmelpfennig nicht zu Unrecht ein positives Fazit: »Wir haben mehr als die Erwartungen erfüllt, denn Medaillen haben wir nicht an der Platte, sondern schon bei der Auslosung verloren.«

Auch für die in Montpellier spielende Ex-Europameisterin Nicole Struse und Partnerin Elke Schall aus Uerdingen war das olympische Tischtennis-Turnier im Specific Sports Centre von Sydney schnell beendet.

STATISTIK

Tischtennis, Einzel, Männer 25.09.2000

1. Linghui Kong CHN 3:2 (21:16, 21:19, 17:21, 14:21, 21:13)
2. Jan-Ove Waldner SWE
3. Guoliang Liu CHN 3:1 (21:18, 19:21, 21:14, 21:13)
4. Jörgen Persson SWE

HF: Waldner – Liu 3:0 (21:19, 21:16, 21:19), Kong – Persson 3:1 (21:12, 13:21, 21:16, 21:13), **VF:** Waldner – Wladimir Samsonow (BLR) 3:2 (20:22, 18:21, 21:14, 21:18, 21:19), Persson – Guozheng Liu (CHN) 3:1 (14:21, 21:18, 21:16, 21:19), Kong – Werner Schlager (AUT) 3:2 (21:14, 13:21, 20:22, 21:10, 21:14), Liu (CHN) – Jörg Roßkopf (GER) 3:0 (21:11, 21:14, 21:7), **3.R.:** Schlager – Timo Boll (GER) 3:2 (24:22, 19:21, 17:21, 21:13, 21:16), **2.R.:** Persson – Peter Franz (GER) 3:1 (21:16, 21:15, 16:21, 21:18), **VR:** Yi Ding (AUT) mit 1:1-Siegen als Gruppenzweiter ausgeschieden

Tischtennis, Doppel, Männer 23.09.2000

1. Liqin Wang/Sen Yan CHN 3:1 (22:20, 17:21, 21:19, 21:18)
2. Linghui Kong/ Guoliang Liu CHN 3:1
3. Patrick Chila/ Jean-Philippe Gatien FRA 3:1 (22:20, 21:23, 21:19, 21:10)
4. Chul-Seung Lee/ Seung-Min Yoo KOR

HF: Kong/Liu – Chila/Gatien 3:1 (21:12, 22:24, 21:10, 21:10), Wang/Yan – Lee/Yoo 3:1 (21:12, 21:19, 17:21, 21:18), **VF:** Lee/Yoo – Yen-Shu Chang/Peng-Lung Chiang (TPE) 3:2 (13:21, 21:15, 10:21, 23:21, 21:18), Wang/Yang – Damien Eloi/Christophe Legout (FRA) 3:0 (21:6, 21:13, 21:19), Kong/Liu – Taek-Soo Kim/Sang-Eun Oh (KOR) 3:1 (21:8, 21:9, 10:21, 21:10), Chila/Gatien – Karl Jindrak/Werner Schlager (AUT) 2:3 (15:21, 19:21, 21:19, 21:17, 22:20), **VR:** Jörg Roßkopf/Timo Boll (GER) als Gruppenzweite mit 1:1-Siegen ausgeschieden.

Tischtennis, Einzel, Frauen 24.09.2000

1. Nan Wang CHN 3:2 (21:12, 12:21, 19:21, 21:17, 21:18)
2. Ju Li CHN
3. Jing Chen TPE 3:1 (18:21, 21:14, 21:15, 21:10)
4. Jun Hong Jing SIN

HF: Li – Jing 3:1 (15:21, 21:13, 21:19, 21:19), Wang – Chen 3:1 (12:21, 22:20, 21:17, 21:15), **VF:** Chen – Qianhong Gotsch (GER) 3:2 (17:21, 19:21, 21:13, 21:10, 21:17), Wang – Chire Koyama (JPN) 3:0 (21:19, 21:8, 22:20), Li – Ji-Hye Ryu (KOR) 3:1 (21:12, 14:21, 21:19, 21:5), Jing – Mihaela Joana Steff (ROM) 3:1 (22:20, 21:12, 19:21, 22:20), **2.R.:** Asa Svensson (SWE) – Jing Tian-Zörner (GER) 3:2 (21:18, 21:13, 18:21, 19:21, 21:18), Jia Wie Li (SIN) – Jia Liu (AUT) 3:1 (21:13, 21:17, 18:21, 21:17), Fei-Ming Chen Tong (TPE) – Jie Schöpp (GER) 3:2 (16:21, 21:19, 15:21, 21:9, 21:10)

Tischtennis, Doppel, Frauen 22.09.2000

1. Ju Li/ Nan Wang CHN 3:0 (21:18, 21:11, 21:11)
2. Jin Sun/ Ying Yang CHN
3. Moo-Kyo Kim/ Ji-Hye Ryu KOR 3:2 (21:18, 21:19, 22:24, 19:21, 21:19)
4. Csilla Batorfi/ Krisztina Toth HUN

HF: Li/Wang – Kim/Ryu 3:2 (17:21, 21:15, 15:21, 21:14, 24:22), Sun/Yang – Batorfi/Toth 3:1 (17:21, 21:18, 21:14, 21:17), **VF:** Batorfi/Toth – Eun-Sil Lee/Eun-Mi Suk (KOR) 3:0 (21:19, 21:16, 23:21), Li/Wang – Eldijana Aganovic/Tamara Boros (CRO) 3:1 (21:23, 21:14, 21:12, 21:5), Kim/Ryu – Otilia Badescu/Mihaela Joana Steff (ROM) 3:2 (21:18, 20:22, 21:14, 23:25, 21:19), Sun/Yang – Miao Miao/Shirley Zhou (AUS) 3:0 (21:13, 21:11, 21:17), **3.R.:** Batorfi/Toth – Jie Schöpp/Qianhong Gotsch (GER) 3:0 (21:16, 21:16, 21:19), Li/Wang – Nicole Struse/Elke Schall (GER) 3:0 (21:10, 21:18, 21:17), **VR:** Judith Herczig/Jia Liu (AUT) als Gruppenzweite mit 1:1-Siegen ausgeschieden

Volleyball

Down under bergauf

Bronze am Strand, Platz sechs in der Halle, die WM im eigenen Land in der Tasche: Down under ging es für die deutschen Volleyballer bergauf. »Wir brauchen uns vor Niemandem mehr verstecken, wir haben hier in Sydney Weltniveau nachgewiesen. Diese Basis müssen wir jetzt nutzen«, gab Werner von Moltke, Präsident des Deutschen Volleyball-Verbandes (DVV), nach dem gelungenen Olympia-Auftritt als Losung für die nächsten Jahre aus.
Während die Damen-Auswahl als zweitbestes europäisches Team auf Rang sechs landete, den Beachvolleyballern Jörg Ahmann und Axel Hager (beide Eimsbüttel) ein unerwarteter Bronze-Coup gelang, reüssierte der DVV-Präsident und frühere Zehnkämpfer auf sportpolitischem Parkett und holte die Damen-Weltmeisterschaft 2002 nach Deutschland.

Auch bei den deutschen Volleyball-Damen um Spielführerin Susanne Lahme (Bildmitte) spiegelte Platz sechs nicht die in Sydney gebotenen Leistungen wieder. Mit dem peruanischen Block hatte das DVV-Team beim 3:0 keinerlei Probleme.

STATISTIK

Volleyball, Männer 01.10.2000

1. Jugoslawien 3:0 (25:22, 25:22, 25:20)
2. Russland
3. Italien 3:0 (25:16, 25:15, 25:18)
4. Argentinien

HF: RUS – ARG 3:1 (27:25, 32:30, 21:25, 25:11), YUG – ITA 3:0 (27:25, 34:32, 25:14), **VF:** ARG – BRA 3:1 (17:25, 25:21, 25:19, 27:25), YUG – NED 3:2 (25:21, 18:25, 25:18, 30:32, 17:15), ITA – AUS 3:1 (25:14, 22:25, 25:19, 25:15), RUS–CUB 3:2 (21:25, 25:23, 25:19, 19:25, 15:13), **Platz 5–8:** BRA – CUB 3:2, NED – AUS 3:0, Platz 5: NED – BRA 3:0, Platz 7: CUB – AUS 3:0

Gruppe A: ESP – EGY 3:0, NED – CUB 3:0, BRA – AUS 3:0, CUB – ESP 3:1, BRA – EGY 3:0, NED – AUS 3:0, CUB – EGY 3:0, BRA – NED 3:0, AUS – ESP 3:1, NED – EGY 3:1, CUB – AUS 3:0, BRA – ESP 3:1, NED – ESP 3:1, BRA – CUB 3:0, AUS – EGY 3:0

Gruppe B: ITA – YUG 3:2, ITA – KOR 3:0, RUS – YUG 3:1, ARG – USA 3:1, ARG – KOR 3:1, RUS – USA 3:1, YUG – USA 3:0, ITA – ARG 3:0, RUS – KOR 3:2, YUG – ARG 3:1, ITA – RUS 3:1, KOR – USA 3:2, RUS – ARG 3:0, YUG – KOR 3:2, ITA – USA 3:1

Gruppe A		Gruppe B	
1. Brasilien	10:0	1. Italien	10:0
2. Niederlande	9:1	2. Russland	9:1
3. Kuba	8:2	3. Jugoslawien	8:2
4. Australien	7:3	4. Argentinien	7:3
5. Spanien	6:4	5. Korea	6:4
6. Ägypten	5:5	6. USA	5:5

Volleyball, Frauen 30.09.2000

1. Kuba 3:2 (25:27, 32:34, 25:19, 25:18, 15:7)
2. Russland
3. Brasilien 3:0 (25:18, 25:22, 25:21)
4. USA

HF: CUB – BRA 3:2 (27:29, 25:19, 21:25, 25:19, 15:9), RUS – USA 3:2 (25:15, 23:25, 25:15, 26:28, 15:8), **VF:** CUB – CRO 3:0 (25:18, 25:23, 25:21), RUS – CHN 3:0 (27:25, 25:23, 27:25), BRA – GER 3:0 (25:22, 25:18, 25:17), USA – KOR 3:2 (26:24, 17:25, 25:23, 25:27, 16:14), **Platz 5–8:** CHN – KOR 3:1, GER – CRO 3:1, **Platz 5:** CHN – GER 3:1, **Platz 7:** CRO – KOR 3:

Gruppe A: BRA – KEN 3:0, CRO – AUS 3:1, USA – CHN 3:1, CRO – CHN 3:1, USA – KEN 3:0, BRA – AUS 3:0, AUS – KEN 3:1, BRA – CHN 3:0, USA – CRO 3:0, CHN – KEN 3:0, BRA – CRO 3:0, USA – AUS 3:0, KEN – CRO 1:3, BRA – USA 3:1, AUS – CHN 0:3

Gruppe B: CUB – GER 3:0, RUS – PER 3:0, KOR – ITA 3:2, ITA – PER 3:0, KOR – GER 3:0, RUS – CUB 3:2, GER – PER 3:0, RUS – ITA 3:1, CUB – KOR 3:0, CUB – ITA 3:0, KOR – PER 3:1, GER – RUS 2:3, ITA – GER 1:3, PER – CUB 1:3, RUS – KOR 3:0

Gruppe A		Gruppe B	
1. Brasilien	10:0	1. Russland	10:0
2. USA	9:1	2. Kuba	9:1
3. Kroatien	8:2	3. Südkorea	8:2
4. China,	7:3	4. Deutschland	7:3
5. Australien	6:4	5. Italien	6:4
6. Kenia	5:5	6. Peru	5:5

Die Hoffnungen von Maike Friedrichsen auf ein besseres Abschneiden mit Partnerin Danja Müsch wurden am Bondi Beach im Achtelfinale in den Sand gesetzt, dafür konnte sich 2,02-Meter-Riese Axel Hager mit Partner Jörg Ahmann über eine völlig unerwartete Bronzemedaille freuen.

Beachvolleyball

Aufenthalt für Bronze verlängert

Der lange Axel Hager (31) sank wie vom Blitz getroffen in den nassen Sand, der kleine Jörg Ahmann (34) heulte wie ein Schlosshund, und Deutschlands »Mister Volleyball« Burkhard Sude wischte sich gerührt über die Augen: Als das deutsche Parade-Doppel Ahmann/Hager beim olympischen Beachvolleyball-Turnier das »kleine Finale« mit 12:9 und 12:6 gegen die Portugiesen Joao Brenha/Miguel Maia gewonnen hatten, brachen im Dauerregen am Bondi Beach alle Dämme.

»Bronze ist die Krönung unserer Karriere. Ich kann es noch gar nicht fassen«, stammelte der 2,02 Meter große Hager und schüttelte nach dem größten deutschen Erfolg in dieser Sportart immer wieder ungläubig den Kopf.

Erst vier Wochen vor den Spielen schaffte das Duo die Qualifikation für Olympia, keiner hatte die krassen Außenseiter eigentlich auf der Rechnung. Doch am Ende eines erstklassigen Turniers waren nur zwei Teams erfolgreicher als das »Senioren-Duo« aus Düren und Hamburg: Die US-Amerikaner Dain Blanton/Eric Fonoimoana holten im Finale gegen die favorisierten Brasilianer Jose Ze Melo/Ricardo Santos mit 12:11, 12:9 Gold.

Doch die deutschen Bronze-Männer waren auf ihr »kleines, wunderschönes Ding« mindestens genauso stolz. »Wir haben gar nicht damit gerechnet, dass wir so lange im Turnier bleiben dürfen«, gab Ahmann zu. Drei Mal mussten sie den Flug nach Hause umbuchen. Schon vor dem Ende der Spiele flog Ahmann endgültig gen Heimat, um schon wenige Tage später als Spielertrainer beim Eimsbütteler TV im Zweitliga-Spiel wieder einzugreifen. Ahmann: »Heute noch um Bronze, und morgen gegen Braunschweig«.

STATISTIK

Beachvolleyball, Männer 26.09.2000

1.	Dain Blanton/ Eric Fonoimoana	USA	2:0 (12:11, 12:9)
2.	Ze Marco/ Ricardo Santos	BRA	
3.	Jörg Ahmann/ Axel Hager	GER	2:0 (12:9, 12:6)
4.	Joao Brenha/ Miguel Maia	POR	

HF: Ze Marco/Ricardo – Ahmann/Hager 15:5, Blanton/Fonoimoana – Brenha/Maia 15:12, **VF:** Brenha/Maia – Paul Laciga/Martin Laciga (SUI) 15:11, **AF:** Ze Marco/Ricardo – Oliver Stamm/Nikolas Berger (AUT) 16:14, **HR:** Michal Palinek/Martin Lebl (CZE) – Oliver Oetke/Sven Scheuerpflug (GER) 15:8, **VR:** Joerre Andre Kjemperud/Vegard Hoidalen (NOR) – Berger/ Stamm (AUT) 15:6

Beachvolleyball, Frauen 25.09.2000

1.	Natalie Cook/ Kerri Potthorst	AUS	2:0 (12:11, 12:10)
2.	Adriana Behar/ Shelda Bede	BRA	
3.	Adriana Samuel/ Sandra Pires	BRA	2:0 (12:4, 12:6)
4.	Yukiko Takahashi/ Mika Saiki	JPN	

HF: Cook/Pottharst – Adriana/Sandra 15:6, Adriana Behar/Shelda – Takahaski/Saiki 15:10, **AF:** Laura Bruschini/Annamaria Solazzi (ITA) – Gudula Schmidt/Ulrike Staub (GER) 15:12, Adriana Behar/Shelda – Maike Friedrichsen/ Danja Müsch 15:9

Glanzlichter im Zwielicht

Ringer Alexander Leipold (Gold, großes Bild) und Gewichtheber Marc Huster (Silber, kleines Bild) waren neben Husters Kollegen Ronny Weller (Silber), dem Boxer Sebastian Köber (Bronze) und dem Teakwondoka Faissal Ebnoutalib (Silber) die deutschen Glanzlichter in der Sparte der Kampf- und Kraftsportarten, die freilich in Sydney in ein sicherlich unerwünschtes, aber zumindest zum Teil vorhersehbares Zwielicht gerieten.

Der insgesamt achte positive Doping-Test wurde in Sydney am Schlusstag öffentlich gemacht. Der armenische Gewichtheber Aschot Danieljan musste die hinter Weller im Superschwergewicht gewonnene Bronzemedaille zurückgeben, der norwegische Ringer Fritz Aanes fiel ebenfalls »positiv« auf.

Vor und während der Millennium-Spiele kamen aufgrund der strengeren Kontrollen und der erstmals eingeführten Epo-Tests 66 Doping-Fälle ans Tageslicht. Dass sie – wie auch in anderen Sportarten – durchweg aus dem Lager der stärkeren Männer und Frauen kamen, überraschte nicht. In Seoul 1988 gab es insgesamt zehn, in Barcelona 1992 fünf, in Atlanta 1996 zwei positive Proben.

91 Kg
F.SAVON

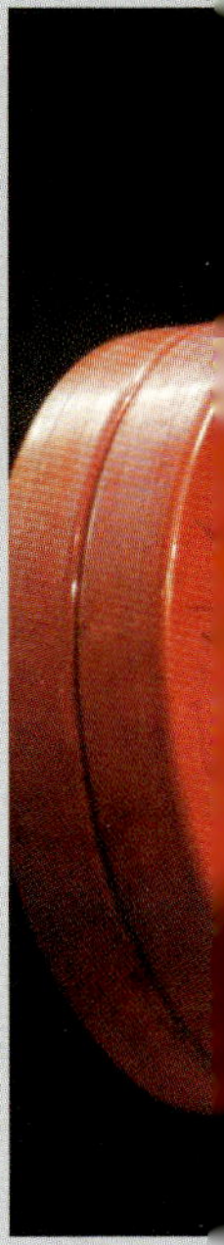

adidas
FRANCE

Geballte Kraft bei Siegertypen und »Verlierern«: Von Freude bei Boxer Felix Savon und Ringer Alexander Leipold (links oben) bis zur Enttäuschung bei Judoka Marco Spittka (rechts unten) in seinem verlorenen Erstrundenkampf gegen den Amerikaner Brian Olsson reichte die ganze Bandbreite der Gefühle in den olympischen Kraft- und Kampfsportarten.

Volksheld: Kubas Schwergewichtler Felix Savon gewann als Dritter nach dem Ungarn Laszlo Papp und seinem Landsmann Teofilo Stevenson in Sydney die dritte Goldmedaille und schrieb damit Box-Geschichte.

Boxen

Nur Köber rüttelte an Kubas Denkmal

Sein Gesicht war gezeichnet, Blut lief über die Wange, doch Felix Savon reckte triumphierend die Fäuste zum Himmel. Mit dem dritten Olympia-Gold in Folge stellte Kubas Volksheld den Rekord seines berühmten Landsmannes Teofilo Stevenson (1972 bis 1980) und des Ungarn Laszlo Papp (1948 bis 1956) ein und schrieb damit Box-Geschichte. »Ich bin überglücklich. Ich widme dieses Gold dem kubanischen Volk«, erklärte der 33-Jährige nach seinem 21:13-Punktsieg im Schwergewichts-Finale gegen den Russen Sultanahmed Ibsagimow, mit dem er aller Voraussicht nach seine glanzvolle Karriere beenden wird.

Meistertrainer Alcides Sagarra ist da freilich anderer Meinung: »Felix hat ein ewiges Leben. Er wird seiner Karriere noch viele Erfolge für unser Land hinzufügen.« 379 Siege und nur 17 Niederlagen stehen zu Buche. Neben seinen drei Olympiasiegen in Barcelona, Atlanta und Sydney stehen sechs Weltmeistertitel und vier Goldmedaillen bei den Panamerikanischen Spielen zu Buche. Kubas Boykott der Spiele 1988 in Seoul hat vermutlich einen vierten Olympiasieg Savons vereitelt.

STATISTIK

Halbfliegen (48 kg) 30.09.2000

1.	Brahim Asloum	FRA	23:10
2.	Rafael Lozano Munoz	ESP	
3.	Un Chol Kim	PRK	
3.	Maikro Romero Esquirol	CUB	

HF: Lozano Munoz – Kim 15:10, Asloum – Romero Esquirol 13:12, **VF:** Asloum – Kim Ki – Suk (KOR) 12:8, Romero Esquirol – Waleri Sidorenko (UKR) 12:5, Lozano Munoz – Suleiman Wanjau Bilali (KEN) 11:10, Kim – Ivan Stapovic (LTU) 22:10

Fliegen (51 kg) 01.10.2000

1.	Wijan Ponlid	THA	19:12
2.	Bolat Schumadilow	KAZ	
3.	Wladimir Sidorenko	UKR	
3.	Jerome Thomas	FRA	

HF: Schumiladlow – Thomas 22:16, Ponlid – Sidorenko 14:11, **VF:** Ponlid – Manuel Mantilla Rodriguez (CUB) 19:8, Sidorenko – Andrzej Rzany (POL) RSC, Schumadilow (KAZ) – Vakhtang Darchinian (ARM) 15:8, Thomas – Jose Navarro (USA) 23:12, **1. Runde:** Ponlid – Vardan Zakarjan (GER) RSC

Bantam (54 kg) 30.09.2000

1.	Guillermo Rigondeaux Ortiz	CUB	PS 18:12
2.	Raimkul Malachbekow	RUS	
3.	Sergej Danilschenko	UKR	
3.	Clarence Vinson	USA	

HF: Vinson – Rigondeaux Ortiz PS 18:6, Malachbekow – Danilschenko PS 15:10, **VF:** Vinson – Olteanu George – Crinu (ROM) PS 26:19, Rigondeaux Ortiz – Agasi Agaguloglu (TUR) PS 14:5, Danilschenko – Justin Kane (AUS) RSC, Malachbekow – Alischer Rahimow (UZB) PS 16:10

Feder (57 kg) 01.10.2000

1.	Beksat Sattarchanow	KAZ	PS 22:14
2.	Ricardo Juarez	USA	
3.	Kamil Dsamalutdinow	RUS	
3.	Tahar Tamsamani	MAR	

HF: Sattarchanow – Tamsamani PS 22:10, Juarez – Dsamalutdinow PS 23:12, **VF:** Juarez – Somluck Kamsing (THA) RSC, Dzamalutdinow – Yosvany Aguilera Zamora (CUB) PS 17:12, Tamsamani – Isreal Hector Perez (ARG) PS 21:18, Sattarchanow – Ramazan Palyani (TUR) PS 12:11, **2. Runde:** Juarez – Falk Huste (GER) 17:15

Leicht (60 kg) 30.09.2000

1.	Mario Kindelan	CUB	PS 14:4
2.	Andrii Kotelnyi	UKR	
3.	Alexander Maletin	RUS	
3.	Cristian Bejarano Benitez	MEX	

HF: Kindelan – Maletin PS 27:15, Kotelnik – Bejarano Benitez PS 22:14, **VF:** Kotelnyk – Nurdschan Karimdschanow (KAZ) RSC, Bejarano Benitez – Almasbek Raimkulow (KGZ) PS 14:12, Kindelan – Tigkran Ouzlian (GRE) RSC, Maletin – Selim Palyani (TUR) RSC, **1. Runde:** Patrick Lopez (VEN) – Norman Schuster (GER) 24:10

Halbwelter (63,5 kg) 01.10.2000

1.	Mahamad Abdullajew	UZB	PS 27:20
2.	Ricardo Williams	USA	
3.	Mohamed Allalou	ALG	
4.	Diogenes Luna Martinez	CUB	

HF: Williams – Luna Martinez PS 42:21, Abdullajew – Allalou RSC, **VF:** Allalou – Sven Paris (ITA) PS 22:8, Abdullajew – Sergej Bukowski (BLR) PS 9:6, Luna Martinez – Saleh Abdelbary Abdel Maksoud (EGY) RSC, Williams – Alexander Leonow (RUS) PS 17:12, **2. Runde:** Paris – Kay Huste (GER) PS 17:11

Welter (67 kg) 30.09.2000

1.	Oleg Saitow	RUS	PS 24:16
2.	Sergej Dotsenko	UKR	
3.	Witali Grusac	MDA	
4.	Dorel Simion	ROM	

HF: Saitow – Simion PS 19:10, Dotsenko – Grusac PS 17:8, **VF:** Simion – Steven Küchler (GER) 25:14, Saitow – Ruslan Chairow (AZE) 10:10 (55:47 EP), Dotsenko – Danijar Muneitbasow (KAZ) 8:7, Grusac – Bulent Ulusoy (TUR) 19:10

Halbmittel (71 kg) 01.10.2000

1.	Jermarchan Ibraimow	KAZ	PS 25:23
2.	Marian Simion	ROM	
3.	Jermain Taylor	USA	
3.	Pornchai Thongburan	THA	

HF: Simion – Thongburan PS 26:16, Ibraimow – Taylor RSC, **VF:** Ibraimow – Juan Hernandez Sierra (CUB) PS 16:9, Taylor – Adnan Catic (GER) 19:14, Thongburan – Hekal Mohamed Abdelmawgod (EGY) PS 15:9, Simion – Frederic Esther (FRA) RSC

Mittel (75 kg) 30.09.2000

1.	Jorge Gutierrez	CUB	PS 17:15
2.	Gaidarbej Gaidarbekow	RUS	
3.	Zsolt Erdei	HUN	
3.	Vugar Alekperow	UZB	

HF: Gaidarbekow – Erdei PS 24:16, Gutierrez – Alekperow PS 19:9, **VF:** Erdei – Aleksandr Zubrihin (UKR) PS 14:9, Gaidarbekow – Jeff Lacy (USA) RSC, Gutierrez – Adrian Diaconu (ROM) K.o., Alekperow – Akin Kakauridze (TUR) PS 18:8

Halbschwer (81 kg) 01.10.2000

1.	Alexander Lebsiak	RUS	PS 20:6
2.	Rudolf Kraj	CZE	
3.	Sergej Michailow	UZB	
3.	Andrej Fedtschuk	UKR	

HF: Kraj – Fedtschuk PS 11:7, Lebsiak – Michailow RSC, **VF:** Michailow – Olschas Orasalijew (KAZ) RSC, Lebsiak – John Dovi (FRA) PS 13:11, Kraj – Jegbefumere Albert (NGR) PS 8:7, Fedtschuk – Gurcharan Singh (IND) PS 12:12

Schwer (91 kg) 30.09.2000

1.	Felix Savon	CUB	PS 21:13
2.	Sultanahmed Ibsagimow	RUS	
3.	Wladimir Tschanturia	GEO	
3.	Sebastian Köber	GER	

HF: Savon – Köber PS 14:8, Ibsagimow – Tschanturia PS 19:4, **VF:** Köber – Mark Simmons (CAN) RSC, Savon – Michael Bennett (USA) RSC, Tschanturia – Ruslan Tschagajew (UZB) PS 18:13, Ibsagimow – Jackson Chanet (FRA) PS 18:13

Superschwer (+91 kg) 01.10.2000

1.	Audley Harrison	GBR	PS 30:16
2.	Muchtarchan Dildabekow	KAZ	
3.	Paolo Vidoz	ITA	
3.	Rutam Saidow	UZB	

HF: Dildabekow – Saidow PS 28:22, Harrison – Vidoz PS 32:16, **VF:** Vidoz – Samuel Peter (NGR) PS 14:3, Harrison – Aleksei Mazikin (UKR) PS 19:9, Saidow – Art Binkowski (CAN) RSC, Dildabekow – Alexis Rubalcaba Polleda (CUB) PS 25:12, **2. Runde:** Rubalcaba Polleda – Cengiz Koc (GER) K.o.

Der Berliner Kay Huste gewann im Halbweltergewicht in der ersten Runde gegen den Argentinier Vidor Hugo Castro, schied aber im Achtelfinale aus.

Als Savon nach dem Schluss-Gong mit der kubanischen Flagge in der Hand übermütig durch den Ring tanzte, tobte das Publikum im Exhibition Centre. 14 Sekunden zuvor hatten die Fans noch den Atem angehalten. Savon blutete aus einer Platzwunde unter dem linken Auge, die ihm Sebastian Köber aus Frankfurt/Oder in einem großartigen Halbfinal-Kampf zugefügt hatte. Ringrichter Wayne Rose stoppte den Fight, untersuchte die Wunde und wischte das Blut weg. Schließlich gab der Australier das Kommando »Box!« und damit grünes Licht für den historischen Sieg.

Deutsche bei Finals nur Zuschauer

Der 21-jährige Köber wusste nach dem Kampf seines Lebens nicht, ob er lachen oder weinen sollte: »Ich habe Bronze in der Tasche und gegen ein Box-Idol gut ausgesehen. Aber ich bin auch traurig, dass ich durch meine Unerfahrenheit verloren habe. Ich merkte, dass Savon auch nur ein Mensch ist, aber leider erst zu spät.« Der Junioren-Europameister gewann die erste und letzte der vier Runden, zog aber in der Endabrechnung schon deshalb den Kürzeren, weil er im zweiten Durchgang gleich acht Treffer von seinem großen Vorbild einstecken musste.

Banklehrling Köber war in Sydney die einzige positive Überraschung in der achtköpfigen deutschen Staffel, die erstmals seit 16 Jahren die Endkämpfe nur als Zuschauer erlebte. Vor allem die höher eingeschätzten Norman Schuster, Steven Küchler, Adnan Catic und Cengiz Koc blieben eindeutig hinter den Erwartungen zurück. Der Berliner Superschwergewichtler Koc hat trotz der K.o.-Niederlage zum Auftakt gegen den Kubaner Alexis Rubalcaba bereits einen Profivertrag bei Promoter Wilfried Sauerland unterschrieben.

Bundestrainer Helmut Ranze sah im »Aderlass« seiner Amateure zu den Profis einen der Gründe für das schlechteste deutsche Abschneiden nach 1960 oder 1984: »Wir hatten nicht die Staffeln von 1992 oder 1996. Nach Atlanta wechselten 16 Jungs zu den Profis, das war nicht so schnell zu kompensieren.«

USA erstmals seit 1948 ohne Gold

Fidel Castro durfte sich daheim in Havanna nicht nur über den Triumph seines Vorzeige-Sportlers freuen. Auch Guillermo Rigondeaux Ortiz im Bantam-, Mario Kindelan im Leicht- und Jorge Gutierrez im Mittelgewicht gewannen für Kuba Gold. Die Boxer von der Zuckerrohr-Insel holten damit wie in Atlanta vier Goldmedaillen, blieben aber deutlich hinter ihrer besten Bilanz von 1992 mit sieben Olympiasiegen zurück.

»Maximo Lider« Castro sah die Schuld wie üblich bei den Kampfrichtern: »Man hat uns einige Medaillen gestohlen.«

Kurzauftritt

Der erste Olympia-Auftritt von Ost-Timor dauerte nur 143 Sekunden. Für Boxer Victor Ramos, einen von vier Athleten, die in Sydney unter der Olympischen Flagge starteten, war der erste und letzte Kampf im Leichtgewicht »down under« bereits nach 23 Sekunden der zweiten Runde beendet – wegen klarer Unterlegenheit. Gegner Raymond Narh aus Ghana hatte schon 15 Treffer gesetzt, Ramos nicht einen einzigen. Dabei hatte der 29-Jährige noch viel vor: »In der ersten Runde habe ich ihn getestet, in der zweiten wollte ich richtig loslegen.«

Seinen Kampf hatte er verloren, aber die Sympathie von UNO-Generalsekretär Kofi Annan war ihm sicher. Nach seinem Auftaktkampf übermittelte Annan in einem Brief Trost: »Ich bin genauso stolz auf Sie wie die Menschen in Ihrer Heimat.« Ramos war vor einem Jahr von pro-indonesischen Rebellen gejagt worden und hatte sich in den Bergen seiner Heimat verstecken müssen.

Derselben Meinung war der 74-Jährige bereits im letzten Jahr bei den Weltmeisterschaften in Houston/Texas gewesen. Nach einigen angeblichen Fehlurteilen hatte er seinerzeit Anweisung zur vorzeitigen Rückkehr auf die Zuckerrohr-Insel gegeben. Zu den tatenlosen Heimkehrern gehörte damals auch Felix Savon, dem damit die Chance auf den Gewinn der siebten WM-Goldmedaille genommen wurde.

Dennoch war keine andere Nation im Exhibition Centre von Sydney so stark wie Kuba. Russland belegte im Medaillenspiegel Platz zwei mit zwei Titeln durch Oleg Saitow im Weltergewicht, der damit seinen Atlanta-Sieg wiederholte, und Halbschwergewichtler Alexander Lebsiak. Zusätzlich gab es drei Silbermedaillen für Russland. Auf Rang drei landete Kasachstan, das großer Gewinner des zweiten Finaltages war.

Die Zentral-Asiaten stellten in Beksat Sattarchanow (Feder) und Jermarchan Ibraimow (Halbmittel) zwei Olympiasieger, verpassten aber zwei weitere Titel im Fliegen- und Superschwergewicht. Hier sorgten der Thailänder Wijan Ponlid und der Brite Audley Harrison für historische Erfolge. Fliegengewicht Ponlid brachte die erste olympische Goldmedaille in seine Heimat, und Superschwergewicht Harrison ist der erste Box-Olympiasieger von der Insel seit 32 Jahren.

Für die sieggewohnten USA endete das Turnier dagegen mit einer riesigen Enttäuschung. Die Amerikaner flogen ohne Gold nach Hause und stellten erstmals seit London 1948 keinen Olympiasieger.

Banklehrling Sebastian Köber gewann im Schwergewichts-Halbfinale gegen den übermächtigen Felix Savon zwar zwei der vier Runden, unterlag aber schließlich deutlich mit 8:14 Punkten.

Fechten

»Junge Wilde« imponierten

Der einstige Goldschmied Emil Beck war voll des Lobes, doch bei den deutschen Fechtern ging das Hauen und Stechen hinter den Kulissen weiter. »Wir hatten Athleten dabei, die sich nur auf ihr Einzel konzentrierten. Das hat uns weitere Medaillen gekostet und muss anders werden«, kritisierte Teamchef Mathias Behr. Dabei sah die Bilanz in Sydney mit zweimal Silber und dreimal Bronze gar nicht einmal schlecht aus.

»Das ist ein großartiges Ergebnis, damit können wir zufrieden sein, auch wenn das Sahnehäubchen fehlte. Ich bin überzeugt, dass es in Zukunft so weitergeht«, sagte Beck, der nach sei-

STATISTIK

Florett Einzel, Männer 20.09.2000

1.	Young-Ho Kim	KOR	15:14
2.	Ralf Bißdorf	GER	
3.	Dimitri Tschewtschenko	RUS	15:14
4.	Jean-Noel Ferrari	FRA	
5.	Salvatore Sanzo	ITA	
6.	Sergej Golubitski	UKR	
7.	Richard Breutner	GER	
8.	Mark Marsi	HUN	
18.	Wolfgang Wienand	GER	
20.	Joachim Wendt	AUT	
22.	Michael Ludwig	AUT	

HF: Kim – Tschewtschenko 15:14, Bißdorf – Ferrari 15:7; **VF:** Bißdorf – Marsi 15:13, Ferrari – Breutner 15:9, Kim – Golubitski 15:5, Tschewtschenko – Sanzo 15:14; **2.R.:** Mark Marsi (HUN) – Wolfgang Wienand (GER) 15:8, Rolando Tucker (CUB) – Joachim Wendt (AUT) 15:5, Joao Gomes (POR) – Michael Ludwig (AUT) 15:12

Florett Mannschaft, Männer 22.09.2000

1. Frankreich 45:44
(Ferrari, Guyart, Lhotellier)
2. China
(Dong, Wang, Ye)
3. Italien 45:38
(Crosta, Sanzo, Magni)
4. Polen
(Krzesinski, Mocek, Sobczak)

HF: CHN – ITA 45:32; FRA – POL 45:38, **Platz 5:** UKR – GER (Breutner, Bißdorf, Hausmann) 45:43, **VF:** CHN – RUS 45:30, ITA – UKR 45:40, POL – GER 45:37, FRA – CUB 45:43

Degen Einzel, Männer 16.09.2000

1.	Pawel Kolobkow	RUS	15:12
2.	Hugues Obry	FRA	
3.	Sang-Ki Lee	KOR	15:14
4.	Marcel Fischer	SUI	
5.	Peter Vanky	SWE	
6.	Ivan Trevejo	CUB	
7.	Eric Srecki	FRA	
8.	Gang Zhao	CHN	
9.	Arnd Schmitt	GER	
18.	Jörg Fiedler	GER	
20.	Oliver Kayser	AUT	
22.	Marc-Konstantin Steifensand	GER	
26.	Christoph Marik	AUT	
27.	Michael Switak	AUT	

HF: Kolobkow – Lee 15:9, Obry – Fischer 15:13, VF: Kolobkow – Trevejo 15:14, Lee – Srecki 15:14, Obry – Vanky 15:12, Fischer – Zhao 15:10, **AF:** Fischer – Arnd Schmitt (GER) 15:10, **2.R.:** Alexander Gorbatschuk (UKR) – Jörg Fiedler (GER) 9:8, Lee – Marc-Konstantin Steifensand (GER) 15:8, Eric Srecki (FRA) – Christoph Marik (AUT) 15:10, Gang Zhao (CHN) – Oliver Kayser (AUT) 15:12, Alfredo Rota (ITA) – Michael Switak (AUT) 15:11

Degen Mannschaft, Männer 18.09.2000

1. Italien 39:38
(Rota, Mazzoni, Milanoli)
2. Frankreich
(Srecki, Obry, di Martino)
3. Kuba 45:31
(Loyola, Trevejo, Pedroso)
4. Südkorea
(Lee, Yang, Lee)

HF: FRA – CUB 45:36, ITA – KOR 44:43, **VF:** CUB – GER 45:44, FRA – HUN 43:42, KOR – BLR 45:44, ITA – AUS 45:34, **1.R.:** BLR – AUT 45:44, **Platz 5:** GER (Fiedler, Schmitt, Strigel) – BLR 41:37, **Platz 7:** HUN – AUS 45:39, **Platz 9:** EST – AUT (Kayser, Marik, Switak) 45:44

Säbel Einzel, Männer 21.09.2000

1.	Mihai Claudiu Covaliu	ROM	15:12
2.	Mathieu Gourdain	FRA	
3.	Wiradech Kothny	GER	15:11
4.	Domonkos Ferjancsik	HUN	
5.	Damien Touya	FRA	
6.	Alexei Frossine	RUS	
7.	Tonhi Terenzi	ITA	
8.	Victor Dan Gaureanu	ROM	
14.	Dennis Bauer	GER	
23.	Eero Lehmann	GER	
33.	Laurent Waller	SUI	

HF: Covaliu – Kothny 15:12, Gourdain – Ferjancsik 15:12, **VF:** Gourdain – Gaureanu 15:14, Ferjancsik – Terenzi 15:13, Kothny – Frossine 15:12, Covaliu – Touya 15:14, **3.R.:** Touya – Bauer 15:12, **2.R.:** Kothny – Lehmann 15:8, **1.R.:** Seung-Won Lee (KOR) – Laurent Waller (Schweiz) 15:13

Säbel Mannschaft, Männer 24.09.2000

1. Russland 45:32
(Pozdniakow/Frossine/Tscharikow)
2. Frankreich
(Touya/Pillet/Gourdain)
3. Deutschland 45:27
(Kothny/Bauer/Weber)
4. Rumänien

HF: RUS – ROM 45:28, FRA – GER 45:44, **VF:** ROM – POL 45:26, RUS – HUN 45:39, GER – ITA 45:42, FRA – UKR 45:31

Florett Einzel, Frauen 21.09.2000

1.	Valentina Vezzali	ITA	15:5
2.	Rita König	GER	
3.	Giovanna Trillini	ITA	15:9
4.	Laura Carlescu-Badea	ROM	
5.	Aihua Xiao	CHN	
6.	Diana Bianchedi	ITA	
7.	Aida Mohamed	HUN	
8.	Reka Zsofia Szabo	HUN	
9.	Sabine Bau	GER	
10.	Monika Weber	GER	

HF: König – Trillini 15:10, Vezzali – Carlescu-Badea 15:8, **VF:** König – Mohamed 15:8, Vezzali – Szabo 9:8 nach sudden death, Trillini – Xiao 9:8 nach sudden death, Carlescu-Badea – Bianchedi 15:4, **3.R.:** König – Sabine Bau (GER) 15:11, Mohamed – Monika Weber (GER) 15:10

Florett Mannschaft, Frauen 23.09.2000

1. Italien 45:36
(Trillini, Vezzali, Bianchedi)
2. Polen
(Gruchala, Wolnicka, Mroczkiewicz)
3. Deutschland 45:42
(König, Bau, Zimmermann)
4. USA

HF: ITA – USA 45:38, POL – GER 45:34, **VF:** USA – HUN 45:41, ITA – UKR 45:39, POL – CHN 45:43, GER – RUS 38:35

Degen Einzel, Frauen 17.09.2000

1.	Timea Nagy	HUN	15:11
2.	Gianna Hablützel-Bürki	SUI	
3.	Laura Flessel-Colovic	FRA	15:6
4.	Tatjana Logunowa	RUS	
5.	Valerie Barlois-Leroux	FRA	
6.	Zuleydis Ortiz	CUB	
7.	Margherita Zalaffi	ITA	
8.	Claudia Bokel	GER	
10.	Imke Duplitzer	GER	
12.	Diana Romagnoli	SUI	
13.	Andrea Rentmeister	AUT	
15.	Sophie Lamon	SUI	
29.	Katja Nass	GER	

HF: Hablützel-Bürki – Logunowa 17:14, Nagy – Flessel-Colovic 13:12, **VF:** Nagy – Bokel 15:8, Hablützel-Bürki – Ortiz 15:14, Logunowa – Barlois-Leroux 15:10, Flessel-Colovic – Zalaffi 15:11, **AF:** Flessel-Colovic – Andreas Rentmeister (AUT) 15:12, Bokel – Imke Duplitzer (GER) 15:14, Zuleydis Ortiz (CUB) – Diana Romagnoli (SUI) 15:11, Logunowa – Sophie Lamon (SUI) 15:8, **2.R.:** Valerie Barlois-Leroux (FRA) – Nass (GER) 15:12

Degen Mannschaft, Frauen 19.09.2000

1. Russland 45:35
(Logunowa, Mazina, Ermakowa, Aznawurian)
2. Schweiz
(Hablützel-Buerki, Lamon, Romagnoli)
3. China 41:39
(Li, Liang, Yang)
4. Ungarn
(Mincza, Nagy, Szalay)

HF: RUS – HUN 45:44, SUI – CHN 45:33, **VF:** HUN – NOR 45:32, RUS – GER 45:43, SUI – CUB 45:38, CHN – FRA 45:42, **Platz 5:** FRA – GER 45:33 (Duplitzer, Bokel, Nass), **Platz 7:** CUB – NOR 45:32

nem unfreiwilligen Abgang erstmals bei Olympia nicht dabei war. Unter seiner Regie hatten die deutschen Fechter vor vier Jahren in Atlanta ein Waterloo erlebt und nur eine Bronzemedaille gewonnen.

Dienstl: »Konzept bewährt«

DFeB-Präsidentin Erika Dienstl zog nach neun kräftezehrenden Tagen zwischen Frust und Freude ebenfalls ein positives Fazit: »Wir können durchaus zufrieden nach Hause fahren, zumal sich durch die Erfolge der jungen Athleten unser Konzept bewährt hat.«
Die Silbermedaillen holten die beiden Florettfechter Ralf Bißdorf aus Heidenheim und Rita König aus Tauberbischofsheim, Bronze gewannen Wiradech Kothny aus Koblenz mit dem Säbel sowie die Florett-Frauen und die Säbel-Männer. In der Nationenwertung belegten Deutschlands Fechter hinter Frankreich (1-4-1) gemeinsam mit Italien (0-2-3) den zweiten Platz.
Vor allem die beiden »jungen Wilden« König und Kothny hinterließen mit ihren couragierten Gefechten einen nachhaltigen Eindruck. »Ich glaube, wir haben den Generationswechsel vollzogen«, sagte die 23-jährige Rita König. »Es ist eine Genugtuung, wenn man den vielen Kritikern endlich beweisen kann, dass der deutsche Nachwuchs top ist.« Eine Einschätzung, die Teamchef Behr nur bedingt teilte: »Bei der Kadetten- und Junioren-WM vor zwei Jahren haben wir 15 Medaillen geholt. Die anderen Nationen beneiden uns um die Talente. Aber es muss noch einiges passieren.«
In erster Linie die Nullnummern der beiden Degen-Teams sowie der Florett-Männer im Mannschafts-Wettbewerb veranlassten Behr in seinem Gesamtfazit zum verbalen Rundumschlag. Besonders Degen-Europameisterin Imke Duplitzer aus Heidenheim und der Bonner WM-Dritte Wolfgang Wienand mit dem Florett versagten im Dienste des Kollektivs und mussten sich als Sündenböcke fühlen.
Der Koblenzer Kothny, vor 21 Jahren in einem thailändischen Waisenhaus in Kanchanaburi geboren und von allen der Einfachheit halber »Willi« gerufen, gab seinen älteren Kollegen neben seiner bedingungslosen Einsatzbereitschaft zuletzt noch ein kleines Beispiel in Sachen Teamgeist mit auf den Heimweg. Der Europameister gab die Mannschafts-Bronzemedaille an den im Einzel schnell ausgeschiedenen und damit im Team nicht mehr eingesetzten Ersatzmann Eero Lehmann mit der lapidaren Begründung weiter: »Ich hab' ja schon eine ...«

Weltmeister Arnd Schmitt war schon lange nur noch Zuschauer, als im Degenfinale der Russe Pawel Kolobkow gegen den Franzosen Hugues Obry gewann.

Der in Thailand geborene Säbelfechter Wiradech Kothny bei seinem »Mungo-Sprung«. Die Einzelmedaille behielt Kothny, mit der Weitergabe der Mannschafts-Bronze an Ersatzmann Eero Lehmann gab der gerade 21 Jahre alte Koblenzer ein nachahmenswertes Beispiel für Teamgeist.

Generationswechsel auch bei den Fechterinnen. Die 23-jährige Tauberbischofsheimerin Rita König, oben mit den beiden Italienerinnen Valentina Vezzali und Giovanna Trillini, holte sich mit dem Florett im Einzel Silber und Bronze mit der Mannschaft.

Teamchef: Psychologe muss her

Behr plant auch in anderen Bereichen im Hinblick auf Athen 2004 bereits tiefgreifende Strukturänderungen. »Den Sportlern muss unbedingt ein Psychologe zur Verfügung stehen, Fechten wird im Kopf entschieden«, erklärte der Olympiasieger von 1976, der auch die Kommunikation der Vereine mit dem Verband forcieren will. Außerdem sollen die persönlichen Trainer der Fechter – in Sydney waren gleich fünf dabei – künftig bei Großveranstaltungen in den Hintergrund treten. Behr: »Sonst wird die Autorität der Bundestrainers untergraben. Wichtig ist, dass einer das Sagen hat.«
Ob Degen-Bundestrainer Alexander Pusch weiter im Amt bleibt, dessen Vertrag am Jahresende ausläuft, ist nicht unumstritten. In den Sternen steht auch, ob Arnd Schmitt (35) und Sabine Bau (31) ihre Karrieren fortsetzen. »Es wäre schön, wenn sie uns noch erhalten bleiben, denn sie haben Vorbildfunktion«, beteuerte Dienstl noch in Sydney. Sie selbst wird beim Fechtertag am 26. November in Bonn definitiv nicht mehr für das Präsidenten-Amt kandidieren.

adidas
ITALIA

25kg
adidas

Gewichtheben

Gold nur für Kampfgeist

Mit Silber für Ronny Weller beim Gala-Auftritt der superschweren Männer und Weltrekorden am Fließband nahmen die von Doping-Skandalen überschatteten Olympia-Wettbewerbe der Gewichtheber ein spektakuläres Ende. Der 31-jährige Mutterstädter gewann bei seinen vierten Spielen die vierte Medaille. Weller: »Das war Gewichtheben von einem anderen Stern. So eine Wahnsinns-Konkurrenz habe ich noch nie erlebt.«

Nicht die Hantel, sondern die Waage brachte in der Klasse bis 85 kg die Entscheidung zwischen Freunden: Der Grieche Pyrros Dimas war 160 Gramm leichter als Marc Huster, der sich dennoch riesig über Silber freute.

STATISTIK

Männer (56 kg) 16.09.2000

WR Halil Mutlu Athen – 22.11.1999	TUR	302,5
1. Halil Mutlu (Reißen WR 137,5/Stoßen WR 167,5)	TUR	WR 305,0
2. Wenxiong Wu (125,0/162,5)	CHN	287,5
3. Xiangxiang Zhang (125,0/162,5)	CHN	287,5
4. Shin-Yuan Wang (125,0/160,0)	TPE	285,0
5. Sergio Alvarez (120,0/155,0)	CUB	275,0
6. Adrian Ioan Jigau (122,5/152,5)	ROM	275,0
DQ Iwan Iwanov* (130,0/162,5)	BUL	292,5

* wegen Dopings disqualifiziert

Männer (62 kg) 17.09.2000

1. Nikolaj Peschalov (Reißen OR 150,0/Stoßen 175,0)	CRO	OR 325,0
2. Leonidas Sabanis (147,5/170,0)	GRE	317,5
3. Gennadi Oleschtschuk (142,5/175,0)	BLR	317,5
4. Maosheng Le (140,0 /175,0)	CHN	315,0
5. Seyed Mahdi Panzvan Langroudi (140,0 /162,5)	IRI	302,5
6. Hiroshi Ikehata (135,0/165,0)	JPN	300,0
DQ Sewdalin Mintschew* (140,0/177,5)	BUL	317,5

* Bronze/wegen Dopings disqualifiziert

Männer (69 kg) 20.09.2000

WR Galabin Bojewski Athen – 24.11.1999	BUL	357,5
1. Galabin Bojewski (Reißen 162,5/Stoßen WR 195,0)	BUL	OR 357,5
2. Georgi Markow (WR 165,0/187,5)	BUL	352,5
3. Sergej Lawrenow (157,5/182,5)	BLR	340,0
4. Guozheng Zhang (152,5/185,0)	CHN	337,5
5. Rudi Petrosjan (147,5/187,5)	ARM	335,0
6. Valerios Leonidis (145,0/185,0)	GRE	330,0

Männer (77 kg) 22.09.2000

1. Xugang Zhan (Reißen 160,0/Stoßen OR 207,5)	CHN	367,5*
2. Viktor Mitrou (165,0/202,5)	GRE	367,5
3. Arsen Melikjan (167,5/197,5)	ARM	365,0
4. Sergej Filimonow (167,5/195,0)	KAZ	362,5
5. Ilirian Suli (162,5/192,5)	ALB	355,0
6. Chol Ho Jon (162,5/190,0)	PRK	352,5
7. Ingo Steinhöfel (160,0/190,0)	GER	350,0

Männer (85 kg) 23.09.2000

1. Pyrros Dimas (Reißen 175,0/Stoßen 215,0)	GRE	390,0
2. Marc Huster (177,5/212,5)	GER	390,0
3. George Asanidze (180,0/210,0)	GEO	390,0
4. Krzysztof Siemion (167,5/212,5)	POL	380,0
5. Gagii Chatschatrjan (175,0/205,0)	ARM	380,0
6. Sergo Chakhoyan (175,0/202,5)	AUS	377,5

* Bei gleichem Ergebnis gilt für die Platzierung das geringere Körpergewicht.

Männer (94 kg) 24.09.2000

1. Akakios Kakiasvilis (Reißen 185,0/Stoßen 220,0)	GRE	405,0
2. Szymon Kolecki (182,5/222,5)	POL	405,0
3. Alexej Petrow (180,0/222,5)	RUS	402,5
4. Kouroush Bagheri (187,5/215,0)	IRI	402,5
5. Vadim Vacarciuc (177,5/220,0)	MDA	397,5
6. Zoltan Kovacs (180,0/217,5)	HUN	397,5
17. Lars Betker (165,0/200,0)	GER	365,0

Männer (105 kg) 25.09.2000

1. Hossein Tavakoli (Reißen 190,0/Stoßen 235,0)	IRI	425,0
2. Alan Zagajew (187,5/235,0)	BUL	422,5
3. Said S Asaad (190,0/230,0)	QAT	420,0
4. Igor Rasorjonow (192,5/227,5)	UKR	420,0
5. Jewgeni Tschiguitschew (190,0/225,0)	RUS	415,0
6. Alexandru Bratan (190,0/220,0)	MDA	410,0

Männer (+105 kg) 26.09.2000

WR Ronny Weller Riesa – 03.05.1998	GER	465,0
1. Hossein Razazadeh (Reißen WR 212,5/Stoßen 260,0)	IRI	WR 472,5
2. Ronny Weller (210,0/257,5)	GER	467,5
3. Andrej Tschemerkin (202,5/260,0)	RUS	462,5
4. Jaber S Salem (205,0/255,0)	QAT	460,0
5. Tae-Hyun Kim (200,0/260,0)	KOR	460,0
6. Viktors Scerbatihs (202,5/250,0)	LAT	452,5

Blitzmast

»Pfeif auf eine schlanke Taille, hol' lieber noch 'ne Medaille«. Ronny Wellers Motto in Sydney präsentierte seine Schwester auf einem Transparent in der Arena. Drei Zentner bringt Deutschlands stärkster Mann normalerweise auf die Waage, doch wegen einer unfreiwilligen Abmagerungskur in den Tagen vor seinem Wettkampf stand das Unternehmen Medaillengewinn vor der Entscheidung im Superschwergewicht ernsthaft vor dem Scheitern.

Weller hatte sich im großzügig angelegten Olympischen Dorf über die weiten Wege zu den Mahlzeiten beklagt und bei den anstrengenden Fußwegen schnell vier Kilo abgenommen. »Zu Hause fährt er jeden Meter mit dem Auto«, erzählte Team-Kollege Marc Huster.

Damit der Dickste im deutschen Team schön dick blieb, wurde flugs ein spezielles Ernährungsprogramm ausgearbeitet – und obendrein ein strenges Bewegungsverbot erteilt. »Ronny Weller trainiert täglich und soll sich ansonsten möglichst wenig bewegen«, beschrieb Bundestrainer Frank Mantek die eiligst eingeleiteten Sofortmaßnahmen. Für Wellers Zimmer im Olympischen Dorf wurden eigens ein Fernseher und eine Kühlbox angeschafft. Mantek: »Dort konnte er seine Getränke kaltstellen und musste nicht ständig rumlaufen.«

Und noch ein weiteres Schmankerl hatte der Bundestrainer für seinen Schützling parat. »Ich habe ihm ab und zu 'mal einen Big Mac mitgebracht. Da hat er sich gefreut.«

Man habe, so versicherte Mantek, alles getan, was man tun könne. Der Einsatz kalorienreicher Nahrung und das Bewegungsverbot zeigte Wirkung. Wellers »Blitzmast« wurde mit Silber belohnt.

Der 147 Kilo schwere deutsche Herkules war im entscheidenden letzten Versuch des Stoßens nur knapp an der Sieglast von 262,5 Kilo gescheitert. »Das war so verdammt schwer. Ich habe mir schon einfacher eine Olympia-Medaille geholt. Mehr war einfach nicht drin. Ich bin doch nur ein Mensch aus Fleisch und Blut«, ließ Weller seinen Gefühlen freien Lauf.

Bundestrainer Frank Mantek, der sich zuvor »ganz dicht am Herzkasper« wähnte, sprach »vom hochklassigsten Heber-Wettkampf aller Zeiten«. Weller, 1992 in Barcelona Olympiasieger, stemmte im Zweikampf des Superschwergewichts mit 467,5 kg einen Europarekord, der einen kurzen Augenblick zuvor sogar Weltrekord bedeutet hätte. Irans Weltmeister Hossein Rezazadeh aber erwies sich noch um fünf Kilo stärker und stellte gleich drei Weltrekorde auf.

So musste sich der Sportsoldat mit Silber begnügen wie drei Tage zuvor auch Marc Huster aus Riesa. Beide hatten vor vier Jahren schon Silber geholt. Huster war in der 85-kg-Klasse sogar nur wegen des höheren Körpergewichtes dem Griechen Pyrros Dimas unterlegen – um 160 Gramm! »So sind die Regeln, ich war schwerer«, sagte Huster. Der rappende Sachse war seinerseits 500 Gramm leichter als der drittplatzierte Georgi Aslanidse aus Georgien, der wie Dimas und Huster 390 kg zur Hochstreckte brachte. »Marc hat Übermenschliches geleistet. Er hat Gold im Kämpfen gewonnen und Silber im Gewichtheben«, meinte Bundestrainer Mantek mit Tränen in den Augen.

Dabei war ihm bei Husters zweitem Versuch im Stoßen noch der Atem gestockt. Sein Schützling bewältigte mit letzter Kraft 210 kg und brach noch beim Abgang vom Podium mit einem Wadenkrampf zusammen. Mantek: »Wir hatten gerade das rechte Bein hinbekommen, da brüllte er schon wegen des linken.«

Huster wurde unmittelbar danach zu seinem letzten Versuch von 212,5 kg aufgerufen, tauchte urplötzlich aus der Versenkung auf, ging auf die Bühne und wuchtete das Eisen nach oben. Während die Betreuer Freudentänze aufführten, sackte der Schwerathlet neben der Hantel entkräftet zu Boden. Huster: »In diesem Moment war ich Olympiasieger, und es war mir egal, was noch passierte.«

An Kampfgeist ebenbürtig er-

wies sich jedoch Dimas, der im Reißen zweimal an seiner Anfangslast gescheitert war. Der Grieche stemmte die nötigen 215 kg mit einem Urschrei nach oben und sprach hinterher »vom schwersten Kampf meiner Karriere gegen den alten Freund aus Deutschland«. Dimas und sein Landsmann Akakios Kakiasvilis gewannen als erste Heber nach dem in Sydney gescheiterten Türken Naim Suleymanoglu ihr drittes Gold in Serie.

Erfolgreichste Nation am Darling Harbour, wo insgesamt 26 neue Weltrekorde, 16 bei den Frauen und zehn bei den Männern, aufgestellt wurden, war China mit fünf Siegen, vier davon bei den Frauen. Die Olympia-Premiere der Frauen wurde allerdings von einem Skandal überschattet. Mit Isabella Dragnewa (Bulgarien) war ausgerechnet die erste Heber-Olympiasiegerin der Geschichte gedopt.

Die Vorfälle von Sydney haben wieder einmal die gesamte Sportart Gewichtheben in Frage gestellt. Rumänien war ursprünglich zu Beginn der Wettbewerbe wegen zwei gedopter Athleten bei der erstmals durchgeführten Eingangskontrolle des Weltverbandes (IWF) als Team ausgeschlossen worden. Der umtriebige rumänische NOK-Präsident Ion Tiriac fand jedoch ein Hintertürchen in den Paragraphen und löste sein Team mit einem 50 000-Dollar-Scheck wieder aus. Bulgarien wurden drei Medaillen wegen des Gebrauchs von Entschlackungsmitteln aberkannt, anschließend das gesamte Team vom weiteren Wettkampf ausgeschlossen. Alan Tzagajew aber erstritt sich drei Tage später vor dem obersten Sportgerichtshof (CAS) seine persönliche Startberechtigung und holte Silber in der Klasse bis 105 kg.

Das Internationale Olympische Komitee (IOC) kündigte durch Generaldirektor Francois Carrard an, sich bald mit dem »Doping-Sumpf« im Gewichtheben zu beschäftigen.

»Ich habe mir schon einfacher eine Olympia-Medaille geholt.« Im Superschwergewicht musste sich Ronny Weller lediglich Weltmeister Hossein Razazadeh aus dem Iran beugen, der gleich drei Weltrekorde aufstellte.

STATISTIK

Frauen (48 kg) 17.09.2000

WR Xiuhua Liu Montreal – 09.06.1999	CHN	197,5
1. Tara Nott (82,5/102,5)	USA	185,0
2. Raema Lisa Rumbewas (80,0/105,0)	INA	185,0
3. Sri Indriyani (82,5/100,0)	INA	182,5
4. Kay Thi Win (80,0/100,0)	MYA	180,0
DQ Isabela Dragnewa*) (Reißen 85,0/Stoßen 105,0)	BUL	190,0

*) wegen Dopings disqualifiziert

Frauen (53 kg) 18.09.2000

WR Xianjuan Meng Chiba – 01.05.1999	CHN	217,5
1. Xia Yang (Reißen WR 100,0 /Stoßen WR 125,0)	CHN	WR 225,0
2. Feng-Ying Li (97,5/115,0)	TPE	212,5
3. Winarni Binti Slamet (90,0/112,5)	INA	202,5
4. Franca Gbodo (85,0/110,0)	NIG	195,0

Frauen (58 kg) 18.09.2000

WR Yanqing Chen Athen – 22.11.1999	CHN	235,0
1. Soraya Jiminez Mendivil (Reißen 95,0/Stoßen 127,5)	MEX	222,5
2. Song Hui Ri (97,5/122,5)	PRK	220,0
3. Khassaraporn Suta (92,5/117,5)	THA	210,0
4. Maryse Turcotte (90,0/115,0)	CAN	205,0

Frauen (63 kg) 19.09.2000

WR Yui-Lien Chen Athen – 23.11.1999	CHN	240,0
1. Xiaomin Chen (Reißen WR 112,5/Stoßen 130,0)	CHN	WR 242,5
2. Walentina Popowa (107,5/127,5)	RUS	235,0
3. Ioanna Chatziioannou (97,5/125,0)	GRE	222,5
4. Saipin Detsaeng (102,5/120,0)	THA	222,5

Frauen (69 kg) 19.09.2000

WR Weining Lin Wuhan – 03.09.1999	CHN	252,5
1. Weining Lin (Reißen 110,0/Stoßen 132,5)	CHN	242,5
2. Erzsebet Markus (WR 112,5/130,0)	HUN	242,5
3. Karnam Malleswari (110,0/130,0)	IND	240,0
4. Milena Trendafilowa (100,0/132,5)	BUL	232,5

Frauen (75 kg) 20.09.2000

WR Tianni Sun Osaka – 06.05.2000	CHN	257,5
1. Maria Isabel Urrutia (Reißen 110,0/Stoßen 135,0)	COL	245,0
2. Ruth Ogbeifo (105,0/140,0)	NGR	245,0
3. Yi-Hang Kuo (107,5/137,5)	TPE	245,0
4. Soon-Hee Kim (105,0/135,0)	KOR	240,0

Frauen (+75 kg) 22.09.2000

WR Agata Wrobel Prag – 08.07.2000	POL	290,0
1. Meiyuan Ding (Reißen WR 135,0/Stoßen WR 165,0)	CHN	WR 300,0
2. Agata Wrobel (132,5/162,5)	POL	295,0
3. Cheryl Haworth (125,0/145,0)	USA	270,0
4. Carmenza Delgado (115,0/145,0)	COL	260,0
6. Monique Riesterer (112,5/132,5)	GER	245,0

»Schwaches Geschlecht« auch an der Hantel auf dem Vormarsch: In Sydney feierte das Gewichtheben der Frauen olympische Premiere.

Judo

Schwarze Stunden für deutsche Weißkittel

Die erste Medaille überhaupt für die deutsche Olympia-Mannschaft in Sydney blieb gleichzeitig auch die einzige für die deutschen »Weißkittel«, die in der Folge schwarze olympische Stunden erlebten. Ausgerechnet das »Sorgenkind« Anna-Maria Gradante aus Remscheid verhinderte die totale »Nullrunde« für den Deutschen Judo-Bund, der sich als Gastgeber der nächsten Weltmeisterschaften im Juli 2001 in München mit einer sportlichen Eigenwerbung gern attraktiver dargestellt hätte.

Und bei dieser Medaille bedurfte es auch noch der tatkräftigen Unterstützung des deutschen NOK. Denn der DJB selbst hatte den 1,54 Meter kleinen Wirbelwind gar nicht für Sydney vorgeschlagen. Mehrmals war die 23-jährige Gradante mit zuviel Körpergewicht zu Wettkämpfen angereist und durfte deshalb wiederholt zu Leistungstests nicht antreten. Bei den Internationalen Deutschen Meisterschaften in Bonn ging es um 50 Gramm. Der Treppenwitz der Geschichte: »Sünderin« Gradante absolviert an der Diätschule Köln eine Ausbildung zur Diät-Assistentin …

Aber zum Glück für die deutschen Judoka nominierte das NOK die WM-Dritte des Vorjahres gegen den Willen des Verbandes für Olympia. Anna-Maria Gradante bedankte sich mit Bronze im Extra-Leichtgewicht (bis 48 kg). Die Diskussion um ihren Olympia-Start war in diesem Augenblick vergessen. Gewichts-Probleme hatte Anna-Maria Gradante in Sydney letztlich auch keine. Mit

STATISTIK

Extraleicht (60 kg), Männer 16.09.2000

1.	Tadahiro Nomura	JPN	Ippon
2.	Jung Bu-Kyung	KOR	
3.	Manolo Poulot	CUB	
3.	Aidin Smagulow	KGZ	

Platz 3: Poulot – Bazarbek Donbai (KAZ) Waza-ari, Smagulow - Alischer Muschtarow (UZB) Ippon, **2.R.:** Donbai – Oliver Gussenberg (GER) Ippon, Jeltschin Ismajilow (AZE) – David Moret (SUI) Ippon

Halbleicht (66 kg), Männer 17.09.2000

1.	Huseyin Ozkan	TUR	Ippon
2.	Larbi Benboudaoud	FRA	
3.	Girolamo Giovinazzo	ITA	
3.	Giorgi Waschagaschwili	GEO	

Platz 3: Giovinazzo – Arash Mesmaeili (IRI) Kampfrichterentscheid, Waschagaschwili – Patrick van Kalken (NED) Kampfrichterentscheid

Leicht (73 kg), Männer 18.09.2000

1.	Giuseppe Maddaloni	ITA	Ippon
2.	Tiago Camilo	BRA	
3.	Anatoli Larjukow	BLR	
3.	Vsevolods Zelonijs	LAT	

Platz 3: Larjukow – Jimmy Pedro (USA) Ippon, Vsevolods – Choi Yong-sin (KOR) Ippon, **2.R.:** Hassen Moussa (TUN) - Martin Schmidt (GER) Kampfrichterentscheid, Jaroslaw Lewak (POL) – Christoph Stangl (AUT) Ippon

Halbmittel (81 kg), Männer 19.09.2000

1.	Makoto Takimoto	JAP	Kampfrichterentscheid
2.	In-Chul Cho	KOR	
3.	Nuno Delgado	POR	
3.	Alexej Budolin	EST	

Platz 3: Budolin – Djamel Bouras (FRA) Kampfrichterentscheid, Delgado – Alvaro Paseyro (URU) Ippon, **HR:** Budolin – Florian Wanner (GER) Ippon; **2.R.:** Wanner – Patrick Reiter (AUT) Kampfrichterentscheid, Budolin – Sergei Aschwanden (SUI) Kampfrichterentscheid

Mittel (90 kg), Männer 20.09.2000

1.	Mark Huizinga	NED	Ippon
2.	Carlos Honorato	BRA	
3	Frederic Demontfaucon	FRA	
3.	Ruslan Maschurenko	UKR	

Platz 3: Demontfaucon – Rasul Salimow (AZE) Ippon, Maschurenko – Keith Morgan (CAN) Ippon, **1.R.:** Brian Olson (USA) – Marko Spittka (GER) Kampfrichterentscheid

Halbschwer (100 kg), Männer 21.09.2000

1.	Kosei Inoue	JPN	Ippon
2.	Nicolas Gill	CAN	
3.	Juri Stepkin	RUS	
3.	Stephane Traineau	FRA	

Platz 3: Stepkin – Luigi Guido (ITA) Ippon, Traineau – Ariel Zeevi (ISR) Ippon, **3.R.:** Ato Hand (USA) – Frank Birkfellner (AUT) Ippon, **2.R.:** Mario Sabino Jr. – Daniel Gürschner (GER) Ippon

Schwer (+ 100 kg), Männer 22.09.2000

1.	David Douillet	FRA	Kampfrichterentscheid
2.	Shinichi Shinohara	JPN	
3.	Indrek Pertelson	EST	
3.	Tamerlan Timenow	RUS	

Platz 3: Pertelson – Ruslan Sharapow (BLR) Ippon, Timenow – Selim Tataroglu (TUR) Ippon, **HR:** Dennis van der Geest (NED) – Frank Möller (GER) Ippon

Extraleicht (48 kg), Frauen 16.09.2000

1.	Ryoko Tamura	JPN	Ippon
2.	Ljubow Bruletowa	RUS	
3.	Anna-Maria Gradante	GER	
3.	Ann Simons	BEL	

Platz 3: Gradante – Zhao Shunxin (CHN) Ippon, Simons – Cha Hyon Hyang (PRK) Kampfrichterentscheid

Halbleicht (52 kg), Frauen 17.09.2000

1.	Legna Verdecia	CUB	Ippon
2.	Noriko Narazaki	JPN	
3.	Sun Hui Kye	PKR	
3.	Yuxiang Liu	CHN	

Platz 3: Kye – Iloana Maria Dinea (ROM) Ippon, Liu – Deborah Gravenstijn (NED) Ippon, **2.R.:** Salima Souakri (ALG) – Isabelle Schmutz (SUI) Kampfrichterentscheid

Leicht (57 kg), Frauen 18.09.2000

1.	Isabel Fernandez	ESP	Kampfrichterentscheid
2.	Driulys Gonzalez	CUB	
3.	Kie Kusakabe	JPN	
3.	Maria Pekli	AUS	

Platz 3: Kusakabe – Jun Shen (CHN) Ippon, Pekli – Cinzia Cavazzuti (ITA) Kampfrichterentscheid

Halbmittel (63 kg), Frauen 19.09.2000

1.	Severine Vandenhende	FRA	Kampfrichterentscheid
2.	Shufang Li	CHN	
3.	Gella Vandecaveye	BEL	
3.	Sung-Sook Jung	KOR	

Platz 3: Vandecaveye – Anja von Rekowski (GER) Ippon, Jung – Jennifer Gal (ITA) Kampfrichterentscheid

Mittel (70 kg), Frauen 20.09.2000

1.	Sibelis Veranes	CUB	Kampfrichterentscheid
2.	Kate Howey	GBR	
3.	Min-Sun Cho	KOR	
3.	Ylenia Scapin	ITA	

Platz 3: Cho – Ulla Werbrouck (BEL) Kampfrichterentscheid, Scapin – Ursula Martin (ESP) Ippon, **2.R.:** Veranes – Yvonne Wansart (GER) Ippon

Halbschwer (78 kg), Frauen 21.09.2000

1.	Lin Tang	CHN	Kampfrichterentscheid
2.	Celine Lebrun	FRA	
3.	Simona Marcela Richter	ROM	
3.	Emanuela Pierantozzi	ITA	

Platz 3: Richter – Heidi Rakels (BEL) Kampfrichterentscheid, Pierantozzi – Diadenys Luna (CUB) Ippon, **2.R.:** So-Yeon Lee – Uta Kühnen (GER) Kampfrichterentscheid

Schwer (+ 78 kg), Frauen 22.09.2000

1.	Hua Yuan	CHN	Kampfrichterentscheid
2.	Daima Mayelis Beltran	CUB	
3.	Seon-Young Kim	KOR	
3.	MayumiYamashita	JPN	

Platz 3: Kim – Sandra Köppen (GER) Kampfrichterentscheid, Yamashita – Christine Cicot (FRA) Ippon

50,4 kg war sie noch auf den australischen Kontinent angereist. Am Morgen ihres Wettkampftages zeigte die Waage 47,5 kg.

In der Vorschlussrunde war sie in einen schmerzhaften Armhebel der Russin Ljubow Bruletowa geraten und hatte sich dabei eine Ellenbogen-Verletzung zugezogen. Im Kampf um Bronze suchte sie deshalb ihr Heil in einem Schnellangriff. Nach nur 16 Sekunden überraschte sie die verdutzte Chinesin Shinxin Zhang durch eine Handwurf-Technik.

Die übrigen deutschen Judoka hatten vielleicht weniger Schwierigkeiten als Anna-Maria Gradante, im geforderten Gewichtslimit zu bleiben, dafür aber größere Probleme auf der Matte, auf der sie mehrheitlich schwer aufs Kreuz gelegt wurden. »Wir sind auf dem absoluten Tiefpunkt angelangt«, räumte DJB-Präsident Karl-Dieter Schuchmann offen ein, nachdem am Schlusstag der Judo-Wettbewerbe auch die beiden Schwergewichtler Sandra Köppen aus Brandenburg und Frank Möller aus Berlin ohne die erhoffte Medaille nach Hause geschickt wurden.

Männer erstmals ohne Medaille

Die deutschen Männer blieben zum ersten Mal überhaupt seit der olympischen Judo-Premiere 1964 in Tokio ohne Medaille. Alle sechs eingesetzten Kämpfer scheiterten kläglich. Der verantwortliche Bundestrainer Dietmar Hötger (53) hatte (»ehe ich mich rausschmeißen lasse«) bereits vor dem Turnier seinen Dienst schriftlich quittiert und damit den Weg für einen Neuaufbau freigemacht.

Die von DJB-Sportdirektor Günther Romenath als »mittelschwere Katastrophe« bezeichnete Pleite des deutschen Männer-Teams kam freilich nicht ganz so überraschend. Bereits im Vorjahr war die Mannschaft bei der WM in Birmingham ohne Edelmetall geblieben. 1996 in Atlanta hatten die deutschen Männer noch Gold durch Udo Quellmalz und weitere drei Bronzemedaillen gewonnen. »Die Männer, die in Sydney am Start waren, sind unsere besten«, betonte der scheidende Trainer. »Das Schlimme ist, dass sie gegen mehr oder weniger drittklassige Gegner chancenlos waren.«

»Hötger konnte die Truppe offenbar nicht mehr motivieren«, meinte DJB-Präsident Schuchmann, »aber er hat allen Talenten zuhause eine Chance gegeben, nur – es hat sie niemand genutzt.«

Die Frauen vermochten die Erwartungen wenigstens halbwegs zu erfüllen. Drei der fünf Kämpferinnen standen im Halbfinale. Am Ende zeigten ein dritter, zwei fünfte und ein siebter Platz laut Bundestrainer Norbert Littkopf, »dass wir in der Weltspitze mitmischen, auch wenn zwei Medaillen mehr drin waren.«

Erfolgreichste Nation am Darling Harbour war das Mutterland des Judo-Sports. Japan gewann viermal Gold, Kuba, China und Frankreich siegten jeweils zweimal. Der 32-jährige französische Super-Star David Douillet, bereits dreimal Weltmeister, setzte sich in einem hochklassigen Finale im Schwergewicht gegen den letztjährigen japanischen Weltmeister Shinichi Shinohara durch und wiederholte damit seinen Olympiasieg von Barcelona 1992. Douillet, der bei den Internationalen Deutschen Meisterschaften in Bonn noch gegen Frank Möller verloren hatte, avancierte damit zum erfolgreichsten Judoka aller Zeiten.

Zu den zahlreichen Enttäuschungen im deutschen Judoteam gehörte auch Mittelgewichtler Marko Spittka aus Frankfurt/Oder. Der Olympiadritte von Atlanta verlor gleich zum Auftakt gegen den Amerikaner Brian Olson durch »Chui«, auf deutsch »Bestrafung«.

Man hatte sie zunächst gar nicht mitnehmen wollte. Judo-»Floh« Anna-Maria Gradante aus Remscheid gewann in der Klasse bis 48 kg Bronze und damit die einzige Medaille für die deutschen Judoka.

Ringen, gr.-röm.

Denkmal-Sturz

Er sieht aus wie Frankensteins Urenkel und wohnt dort, wo eigentlich niemand freiwillig hin will: in Nowosibirsk, mitten in Russlands Kühlkammer Sibirien. Niemals in eineinhalb Jahrzehnten wurde Alexander Karelin, Opernfreund und Liebhaber klassischer Literatur, auf internationalen Ringer-Matten besiegt, doch seit Sydney ist der Spuk beendet. »Alexander der Große« hatte verloren.
Karelins Bezwinger im Schwergewichts-Finale im griechisch-römischen Stil von Sydney heißt Rulon Gardner, ist Amerikaner und mit 29 nur vier Jahre jünger als der Russe. Außer einem fünften WM-Platz 1997 hatte der Mann aus dem US-Bundesstaat Wyoming noch keinen größeren Erfolg aufzuweisen. Nichts gegen die drei Olympiasiege, neun WM- und elf EM-Titel in Serie von Karelin, der als erster Ringer der Welt zum vierten Mal den Olymp besteigen wollte. Doch Gardner stürzte das Denkmal – und konnte seinen sportlichen Quantensprung hinterher kaum fassen: »Es ist, als wenn du ein Pferd hebst.«
Solche Kunststücke konnten die Vertreter des Deutschen Ringer-Bundes (DRB) nicht vollbringen. Nur Ex-Weltmeister Rifat Yildiz schaffte es aus dem DRB-Quartett bis unter die letzten Vier. Dort allerdings scheiterte der 35 Jahre alte Olympiazweite von Barcelona im Halbfinale blitzschnell am späteren Olympiasieger Armen Nasarian (Bulgarien) und im Kampf um Bronze an dem Chinesen Sheng Zetinan. »Das tut weh«, sagte Rifat Yildiz bei seinem internationalen Abschied. Trost spendete Bundestrainer Lothar Ruch: »Er ist einer der größten Ringer, die Deutschland je hatte.«
Doch trotz der kämpferischen Glanzleistung des Bantamgewichtlers aus Hösbach überwog am Ende der Entscheidungen im griechisch-römischen Stil der Frust. »Ich kann nicht zufrieden sein, wir wollten eine Medaille«, sagte Ruch.
Erstmals seit 1980 standen keine Ringer aus Deutschland auf dem Siegerpodest. Einen Grund für die Negativbilanz hatte Ruch schnell ausgemacht: »Das Losglück war uns nicht hold. Yildiz, Thomas Zander und Alfred Ter-Myrtchyan sind alle gegen die späteren Olympiasieger ausgeschieden, Adam Juretzko gegen den Weltmeister.«

STATISTIK

Fliegen (bis 54 kg) 26.09.2000

1.	Kwon Ho Sim	KOR	8:0
2.	Lazaro Rivas	CUB	
3.	Yong Gyun Kang	PRK	7:0
4.	Andrej Kalaschnikow	UKR	
5.	Alfred Ter-Myrtchyan	GER	6:0
6.	Hui Wang	CHN	

Bantam (bis 58 kg) 27.09.2000

1.	Armen Nasarian	BUL	Schultersieg
2.	In-Sub Kim	KOR	
3.	Zetian Sheng	CHN	n.V. 2:0
4.	Rifat Yildiz	GER	
5.	Ali Ashkani	IRI	n.V. 3:2
6.	James Gruenwald	USA	

Feder (bis 63 kg) 26.09.2000

1.	Warteres Samurgaschew	RUS	3:0
2.	Juan Luis Maren	CUB	
3.	Akaki Schaschua	GEO	6:2
4.	Beat Motzer	SUI	
5.	Bachodir Kurbanow	UZB	t.Ü. 10:0
6.	Kevin Bracken	USA	

Leicht (bis 69 kg) 27.09.2000

1.	Filiberto Azcuy	CUB	t.Ü. 11:0
2.	Katsuhiko Nagata	JPN	
3.	Alexej Gluschkow	RUS	5:0
4.	Waleri Nikitin	EST	
5.	Sang-Pil Son	KOR	AG*
6.	Islam Duguschjew	AZE	

*) Duguschjew gab wegen Verletzung auf

VR: Adam Juretzko (GER) mit 1:1-Siegen als Gruppenzweiter ausgeschieden

Welter (bis 76 kg) 26.09.2000

1.	Murat Kardanow	RUS	3:0
2.	Matt James Lindland	USA	
3.	Marko Yli-Hannuksela	FIN	4:2
4.	David Manukjan	UKR	
5.	Jin Soo Kim	KOR	9:0
6.	Ara Abrahamian	SWE	

Mittel (bis 85 kg) 27.09.2000

1.	Hamza Yerlikaya	TUR	n.V. 3:3
2.	Sandor Istvan Bardosi	HUN	
3.	Muchran Wachtangadze	GEO	4:0
4.	Waleri Tschilent	BLR	4:0
5.	Luis Enrique Mendez	CUB	
DQ	Fritz Aanes*	NOR	

*wg. Dopings disqualifiziert

VR: Thomas Zander (GER) mit 1:1-Siegen als Gruppenzweiter ausgeschieden

Schwer (bis 97 kg) 26.09.2000

1.	Mikael Ljungberg	SWE	2:1
2.	David Saladze	UKR	
3.	Garrett Lowney	USA	3:1
4.	Konstantinos Thanos	GRE	
5.	Genadi Schaidze	GEO	1:1
6.	Sergej Matwijenko	KZA	

VR: Urs Bürgler (SUI) mit 2:1-Siegen als Gruppenzweiter ausgeschieden

Superschwer (bis 130 kg) 27.09.2000

1.	Rulon Gardner	USA	n.V. 1:0
2.	Alexander Karelin	RUS	
3.	Dimitri Debelka	BLR	1:0
4.	Juri Yevseychyk	ISR	
5.	Hector Milian	CUB	n.V. 5:3
6.	Georgi Saldadze	UKR	

Ringen, Freistil

Leipold: Nasenbruch, Veilchen, aber Gold

Die Nase gebrochen, ein blaues Veilchen am linken Auge, aber Gold um den Hals – Alexander Leipold war nach seinem Olympiasieg von Sydney »der glücklichste Mensch der Welt«.
Der Weltergewichtler aus Schifferstadt gewann das Finale der 76-kg-Klasse gegen den US-Amerikaner Brandon Slay und damit die erste Goldmedaille für die deutschen Freistil-Ringer seit 1960.
Vor 40 Jahren hatte Schwergewichtler Wilfried Dietrich in Rom seinen Ruhm als »Kran von Schifferstadt« begründet. »Dietrich war auch für mich ein Vorbild. Es ist ein Traum, dass ich heute seine Tradition weiterführen konnte. 20 Jahre habe ich für diesen Tag trainiert. Dreimal bin ich bei Olympischen Spielen angetreten und gescheitert. Aber diesmal hat es

Ich werde bestimmt 40 Jahre brauchen, um das alles zu begreifen«, erzählte der 31 Jahre alte Industriekaufmann. Alexander Leipold konnte sein Glück nach dem »goldenen Griff« kaum fassen. Die Blessuren störten ihn nicht. »Ich wollte Gold und keinen Schönheitspreis …«
Als ihn Bundesinnenminister Otto Schily im Deutschen Haus zum Bier einlud, konnte der Anti-Alkoholiker Leipold nicht nein sagen. »Für Sie mache ich eine Ausnahme.« Der Abend fiel ihm leicht nach drei Tagen Schwerstarbeit auf der Matte. Zielstrebig hatte er sein Ziel, Gold in Sydney, verfolgt. Weder ein Innenbandriss Anfang des Jahres, noch ein Infekt im Juli oder Schulter-Probleme im August konnten ihn davon abbringen.

Seine Konsequenz erklärt Leipold selber so: »Ich bin ein Vollblut-Ringer. Ringen ist mein Leben. Es ist wie ein Schachspiel, bei dem die Taktik entscheidet. Und – ich bin ein schlechter Verlierer. Das war schon früher so beim ›Mensch ärgere dich nicht‹ mit meiner Mutter.«
Bundestrainer Wolfgang Nitzschke nennt Leipold einen Ausnahmesportler: »Er ist unglaublich aufnahmefähig, setzt das, was man ihm sagt, blitzschnell um und bleibt dabei noch locker. Selbst auf dem Weg zur Matte konnte ich ihm noch einen Witz erzählen.«
Für den ansonsten medaillen- und erfolglosen Deutschen Ringerbund (DRB) gab es dank Leipold doch noch das erwünschte Happy-End. Allerdings sollten die insgesamt zehn angetretenen Athleten in beiden Stilarten eigentlich zwei Medaillen mit nach Hause bringen. »Jetzt aber haben wir Gold. Das wird unserem Sport in Deutschland einen Aufschwung bringen«, hofft Nitzschke. 2003 findet zum ersten Mal eine Freistil-WM in Deutschland statt. Ob Leipold dann noch zum Team gehört, bleibt offen.

Durch einen souveränen Sieg gegen den Amerikaner Brandon Slay holte der »blauäugige« Alexander Leipold als zweiter Deutscher nach Wilfried Dietrich nach 40 Jahren wieder Freistilringer-Gold nach Deutschland.

STATISTIK

Fliegen (54 kg) 30.09.2000

1. Namig Abdullajew	AZE	4:3
2. Samuel Henson	USA	
3. Armiran Karntanov	GRE	5:4
4. German Kontojew	BLR	

HF: Abullajew – Karntanov 5:3, Henson – Kontojew 3:0, **Platz 5:** Aleksander Zacharuk – Maulen Mamyrow (KAZ) 8:1, **QU:** Wasilij Zeiher (GER) 9:2

Bantam (58 kg) 01.10.2000

1. Alireza Dabir	IRI	3:0
2. Jewgeni Buslowisch	UKR	
3. Terry Brands	USA	3:2
4. Damir Sachartdinov	UZB	

HF: Dabir – Brands 6:4, Buslowisch – Sachartdinow 2:0, **Platz 5:** Oyungbileg Purevbaatar (MGL) – David Pogosian (GEO) 6:0, **QU:** Othmar Kuhner (GER)

Feder (63 kg) 30.09.2000

1. Murad Umachanow	RUS	3:2
2. Serafim Barsakow	BUL	
3. Jae Sung Jang	KOR	12:2
4. Mohammed Talaei	IRI	

HF: Umachanow – Jang 4:4, Barsakow – Talaei 4:0, **Platz 5:** Arshak Hayrapetyan (ARM) – Carlos Ortiz (CUB) 0:0 KE, **QU:** Jürgen Scheibe (GER)

Leicht (69 kg) 01.10.2000

1. Daniel Igali	CAN	7:4
2. Arsen Gitinow	RUS	
3. Lincoln McIlravy	USA	3:1
4. Sergei Demschenko	BLR	

HF: Gitinow – Demschenko 3:2, Igali – McIlray 6:3, **Platz 5:** Yosmany Sanchez (CUB) – Ivan Diaconu (MDA) 6:3

Welter (76 kg) 30.09.2000

1. Alexander Leipold	GER	4:0
2. Brandon Slay	USA	
3. Eui Jae Moon	KOR	Schultersieg
4. Adem Bereket	TUR	

HF: Leipold – Moon 3:1, Slay – Bereket 3:1, **Platz 5:** Gennadi Lalijew (KAZ) – Ruslan Hinschagow (UZB) 0:0 KE

Mittel (85 kg) 01.10.2000

1. Adam Saitiew	RUS	Schultersieg
2. Yoel Romero	CUB	
3. Mogamed Ibragimow	MKD	3:1
4. Amirreza Khadem Azghadi	IRI	

HF: Romero – Khadem Azghadi 3:0, Saitiew – Ibragimow 3:0, **Platz 5:** Charles Burton (USA) – Hyun Mo Yang (KOR) 0:0 KE, **QU:** Gregory-Herve Martinetti (SUI)

Halbschwer (97 kg) 30.09.2000

1. Saghid Murtasalijew	RUS	6:0
2. Islam Bairamukow	KZA	
3. Eldar Kurtanidze	GEO	4:1
4. Marek Garmulewicz	POL	

HF: Bairamukow – Garmulewicz 3:0, Murtasalijew – Kurtanidze 3:1, **Platz 5:** Aftandil Xanthopoulos (GRE) – Alireza Heidari (IRI) 0:0, **QU:** Arawat Sabejew (GER), Rolf Scherrer (SUI)

Schwer (130 kg) 01.10.2000

1. David Mussulbes	RUS	5:2
2. Artur Taimasow	UZB	
3. Alexis Rodriguez	CUB	KE 0:0
4. Abbas Jadidi	IRI	

HF: MussulbesName – Jadidi 3:0, Taimasow – Rodriguez 4:0, **Platz 5:** Kerry McCoy (USA) – Aleksei Medwedew (BLR) 0:0 KE, **QU:** Sven Thiele (GER)

Aus Marokko nach Heusenstamm: Silber für den »sanftmütigen und melancholischen Klavierschüler« Faissal Ebnoutalib.

Taekwondo

»Von Allah so gewollt«

Ich trinke zwar keinen Alkohol, aber es gibt trotzdem eine Riesenparty.« Faissal Ebnoutalib freute sich über seine Silbermedaille in der 80-kg-Klasse genau so, als hielte er Gold in der Hand. Im State Sports Centre von Sydney hatte bei der olympischen Premiere der in Deutschland wenig populären fernöstlichen Sportart mit dem Kung Fu-Image die letzte von drei Trumpfkarten der gerade 60000 Mitglieder umfassenden Deutschen Taekwondo-Union (DTU) endlich gestochen.
»Natürlich wollte ich Gold gewinnen. Aber Hauptsache, ich habe jetzt eine Medaille. Wir haben tollen Sport geboten und Taekwondo für Deutschland präsentiert«, sagte der gebürtige Marokkaner und amtierende Europameister, der, so ein Beobachter, »eher wie ein sanftmütiger und melancholischer Klavierschüler« aussieht.
Erst im Finale wurde der gläubige Moslem (»Alles ist von Allah so gewollt«) von dem Kubaner Angel Matos Fuentes mit 1:3 gestoppt. Die drei vorangegangenen Siege hatten Spuren hinterlassen. In der Vorschlussrunde beim 4:3 über Sebastian N'Guessan Konan von der Elfenbeinküste erlitt er eine schmerzhafte Knieverletzung, die ihn im entscheidenden Kampf behinderte. »Ich konnte meine Beintechnik und Schnelligkeit nicht mehr so ausspielen«, sagte der mehrmalige deutsche Meister.
Geärgert hat er sich in Sydney nur über das frühe Ausscheiden seiner ebenfalls aus Nador in Marokko stammenden Teamgefährten Fadime Helvacioglu und Aziz Acharki, denn – »Wir sind wie eine große Familie«. Vize-Europameisterin Fadime Helvacioglu, die sie »Kobra von Bielefeld« nennen, lief gleich in ihrem ersten Kampf in der Kategorie bis 49 kg in einen (erlaubten) Fußtritt der taiwanesischen Weltmeisterin Shu-Ju Chi und wäre fast K.o. gegangen. So blieb der enttäuschten 21-Jährigen als größtes Erlebnis, im Olympischen Dorf dem großen Muhammad Ali die Hand geschüttelt zu haben.
Der Bonner Aziz Acharki verlor im Halbfinale der Klasse bis 68 kg gegen den späteren Goldmedaillen-Gewinner Steven Lopez aus den USA mit 0:2 und unterlag in der Hoffnungsrunde dem Österreicher Tuncay Caliskan bei 7:7-Punkten durch Kampfrichterentscheid. Neben Lopez schrieb bei den Frauen die Südkoreanerin Jae-Eun Jung als erste Olympiasiegerin Geschichte.
Bundestrainer Georg Streif richtete in seinem Fazit den Blick bereits nach vorn: »Jetzt werden wir im Fördersystem des deutschen Sports höher eingestuft und können uns auf die nächsten Höhepunkte viel besser vorbereiten.« Für den Verband kommt der Olympia-Auftritt von Ebnoutalib »einer Heldentat« gleich. »Wir müssen die Strukturen im Verband verbessern, um bei den nächsten

Sport mit Hand und Fuß

Vor mehr als 2000 Jahren entwickelte der koreanische General Choi Hong Hi die Kampfkunst Subak. Von Generation zu Generation weitergegeben, erhielt sie 1955 ihren heutigen Namen – Taekwondo. »Tae« bedeutet Fuß, »Kwon« steht für Faust und »Do« für den geistigen Weg zum Erfolg. Das Ziel ist es, den Gegner mit Hand- oder Fußtechniken aus dem Gleichgewicht zu bringen und ihn auf die Matte zu befördern. Einst aufgrund der Ähnlichkeit mit den Helden alter Kung-Fu-Filme als sympathische Spinner belächelt, kämpfen die Taekwondoka in Sydney erstmals um olympische Medaillen. Bereits 1988 in Seoul und 1992 in Barcelona war Taekwondo als Demonstrations-Sportart dabei.

»Kommen Sie doch mal wieder, auch wenn nicht Olympische Spiele sind«. (Der Offenbacher Silbermedaillen-Gewinner Faissal Ebnoutalib zum Abschluss der Pressekonferenz)

STATISTIK

Fliegen (58 kg), Männer 27.09.2000

1.	Michail Mouroutsos	GRE	4:2
2.	Gabriel Esparza	ESP	
3.	Chih-Hsiung Huang	TPE	3:0
4.	Gabriel Alberto Taraburelli	ITA	

Feder (68 kg), Männer 28.09.2000

1.	Steven Lopez	USA	1:0
2.	Joon-Sik Sin	KOR	
3.	Hadi Saeibonehkohal	IRI	4:2
4.	Tuncay Caliskan	AUT	

HR: Caliskan – Aziz Acharki (GER) K.E. 7:7

Welter (80 kg), Männer 29.09.2000

1.	Angel Valodia Matos Fuentes	CUB	3:1
2.	Faissal Ebnoutalib	GER	
3.	Victor Manuel Estrada Garibay	MEX	2:1
4.	Roman Livaja	SWE	

Schwer (+80 kg), Männer 30.09.2000

1.	Kyong-Hun Kim	KOR	6:2
2.	Daniel Trenton	AUS	
3.	Pascal Gentil	FRA	Abbruchsieg
4.	Khalid Al-Dosari	KSA	

Fliegen (49 kg), Frauen 27.09.2000

1.	Lauren Burns	AUS	4:2
2.	Urbia Rodriguez Melendez	CUB	
3.	Shu-Ju Chi	TPE	4:0
4.	Hanne Hoegh Poulsen	DEN	

1.R.: Chi – Fadime Helvacioglu (GER) 1:0

Feder (57 kg), Frauen 28.09.2000

1.	Jae-Eun Jung	KOR	2:0
2.	Hieu Ngan Tran	VIE	
3.	Hamide Bikcin	TUR	7:5
4.	Virginia Lourens	NED	

Welter (67 kg), Frauen 29.09.2000

1.	Sun-Hee Lee	KOR	6:3
2.	Trude Gundersen	NOR	
3.	Yoriko Okamoto	JPN	6:5
3.	Sarah Stevenson	GBR	

Schwer (+67 kg), Frauen 30.09.2000

1.	Zhong Chen	CHN	8:3
2.	Natalia Iwanowa	RUS	
3.	Dominique Bosshart	CAN	11:8
4.	Natasa Vezmar	CRO	

Olympischen Spielen noch erfolgreicher abzuschneiden«, sagte Streif, der bisher seine Auswahlkader nur unregelmäßig in der Sportfördergruppe der Bundeswehr in Sonthofen zur gemeinsamen Vorbereitung zusammenziehen konnte.

Bis zum Frühjahr war der vielseitige Faissal Ebnoutalib, der in Heusenstamm wohnt, dort trainiert, aber für Dachau startet und mit seinem Bruder Mohammed in Offenbach eine Taekwondo-Schule betreibt, auch als Sicherheitschef einer Frankfurter Diskothek tätig. Nach dem Medaillengewinn von Sydney plant er etwas Eigenes: »Ich will eine Saftbar aufmachen, das passt besser zu meinen Trinkgewohnheiten.«

Attacke: Die neue olympische Sportart Taekwondo faszinierte im State Sports Centre von Sydney nicht nur die Fachleute, sondern auch das begeisterungsfähige Publikum.

Männer

Sensationssiege statt Weltrekorde

Sydney feierte mit rund 1,5 Millionen Zuschauern an neun Leichtathletik-Tagen einen gigantischen olympischen Rekord. Doch erstmals seit den Nachkriegsspielen 1948 in London fiel kein einziger Weltrekord. Dies lag vor allem an den selten idealen Witterungsbedingungen zu Beginn des australischen Frühlings. Doch möglicherweise waren auch die verbesserten Dopingkontrollen schuld, dass es in 24 Männerwettbewerben nur vier Saisonbestmarken gab.

Für eine davon sorgte der Brite Jonathan Edwards, der den Dreisprung-Weltrekord auf fantastische 18,29 m gesteigert hatte und nun seine Bilderbuchkarriere mit dem letzten noch fehlenden Gold krönte. Ähnlich erlebte Michael Johnson (USA) nach neun WM-Titeln mit dem fünften Gold seine letzten Spiele. Für Haile Gebrselassie (Äthiopien) war es nach drei 10000-Meter-Siegen in Folge ein Abschied von der Bahn. Jan Zelezny (33) setzte sich mit dem dritten Speerwurf-Gold in Serie ein Denkmal.

Neben Michael Johnson feierten zwei andere zweimal Gold: Landsmann Maurice Greene triumphierte wie bei der WM von Sevilla auch mit der 4x100-Meter-Staffel. Und Robert Korzeniowski wurde vier Jahre nach dem 50-Kilometer-Gold von Atlanta mit dem historischen Triumph über beide Strecken zum erfolgreichsten Geher der Geschichte.

Nils Schumann gehörte mit seinem Triumph über Weltrekordler Wilson Kipketer (Dänemark) zu den großen Sensationssiegern der Leichtathletik. Der Grieche Konstantinos Kenteris nutzte über 200 m mit der Abwesenheit der US-Stars Johnson und Greene (verletzt bei den Trials) eine Marktlücke, Marathonläufer Gezahgne Abera krönte den äthiopischen Siegeszug auf den drei Langstrecken, und Finnlands Kugelstoßer Arsi Harju hatte kaum jemand auf der Rechnung.

Zu den vielen geschlagenen Atlanta-Siegern gehörte auch der diesmal mit Silber glückliche Diskus-Weltmeister Lars Riedel. Unglücklich über die gleiche Medaille war ein anderer. 1500-Meter-Weltrekordläufer Hicham El Guerrouj (Marokko), der in Atlanta über das Bein des Rivalen Noureddine Morceli (Algerien) gestürzt war, scheiterte diesmal am Kenianer Noah Ngeny.

Erster deutscher Olympiasieger über die 800 m: Nach dem Triumph durchbrach Biertrinker Nils Schumann aus Erfurt die in der Sydney-Vorbereitung »selbst auferlegte Sperre«.

Leichtathletik

QATAR
1874
3065

Sydney 2000
1870
Sydney 2000

Reebok
Sydney 2000
2711

3269

Maurice Greene (Bildmitte) als schnellster Mann der Welt beim Zieleinlauf im 100 m-Finale. Der Pole Robert Korzeniowski (links unten) schrieb mit zweimal Gold im Gehen über 20 und 50 km ebenso Geschichte, wie Kubas Hochspringer Javier Sotomayor (rechts unten), dem die Gnade des Weltverbandes zu Silber verhalf.

Der Mann mit den goldenen Schuhen: Für den Texaner Michael Johnson, Weltrekordler über 200 und 400 m, wurden seine dritten Olympischen Spiele mit den Triumphen über die 400 m und in der 4x400-Meter-Staffel zu »meinen größten überhaupt«.

USA

Laufwettbewerbe

Äthiopien lief Kenia davon

Ein »Nobody« namens Gezahgne Abera siegte im olympischen Marathon und machte Äthiopien damit zur zweiterfolgreichsten Leichtathletik-Nation in Sydney. »Ich kann es nicht glauben«, meinte der frühere Farmer, der in der 300. und letzten Entscheidung der Spiele in 2:10:11 Stunden beim totalen Triumph der Ost-Afrikaner den Kenianer Eric Wainaina (2:10:31) und seinen Landsmann Tesfaye Tola (2:11:10) auf die Plätze verwies. Mit vier Gold-, einer Silber- und drei Bronze-Medaillen, allesamt in den Lauf-Wettbewerben erobert, liegt Äthiopien in der Medaillen-Wertung der Leichtathletik auf Platz zwei hinter den USA (10/4/6).
Vorreiter der äthiopischen Erfolgsserie ist Superstar Haile Gebrselassie, der in Sydney zum zweiten Mal 10000-Meter-Olympiasieger wurde. »Mit seiner Moral und seinem Charakter ist er ein Vorbild«, sagt Abera, der jetzt selbst eines ist und an die äthiopische Marathon-Tradition der 60-er Jahre mit den Olympiasiegern Abebe Bikila (1960, 1964) und Mamo Wolde (1968) anknüpfte.
Viel wichtiger als die melancholische Erinnerung war Abera an diesem Tag jedoch der Sieg im »Länderkampf« mit Kenia. »Ich habe nicht nur für mich gewonnen, sondern für ganz Äthiopien«, meinte der 22-Jährige, der in der Nähe von Addis Abeba auf 2200 Meter Höhe lebt und trainiert. Äthiopien löste mit vier Goldmedaillen – neben Gebrselassie und Abera gewannen noch Milton Wolde über 5000 m und bei den Frauen Derartu Tulu über 10 000 m – Kenia als Läufer-Nation Nummer eins ab.
Die Schwarzafrikaner gewannen aber immerhin mit zweimal

STATISTIK

100 m, Männer 23.09.2000

WR	Maurice Greene Athen – 16.06.1999	USA	9,79
OR	Donovan Bailey Atlanta – 27.07.1999	CAN	9,84
1.	Maurice Greene	USA	9,87
2.	Ato Boldon	TRI	9,99
3.	Obadele Thompson	BAR	10,04
4.	Dwain Chambers	GBR	10,08
5.	Jonathan Drummond	USA	10,09
6.	Darren Campbell	GBR	10,13
7.	Kim Collins	SKN	10,17
AG	Aziz Zakari	GHA	

2.R: Martin Lachkovics (AUT) 10,44, **1.R:** Marc Blume (GER) 10,42

200 m, Männer 28.09.2000

WR	Michael Johnson Atlanta – 01.08.1996	USA	19,32
OR	Michael Johnson Atlanta – 01.08.1996	USA	19,32
1.	Konstantinos Kenteris	GRE	20,09
2.	Darren Campbell	GBR	20,14
3.	Ato Boldon	TRI	20,20
4.	Obadele Thompson	BAR	20,20
5.	Christian Malcolm	GBR	20,23
6.	Claudinei da Silva	BRA	20,28
7.	Coby Miller	USA	20,35
8.	John Capel Jr.	USA	20,49

1.R.: Martin Lachkovics (AUT) 21,00

Einlauf wie in Atlanta 1996: Der Äthiopier Haile Gebrselassie gewinnt nach zehn Kilometern mit gerade neun Hundertstelsekunden vor Paul Tergat aus Kenia und verbessert seine bemerkenswerte Bilanz auf zwei Olympiasiege bei 15 Weltrekorden und sieben WM-Titeln.

400 m, Männer 25.09.2000

WR	Michael Johnson Sevilla – 26.08.1999	USA	43,18
OR	Michael Johnson Atlanta – 29.07.1996	USA	43,49
1.	Michael Johnson	USA	43,84
2.	Alvin Harrison	USA	44,40
3.	Gregory Haughton	JAM	44,70
4.	Sanderlei Claro Parrela	BRA	45,01
5.	Robert Mackowiak	POL	45,14
6.	Hendrick Mokganyetsi	RSA	45,26
7.	Antonio Pettigrew	USA	45,42
8.	Danny McFarlane	JAM	45,55

800 m, Männer 27.09.2000

WR	Wilson Kipketer Köln – 24.08.1997	DEN	1:41,11
OR	Vebjörn Rodal Atlanta – 29.07.1996	NOR	1:42,58
1.	Nils Schumann	GER	1:45,08
2.	Wilson Kipketer	DEN	1:45,14
3.	Aissa Djabir Said-Guerni	ALG	1:45,16
4.	Hezekiel Sepeng	RSA	1:45,29
5.	Andre Bucher	SUI	1:45,40
6.	Jurii Borsakowskii	RUS	1:45,83
7.	Glody Dube	BOT	1:46,24
DQ	Andrea Longo	ITA	

1500 m, Männer 29.09.2000

WR	Hicham El Guerrouj Rom – 14.07.1998	MAR	3:26,00
OR	Sebastian Coe Los Angeles – 11.08.1984	GBR	3:32,53
1.	Noah Ngeny	KEN	OR 3:32,07
2.	Hicham El Guerrouj	MAR	3:32,32
3.	Bernard Lagat	KEN	3:32,44
4.	Medhi Baala	FRA	3:34,14
5.	Kevin Sullivan	CAN	3:35,50
6.	Daniel Zegeye	ETH	3:36,78
7.	Andres Diaz	ESP	3:37,27
8.	Juan Carlos Higuero	ESP	3:38,91

5000 m, Männer 30.09.2000

WR	Haile Gebrselassie Helsinki – 13.06.1998	ETH	12:39,36
OR	Saïd Aouita Los Angeles – 11.08.1984	MAR	13:05,59
1.	Millon Wolde	ETH	13:35,49
2.	Ali Saidi-Sief	ALG	13:36,20
3.	Brahim Lahlafi	MAR	13:36,47
4.	Fita Bayissa	ETH	13:37,03
5.	David Chelule	KEN	13:37,13
6.	Dagne Alemu	ETH	13:37,17
7.	Sergii Lebid	UKR	13:37,80
8.	Jirka Arndt	GER	13:38,57

10000 m, Männer 25.09.2000

WR	Haile Gebrselassie Hengelo– 01.06.1998	ETH	26:22,75
OR	Haile Gebrselassie Atlanta – 29.07.1996	ETH	27:07,34
1.	Haile Gebrselassie	ETH	27:18,20
2.	Paul Tergat	KEN	27:18,29
3.	Assefa Mezgebu	ETH	27:19,75
4.	Patrick Ivuti	KEN	27:20,44
5.	John Korir	KEN	27:24,75
6.	Said Berioui	MAR	27:37,83
7.	Toshinari Takaoka	JPN	27:40,44
8.	Karl Keska	GBR	27:44,09

Marathon, Männer 01.10.2000

WR*	Khalid Khannouchi Chicago – 24.10.1999	MAR	2:05:42
OR*	Carlos Lopes Los Angeles– 12.08.1984	POR	2:09:21
1.	Gezahgne Abera	ETH	2:10,11
2.	Eric Wainaina	KEN	2:10,31
3.	Tesfaye Tola	ETH	2:11,10
4.	Jon Brown	GBR	2:11,17
5.	Giacomo Leone	ITA	2:12,14
6.	Martin Fiz	ESP	2:13,06
7.	Abdelkader El Mouaziz	MAR	2:13,49
8.	Mohamed Quaadi	FRA	2:14,04
33.	Michael Buchleitner	AUT	2:19,26
36.	Viktor Röthlin	SUI	2:20,06
37.	Michael Fietz	GER	2:20,09
54.	Carsten Eich	GER	2:24,11

Äthiopiens Langstreckenläufer, hier nach dem 5000-Meter-Finale, gewannen das innerafrikanische Duell gegen Kenia klar und brachten viermal Gold, einmal Silber und dreimal Bronze nach Hause.

Gold durch Reuben Kosgei (3000 m Hindernis) und Noah Ngeny (1500 m) sowie drei Silber- und zwei Bronze-Medaillen immer noch mehr Plaketten als Deutschland (2/1/2) in allen Leichtathletik-Disziplinen zusammen. Ein ganzer Mann namens Schumann, Vorname Nils, sorgte über 800 m für die einzige Laufmedaille des Deutschen Leichtathletik-Verbandes (DLV), immerhin war die aus Gold.

Die US-Bilanz polierten mit jeweils zweimal Gold Sprinter Maurice Greene (100m und 4x100m) und »Evergreen« Michael Johnson (400m und 4x400m) auf. Greene, der 26 Jahre alte »Kansas Cannonball« und mit dem Mundwerk manchmal schneller als mit den Beinen, rastete nach dem Triumph in 9,87 Sekunden vor seinem Freund Ato Boldon (Trinidad/9,99) vor Freude förmlich aus. Er schleuderte die Spikes ins Publikum, drehte, eingehüllt in die amerikanische Fahne, eine Ehrenrunde und vergoss im Blitzlichtgewitter der Fotografen fünf Minuten lang Tränen des Glücks: »Das war die beste Achterbahnfahrt, die ich je mitgemacht habe. Diese Tränen mussten einfach raus.« Wenigstens hielt das Großmaul (»Nur ein Maurice Greene kann einen Maurice Greene schlagen«) vier Jahre nach der verpassten Olympia-Qualifikation für Atlanta diesmal Wort: »Diese Goldmedaille ist jetzt dort, wo sie hingehört.«

Taten statt Worte

Lieber Taten als Worte ließ sein Landsmann Michael Johnson sprechen. Der Mann mit den goldenen Schuhen lief wie auf Bestellung zur Goldmedaille über 400 m und schrieb wie selbstverständlich Geschichte: Als erster Athlet gewann Johnson zum zweiten Mal bei Olympia über die Stadionrunde.

Entsprechend zufrieden und ungewohnt entspannt wirkte der Weltrekordhalter über 200 (19,32 Sekunden) und 400 Meter (43,18 Sekunden) nach dem vierten Olympiagold seiner Karriere. »Das hier sind meine letzten Spiele«, wiederholte er mit einem Lächeln – wirkte dabei allerdings so glücklich, als habe er sich zum ersten Mal für Olympia qualifiziert und dann gleich gewonnen: »Noch einmal Gold, das ist toll. Das waren meine dritten und meine größten Spiele.« In Barcelona hatte Johnson Gold mit der 4x400-Meter-Staffel gewonnen, in Atlanta über 200 und 400 m. Olympia-Gold Nummer vier und fünf folgten in Sydney. Hinzu kommt der Rekord von neun Titeln bei Weltmeisterschaften. Sowohl Johnson als auch Greene hatten bei den US-Trials die Olympia-Fahrkarten über 200 Meter verpasst. In Sydney sprintete ein bislang völlig Unbekannter in diese Lücke. Ein Turnlehrer aus Griechenland namens Konstantinos Kenteris rannte im schnellsten Lauf seines Lebens zum Olympiasieg. Eine Sensation für alle, nur für den schnellen Hellenen nicht: »Ich bin hierher gekommen, um zu gewinnen.« Niemand kannte Konstantinos Kenteris, als er

»Gold ist da, wo es hingehört«. Der Amerikaner Maurice Green präsentiert mit Stolz eine seiner beiden Trophäen über die 100 m und in der Sprintstaffel.

Nils Schumann – Gold von Sydney Millionen wert

Er konnte es immer noch nicht begreifen, glaubte, er habe alles nur geträumt. »Wenn ich denke, das Ganze ist nicht wahr, dann hole ich die Goldmedaille heraus«, erzählte Deutschlands erster 800-Meter-Olympiasieger am Tag nach dem Rennen seines Lebens. »Es ist nach wie vor eine unglaubliche Geschichte für mich.« Seit dem 27. September 2000 ist für Nils Schumann nichts mehr wie es war: »Unerkannt werde ich Zuhause in Erfurt kaum noch durch die Straßen gehen können. Ich hoffe aber, dass ich mich nicht verändern werde.«
Zwar wird der »Schumi« der deutschen Leichtathletik nie in die Dimensionen eines Michael Schumacher vorstoßen, Millionen wert ist das Gold von Sydney jedoch allemal. »Sein Marktwert wird etwa um das Fünffache steigen«, glaubt sein Manager Jos Hermens. Gemessen am bisherigen Einkommen würde der Blonde mit den blauen Augen damit rund eine Million Mark im Jahr verdienen. »Ich bin in der glücklichen Lage, dass alle Verträge zum Jahresende auslaufen«, freute sich Schumann, um dessen Gunst die Sportartikel-Konzerne bereits in Sydney buhlten.
Bleibt der 22-Jährige von Verletzungen verschont, liegen noch mindestens zehn Karriere-Jahre vor ihm. Insofern stellte Schumann im Stadium Australia die Weichen für die Zukunft: »Mit diesem Sieg eröffnen sich neue Möglichkeiten, mein Leben finanziell abzusichern. Mit Gold kann ich die nächsten fünf, sechs Jahre Hochleistungssport planen. Ansonsten hätte ich bald mit Studium oder Ausbildung beginnen müssen.« Anspruch und Wirklichkeit sind endgültig deckungsgleich: Schon vor Olympia gab der Europameister aller Klassen (Junioren, U23, Halle, Freiluft) in der Mannschaftsbroschüre als Beruf »Profi-Sportler« an.
Der Abiturient hat die Gesetze des Marktes bereits verinnerlicht: »Als Sportler bin ich auch ein Produkt, und ich habe einen der besten Manager der Welt, um das zu verkaufen.« Hermens versteht sein Geschäft. Der Niederländer, der Äthiopiens Langstreckenstar Haile Gebrselassie zum Rekord- und Titelsammler machte, bewies 1996 ein feines Näschen, als er den neuen deutschen Läufer-Helden ausgerechnet in Sydney während der Junioren-WM unter Vertrag nahm.
Alles würde sein Schützling aber nicht mitmachen. Gegen einen Vertrag mit einer Brauerei hätte der »ausgesprochene Biertrinker« dagegen nichts einzuwenden: »Das könnte passen, wenn ich immer einen Kasten zu Hause hätte.«
Als Auto- und Motorrad-Freak würde er sich durchaus für die Kfz-Industrie eignen. »Aber auch für Tattoo-Läden«, witzelt Hermens und meint die großflächige Tätowierung auf dem Oberarm. Die trug dazu bei, dass der Erfurter im deutschen Osten als »junger Wilder«, aber – so Hermens – auch als »geradliniger und bescheidener Typ mit einem guten Herzen« längst Kultstatus besitzt.

nach Australien kam. »Macht nichts«, erklärte der 27-Jährige strahlend, »morgen kennt mich die ganze Welt.«
Soweit wird es Robert Korzeniowski nicht bringen, aber der Pole schrieb als Doppel-Olympiasieger über 20 und 50 km im Gehen Geschichte und ließ die Diskussionen in Sydney um die Olympia-Berechtigung seiner Disziplin verstummen. Der Mexikaner Bernardo Seguro war über 20 km erst hinter der Ziellinie wegen »unreiner Gangart« disqualifiziert worden. Bei den Frauen sah die Australierin Jane Seville – in Führung liegend – 120 Meter vor dem Olympiasieg die Rote Karte der Gehrichter. Korzenowski brach eine Lanze für die Zunft der Kampfrichter: »Sie haben einen verdammt harten Job. Mein Eindruck ist, dass sie sehr gerecht urteilen.«

Vorher kannte ihn niemand, nach dem 200-Meter-Endlauf kennt ihn die ganze Welt: Der 27 Jahre alte Grieche Konstantinos Kenteris holte als erster weißer Läufer nach dem 1980 in Moskau siegreichen Italiener Pietro Mennea Gold über die lange Sprintstrecke.

STATISTIK

110 m Hürden, Männer 25.09.2000

WR Colin Jackson Stuttgart – 20.08.1993	GBR	12,91
OR Allen Johnson Atlanta – 29.07.1996	USA	12,95
1. Anier Garcia	CUB	13,00
2. Terrence Trammell	USA	13,16
3. Mark Crear	USA	13,22
4. Allen Johnson	USA	13,23
5. Colin Jackson	GRB	13,28
6. Florian Schwarthoff	GER	13,42
7. Dudley Dorival	HAI	13,49
8. Robert Kronberg	SWE	13,61

HF: Falk Balzer (GER) 13,59; Elmar Lichtenegger (AUT) 13,59; **ZL:** Ralf Leberer (GER) 13,73, **VL:** Raphael Monachon (SUI) 14,80; Paolo della Santa (SUI) 14,12

400 m Hürden, Männer 27.09.2000

WR Kevin Young Barcelona – 06.08.1992	USA	46,78
OR Kevin Young Barcelona – 06.08.1992	USA	46,78
1. Angelo Taylor	USA	47,50
2. Hadi Souan Somayli	KSA	47,53
3. Llewllyn Herbert	RSA	47,81
4. James Carter	USA	48,04
5. Eronildes Araujo	BRA	48,34
6. Pawel Januszewski	POL	48,44
7. Fabrizio Mori	ITA	48,78
8. Gennadii Gorbenko	UKR	49,01

HF: Thomas Goller (GER) 49,28

3000 m Hindernis, Männer 29.09.2000

WR Bernard Barmasai Köln – 24.08.1997	KEN	7:55,72
OR Julius Kariuki Seoul – 30.09.1988	KEN	8:05,51
1. Reuben Kosgei	KEN	8:21,43
2. Wilson Boit Kipketer	KEN	8:21,77
3. Ali Ezzine	MAR	8:22,15
4. Bernard Barmasai	KEN	8:22,23
5. Luis Miguel Martin	ESP	8:22,75
6. Eliseo Martin	ESP	8:23,00
7. Brahim Boulami	MAR	8:24,32
8. Günther Weidlinger	AUT	8:26,70
15. Damian Kallabis	GER	9:09,78

VL: Christian Belz 8:33.45

4x100 m, Männer 30.09.2000

WR USA Barcelona – 08.08.1992	37,40
OR USA Barcelona – 08.08.1992	37,40
1. USA (Drummond/Williams/Lewis/Greene)	37,61
2. Brasilien (Lima/Ribeiro/Silva/da Silva)	37,90
3. Kuba (Cesar/Perez/Garcia/Mayola)	38,04
4. Jamaika	38,20
5. Frankreich	38,49
6. Japan	38,66
7. Italien	38,67
8. Polen	38,96

4x400 m, Männer 30.09.2000

WR USA Uniondale – 22.07.1998	2:54,20
WR USA Barcelona – 08.08.1992	2:55,74
1. USA (A. Harrison/Pettigrew/C. Harrison/Johnson)	2:56,35
2. Nigeria (Chukwu/Monyw/Bada/Udo-Obong)	2:58,68
3. Jamaika (Blackwood/Haughton/Williams/McFarlane)	2:58,78
4. Bahamas	2:59,23
5. Frankreich	3:01,02
6. Großbritannien	3:01,22
7. Polen	3:03,22
8. Australien	3:03,91

VL: Schweiz (Clerc/Rohr/Baeriswyl/Bucher) 3:06,01

20 km Gehen, Männer 22.09.2000

WR Bernardo Segura Bergen – 07.05.1994	MEX	1:17:25
OR Jozef Pribilinec Seoul – 23.09.1988	TCH	1:19:57
1. Robert Korzeniowski	POL	OR 1:18:59
2. Noe Hernandez	MEX	1:19:03
3. Wladimir Andrejew	RUS	1:19:27
4. Jefferson Perez	ECU	1:20:18
5. Andreas Erm	GER	1:20:25
6. Roman Rasskasow	RUS	1:20:57
7. Francisco Javier Fernandez	ESP	1:21:01
8. Nathan Deakes	AUS	1:21:03

50 km Gehen, Männer 29.09.2000

WR Andrej Perlow Leningrad – 05.08.1989	URS	3:37:41
OR Wjatscheslaw Iwanenko Seoul – 30.09.1988	URS	3:38:29
1. Robert Korzeniowski	POL	3:42:22
2. Aigars Fadejevs	LAT	3:43:40
3. Joel Sanchez	MEX	3:44:36
4. Valenti Massana	ESP	3:46:01
5. Nikolai Matiuchin	RUS	3:46:37
6. Nathan Deakes	AUS	3:47:29
7. Miguel Angel Rodriguez	MEX	3:48:12
8. Roman Magdziarczyk	POL	3:48:17
19. Mike Trautmann	GER	3:56:19
21. Denis Trautmann	GER	3:58:14
AG Robert Ihly	GER	nach Km 35

Finish über die 800 m: Während Nils Schumann bereits die Ziellinie anvisiert, hat der schließlich fünftplatzierte Schweizer Andre Bucher bereits seine Medaillenhoffnungen begraben.

Charles Friedek: Erst riss die Sehne – dann die Serie

Erst riss die Sehne, dann die Siegesserie. Weil der Körper seinen Dienst versagte, konnte sich Charles Friedek erstmals seit der EM 1998 bei einer internationalen Meisterschaft nicht mit einem Titel dekorieren. Doch das Aus im Vorkampf des olympischen Dreisprungs in Sydney nach drei ungültigen Versuchen nahm der Weltmeister mit Fassung: »Für Olympia würde ich alles wieder so machen. Ich kann damit leben, weil ich alles gegeben habe – auch wenn einige jetzt sagen werden, ich habe versagt. Die Narben muss ich allerdings erst verkraften.«

Der Start des 29-jährigen Jura-Studenten, der seit 1998 in Folge den Weltcup, die WM-Titel in der Halle und im Freien sowie den EM-Titel unter dem Hallendach gewonnen hatte, kam allerdings einem »Harakiri« gleich. Beim Training am 6. September in Leverkusen war Friedek bei einem Sprunglauf derart falsch aufgekommen, dass sich das Kniegelenk des linken Beines nach außen verdrehte. Diagnose: Einriss der Bizepssehne – eine Verletzung, die es eigentlich unmöglich macht, die beim Dreisprung auftretenden Kräfte abzufangen. Eine Spritzenkur sollte das Unmögliche noch möglich machen, doch der Kopf ließ sich nicht manipulieren. »Das Bein konnte betäubt werden, aber du schleppst die Verletzung ständig im Kopf mit dir herum«, sagte der Schützling von Trainer Bernd Knut. Am Morgen des Finales hatte sich Mannschaftsarzt Dr. Karlheinz Graff bereits skeptisch geäußert. »Es hat eine Einblutung an der hinteren Kniegelenk-Außenseite gegeben. Das Risiko ist da.«

Doch »Dickschädel« Friedek wollte mit dem Kopf durch die Wand: »In dem Moment, wo du aufgibst, hast du sowieso verloren. Deshalb habe ich die Versuche alle durchgezogen.«

Sprungwettbewerbe

Keine Stiche

Beim Spiel »Alles oder Nichts« zog der verletzte Dreisprung-Weltmeister Charles Friedek eine Niete. Drei deutsche Trümpfe im Stabhochsprung brachten keinen Stich. Und in denkwürdigen Hoch- und Weitsprung-Wettbewerben rechneten nur Berufs-Optimisten mit Medaillen für Kofi Amoah Prah und Wolfgang Kreißig.

Deutschlands Stabhochspringer landeten beim Großangriff auf Olympia-Gold neben den Medaillen. Höhengleich mit Nick Hysong (28), dessen US-Landsmann Lawrence Johnson (Silber) und Russlands Weltmeister Maxim Tarasow (Bronze) gab es für Michael Stolle mit 5,90 m nur »Blech«. Stolle: »Ich weiß nicht, ob ich lachen oder weinen soll ...«

Der 25-jährige Leverkusener rettete mit Rang vier die Ehre der deutschen Stab-Artisten, setzte aber auch die Serie der vierten Plätze fort, mit denen bei den Weltmeisterschaften 1997 und 1999 der Kölner Tim Lobinger und der Leverkusener Danny Ecker vorlieb nehmen mussten. Danny Ecker, der Sohn von Heide Rosendahl, wurde in Sydney Achter, Lobinger 13.

Michael Stolle hatte seine Fans auf die Folter gespannt. 5,50 m sprang er zum Auftakt erst im dritten Versuch. »Ich sagte mir: Denk an gar nichts, lauf einfach drauf los.« 5,70 m nahm er im ersten, 5,80 m im zweiten und 5,90 m wie der mit weniger Fehlversuchen belastete Tarasow im dritten Anlauf. »Eigentlich kann ich zufrieden sein. Ich habe bei Olympia die zweitbeste Leistung meiner Laufbahn erzielt«, meinte Stolle, der vor Sydney so hoch gesprungen war (5,95 m in Monte Carlo) wie keiner seiner Gegner. Nur einer hatte ihn dieses Jahr überboten: Jeff Hartwig (6,03 m), der bei den US-Trials an der Anfangshöhe gescheitert war. Ein Missgeschick, wie es auch Weltrekordler Sergej Bubka (Ukraine) zum Karriere-Ende in der Qualifikation von Sydney widerfuhr.

Im Weitsprung-Krimi behielt Kubas Weltmeister Ivan Pedroso eiserne Nerven und kürte sich im Duell mit Australiens Jai Taurima zum Nachfolger des großen Carl Lewis. Der Serien-Weltmeister von der Zucker-Insel nahm jede Vorgabe des mit einer poppigen Sonnenbrille gestylten WM-Vierten an und schlug nach Taurimas Landesrekord von 8,49 m im letzten

Der britische Weltrekordler Jonathan Edwards machte im Dreisprung aus Atlanta-Silber Sydney-Gold, Ivan Pedroso aus Kuba (rechts) gewann den Weitsprung-Krimi erst im letzten Versuch.

Sprung der Konkurrenz mit 8,55 m zurück.
Im Schatten dieses Giganten-Duells quittierte der Berliner Kofi Prah Platz fünf nach 8,19 m mit einem Freudentänzchen.
Der Schützling von Trainer Klaus Beer, der 1968 bei Bob Beamons legendären 8,90 mit der gleichen Weite wie Prah Silber gewonnen hatte, feierte damit das beste deutsche Ergebnis eines Weitenjägers seit dem Olympiasieg von Lutz Dombrowski 1980 in Moskau.
Kofi Prah: »Hier hat man mir noch die Medaille weggeschnappt, in vier Jahren wird das anders sein …«

Die Gnade des Leichtathletik-Weltverbandes IAAF verhalf Hochsprung-Weltrekordler Javier Sotomayor zu einer von vielen als skandalös empfundenen Silbermedaille. Mit 2,32 m belegte der 32 Jahre alte Olympiasieger von 1992 hinter dem russischen Überraschungssieger Sergej Klijugin (2,35 m) den zweiten Platz. Sotomayors Zwei-Jahres-Sperre wegen Kokain-Missbrauchs war auf persönliche Intervention von Kubas Staats-Chef Fidel Castro kurz vor den Spielen um ein Jahr verkürzt worden. Der Mannheimer Wolfgang Kreißig kam mit 2,29 m auf Platz acht.

STATISTIK

Stabhochsprung-Finalverlauf		5,50	5,70	5,80	5,90	5,96
1. Nick Hysong	USA	o	x–	o	o	xxx
2. Lawrence Johnson	USA	–	–	o	xo	xxx
3. Maxim Tarasow	RUS	o	–o	xxo	xxx	
4. Michael Stolle	GER	xxo	o	xo	xxo	xxx
5. Viktor Chistiakov	AUS	o	o	o	xxx	
5. Dmitriy Markov	AUS	o	–	o	xx–	x
7. Okkert Brits	RSA	–	o	xo	xxx	
8. Danny Ecker	GER	o	xo	xo	xxx	
13. Tim Lobinger	GER	xo	xxx			

– = ausgelassen o = gesprungen x = Fehlversuch

Hochsprung, Männer 24.09.2000

WR Javier Sotomayor Salamanca – 27.07.1993	CUB	2,45
OR Charles Austin Atlanta – 28.07.1996	USA	2,39
1. Sergej Klijugin	RUS	2,35
2. Javier Sotomayor	CUB	2,32
3. Abderrahmane Hammad	ALG	2,32
4. Stefan Holm	SWE	2,32
5. Konstantin Matoussevic	ISR	2,32
6. Mark Boswell	CAN	2,32
6. Staffan Strand	SWE	2,32
8. Wolfgang Kreißig	GER	2,29

QU: Christian Rhoden (GER) 2,24

Stabhochsprung, Männer 29.09.2000

WR Sergej Bubka Sestriere – 31.07.1994	UKR	6,14
OR Jean Galfione Atlanta – 02.08.1996	FRA	5,92
1. Nick Hysong	USA	5,90
2. Lawrence Johnson	USA	5,90
3. Maxim Tarasow	RUS	5,90
4. Michael Stolle	GER	5,90
5. Viktor Chistiakov	AUS	5,80
5. Dmitriy Markov	AUS	5,80
7. Okkert Brits	RSA	5,80
8. Danny Ecker	GER	5,80
13. Tim Lobinger	GER	5,50

Weitsprung, Männer 28.09.2000

WR Mike Powell Tokio – 30.08.1991	USA	8,95
OR Bob Beamon Mexiko-Stadt – 18.10.1968	USA	8,90
1. Ivan Pedroso (x/8,34/x/8,41/x/8,55)	KUB	8,55
2. Jai Taurima (x/8,18/8,34/8,40/8,49/8,28)	AUS	8,49
3. Roman Schurenko (7,76/x/8,14/x/x/8,31)	UKR	8,31
4. Alexej Lukaschewitsch	UKR	8,26
5. Kofi Amoah Prah (7,84/x/8,19/7,95/x/7,86)	GER	8,19
6. Peter Burge	AUS	8,15
7. Luis Meliz	CUB	8,08
8. Dwight Phillips	USA	8,06

Dreisprung, Männer 25.09.2000

WR Jonathan Edwards Göteborg – 07.08.1995	GBR	18,29
OR Kenny Harrison Atlanta – 27.07.1996	USA	18,09
1. Jonathan Edwards (17,12/17,37/17,71/17,06/–/x)	GBR	17,71
2. Yoel Garcia (17,15/17,19/17,19/x/16,70/17,47)	CUB	17,47
3. Denis Kapustin (x/17,46/16,73/17,17/x/17,16)	RUS	17,46
4. Yoelbi Quesada	CUB	17,37
5. Onochie Achike	GBR	17,29
6. Phillips Idowu	GBR	17,08
7. Robert Howard	USA	17,05
8. Paolo Camossi	ITA	16,96
12. Charles Friedek (drei ungültige Versuche)	GER	

Wurfwettbewerbe

Silber für Riedel Gold wert

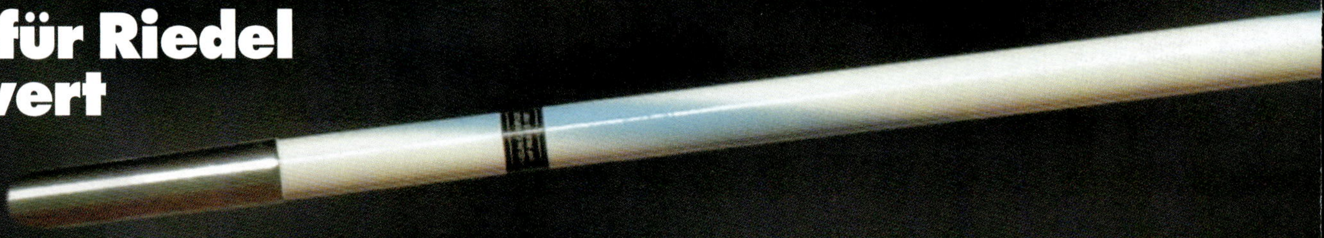

Jan Zelezny (großes Bild) schaffte den goldenen Hattrick im Speerwerfen, Lars Riedel (links) hatte auch mit Silber im Diskus gut lachen. Oliver-Sven Buder (Mitte) half alle Anstrengung mit der Kugel nicht. Kugel-Olympiasieger und »Pirat« Arsi Harju nach getaner Arbeit.

Der einst übermächtige »Herr der Ringe« musste ins zweite Glied zurücktreten, war aber dennoch total glücklich. »Ich habe mein Ziel erreicht, eine Medaille zu gewinnen«, sagte Lars Riedel freudestrahlend. Nach erstklassigen 68,50 Meter musste der viermalige Weltmeister und Olympiasieger von Atlanta nur dem in dieser Saison übermächtigen Litauer Virgilius Alekna (69,30) den Vortritt lassen.

»Man muss realistisch bleiben, Alekna ist in diesem Jahr einfach der Beste«, erklärte Riedel. Immerhin konnte der Chemnitzer den Angriff des nachdrängenden Südafrikaners Frantz Kruger abwehren, der mit 68,19 Meter Bronze gewann.

Während Riedel nun Olympia 2004 in Athen als krönenden Abschluss seiner Laufbahn anpeilt, kündigte Evergreen Jürgen Schult nach seinem achten Platz von Sydney mit 64,41 Meter seinen Abschied an. »Das war wahrscheinlich mein letzter Wettkampf. Leider war nicht mehr als das Erreichen des Finales drin«, meinte der 40 Jahre alte Schweriner, der zwölf Jahre nach dem Olympiasieg von

STATISTIK

Kugelstoßen, Männer 22.09.2000

WR	Randy Barnes Westwood – 20.05.1990	USA	23,12
OR	Ulf Timmermann Seoul – 23.09.1988	GDR	22,47
1.	Arsi Harju (21,20/21,29/20,77/x/20,37/x)	FIN	21,29
2.	Adam Nelson (20,53/21,20/21,21/x/20;97/x)	USA	21,21
3.	John Godina (20,87/x/20,11/x/19,92/20,16)	USA	21,20
4.	Andrew Bloom	USA	20,87
5.	Jurii Bilonog	UKR	20,84
6.	Manuel Martinez	ESP	20,55
7.	Janus Robberts	RSA	20,32
8.	Oliver-Sven Buder (19,89/20,18/x/19;64/x/x)	GER	20,18

QU: 12. Michael Mertens (GER) 18,72

Diskuswerfen, Männer 25.09.2000

WR	Jürgen Schult Neubrandenburg – 06.06.1986	GDR	74,08
OR	Lars Riedel Atlanta – 31.07.1996	GER	69,40
1.	Virgilius Alekna (58,55/67,54/68,73/66,64/69,30/64,78)	LTU	69,30
2.	Lars Riedel (65,18/x/68,50/68,08/67,33/63,87)	GER	68,50
3.	Frantz Kruger (67,89/x/68,19/68,06/x/62,72)	RSA	68,19
4.	Wassili Kaptjuch	BLR	67,59
5.	Adam Setliff	USA	66,02
6.	Jason Tunks	CAN	65,80
7.	Wladimir Dubrowschtschii	BLR	65,13
8.	Jürgen Schult (x/60,83/63,34/64,41/62,63/61,96)	GER	64,41
10.	Michael Möllenbeck (61,19/60,13/63,14)	GER	63,14

Hammerwerfen, Männer 24.09.2000

WR	Juri Sedych Stuttgart – 30.08.1986	URS	86,74
OR	Sergej Litwinow Seoul – 26.09.1988	URS	84,80
1.	Szymon Ziolkowski (74,89/79,87/x/80,02/78,68/78,32)	POL	80,02
2.	Nicola Vizzoni (76,35/76,57/79,64/76,07/76,99/x)	ITA	79,64
3.	Igor Astapkowitsch (74,98/x/77,08/x/79,17/79,06)	BLR	79,17
4.	Iwan Tichon	BLR	79,17
5.	Ilja Konowalow	RUS	78,56
6.	Loris Paoluzzi	ITA	78,18
7.	Tibor Gecsek	HUN	77,70
8.	Vladimir Maska	CZE	77,32

QU: 26. Heinz Weis (GER) 73,51; 31. Karsten Kobs (GER) 72,29; 35. Markus Esser (GER) 69,51

Speerwerfen, Männer 23.09.2000

WR	Jan Zelezny Jena – 25.05.1996	CZE	98,48
OR	Jan Zelezny Barcelona – 08.08.1992	TCH	89,66
1.	Jan Zelezny (89,41/x/90,17/x/x/88,97)	CZE	OR 90,17
2.	Steve Backley (86,25/89,85/x/80,99/x/x)	GBR	89,85
3.	Sergej Makarow (88,67/85,90/x/x/86,67/85,30)	RUS	88,67
4.	Raymond Hecht (87,76/x/x/x/76,11/x)	GER	87,76
5.	Aki Parviainen	FIN	86,62
6.	Konstantinos Gatsioudis	GRE	86,53
7.	Boris Henry (82,94/80,78/83,45/x/85,78/83,31)	GER	85,78
8.	Emeterio Gonzalez	CUB	83,33

QU: 17. Gregor Högler (AUT) 80,89

Seoul seine zehnte internationale Medaille verpasste. Der Wattenscheider Michael Möllenbeck wurde mit 63,14 Meter Zehnter.
Erstmals seit 1991, als er in Tokio Weltmeister wurde, war Riedel nicht als Favorit in einen großen Titelkampf gestartet. Im dritten Versuch übernahm der Chemnitzer mit 68,50 Meter kurzzeitig die Führung. Alekna, der Anfang August mit 73,88 Meter den Uralt-Weltrekord von Jürgen Schult aus dem Jahr 1986 nur um 20 Zentimeter verfehlt hatte, konterte postwendend mit 68,73 Meter.
80 Zentimeter fehlten Lars Riedel schließlich zum zweiten Olympiagold, den Magdeburger Speerwerfer Raymond Hecht trennten nur 91 Zentimeter von Bronze. Dem 31 Jahre alten EM-Dritten von 1998 gelang mit 87,76 Meter eine deutsche Jahresbestleistung, die aber nur mit dem vierten Platz belohnt wurde. Hecht, vor drei Monaten an der Leiste operiert, landete damit zum dritten Mal nach Atlanta vor vier Jahren und der WM 1995 auf diesem eigentlich ungeliebten Platz. Hecht: »Ich habe mich noch nie so über einen vierten Platz gefreut. Daran hätte ich nach der Operation nie geglaubt.«
Der tschechische Speerwurf-König Jan Zelezny sicherte sich in Sydney mit seinem dritten Gold in Folge einen Platz in der olympischen Geschichte. Sein »Gold-Hattrick« mit einer Weite von 90,17 Meter vor dem dreimaligen Europameister Steve Backley aus Großbritannien (89,95) und dem Russen Sergej Markow (88,67) wurde bislang nur von den US-Amerikanern Al Oerter und Carl Lewis übertroffen. Oerter hatte zwischen 1956 und 1968 mit dem Diskus viermal hintereinander gewonnen, Lewis von 1984 bis 1996 im Weitsprung.
Ein Hammer war auch der Auftritt der deutschen Hammerwerfer – aber ganz anders, als man es vorher erwartet hatte. Wie geprügelte Hunde schlichen die

Weltmeister Karsten Kobs und Heinz Weis nach dem Fiasko in der Qualifikation aus dem Stadium Australia. »Mein Medaillentraum ist wie eine Seifenblase geplatzt«, klagte Weis nach blamablen 73,51 Meter und Platz 26. Nur als Schatten seiner selbst präsentierte sich Kobs, der ein Jahr nach dem WM-Titel von Sevilla mit 72,29 Meter auf Rang 31 der Qualifikation hängen blieb. Kobs: »Ich bewundere die, die hinfallen, aufstehen und weitermachen. Ich bin liegen geblieben. Das war falsch.«
Erstmals ohne deutsche Beteiligung seit 40 Jahren gewann im Finale der Pole Szymon Ziolkowski mit 80,02 Meter die Goldmedaille.
Wie Kobs fand auch Kugelstoßer Oliver-Sven Buder nach seinem achten Platz (20,18 Meter) deutliche Worte: »Das ist das Schlechteste, was man in einem Finale erreichen kann. Aber warum sollte es nach einer verkorksten Saison besser laufen. An Wunder glaube ich nicht.«
Zu keiner Phase vermochte der Wattenscheider WM-Zweite von 1999 in den Dreikampf einzugreifen, der schließlich das Ende der seit 1992 währenden US-Dominanz brachte. Mit 21,29 Meter lag der krasse Außenseiter und »Pirat« Arsi Harju, 26 Jahre alt und mit einem Kopftuch geschmückt, acht Zentimeter vor dem favorisierten US-Giganten Adam Nelson (21,21) und dessen Landsmann John Godina (21,20).

Über die Hürden konnte der Dortmunder Frank Busemann noch an alte Zeiten anknüpfen, doch in der Endabrechnung reichte es für den Atlanta-Zweiten im Zehnkampf nur zu Platz sieben.

Zehnkampf

Flucht nach dem Frust

Er träumte von einer erneuten Olympia-Medaille, kämpfte bis zur totalen Erschöpfung, stand aber nach einem Blackout im Diskusring am Ende mit leeren Händen da: Vier Jahre nach seinem kometenhaften Aufstieg am internationalen Zehnkampf-Himmel mit dem Silber von Atlanta landete Frank Busemann in Sydney mit Platz sieben (8351 Punkte) auf dem Boden der Realität. Gold ging an den Esten Erki Nool (8641), Silber und Bronze an den Tschechen Roman Sebrle (8606) und »Halbzeit-Weltmeister« Chris Huffins aus den USA (8595).

»Dieses Ergebnis löst zwar keine Endzeitstimmung bei mir aus, aber ich könnte mich in den Hintern beißen, denn vielleicht hätte ich mit einem guten Diskuswurf ganz vorne mitgemischt«, sagte jener Mann, der vor vier Jahren über Nacht zum Star geworden war, 1998 aber die EM verpasste, weil der anfällige Körper genauso streikte wie ein Jahr später beim WM-Aus von Sevilla.

Im Moment der Niederlage dachte der einstige Shooting Star bereits über seine Zehnkampf-Zukunft nach: »Jetzt mache ich erstmal ein halbes Jahr Pause und werde mit meinem Vater besprechen, wie es weitergeht. Dem Zehnkampf bleibe ich aber treu.«

Schon wenige Stunden nach dem Wettkampf suchte Busemann gemeinsam mit seiner Freundin Katrin die Flucht in die Einsamkeit der australischen Outbacks.

Nichts war mehr so wie beim Rausch der Jahrhundertspiele in Atlanta. Auch die sonst so intakte deutsche Mehrkampf-Welt hat trotz des großartigen Mannschaftsergebnisses mit dem neunten Platz für Stefan Schmid (Karlstadt/8206) kleine Risse bekommen. Mit ein wenig Wehmut verfolgte Busemann bei seinem ersten internationalen Einsatz nach WM-Bronze 1997 in Athen die Ehrenrunde von Erki Nool. Der gewann Gold, weil ihm nachträglich einer von drei ungültigen Diskuswurf-Versuchen nach Protest doch noch gutgeschrieben wurde.

Im Diskusring fiel die Vorentscheidung im Kampf um die Medaillen. Tief enttäuscht hatte ein gefrusteter Bundestrainer Claus Marek jene 33,71 Meter kommentiert, die den deutschen Zehnkampf-Helden von 1996

S T A T I S T I K

Zehnkampf, Männer 28.09.2000

WR Tomas Dvorak Prag – 04.07.1999	CZE	8.994										
OR Dailey Thompson Los Angeles – 09.08.1984	GBR	8.847										
		Total	1	2	3	4	5	6	7	8	9	10
1. Erki Nool	EST	8.641	10,68	7,76	15,11	2,00	46,71	14,48	43,66	5,00	65,82	4:29,48
2. Roman Sebrle	CZE	8.606	10,92	7,62	15,22	2,12	48,20	13,87	44,39	4,80	64,04	4:28,79
3. Chris Huffins	USA	8.595	10,48	7,71	15,27	2,09	48,31	13,91	49,55	4,70	56,62	4:38,71
4. Dean Macey	GBR	8.567	10,81	7,77	14,62	2,09	46,41	14,53	43,37	4,80	60,38	4:23,45
5. Tom Pappas	USA	8.425	10,82	7,41	14,87	2,21	48,64	14,15	41,42	4,90	62,26	4:45,10
6. Tomas Dvorak	CZE	8.385	10.91	7,50	15,91	1,97	49,11	14,34	47,15	4,40	69,94	4:32,23
7. Frank Busemann	GER	8.351	10,91	7,64	14,52	2,09	48,97	14,16	33,71	5,00	64,91	4:25,32
8. Attila Zsivoczky	HUN	8.277	11,10	7,00	14,96	2,06	48,61	15,27	47,43	4,80	65,87	4:23,37
9. Stefan Schmid	GER	8.206	10,94	7,17	14,04	2,00	48,61	14,38	40,81	5,00	67,03	4:36,49
17. Klaus Ambrosch	AUT	7.917	11,01	7,17	15,30	1,91	50,23	14,92	41,22	4,60	67,94	4:40,94
25. Mike Maczey	GER	7.228	11,17	7,10	13,84	2,03	49,91	n.b.	43,64	5,10	61,49	4:27,99
AG Philipp Huber	SUI		11,35									

1 = 100 m, 2 = Weitsprung, 3 = Kugelstoßen, 4 = Hochsprung, 5 = 400 m, 6 = 110 m Hürden, 7 = Diskuswerfen, 8 = Stabhochsprung, 9 = Speerwerfen, 10 = 1,500 m

die durchaus mögliche Medaille gekostet hatten. »Das reicht für das Sportabzeichen, aber nicht für eine Medaille«, tobte der frühere Olympiateilnehmer und wollte eine falsche methodische Vorbereitung ausgemacht haben.

»Wir haben eine Struktur, aber dann wird alles umgeschmissen, und es kommt die Hals-Nasen-Ohren-Technik aus dem Ruhrgebiet«, so Marek, der sich zusätzlich über den »Aussteiger« von Mike Maczey an dessen 28. Geburtstag an der zweiten Hürde ärgerte. Mareks Forderung: »Im Hinblick auf die EM 2002 müssen wir alle die gleiche trainingsmethodische Sprache sprechen.«

»Generalstabsmäßig« hatte Busemann seit Wochen die Nacht zum Tag gemacht, um sich dem Lebensrhythmus in »down under« anzupassen. Hartnäckig versuchte er, bei Aqua-Jogging und Krankengymnastik die Defizite nach der Stressreaktion im Mittelfußknochen Anfang Juli zu kompensieren. Doch am Ende kam die Einsicht von Vater und Trainer Franz-Josef, »dass Frank gesehen hat, wie schwer seine hochgesteckten Ziele zu erreichen sind«.

Nach drei ungültigen Diskuswurf-Versuchen war Erki Nool im Zehnkampf eigentlich schon draußen, doch nach einem stattgegebenen Protest gewann der Este in der Endabrechnung noch die Goldmedaille.

Trotz 2,09 m im Hochsprung (unten links) landete Frank Busemann im Stadium Australia unsanft auf dem Boden der Realitäten.

Mit US-Flagge und Sohn: Freude bei dem Amerikaner Chris Huffins (unten rechts) über die an zwei harten Zehnkampf-Tagen errungene Bronzemedaille.

»Ich möchte in München bei der EM 2002 vor vollem Haus meine Karriere beenden.« Heike Drechsler hat mit 35 Jahren und nach dem Gewinn der zweiten Weitsprung-Goldmedaille nach 1992 immer noch sportliche Ziele. Die im Weitsprung geschlagene Amerikanerin Marion Jones hielt sich über die 100 m (Bild rechts), die 200 m und in der 4x400 m-Staffel schadlos.

Frauen

Jones Erfolgreichste – Drechsler »Königin«

Marion Jones war die erfolgreichste Athletin, Heike Drechsler jedoch die Königin der Spiele. 17 Jahre nach ihrem WM-Sieg von Helsinki schrieb die 35-jährige Thüringerin ein weiteres goldenes Kapitel ihrer märchenhaften Karriere. Mit 6,99 m feierte sie zum zweiten Mal nach 1992 einen Olympiasieg im Weitsprung und avancierte damit zu einer der größten Persönlichkeiten der olympischen Geschichte. Den Champagner, den sie Jones für die fünf Goldmedaillen versprochen hatte, durfte Heike Drechsler für sich selbst aus dem Kühlschrank holen.

Obwohl sie den erhofften Gold-Fünfer nicht schaffte, bot Marion Jones bislang nie Dagewesenes.

Über 100 sowie 200 m war sie konkurrenzlos und über 4x400 m hatten die Staffel-Kolleginnen ihr den Triumph zu verdanken. Ganze sieben Zentimeter fehlten der früheren Basketballerin zum Weitsprung-Sieg, und für das Scheitern des 4x100-m-Quartetts waren schlechte Wechsel verantwortlich. Am Ende standen dreimal Gold und zweimal Bronze für die 24-Jährige zu Buche.

Von jenen, die in Atlanta ganz oben auf dem Treppchen gestanden hatten, schaffte keine den erneuten Gold-Coup. Kugelstoßerin Astrid Kumbernuss aus Neubrandenburg durfte sich vier Jahre nach Atlanta immerhin mit Bronze trösten, für die Chemnitzer Diskuswerferin Ilke Wyludda blieb der siebte Platz, einen Rang und zwei Zentimeter hinter der ähnlich enttäuschten Weltmeisterin Franka Dietzsch.

Sydney markierte einen der letzten Schritte zur »vollständigen leichtathletischen Emanzipation« der Frau. Erstmals wurden auch für das weibliche Geschlecht Medaillen im Hammerwurf sowie im Stabhochsprung vergeben, nur der Hindernislauf fehlt noch im Vergleich zum Männer-Programm. Hammerwerferin Kirsten Münchow griff bei der Medaillenvergabe zu und widmete Bronze ihrem vor vier Jahren verstorbenen Trainer.

3357
2005

Auch Maria Mutola aus Mosambik und die über 800 m knapp geschlagene Österreicherin Stephanie Graf (linkes Bild), Amerikas Stabhochsprung-Siegerin Stacy Dragila und die kleine Rumänin Gabriela Szabo mit Gold über die 5000 m und Bronze über die 1500 m drückten den glanzvollen Leichtathletik-Wettbewerben im Stadium Australia ihren Stempel auf.

917

1915

Das Herzstück der Spiele der XXVII. Olympiade waren die neuntägigen Leichtathletik-Wettbewerbe im stets ausverkauften Stadium Australia. Insgesamt rund 2 Millionen Zuschauer aus aller Welt bejubelten die Leistungen der Athleten von der drittplazierten deutschen Diskuswerferin Kirsten Münchow (links oben) bis zum 400 m-Triumph ihres Idols Cathy Freeman (rechts unten) frenetisch.

S T A T I S T I K

100 m, Frauen 23.09.2000

WR	Florence Griffith-Joyner, Indianapolis – 16.07.1988	USA	10,49
OR	Florence Griffith-Joyner, Seoul – 24.09.1988	USA	10,62
1.	Marion Jones	USA	10,75
2.	Ekaterini Thanou	GRE	11,12
3.	Tanya Lawrence	JAM	11,18
4.	Merlene Ottey	JAM	11,19
5.	Schanna Pintusewitsch	UKR	11,20
6.	Chandra Sturrup	BAH	11,21
7.	Sevatheda Fynes	BAH	11,22
8.	Debbie Ferguson	BAH	11,29

VL: Karin Mayr (AUT) 11,50, Mireille Donders (SUI) 11,63

200 m, Frauen 28.09.2000

WR	Florence Griffith-Joyner, Seoul – 29.09.1988	USA	21,34
OR	Florence Griffith-Joyner, Seoul – 29.09.1988	USA	21,34
1.	Marion Jones	USA	21,84
2.	Pauline Davis-Thompson	BAH	22,27
3.	Susanthika Jayasinghe	SRI	22,28
4.	Beverly McDonald	JAM	22,35
5.	Debbie Ferguson	BAH	22,37
6.	Melinda Gainsford-Taylor	AUS	22,42
7.	Cathy Freeman	AUS	22,53
8.	Schanna Pintusewitsch	UKR	22,66

ZL: Sabrina Mulrain (GER) 23,24, **VL:** Mireille Donders (SUI) 23,44, Karin Mayr (AUT) 23,90

400 m, Frauen 25.09.2000

WR	Marita Koch, Canberra – 06.10.1985	GDR	47,60
OR	Marie-Jose Perec, Atlanta – 29.07.1996	FRA	48,25
1.	Cathy Freeman	AUS	49,11
2.	Lorraine Graham	JAM	49,58
3.	Katharine Merry	GBR	49,72
4.	Donna Fraser	GBR	49,79
5.	Ana Guevara	MEX	49,96
6.	Heide Seyerling	RSA	50,05
7.	Falilat Ogunkoya	NGR	50,12
8.	Olga Kotljarowa	RUS	51,04

800 m, Frauen 25.09.2000

WR	Jarmila Kratochvilova, München – 26.07.1983	TCH	1:53,28
OR	Nadeschda Olisarenko, Moskau – 27.07.1980	URS	1:53,43
1.	Maria Mutola	MOZ	1:56,15
2.	Stephanie Graf	AUT	1:56,64
3.	Kelly Holmes	GBR	1:56,80
4.	Brigita Langerholc	SLO	1:58,51
5.	Helena Fuchsova	CZE	1:58,56
6.	Zulia Calatayud	CUB	1:58,66
7.	Hazel Clark	USA	1:58,75
8.	Hasna Benhassi	MAR	1:59,27

HF: Claudia Gesell (GER) 1:59,69

1500 m, Frauen 30.09.2000

WR	Yunxia Qu, Peking – 11.09.1993	CHN	3:50,46
OR	Paula Ilie-Ivan, Seoul – 01.10.1988	ROM	3:53,96
1.	Nouria Merah-Benida	ALG	4:05,10
2.	Violeta Szekely	ROM	4:05,15
3.	Gabriela Szabo	ROM	4:05,27
4.	Kutre Dulecha	ETH	4:05,33
5.	Lidia Chojecka	POL	4:06,42
6.	Anna Jakubczak	POL	4:06,49
7.	Kelly Holmes	GBR	4:08,02
8.	Marla Runyan	USA	4:08,30
9.	Sabine Fischer	SUI	4:08,84

HF: Anita Weyermann (SUI) 4:30,80

5000 m, Frauen 25.09.2000

WR	Bo Jiang, Schanghai – 13.06.1997	CHN	14:28,09
OR	Jungxia Wang, Atlanta – 28.07.1996	CHN	14:59,88
1.	Gabriela Szabo	ROM	OR 14:40,79
2.	Sonia O'Sullivan	IRL	14:41,02
3.	Gete Wami	ETH	14:42,23
4.	Ayelech Worku	ETH	14:42,67
5.	Irina Mikitenko	GER	14:43,59
6.	Lydia Cheromei	KEN	14:47,35
7.	Worknesh Kidane	ETH	14:47,40
8.	Olga Jegorowa	RUS	14:50,31

VL: Susanne Pumper (AUT) 15:16,66

10000 m, Frauen 30.09.2000

WR	Junxia Wang, Peking – 08.09.1993	CHN	29:31,78
OR	Fernanda Ribeiro, Atlanta – 02.08.1996	POR	31:01,63
1.	Derartu Tulu	ETH	OR 30:17,49
2.	Gete Wami	ETH	30:22,48
3.	Fernanda Ribeiro	POR	30:22,88
4.	Paula Radcliffe	GBR	30:26,97
5.	Tegla Loroupe	KEN	30:37,26
6.	Sonia O'Sullivan	IRL	30:53,37
7.	Ji Li	CHN	31:06,94
8.	Elana Meyer	RSA	31:14,70

VL: Petra Wassiluk (GER) 33:23,03

Marathon, Frauen 24.09.2000

WR	Tegla Loroupe, Berlin – 26.09.1999	KEN	2:20:43
OR	Joan Benoit-Samuelson, Los Angeles – 05.08.1984	USA	2:24:52
1.	Naoko Takahashi	JPN	OR 2:23:14
2.	Lidia Simon	ROM	2:23:22
3.	Joyce Chepchumba	KEN	2:24:45
4.	Esther Wanjiru	KEN	2:26:17
5.	Madina Biktagirowa	RUS	2:26:33
6.	Elfenesh Alemu	ETH	2:26:54
7.	Eri Yamaguchi	JPN	2:27:03
8.	Bong Sil Ham	PRK	2:27:07
24.	Sonja Oberem	GER	2:33:45
38.	Daria Nauer	SUI	2:43:00

100 m Hürden, Frauen 27.09.2000

WR	Jordanka Donkowa, Stara Zagora – 20.08.1988	BUL	12,21
OR	Jordanka Donkowa, Seoul – 30.09.1988	BUL	12,38
1.	Olga Schischigina	KAZ	12,65
2.	Glory Alozie	NGR	12,68
3.	Melissa Morrison	USA	12,76
4.	Delloreen Ennis-London	JAM	12,80
5.	Aliuska Lopez	CUB	12,83
6.	Nicole Ramalalanirina	FRA	12,91
7.	Linda Ferga	FRA	13,11
8.	Brigitte Foster	JAM	13,49

400 m Hürden, Frauen 27.09.2000

WR	Kim Batten, Göteborg – 10.08.1995	USA	52,61
WR	Deon Hemmings, Atlanta – 31.07.1996	JAM	52,82
1.	Irina Priwalowa	RUS	53,02
2.	Deon Hemmings	JAM	53,55
3.	Nouzha Bidouane	MAR	53,57
4.	Daimi Pernia	CUB	53,68
5.	Tatjana Tereschtschuk-Antipowa	UKR	53,98
6.	Ionela Tirlea	ROM	54,35
7.	Gudrun Arnardottir	ISL	54,63
8.	Natasha Danvers	GBR	55,00

HF: Ulrike Urbansky (GER) 55,23, Heike Meißner (GER) 55,73

4x100 m, Frauen 30.09.2000

WR	GDR, Canberra – 06.10.1985	41,37
WR	GDR, Moskau – 24.07.1980	41,60
1.	Bahamas (Fynes/Sturrup/Davis-Thompson/Ferguson)	41,95
2.	Jamaika (Lawrence/Campbell/McDonald/Ottey)	42,13
3.	USA (Gaines/Edwards/Perry/Jones)	42,20
4.	Frankreich	42,42
5.	Russland	43,02
6.	Deutschland (Rockmeier/Mulrain/Philipp/Wagner)	43,11
7.	Nigeria	44,05
8.	China	44,87

4x400 m, Frauen 30.09.2000

WR	UdSSR, Seoul – 01.10.1988	3:15,17
OR	UdSSR, Seoul – 01.10.1988	3:15,17
1.	USA (Miles-Clark/Hannegan/Jones/Colander-Richardson)	3:22,62
2.	Jamaika (Richards/Scott-Pomales/Hemmings/Graham)	3:23,25
3.	Russland (Sotnikowa/Gontscharenko/Kotliarowa/Priwalowa)	3:23,46
4.	Nigeria	3:23,80
5.	Australien	3:23,81
6.	Großbritannien	3:25,67
7.	Tschechien	3:29,17
8.	Kuba	3:29,47

VL: GER (Ghosh/Urbansky/B. Rockmeier/Ekpo-Umoh) 3:27,02

20 km Gehen, Frauen 28.09.2000

WR	Rossella Giordano, Almada – 04.08.2000	ITA	1:30:48
1.	Liping Wang	CHN	1:29:05
2.	Kjersti Plätzer	NOR	1:29:33
3.	Maria Vasco	ESP	1:30:23
4.	Erica Alfridi	ITA	1:31:25
5.	Guadalupe Sanchez	MEX	1:31:33
6.	Norica Cimpean	ROM	1:31:50
7.	Kerry Saxby-Junna	AUS	1:32:02
8.	Tatjana Gudkowa	RUS	1:32:35
19.	Beate Gummelt	GER	1:34:59
AG	Kathrin Boyde	GER	nach Km 14

Laufwettbewerbe

Nur Gold, nicht Gesicht verloren

Sie wollte fünf Goldmedaillen in Sydney und bekam nur drei, aber als Verliererin wollte sich Marion Jones nicht von den Olympischen Spielen verabschieden. »Ich habe vielleicht ein paar Goldmedaillen verloren, aber nicht mein Gesicht«, sagte die Amerikanerin. Die zwei dritten Plätze beim Weitsprung und in der 4x100-Meter-Staffel verdarben den Traum vom historischen Triumph, ihre drei Olympiasiege über 100 und 200 m sowie in der 4x400-Meter-Staffel ordnete die 24-Jährige aber in die Kategorie »denkwürdig« ein. »Auch dreimal Gold ist unglaublich. Ich fühle, dass ich etwas Großes geleistet habe.«

Dass es nicht der von ihr angestrebte und von den Sponsoren eingeplante »Fünfer« war, dürfte »Super-Marion« spätestens beim Blick in die Geschichtsbücher verschmerzen. In der olympischen Leichtathletik war nur die Niederländerin Fanny Blankers-Koen mit viermal Gold bei den Spielen in London 1948 erfolgreicher. Die Australierin Betty Cuthbert (1956 in Melbourne) und die 1998 verstorbene Amerikanerin Florence Griffith-Joyner (1988 in Seoul) bestiegen wie Jones dreimal das Siegerpodest. Mehr Leichtathletik-Medaillen auf einen Schlag hat noch keine geholt.

Dennoch gab sich Jones vor ihrer Rückreise in die USA nachdenklich. »Kein Zweifel, ich wollte mehr.« Möglich gewesen wäre es allemal: Sie kann, an guten Tagen, weiter springen als Heike Drechsler – keine Frage. Und schlechte Wechsel der Kolleginnen, wie in der 4x100-Meter-Staffel geschehen, kann sie kaum beeinflussen.

Tieferlegen will die Kalifornierin die Messlatte deshalb nicht. »Ich glaube nach wie vor, dass der Fünfer möglich ist. In ein oder zwei Jahren werde ich mich entscheiden, ob ich es in Athen nochmal versuche.« Ein hehrer Wunsch: Mit fast 29 Jahren hätte Jones ihren Leistungshöhepunkt eigentlich schon überschritten, in vier Jahren dürfte der Körper dem Marathon von fünf Wettbewerben in zwölf Tagen noch mehr Tribut zollen.

Eine, die die Barrieren des Alters gerade zum wiederholten Male überwand, sprach Jones derweil Mut zu. »Noch ist der Weitsprung ihre Schwäche. Doch wenn Marion hart an ihrer bereits guten Technik arbeitet, gehört ihr in der Grube die Zu-

Acht Zentimeter mehr im Weitsprung und ein besserer Wechsel in der 4x100 mStaffel – an der Erfüllung von Marion Jones' Traum von fünf Goldmedaillen in Sydney fehlten nur Kleinigkeiten.

Cos I'm free

Elf Tage nach der Eröffnungsfeier entzündete Cathy Freeman im Stadium Australia das Olympische Feuer ein zweites Mal in den Herzen einer ganzen Nation. Im wichtigsten Rennen ihres Lebens und getragen von einem Orkan der Begeisterung aus 110 000 Kehlen kämpfte sich die 27-jährige Nachfahrin australischer Ureinwohner fast wie in Trance zum Olympiasieg über 400 Meter. In 49,11 Sekunden legte die erste Aborigine, die je eine Leichtathletik-Medaille bei Olympia errang, den Weg zu einem Triumph zurück, den ganz Australien in den Stunden, Tagen und Wochen zuvor herbeigesehnt, herbeigeredet und herbeigeschrieben hatte.

Als sie die Mission der Nation erfüllt hatte, war sie mit ihren Kräften am Ende. Völlig abwesend saß sie minutenlang auf der Tartanbahn, dann zog sie die Schuhe aus und ging barfuß auf die Ehrenrunde. Beinahe fünf Minuten dauerte es, ehe sich die Frau im grün-gelben »Astronauten-Anzug« ein Lächeln abringen konnte. »Ich lebe noch«, sagte sie mit leerer Stimme und schüchternem Lächeln: »Ich bin froh, dass es vorbei ist. Das war schon eine sehr schwere Last für mich, so im Rampenlicht zu stehen. Gold war mein Traum, seit ich ein kleines Mädchen war. Ich habe heute viele Menschen glücklich gemacht.«

Weil die Kämpferin für die Sache der Aborigines mittlerweile das gute Gewissen einer ganzen Nation ist, durfte sie sich in »ihrer« Gold-Nacht alles erlauben. Stolz trug sie auf der Ehrenrunde neben der australischen auch die schwarz-rot-gelbe Flagge der Aborigines. IOC-Präsident Juan Antonio Samaranch hatte höchstpersönlich seinen Segen für diese Geste gegeben. Freeman bedankte sich anschließend artig bei der ganzen Nation: »Ich bin stolz eine Australierin zu sein.«

Am Morgen vor dem Rennen konnte Cathy Freeman noch einmal lesen, was die Nation von ihr erwartete: »400 Meter zum Ruhm«, titelte der Daily Telegraph. Der Sydney Morning Herald nannte es kurzum »das Rennen unseres Lebens« – nicht »ihres« Lebens. Doch Freeman wusste, worauf sie sich eingelassen hatte. Selbst die Ehre, das Olympische Feuer zu entzünden, hatte sie sich noch aufgelastet.

Manchmal drohte Freeman unter dem Erwartungsdruck fast zu zerbrechen. Doch im Gegensatz zu Mitfavoritin Marie-Jose Perec, die unter mysteriösen Umständen aus Sydney geflohen war, hielt sie dem Druck stand. Ihr Ziel, das erste Gold in der Leichtathletik für eine Aborigine, verlor sie nie aus den Augen: »Ich habe noch eine Rechnung offen«, sagte sie. Bei den Spielen 1996 in Atlanta war sie hinter Perec nur Zweite geworden, hatte danach aber 1997 und 1999 den WM-Titel über die Stadionrunde gewonnen.

Den Tag des Rennens konnte sie schließlich kaum erwarten. »Es ist, als ob man ein Kind bekommt.« Nach der erfolgreichen »Geburt« werden sich nun auch die anderen Dinge des Lebens leichter regeln lassen. Der Staat fordert von Freeman noch rund umgerechnet 500 000 Mark an Steuern ein, die sie in den Jahren 1997 bis 2000 nicht abgeführt haben soll.

Nach dem Gold für eine ganze Nation werden ihr alle die »kleine Sünde« verzeihen. »Cos I'm free«.

kunft«, glaubt die 35 Jahre alte Goldmedaillen-Gewinnerin Heike Drechsler.

Jones selbst sieht ironischerweise die 4x400-Meter-Staffel, bei der sie in Sydney als dritte Läuferin eine phänomenale Vorstellung ablieferte, als ihre größte Herausforderung. »Seit dem College bin ich diese Staffel nicht mehr gelaufen. Ich fühlte mich unwohl und fragte mich vor dem Lauf: was mach' ich eigentlich hier?«

Die Stadionrunde wurde deshalb bis zu den nächsten Olympischen Spielen kurzerhand zum Wettbewerb »non grata« erklärt. »Ich habe absolut kein Interesse, über 400 Meter an den Start zu gehen. Auf der Zielgeraden spürst Du Deinen Körper nicht mehr – nein Danke«. Jones-Coach Trevor Graham scheint anderer Ansicht: »Wenn sie fünfmal Gold will, müssen wir uns in allen Disziplinen der Konkurrenz stellen. Ich bin sicher, in vier Jahren sieht die Welt die beste Marion Jones aller Zeiten.«

Dann dürfte nach Lage der Dinge zumindest die in Sydney unwillkommene Ablenkung durch den Dopingfall ihres Ehemannes C.J. Hunter der Vergangenheit angehören. »Um es vorsichtig auszudrücken: Es war nicht immer einfach während der letzten Tage«, gestand die derzeit schnellste Frau der Welt bei ihrer abschließenden Pressekonferenz: »Doch wenn ich in ein paar Wochen alles verarbeitet habe, werde ich mich zurücklehnen, in den Spiegel gucken und sagen: nicht schlecht, Marion. Nicht schlecht.«

Silber für Österreich

Gut – aber gemessen an den eigenen Ansprüchen – nicht gut genug war die Österreicherin Stephanie Graf. Die Mathematik- und Italienisch-Studentin aus Kärnten lief über 800 Meter in 1:56,64 Minuten nationalen Rekord und verwies mit einem kraftvollen Schluss-Spurt die Britin Kelly Holmes (1:56,80) noch auf den Bronze-Rang. Doch eigentlich war der Olympiasieg, den sich Maria Mutola aus Mosambik in der Jahresweltbestzeit von 1:56,15 Minuten holte, das oberste Ziel gewesen. »Grundsätzlich bin ich sehr zufrieden, aber ich habe schon an Gold gedacht. Ich war so verkrampft, weil ich wusste, was tatsächlich drin war«, gestand die 27-Jährige hinterher. »Leider war ich auf den letzten 100 Metern zum ersten Mal in meinem Leben nicht mehr Herr über mich.«
Der Grundstein für die zweite olympische Laufmedaille Österreichs in über 100 Jahren Olympia war schon in Stephanie Grafs Kindheit gelegt worden. Ihre Mutter Rita, selbst 18-fache Staatsmeisterin auf den Strecken von 100 bis 800 Meter, steckte all ihr Wissen in das Talent der Tochter. Mit zehn Jahren löschte Stephanie Graf bereits den österreichischen Schülerrekord über 2000 Meter, 17 Jahre später erreichte sie die zweite rot-weiß-rote Lauf-Medaille bei Olympia nach Bronze für Theresia Kiesl 1996 in Atlanta über 1500 Meter.

Die »ewige Zweite« Maria Mutola gewann vier Jahre nach ihrer Bronzemedaille in Atlanta im spannenden 800 m-Duell gegen die Österreicherin Stephanie Graf die erste Goldmedaille für den kleinen Inselstaat Mosambik.

Erstes Gold seit 36 Jahren auch für die Bahamas: In der 4x100 m-Staffel düpierte das fröhliche Quartett von der Karibikinsel alle Favoriten.

Eine unglaubliche Frau

Man kann vor Heike Drechsler nur den Hut ziehen. 17 Jahre nach dem WM-Titel, den sie als junge Frau in Helsinki gewann, krönte eine der großen Athletinnen des 20. Jahrhunderts bei den Millennium-Spielen von Sydney eine außergewöhnliche Karriere.

Das zweite olympische Weitsprung-Gold, mit dem sie acht Jahre nach dem Olympiasieg in Barcelona zugleich US-Star Marion Jones die Chance auf den historischen Fünffach-Triumph nahm, ist das Produkt einer völlig auf den »Tag X« ausgerichteten Planung.

Die 35 Jahre alte Thüringerin zog die richtigen Konsequenzen aus den Fehlschlägen ihrer Karriere. Sie verzettelte sich nicht in anderen Disziplinen wie etwa 1995, als der Traum vom Sieg im Weitsprung und Siebenkampf bei der WM von Göteborg zum Trauma wurde. Und sie hörte früh genug auf die Signale ihres rebellierenden Körpers.

Vier Jahre nach dem Verzicht auf die Spiele in Atlanta und 13 Monate nach dem ebenfalls verletzungsbedingten WM-Rückzug von Sevilla war Heike Drechsler fit wie lange nicht mehr. Sie verzichtete auf die »schnelle Mark« bei den Meetings zugunsten einer Chance auf Gold bei den Spielen.

Der Triumph von Sydney wurde Realität, weil Heike Drechsler auch ihr privates Leben in die richtigen Bahnen zu lenken verstand. Die Frau, die als Kind den Vater verloren hatte und als junge Mutter in der ohnehin problematischen Zeit der politischen Wende vor den Trümmern ihrer Ehe stand, hat ihr Leben gemeistert.

Seit dem 29. September 2000 ist sie mehr denn je ein gesamtdeutsches Sportidol. Hut ab.

Sprungwettbewerbe

Wunder der Natur

Heike Drechsler lebte ihren Goldrausch von Sydney in vollen Zügen aus. Nach dem zweiten Weitsprung-Olympiasieg ihrer einmaligen Karriere tanzte die 35-Jährige auf der Kunststoffbahn vor 110 000 Australiern in Partystimmung zum Takt der dröhnenden Stadionmusik den »Drechsler-Boogie«, drückte der geschlagenen Marion Jones einen Kuß auf die linke Wange, »klatschte« Italiens Olympia-Zweite Fiona May ab und startete mit der deutschen Flagge eine unvergessliche Ehrenrunde.

»Wahnsinn. Dieses Gold ist die Erfüllung des ultimativen Traums. Ich fühle mich wie 23, einfach herrlich«, sagte Heike Drechler und schloss ihren Lebensgefährten und Coach Alain Blondel in die Arme. Der Zehnkampf-Europameister von 1994 drückte die mit dem 15. Gold ihrer Karriere bedachte Ausnahmeathletin sanft von sich, schaute sie fast ehrfürchtig an und meinte: »Du bist ein Wunder der Natur.«

Feuer brennt noch

Ans Ende ihrer Laufbahn dachte Heike Drechsler auch in der Stunde des Erfolges nicht, bis zur EM 2002 in München laufen ihre Planungen. »Das Feuer brennt immer noch in mir. Erlischt es, höre ich auf«. Auf der Zielgeraden ihrer Laufbahn wird sie wohl zukünftig von Hansjörg Holzamer betreut werden. Denn für Alain Blondel steht unumstößlich fest: »Ich höre als Olympiasieger-Trainer auf. Ich möchte sie nur noch als

Goldene Landung nach 6,99 m: Nach vielen Rückschlägen erfüllte sich Heike Drechsler mit dem zweiten Weitsprung-Triumph nach Barcelona 1992 und ihrer insgesamt 15. Goldmedaille bei großen Wettbewerben ihren »ultimativen Traum«.

STATISTIK

Hochsprung, Frauen 30.09.2000

WR	Stefka Kostadinova Rom – 30.08.1987	BUL	2,09
OR	Stefka Kostadinova Atlanta – 03.08.1996	BUL	2,05
1.	Jelena Jelessina	RUS	2,01
2.	Hestrie Cloete	RSA	2,01
3.	Kajsa Bergqvist	SWE	1,99
3.	Oana Manuela Pantelimon	ROM	1,99
5.	Inga Barbakowa	UKR	1,96
6.	Swetlana Salewskaja	KAZ	1,96
7.	Wita Palamar	UKR	1,96
8.	Amewu Mensah	GER	1,93

QU: 12. Linda Horvath (AUT) 1,89

Stabhochsprung, Frauen 25.09.2000

WR	Stacy Dragila Sacramento – 23.07.2000	USA	4,63
1.	Stacy Dragila	USA	OR 4,60
2.	Tatjana Grigorjewa	AUS	4,55
3.	Vala Flosadottir	ISL	4,50
4.	Daniela Bartova	CZE	4,50
5.	Nicole Humbert	GER	4,45
6.	Yvonne Buschbaum	GER	4,40
7.	Monika Pyrek	POL	4,40
8.	Marie Bagger Rasmussen	DEN	4,35
9.	Doris Auer	AUT	4,25

Weitsprung, Frauen 29.09.2000

WR	Galina Tschistjakowa Leningrad – 11.06.1988	URS	7,52
OR	Jackie Joyner-Kersee Seoul – 29.09.1988	USA	7,40
1.	Heike Drechsler (6,48/x/6,99/6,79/x/x)	GER	6,99
2.	Fiona May (6,76/6,82/6,92/6,72/6,73/6,72)	ITA	6,92
3.	Marion Jones (x/6,68/6,92/x/x/x)	USA	6,92
4.	Tatjana Kotowa	RUS	6,83
5.	Olga Rublewa	RUS	6,79
6.	Susen Tiedke (x/6,52/6,74/x/4,94/x)	GER	6,74
7.	Jackie Edwards	BAH	6,59
8.	Tunde Vaszi	HUN	6,59

QU: Sofia Schulte (GER) 6,23

Dreisprung, Frauen 24.09.2000

WR	Inessa Krawets Göteborg – 10.08.1995	UKR	15,50
OR	Inessa Krawets Atlanta – 31.07.1996	UKR	15,33
1.	Teresa Marinowa (15,20/x/x/x/x/x)	BUL	15,20
2.	Tatjana Lebedewa (14,77/14,66/14,45/14,91/15,00/14,90)	RUS	15,00
3.	Olena Howorowa (14,96/x/14,74/14,78/14,69/14,74)	UKR	14,96
4.	Yamile Aldama	CUB	14,30
5.	Baya Rahouli	ALG	14,17
6.	Cristina Elena Nicolau	ROM	14,17
7.	Olga-Anastasi Vasdeki	GRE	14,15
8.	Oxana Rogowa	RUS	13,97

meine Frau sehen und nicht mehr als meine Athletin.« Gedanken an das große Geld nach dem Gold mochte die Thüringerin in dem historischen Moment nicht verschwenden, zu intensiv war sie noch mit dem größten Wettkampf ihrer Karriere beschäftigt. »Wenn Marion und Fiona May gesprungen sind, habe ich vor lauter Nervosität nicht hingeguckt. Trotzdem war ich geschockt, dass der Titel mit 6,99 m weggeht«, sagte Heike Drechsler nach ihren letzten Olympischen Spielen und musste kurz auch an die schmerzlichen Erfahrungen in ihrer Karriere denken.

1984 durfte sie kein Gold gewinnen, weil der Ostblock die Spiele in Los Angeles boykottierte. 1988 in Seoul standen ihr die US-Stars Jackie Joyner-Kersee und deren Schwägerin Florence Griffith-Joyner im Weg. Vier Jahre nach dem Olympiasieg auf dem Montjuic von Barcelona war dann ein Sehnenriss in der Kniekehle gleichbedeutend mit dem Aus für Atlanta. 1998 kehrte sie mit dem vierten EM-Titel im Weitsprung triumphal zurück, 1999 schien ihre Karriere nach einem Muskelfaserriss kurz vor der WM in Sevilla aber vor dem Ende zu stehen. Doch dann kam Sydney und der große Sprung zu Gold.

Bronze gewannen die darüber freudig überraschte Außenseiterin Kirsten Münchow (links oben) und die doch ein wenig enttäuschte Astrid Kumbernuss (rechts) im Kugelstoßen, für Franka Dietzsch (links unten) reichte es im Diskuswerfen lediglich zum sechsten Rang.

Wurfwettbewerbe

Doppel-Bronze

Als Astrid Kumbernuss gerade mit Bronze bei der Siegerehrung im Kugelstoßen bedacht wurde, lag Kirsten Münchow noch ein paar Zentimeter von einer Medaille entfernt. »Vielleicht stehst du nachher auch da«, offenbarte die EM-Dritte im Hammerwerfen später, ehe sie im fünften Versuch nach dem Motto »alles oder nichts« warf. »Das ist er, habe ich mir gedacht – und dann nur noch gebetet.« Es half. Dank des deutschen Rekordes von 69,28 m stand Kerstin Münchow am Ende genau da, wo vorher Astrid Kumbernuss für den nötigen Ansporn gesorgt hatte.
Mit diesen beiden Bronzemedaillen musste sich die deutsche Leichtathletik in Sydney nach zweimal Gold in Atlanta durch Kumbernuss und Ilke Wyludda (Diskus) begnügen. Die Olympiasiegerin aus Chemnitz kam in Sydney nicht über Rang sieben hinaus, noch einen Platz hinter Weltmeisterin Franka Dietzsch. Gold gewann Ellina Zwerewa aus Weißrussland.
Im Speerwerfen freute sich Steffi Nerius mit der Siegerin Trine Hattestad aus Norwegen über

Platz vier. Tanja Damaske, als Medaillenkandidatin angereist, musste wegen eines neuerlichen Achillessehnenrisses schon vor dem Wettkampf passen und bangt nun sogar um ihre Karriere. Tränen flossen auch bei Kirsten Münchow. »Ich musste an meinen verstorbenen Trainer denken.« Ihr ehemaliger Coach Heinz Culemann war auf den Tag genau vor vier Jahren nach einem Herzinfarkt gestorben. Hammerwurf-Gold ging an die 17 Jahre alte Polin Kamile Skolimowski mit Junioren-Weltrekord (71,16m).

Mit versteinertem Blick verließ auch Astrid Kumbernuss den Kugelstoß-Ring, kurze Zeit später hatte sie die Niederlage schon verdaut. »Dieses Bronze ist Gold wert«, sagte die dreimalige Weltmeisterin. Ihre Nachfolgerin heißt Janina Koroltschik und kommt aus Weißrussland.

STATISTIK

Kugelstoßen, Frauen 28.09.2000

WR	Natalia Lissowskaja Moskau – 07.06.1987	URS	22,63
OR	Ilona Slupianek Moskau – 24.07.1980	GDR	22,41
1.	Janina Koroltschik (19,43/x/18,76/19,11/x/20,56)	BLR	20,56
2.	Larisa Peleschenko (19,16/19,92/19,79/x/x/19,60)	RUS	19,92
3.	Astrid Kumbernuss (19,38/19,24/18,73/18,76/18,89/19,62)	GER	19,62
4.	Swetlana Kriwelewa	RUS	19,37
5.	Krystyna Danilczyk-Zabawska	POL	19,18
6.	Yumileidi Cumba	KUB	18,70
7.	Kalliopi Ouzouni	GRE	18,63
8.	Nadine Kleinert-Schmitt (x/18,49/18,33/x/x/x)	GER	18,49
12.	Valentina Fedjuschina (16,70/17,14/16,75)	AUT	17,14

Diskuswerfen, Frauen **27.09.2000**

WR	Gabriele Reinsch Neubrandenburg – 09.07.1988	GDR	76,80
OR	Martina Opitz-Hellmann Seoul – 29.09.1988	GDR	72,30
1.	Ellina Zwerewa (67,00/66,12/68,40/65,80/x/x)	BLR	68,40
2.	Anastasia Kelesidou (65,71/63,20/62,59/64,58/63,07/61,85)	GRE	65,71
3.	Irina Jatschenko (x/62,93/61,09/63,15/65,20/x)	BLR	65,20
4.	Natalja Sadowa	RUS	65,00
5.	Styliana Tsikouna	GRE	64,08
6.	Franka Dietzsch (x/61,65/58,17/60,36/63,18/x)	GER	63,18
7.	Ilke Wyludda (63,16/61,91/62,22/59,86/61,72/62,33)	GER	63,16
8.	Lisa-Marie Vizaniari	AUS	62,57

Hammerwerfen, Frauen 29.09.2000

WR	Mihaela Melinte Rüdlingen – 29.08.1999	ROM	76,07
1.	Kamila Skolimowska (x/66,33/71,16/66,06/69,91/x)	POL	OR 71,16
2.	Olga Kusenkowa (x/67,18/69,64/69,77/x/x)	RUS	69,77
3.	Kirsten Münchow (66,42/x/67,81/66,03/69,28/67,96)	GER	69,28
4.	Yipsi Moreno	CUB	68,33
5.	Debbie Sosimenko	AUS	67,95
6.	Ljudmilla Gubkina	BLR	67,08
7.	Dawn Ellerbe	USA	66,80
8.	Amy Palmer	USA	66,15

Speerwerfen, Frauen 30.09.2000

WR	Trine Hattestad Oslo – 28.07.2000	NOR	69,48
OR	neuer Speer		
1.	Trine Hattestad (68,91/62,27/x/64,38/66,22/64,09)	NOR	OR 68,91
2.	Mirella Maniani-Tzelili (x/65,56/67,51/61,96/65,34/67,51)	GRE	67,51
3.	Osleidys Menendez (66,03/64,99/65,17/63,95/62,47/66,18)	CUB	66,18
4.	Steffi Nerius (61,99/61,41/64,84/57,88/61,11/61,02)	GER	64,84
5.	Sonia Bisset	CUB	63,26
6.	Xiomara Rivero	CUB	62,92
7.	Tatjana Schikolenko	RUS	62,91
8.	Nikola Tomeckova	CZE	62,10

Siebenkampf

Rekord ohne Happy-End

Im Regen über Sydney wurde die Hoffnung der Sabine Braun auf eine Medaille bei ihren fünften olympischen Spielen weggespült. Kein Happy-End beim Rekord, nur Rang fünf, doch die 35 Jahre alte »Dauerbrennerin« denkt noch immer nicht an das Ende ihrer glanzvollen Karriere. »Klar wäre ich gerne mit einer Medaille nach Hause gefahren. Und angesichts der Leistungen der Konkurrenz müsste ich mich selber prügeln. Aber warum jetzt aufhören?«, sagte die erste deutsche Leichtathletin mit fünf Olympia-Starts. Zwei Ziele hat sie noch: Den Alters-Weltrekord und die Teilnahme an der WM 2001 – »die ist nicht ausgeschlossen, eher wahrscheinlich«. Der fünfte Olympia-Siebenkampf war ihr 16 Jahre nach ihrem Debüt in Los Angeles (Platz sechs) so wichtig wie eine Medaille. »Und wenn ich auf Krücken an den Start gegangen wäre, den Rekord wollte ich unbedingt haben«, sagte die deutsche Rekordhalterin, die nach einem »soliden ersten Tag ohne Höhepunkte« ihre Träume von Edelmetall in der Weitsprunggrube hatte begraben müssen. Die Olympia-Dritte von 1992 und zweimalige Weltmeisterin (1991/1997) beendete den 59. Siebenkampf in ihrer Laufbahn mit 6355 Punkten.

Gold für Lewis

Gold mit dem schlechtesten Ergebnis seit der Premiere 1984 (allerdings noch andere Wertung) holte Großbritanniens Europameisterin Denise Lewis (6584). Mit Silber und Bronze dekorierten sich Jelena Prochorowa (Russland/6531) und die Weißrussin Natalja Sasanowitsch (6527).

Für Karin Ertl (Fürth/München) war Rang sieben respektabel, 6209 Zähler aber nicht zufriedenstellend, auch wenn sie selbst es anders sah: »Ich habe den Wettkampf gut abgeschlossen. Jetzt kann ich geruhsam in den Winter gehen.« Astrid Retzke (Halle) schied nach einer Fußverletzung im Hochsprung frühzeitig aus.

Soweit war Syriens Ghada Shouaa, Olympiasiegerin 1996 in Atlanta, nach einer Bänderüberdehnung und Sturz im Hürdenlauf gar nicht gekommen. Nach dem Weitsprung gab auch die an einer Rückenverletzung laborierende Weltmeisterin Eunice Barber aus Frankreich auf.

STATISTIK

Siebenkampf, Frauen 24.09.2000

WR Jackie Joyner-Kersee USA 7291
OR Seoul – 24.09.1988

		Total	1	2	3	4	5	6	7
1. Denise Lewis	GBR	6584	13,23	1,74	15,55	24,34	6,48	50,19	2:16,83
2. Jelena Prochorowa	RUS	6531	13,63	1,81	13,21	23,73	6,59	45,05	2:10,32
3. Natalja Sasanowitsch	BLR	6527	13,45	1,84	14.79	24,12	6,50	43,97	2:16,41
4. Urszula Wlodarczyk	POL	6470	13,33	1,78	14,45	24,29	6,31	46,16	2:12,15
5. Sabine Braun	GER	6355	13,49	1,81	14,33	24,74	6,22	48,56	2:19,14
6. Natalja Roschtschupkina	RUS	6237	13,70	1,84	14,03	23,53	5,47	43,87	2:12,24
7. Karin Ertl	GER	6209	13,43	1,78	13,55	24,64	6,22	42,70	2:16,25
8. Tiia Hautala	FIN	6173	13,62	1,78	13,31	25,00	6,12	45,40	2:14,90

AG:Astrid Retzke GER 13,92 1,57

1 = 100 m Hürden 2 = Hochprung 3 = Kugelstoßen 4 = 200 m 5 = Weitsprung 6 = Speerwerfen 7 = 800 m

Sabine Braun (rechts) verabschiedete sich mit Rang fünf bei ihren fünften Spielen von Olympia, Karin Ertl (links) kam auf Platz sieben.

Nach der Bronzemedaille in Atlanta durfte sich Europameisterin Denise Lewis aus Großbritannien in Sydney über Gold im Siebenkampf freuen (großes Bild links).

RUSSIA
Sydney 2000
5

STATISTIK

Moderner Fünfkampf, Männer 30.09.2000

			Total	1	2	3	4	5
1.	Dimitri Swatkowski	RUS	5376	1048	880	1224	1070	1154
2.	Gabor Balogh	HUN	5353	1108	920	1221	980	1124
3.	Pawel Dowgal	BLR	5338	1168	760	1254	1070	1086
4.	Sebastien Deleigne	FRA	5326	1048	880	1190	1010	1198
5.	Wadim Tkatschui	UKR	5274	1144	840	1138	1070	1082
6.	Chad Senior	USA	5256	1060	960	1278	890	1068
7.	Andrejus Zadneprovskis	LTU	5236	1000	840	1257	955	1184
8.	Olivier Clergeau	FRA	5217	1096	1000	1163	1040	918
16.	Eric Walther	GER	4979	976	640	1293	980	1090

Moderner Fünfkampf, Frauen 01.10.2000

			Total	1	2	3	4	5
1.	Stephanie Cook	GBR	5318	1072	760	1138	1040	1308
2.	Emily Deriel	USA	5310	1156	800	1182	1070	1102
3.	Kate Allenby	GBR	5273	1036	920	1191	1040	1086
4.	Mary Beth Iagorashvili	USA	5129	964	960	1205	1040	960
5.	Paulina Boenisz	POL	5099	1060	800	1121	1040	1078
6.	Janna Schubenoi	BLR	5086	1084	840	1142	1010	1010
7.	Elisaweta Suworowa	RUS	5076	1096	960	1117	827	1076
8.	Jelena Rublevska	LAT	5051	964	960	1110	955	1062
12.	Florence Dinichert	SUI	4953	1144	800	1019	950	1040
21.	Elena Reiche	GER	4304	1024	800	1125	607	748

1= Schießen 2= Fechten 3= Schwimmen 4= Reiten 5 = Laufen

Moderner Fünfkampf

Lehrgeld

Das deutsche Mini-Team im Modernen Fünfkampf bezahlte bei seinem Olympia-Debüt in Sydney Lehrgeld. Der Berliner Eric Walther erreichte mit 4979 Punkten den 16. Platz im 32-köpfigen Finalfeld. Elena Reiche aus Bonn kam bei der Olympia-Premiere der Frauen nur auf den 21. Platz mit 4305 Punkten. Die Goldmedaillen gewannen der zweimalige Weltmeister Dimitri Swatkowski (Russland) und die Britin Stephanie Cook.

»In vier Jahren werde ich sicherlich besser sein«, sagte die deutsche Junioren-Meisterin Elena Reiche, mit 21 Jahren Jüngste der 24 Olympia-Starterinnen. Obwohl die Bonnerin eigens Military-Reiterin Ingrid Klimke als Betreuerin engagiert hatte, erlebte sie mit drei Verweigerungen und einem Sturz beim Reiten ein Fiasko.

Der WM-Achte Eric Walther machte mit einer olympischen Bestleistung im Schwimmen (200-Meter-Freistil: 2:00,71 Minuten) auf sich aufmerksam, vergab ein besseres Gesamtergebnis jedoch durch schlechte Schieß- und Fechtleistungen.

»Ich will nicht von einem Debakel reden. Aber beide sind noch nicht reif für einen Olympia-Wettkampf«, sagte Bundestrainer Iri Zlatanov.

Dimitri Swatkowski aus Russland (links) und Stephanie Cook – bei der olympischen Premiere der Frauen – aus Großbritannien hießen die Sieger im Modernen Fünfkampf.

Silber für Deutschland, Gold und Bronze für die Schweiz – am Ziel an der berühmten Oper lagen nach dem Start an der Farm Cove im Hafen von Sydney 1,5 km Schwimmen, 40 km Rad fahren und 10 km Laufen hinter den 100 Teilnehmern an der olympischen Triathlon-Premiere.

Triathlon

Silber für »Pirat« Vuckovic

Als er nach einer furiosen Aufholjagd die Silbermedaille erobert hatte, flippte Stephan Vuckovic total aus. Mit einer Deutschland-Fahne in der Hand hüpfte der 28 Jahre alte Triathlet aus Witten auf der Zielgeraden vor der weltberühmten Oper vor Freude herum wie ein Gummiball, reckte seine Hände immer wieder in den blauen Himmel über Sydney und schämte sich auch seiner Tränen nicht.

»Das war das Tollste, was passieren konnte. Ich bin der glücklichste Mensch auf der Welt. Die Kulisse in Sydney ist einmalig, da spürt man die Schmerzen nicht mehr, echt gigantisch«, stammelte Vuckovic nach seiner Glanzvorstellung vor rund 200000 begeisterten Zuschauern, die die olympische Triathlon-Premiere zu einem wahren Happening machten.

Erst beim Endspurt musste sich der glatzköpfige Vuckovic, der in der Hektik diesmal ohne sein obligatorisches »Piratentuch« auf die Laufstrecke ging, Simon Whitfield geschlagen geben: 500 Meter vor dem Ziel zog der Kanadier an Vuckovic vorbei, siegte nach 1:48:37,58 Stunden mit 14 Sekunden Vorsprung und holte das 50. Gold für sein Land bei Sommerspielen. Bronze ging nach 1,5 km Schwimmen, 40 km Radfahren und 10 km Laufen an den Tschechen Jan Rehula. Der Rostocker Andreas Raelert wurde Zwölfter.

Tags zuvor hatte die Schweizerin Brigitte McMahon bei der olympischen Triathlon-Premiere Gold gewonnen – ebenfalls nach einem packenden Finish vor der zweimaligen Weltmeisterin und haushohen Favoritin Michellie Jones aus Australien. Dritte wurde Magali Messmer aus der Schweiz. Anja Dittmer aus Neubrandenburg und Joelle Franzmann aus Trier, die nach dem Radfahren noch geführt hatte, landeten abgeschlagen auf den Plätzen 18 und 21.

Die 33 Jahre alte Lehrerin Brigitte McMahon war nur als 13. auf die abschließende Laufstrecke gegangen. Die ehemalige Schwimmerin hatte nach der Geburt ihres Sohnes Dominec vor drei Jahren ihr Leben völlig umgekrempelt. Seitdem wird sie von ihrem amerikanischen Ehemann Michael gecoacht; zuvor hatte sie sich die Trainingspläne immer vom Verband zuschicken lassen. Den Zieleinlauf hatte sie sich immer wieder bildlich vorgestellt, und – »es ist genau so gekommen wie in meiner Fantasie.«

Nach dem Schwimmen hatte er auf Rang 34 bereits 52 Sekunden Rückstand, nach dem Radfahren 63, allerdings schon auf Platz 17. Wie in Trance ging der Glatzkopf, der im April beim Weltcup in Sydney ebenfalls Platz zwei belegt hatte, nach fünf Kilometern in Führung. Doch als er die Goldmedaille schon vor Augen hatte, zog der Kanadier an ihm vorbei. »Das ist mir wirklich egal. Silber ist für mich das Größte«, sagte der Sohn eines kroatischen Vaters und hüllte sich strahlend in die deutsche Fahne ein: »Die nächsten zwei Wochen werden eine Riesenparty.«

Die harte Arbeit mit dem umstrittenen Lauftrainer Thomas Springstein, der einst Katrin Krabbe und Co. Beine machte, hat sich für Vuckovic gelohnt. »Er hat ihm den Kopf gewaschen. Vucko ist professionell geworden«, sagte Bundestrainer Reinhold Häußlein. Vor zwei Jahren noch war der »Pirat« nämlich als Party-Löwe verschrien, plötzlich ist er der Hoffnungsträger für eine ganze Sportart in Deutschland. Martin Engelhardt, Präsident der Deutschen Triathlon Union (DTU), sieht jedenfalls »die große Chance, das Stiefmütterchen-Dasein unseres Sports zu beenden«.

Ob mit oder ohne Stephan Vuckovic – das wird die Zukunft zeigen müssen. Der »Pirat« liebäugelt mit einem Wechsel zur Leichtathletik, will sich speziell auf die 10000 Meter vorbereiten und im nächsten Jahr bei der Triathlon- und anschließend bei der Leichtathletik-Weltmeisterschaft starten.

STATISTIK

Triathlon, Frauen 16.09.2000

1.	Brigitte McMahon	SUI	2:00:40,52	(19:16,88 / 1:05:14,50 / 35:13,64) *
2.	Michellie Jones	AUS	2:00:42,55	(19:21,68 / 1:05:13,20 / 35:25,77)
3.	Magali Messmer	SUI	2:01:08,83	(19:14,88 / 1:05:18,70 / 35:49,45)
4.	Joanna Zeiger	USA	2:01:25,74	(19:16,08 / 1:05:14,90 / 36:01,86)
5.	Loretta Harrop	AUS	2:01:42,82	(19:13,58 / 1:05:20,40 / 36:24,14)
6.	Sheila Taormina	USA	2:02:45,91	(18:36,48 / 1:05:59,00 / 37:18,83)
7.	Isabelle Mouthon-Michellys	FRA	2:02:53,41	(19:19,38 / 1:05:06,10 / 37:35,93)
8.	Christine Hocq	FRA	2:03:01,90	(19:18,58 / 1:05:12,00 / 37:44,22)
18.	Anja Dittmer	GER	2:04:36,88	(20:02,48 / 1:06:36,60 / 37:08,40)
21.	Joelle Franzmann	GER	2:05:26,96	(19:12,18 / 1:05:13,30 / 40:09,88)
36.	Sibylle Matter	SUI	2:13:25,38	(20:01,28 / 1:12:31,70 / 39:54,50)

Triathlon, Männer 17.09.2000

1.	Simon Whitfield	CAN	1:48:24,02	(17:56,59 / 58:54,40 / 30:53,73)
2.	Stephan Vuckovic	GER	1:48:37,58	(18:14,19 / 58:33,90 / 31:09,89)
3.	Jan Rehula	CZE	1:48:46,64	(17:45,39 / 58:54,00 / 31:21,25)
4.	Dmitrii Gaag	KAZ	1:49:03,57	(17:49,39 / 58:49,70 / 31:42,48)
5.	Ivan Rana	ESP	1:49:10,88	(17:49,09 / 58:51,50 / 31:48,09)
6.	Miles Stewart	AUS	1:49:14,52	(17:55,49 / 58:41,50 / 31:54,43)
7.	Olivier Marceau	FRA	1:49:18,03	(17:52,19 / 57:52,60 / 32:53,94)
8.	Reto Hug	SUI	1:49:21,30	(17:55,59 / 58:54,90 / 31:51,50)
12.	Andreas Raelert	GER	1:49:31,28	(17:50,49 / 58:53,50 / 32:08,19)
18.	Markus Keller	SUI	1:50:15,25	(18:16,59 / 58:29,70 / 32:45,76)
24.	Jean-Christophe Guinchard	SUI	1:50:50,76	(18:25,60 / 58:19,20 / 33:27,27)
29.	Johannes Enzenhofer	AUT	1:51:02,48	(17:59,99 / 58:46,20 / 33:28,19)

* 1,5 km Schwimmen / 40 km Rad fahren / 10 km Laufen

Sydney 2000
SUI
SUI

GER
GER

Dank einer taktischen Meisterleistung feierte Jan Ullrich bei seiner Olympia-Premiere im Straßenrennen einen goldenen Einstand. Auch im Einzelzeitfahren peilte er Gold an, verlor dieses aber trotz fünf Sekunden Vorsprung sieben Kilometer vor dem Ziel noch an den Russen Jekimow, den keiner der Experten auf der Rechnung hatte.

Platz an der Sonne

Jan Ullrich hat den Olymp im ersten Anlauf erobert, ist mit Gold und Silber aus Sydney zurückgekehrt. Lance Armstrong musste bei seinen dritten Spielen den großen Traum vom Olympiasieg begraben. Alle hatten dem Duell der Tour-Giganten entgegengefiebert, doch den Platz an der Sonne im Einzelzeitfahren schnappte den beiden Superstars ein alter Russe weg, Wjatscheslaw Jekimow (34).

So endeten die Radsport-Wettbewerbe, wie sie begonnen hatten: Down under wurden viele Prognosen auf den Kopf gestellt.

Jens Fiedler strahlte über Platz drei im Sprint, auch wenn er sein drittes Gold in Folge verpasste und damit nicht Geschichte schreiben konnte. Dies wiederum gelang dem deutschen Bahn-Vierer, der die Schallmauer der vier Minuten durchbrach. Für Robert Bartko war es das zweite Gold.

Sogar ihr drittes Gold in Sydney sicherte sich Leontien Zijlaard-van Moorsel, die 30-jährige »fliegende Holländerin«. Welch eine Sportler-Karriere! Weltmeisterin in jungen Jahren, dann an Leib und Seele krank (Bulimie), nun ein olympischer Abgang, wie ihn der Radsport noch nie erlebt hat.

Was hätte Lance Armstrong für eine ihrer Goldmedaillen gegeben: »In Amerika zählt sie mehr als ein Sieg bei der Tour«, hatte er bei seiner Ankunft in Sydney gesagt. Doch das olympische Glück lässt sich nicht zwingen. Auch Erik Zabel konnte zum vierten Mal ein garstiges Lied davon singen.

Mehr Grund zur Freude hatte der Bund Deutscher Radfahrer, mit zehn Medaillen (3-4-3) reichlich beschenkt, zwei mehr noch als Frankreich (5-2-1). Nur vier Jahre hat man gebraucht, um aus dem tiefen Tal von Atlanta (1-0-1) wieder einen Platz an der Sonne zu erklimmen.

Der schnellste Vierer aller Zeiten: Mit einer Durchschnittsgeschwindigkeit von 60 Stundenkilometern erstürmten sie den obersten Platz auf dem Sieger-Podest: Das BDR-Flaggschiff mit Daniel Becke, Guido Fulst, Robert Bartko und Jens Lehmann (von rechts) gewann nach dem WM-Titel 1999 in Sydney Olympia-Gold und durchbrach mit 3:59,710 Minuten die Vier-Minuten-Schallgrenze in der Mannschaftsverfolgung.

Tour-de-France-Sieger, Weltmeister, Olympiasieger: Jan Ullrich (links) komplettierte in Sydney seine Erfolgsbilanz und zog mit Miguel Indurain gleich.

Schaffte, was vorher noch keiner Radsportlerin bei Olympia gelang: Leontien Zijlaard (links), geborene van Moorsel, aus den Niederlanden ging mit dreimal Gold und einmal Silber in Sydney als erfolgreichste Radsportlerin in die olympische Geschichte ein.

Robert Bartko

Seine größten Fans fehlten beim Gewinn der beiden Verfolgungs-Goldmedaillen im Dunc Gray Velodrom, dem »Double«, das vor ihm nur Gregor Braun 1976 in Montreal gelang: Leichtathletin Peggy Müller und Franziska van Almsick. Bartkos Freundin Peggy Müller hatte das Olympiaticket verpasst, Franziska van Almsick mit sich selbst genug zu tun. Beide gehören wie er dem SC Berlin an. Alle drei sind dicke Freunde.

Seine Saisonvorbereitung auf das große Ziel Sydney verlief alles andere als glücklich. Zuerst wurde der Feldwebel im vergangenen Herbst zur Ausbildung nach Sonthofen abkommandiert. Dann kugelte er sich Anfang April bei einem Zusammenstoß mit einem PKW die Schulter aus, musste operiert werden und zwei Monate pausieren. Im Juli unterbot er auf der WM-Bahn im Berliner Velodrom an der Landsberger Allee, angefeuert von Peggy Müller und Franziska van Almsick, die geforderte Qualifikationszeit.

Zwei Tage vor dem Finale in Sydney hatten die Finalgegner Bartko und Jens Lehmann noch gemeinsam die Eröffnungsfeier am Bildschirm verfolgt. Von da an gingen sie getrennte Wege. »Das ist ganz normal. Robert ist unheimlich professionell eingestellt und vor einem Rennen total konzentriert«, verteidigte Lehmann seinen Bezwinger, der oft als »Eisvogel« beschrieben wird.

Auch nach dem geplanten Wechsel ins Lager der Straßenprofis wird Robert Bartko noch ab und zu in der Halle zu sehen sein, zum Beispiel im Sportforum Hohenschönhausen: »Wenn ich in Berlin bin, lasse ich möglichst kein Eishockeyspiel der Eisbären aus.«

Guido Fulst, Robert Bartko, Jens Lehmann und Daniel Becke durchbrachen die Vier-Minuten-Schallmauer und holten den fünften Olympiasieg eines deutschen Bahnvierers.

Bahn

Gold-Vierer durchbricht die Schallmauer

Der schnellste Deutschland-Vierer aller Zeiten hat mit seiner Goldfahrt in Sydney Radsport-Geschichte geschrieben. Die Berliner Robert Bartko und Guido Fulst, Jens Lehmann aus Gera und Daniel Becke aus Erfurt durchbrachen im olympischen Finale der »Königsklasse« über 4000 Meter in 3:59,710 als erste die Schallmauer von vier Minuten. Gegner Ukraine hatte gerade neunzig Minuten zuvor im Halbfinale in 4:00,720 Weltrekord vorgelegt.

Der 32 Jahre alte Veteran Lehmann, wie der 30-jährige Fulst schon Mitglied im Goldvierer 1992 in Barcelona, küsste unter dem Jubel der 6000 Zuschauer die Bahn aus sibirischer Kiefer: »Das war das Schönste in meiner Laufbahn«, sagte er schluchzend. 1996 war er wegen zu hohen Alters aus dem Kader geflogen. Als erster warf er auf der Jubelrunde seinen Helm weg und griff zur erstbesten Deutschland-Fahne.

Nur Bartko zog wie im »Krieg der Sterne« mit Silber-Helm weiter um die Bahn: »Das ist mein Talisman von der WM 1999 in Berlin. Den habe ich extra wieder zusammengeflickt.« Dem 24-Jährigen gelang als zweitem nach Gregor Braun 1976 das goldene Double. Im Einzelfinale hatte er Lehmann geschlagen. Nun zieht es ihn zu den Profis auf die Straße.

Die Blumen von der Siegerehrung wanderten unter Tränen sofort an ein weibliches Trio an der Bande weiter – zu Gisela Lange und ihren Töchtern Verena und Laura. Im März war Bundestrainer Robert Lange nach einem Trainingsunfall auf Mallorca gestorben. Er hatte das gleiche Team 1999 zum WM-Titel geführt. »Ohne ihn wäre ich nie in den Vierer zurückgekehrt«, bekannte Jens Lehmann. Die »glorreichen Vier« und die drei Reservisten hatten für die Lange-Damen zusammengelegt und ihnen dadurch die Sydney-Reise zum Teil finanziert.

Für den Bund Deutscher Radfahrer war es nach der Pleite von Atlanta mit dem Ausscheiden in der Qualifikation der fünfte Olympiasieg eines Bahnvierers. BDR-Präsident Manfred Böhmer lobte Lange-Nachfolger Bernd Dittert in höchsten Tönen: »Ich muss mich vor ihm verneigen, er hatte einen Super-Einstand.« Der gleichen Meinung war »Anfahrer« Fulst: »Dem Trainer gebührt die Ehre. Er konnte nach dem großen Lange-Jahr 1999 hier doch eigentlich nur verlieren.«

Der BDR war nach Abschluss der Bahnwettbewerbe der mit Abstand erfolgreichste deutsche Verband. Mit zweimal Gold durch die Verfolger Bartko und das Team, zweimal Silber durch Lehmann und den Schweriner Stefan Nimke im 1000-Meter-Zeitfahren sowie zweimal Bronze durch Jens Fiedler konnte

STATISTIK

Sprint, Frauen 20.09.2000

1.	Felicia Ballanger	FRA	2:1
2.	Oksana Gritschina	RUS	
3.	Irina Janowejtsch	UKR	2:0
4.	Michelle Ferris	AUS	

HF: Ballanger – Ferris 2:0, Gritschina – Janowejtsch 2:0, **VF:** Ballanger – Tanya Lindenmuth (USA) 2:0, Gritschina – Szilvia Noemi Szabolcsi (HUN) 2:0, Janowejtsch – Tanya Dubnicoff (CAN) 2:0, Ferris – Daniela Larreal (VEN) 2:0, **Platz 9:** Kathrin Freitag (GER) – Fiona Ramage (ITA)

500-m-Zeitfahren, Frauen 16.09.2000

1.	Felicia Ballanger	FRA	OR 34,140
2.	Michelle Ferris	AUS	34,696
3.	Cuihua Jiang	CHN	34,768
4.	Yan Wang	CHN	35,013
5.	Chris Witty	USA	35,230
6.	Ulrike Weichelt	GER	35,315
7.	Kathrin Freitag	GER	35,473
8.	Tanya Dubnicoff	CAN	35,486

3000-m-Einerverfolgung, Frauen

18.09.2000

1.	Leontien Zijlaard	NED	3:33,360
2.	Marion Clignet	FRA	3:38,751
3.	Yvonne McGregor	GBR	3:38,850
4.	Sarah Ulmer	NZL	3:38,930

HF: Clignet 3:36,244 - McGregor 3:38,409, Zijlaard WR 3:30,816 – Ulmer eingeholt, **QU:** 6. Judith Arndt (GER) 3:37,609

Punktefahren, Frauen

21.09.2000

1.	Antonella Bellutti	ITA	19
2.	Leontien Zijlaard	NED	16
3.	Olga Sliussarjewa	RUS	15
4.	Judith Arndt	GER	12
5.	Belem Guerrero Mendez	MEX	12
6.	Marion Clignet	FRA	11
7.	Teodora Ruano	ESP	10
8	Sarah Ulmer	NZL	9
15.	Michaela Brunngraber	AUT	0

man nach der Enttäuschung von Atlanta an alte Glanzzeiten anknüpfen. Frankreich kam ebenfalls auf sechs Medaillen, war aber mit jeweils zweimal Gold durch die überragenden Florian Rousseau und Felicia Ballanger stärkste Nation im Dunc Gray Velodrome.

Die 29-jährige Felicia Ballanger schraubte ihre eindrucksvolle Medaillenbilanz auf dreimal olympisches Gold neben ihren zehn WM-Titeln. Judith Arndt aus Frankfurt/Oder, 1996 Dritte in der Verfolgung, verpasste im Punktefahren als Vierte eine erneute Medaille nur knapp, in der Einzelverfolgung wurde sie Sechste. Für ihre Vereinskameradin Kathrin Freitag blieb es bei einem neunten Rang im Sprint und einem siebten im 500-Meter-Zeitfahren, gleich hinter der Erfurterin Ulrike Weichelt.

Jens Fiedler scheiterte zwar in seinem Bemühen, als erster Sprinter zum dritten Mal Olympiasieger zu werden, an dem bärenstarken Amerikaner Marty Nothstein und musste sich auch in seiner Lieblingsdisziplin Keirin mit Platz drei hinter dem Franzosen Florian Rousseau und dem Australier Gary Neiwand begnügen. Doch der 30 Jahre alte Chemnitzer hatte schon nach der Siegerehrung sein nächstes Ziel fest im Visier: »In vier Jahren in Athen versuche ich es in jedem Fall noch einmal.«

Der 32 Jahre alte Lehmann, der 1996 vor den Spielen in Atlanta als »zu alt« ausgemustert worden war, gewann zusätzlich im deutschen Einerverfolgungs-Finale hinter dem Berliner Robert Bartko Silber.

Ex-Weltmeisterin Judith Arndt ging sowohl im Punktefahren als auch in der Einerverfolgung wie alle anderen deutschen Bahnradfahrerinnen leer aus (oben).

STATISTIK

Sprint, Männer 20.09.2000

1. Marty Nothstein	USA	2:0
2. Florian Rousseau	FRA	
3. Jens Fiedler	GER	2:0
4. Laurent Gane	FRA	

HF: Nothstein – Fiedler 2:0, Rousseau – Gane 2:0, **VF:** Nothstein – Craig McLean (GBR) 2:0, Gane – Sean Eadie (AUS) 2:0, Rousseau –Jose Villanueva (ESP 2:0, Fiedler – Jan van Eijden (GER) 2:0, **Platz 5:** 1. van Eijden (GER), 2. Villanueva, 3. Eadie, 4. McLean

Olympischer Sprint, Männer 17.09.2000

1. Frankreich (Gane/ Rousseau/Tournant)	44,233
2. Großbritannien (Hoy/MacLean/Queally)	44,680
3. Australien (Eadie/Hill/Neiwand)	45,161
4. Griechenland (Vasilopoulos/Georgalis/Bargkas)	45,332

1.R.: FRA 44,302 – GER (Fiedler/Lausberg/Nimke) 45,537; GBR 44,517 – SVK 45,523; AUS 44,745 – LAT 46,525; GRE 45,079 – JAP 45,406

1000-m-Zeitfahren, Männer
16.09.2000

1. Jason Queally	GBR	OR 1:01,609
2. Stefan Nimke	GER	1:02,487
3. Shane Kelly	AUS	1:02,818
4. Sören Lausberg	GER	1:02,937
5. Arnaud Tournant	FRA	1:03,023
6. Dimitrios Georgalis	GRE	1:04,018
7. Grzegorz Krejner	POL	1:04,156
8. Garen Bloch	RSA	1:04,478

4000-m-Einerverfolgung, Männer
17.09.2000

1. Robert Bartko	GER	OR 4:18,515
2. Jens Lehmann	GER	4:23,824
3. Brad McGee	AUS	4:19,250
4. Rob Hayles	GBR	4:19,613

HF: Lehmann 4:23,032 - Hayles 4:30,080, Bartko 4:21,067 - McGee 4:22,644; **QU:** 15. Franco Marvulli (SUI) 4:34,000

4000-m-Mannschaftsverfolgung, Männer 19.09.2000

1. Deutschland (Fulst/Bartko/Becke/Lehmann)	WR 3:59,710
2. Ukraine (Fedenko/Sjmonenko/Matwejew/Tschernjawskej)	4:04,520
3. Großbritannien (Steel/Manning/Wiggins/Newton)	4:01,979
4. Frankreich (Bos/Ermenault/Moreau/Neuville)	4:05,991

HF: UKR 4:00,830 – GBR 4:02,387; GER 4:05,930 - FRA 4:11,549; **VF:** GER 4:01,810 – AUS 4:03,209; FRA 4:05,224 – NZL 4:06,495; UKR 4:03,359 – NED eingeholt; GBR 4:04, 143 – RUS eingeholt

Punktefahren, Männer
20.09.2000

1. Juan Llaneras	ESP	14
2. Milton Wynants	URU	1*/18
3. Alexej Markow	RUS	1/16
4. Ho-Sung Cho	KOR	1/15
5. Jamie Carney	USA	1/10
6. Franz Stocher	AUT	1/8
7. Glen Thomson	NZL	1/6
8. Silvio Martinello	ITA	1/5
12. Bruno Risi	SUI	2/13
23. Thorsten Rund	GER	2/0

*) Runden zurück

Keirin, Männer 21.09.2000

1. Florian Rousseau	FRA	11.020
2. Gary Neiwand	AUS	
3. Jens Fiedler	GER	
4. Jan van Eijden	GER	
5. Marty Nothstein	USA	
6. Frederic Magne	FRA	

HF: 1. Fiedler 10,999, 2. Van Eijden, 3. Rousseau, 4. Chiappa (ITA), distanziert: Vasilopoulos (GRE), Kiksis (LAT). – 1. Nothstein 10,961, 2. Neiwand, 3. Magne, 4. Cabrero (ESP), 5. Buran (CZE), 6. Ota (JPN)

Zweier-Mannschaftsfahren, Männer
21.09.2000

1. Australien (McGrory/Aitken)	26
2. Belgien (de Wilde/Gilmore)	22
3. Italien (Villa/Martinello)	15
4. Großbritannien (Wiggins/Hayles)	13
5. Österreich (Garber/Riebenbauer)	10
6. Deutschland (Fulst/Pollack)	9
7. Argentinien (Curuchet/Curuchet)	9
8. Niederlande (Slippens/Stam)	8
11. Schweiz (Betschart/Risi)	5

Freude bei den Freunden Jan Ullrich und Andreas Klöden über die Erfolge im olympischen Straßenrennen. Für den »goldenen Jan« ging mit dem Sieg ein Kindheitstraum in Erfüllung. Sein Teamkollege und häufiger Trainingspartner im Schwarzwald sagte nach dem Rennen: »Ich freue mich riesig über Jans Goldmedaille.«

Straße

Ullrich im Stil eines Champions

150 Meter vor dem Ziel blickte Jan Ullrich ein letztes Mal zurück. Er warf die Arme hoch, bekreuzigte sich, küsste den Talisman an seiner Halskette, den ihm Freundin Gabi geschenkt hat, und beendete nach 5:29:08 Stunden seinen Triumphzug zum Olympiasieg im Straßenrennen von Sydney. »Ich habe Gold, und das sogar in der Königsklasse«, sagte der 26-jährige Merdinger überglücklich, küsste Gabi und setzte sich dann eine Minute lang in eine Ecke, völlig in sich versunken.

Der gebürtige Rostocker feierte nach 239 km seinen größten Erfolg seit dem Tour-Sieg 1997 »im Stil eines wahren Champions«, wie Hein Verbruggen formulierte. Der Präsident des Welt-Verbandes UCI überreichte einem Telekom-Trio alle Medaillen. Silber ging an den Kasachen Alexander Winokurow, Bronze an den Berliner Andreas Klöden.

»Eine taktische Meisterleistung«, lobte Telekom-Teamchef Walter Godefroot, der das Rennen »nur als Tourist« verfolgte. Jan Ullrich ist jetzt nach dem Spanier Miguel Indurain erst der zweite Radsportler überhaupt, der bei Olympia, Tour de France und Straßen-Weltmeisterschaften erfolgreich war.

BDR-Vize-Präsident Olaf Ludwig, der in Seoul 1988 das bislang einzige Olympia-Gold im Straßenrennen geholt hatte, schüttelte ungläubig den Kopf. »Jan weiß noch gar nicht, was er heute geschafft hat. Olympiasieger bleibt man für immer.«

»Ich danke Jan, dass er mich mitgenommen hat«, sagte Winokurow gerührt: »Eine Absprache gab es vorher nicht. Jan war einfach der Stärkste im Feld.«

STATISTIK

Straßenrennen (239 km), Männer

27.09.2000

1.	Jan Ullrich	GER	5:29:08
2.	Alexander Winokurow	KAZ	+ 0:09
3.	Andreas Klöden	GER	+ 0:12
4.	Michele Bartoli	ITA	
5.	Laurent Jalabert	FRA	
6.	Frank Hoj	DEN	
7.	Piotr Wadecki	POL	
8.	George Hincapie	USA	
14.	Erik Zabel	GER	+ 1:38
21.	Markus Zberg	SUI	
23.	Peter Wrolich	AUT	
24.	Rolf Aldag	GER	
37.	Oscar Camenzind	SUI	
41.	Gerrit Glomser	AUT	
51.	Matthias Buxhofer	AUT	
54.	Mauro Gianetti	SUI	
56.	Jens Voigt	GER	
64.	Laurent Dufaux	SUI	
68.	Alex Zülle	SUI	
AG	Rene Haselbacher	AUT	
AG	Thomas Mühlbacher	AUT	

Einzelzeitfahren (48,69 km), Männer

30.09.2000

1.	Wjatscheslaw Jekimow	RUS	57:40,420
2.	Jan Ullrich	GER	+0,8
3.	Lance Armstrong	USA	+0,34
4.	Abraham Olano	ESP	+0,51
5.	Laurent Jalabert	FRA	+1:04
6.	Andrej Teterijuk	KAZ	+1:12
7.	Thor Hushovd	NOR	+1:20
8.	Santos Gonzalez Capilla	ESP	+1:23
12.	Andreas Klöden	GER	+1:53
33.	Alex Zülle	SUI	+4:54
34.	Rene Haselbacher	AUT	+4:58

Straßenrennen (120 km), Frauen

26.09.2000

1.	Leontien Zijlaard	NED	3:06:31
2.	Hanka Kupfernagel	GER	
3.	Diana Ziliute	LTU	
4.	Anna Wilson	AUS	
5.	Swetlana Bubnenkowa	RUS	
6.	Magali Le Floch	FRA	
7.	Sulfia Sabirowa	RUS	
8.	Heidi van de Vijver	BEL	
9.	Yvonne Schnorf	SUI	
16.	Nicole Brändli	SUI	alle gl. Zeit
30.	Petra Roßner	GER	+ 2:46
32.	Priska Doppmann	SUI	+ 3:46
AG	Ina-Yoko Teutenberg	GER	

Einzelzeitfahren (44,56 km), Frauen

30.09.2000

1.	Leontien Zijlaard	NED	42:00,781
2.	Mari Holden	USA	+0,37
3.	Jeannie Longo-Ciprelli	FRA	+0,52
4.	Anna Wilson	AUS	+0,58
5.	Joane Somarriba Arrola	ESP	+1:06
6.	Clara Hughes	CAN	+1:12
7.	Judith Arndt	GER	+1:31
8.	Hanka Kupfernagel	GER	+1:37
22.	Nicole Brändli	SUI	+3:16

Den zweiten Platz bekam er von Klöden geschenkt: »Ich bin mit Bronze mehr als zufrieden.« Erst in diesem Frühjahr hatte der 25-Jährige die Weltspitze erreicht, als er zwei wichtige Rundfahrten (Baskenland und Paris-Nizza) gewann. Zu den Geschlagenen zählte Erik Zabel (Unna) ebenso wie Tour-Sieger Lance Armstrong, der zu spät und vergeblich nachsetzte.
Vor dem Einzelzeitfahren sprachen alle nur vom Duell Ullrich-Armstrong. Doch ein 34-jähriger Russe machte den beiden Spezialisten einen dicken Strich durch die Rechnung. »Mit Wjatscheslaw Jekimow habe ich nicht gerechnet«, gab Ullrich offen zu. Jekimow, 1988 schon Olympiasieger mit dem sowjetischen Bahn-Vierer, hatte ihm das zweite Gold um acht Sekunden entrissen: »Schade, aber Silber ist auch schön.«
Lance Armstrong steckte den Tiefschlag nicht so leicht weg. »Ich bin enttäuscht, alles andere wäre gelogen. Ich habe alles gegeben und nur Bronze zurückbekommen«, sagte Armstrong. »Ich glaube nicht, dass ich in Athen nochmal antreten werde. Mein Traum ist zu Ende.«
Was Armstrong bei Olympia versagt blieb, schaffte Leontien Zijlaard-van Moorsel in Sydney gleich im »Dreier-Pack«: Nach Gold und Silber auf der Bahn schrieb sie mit dem goldenen Double auf der Straße Radsport-Geschichte. Im Sog der 30-jährigen Niederländerin erkämpfte sich Hanka Kupfernagel aus Bliesendorf bei Berlin im strömenden Regen die Silbermedaille im Straßenrennen. »Kurz vor dem Zielstrich habe ich noch befürchtet, es würde nur zum vierten Platz reichen«, meinte die 26-Jährige, die als erfolgreichste deutsche Radsportlerin gilt, zu Jahresbeginn auch erste Cross-Weltmeisterin geworden war. Ihre Ambitionen auf eine weitere Olympia-Medaille im Einzelzeitfahren blieben allerdings unerfüllt. Hinter ihrer Teamkollegin Judith Arndt belegte sie nur Platz acht.

12

Mountainbike

Schlangen, Elstern, Crash

Aufgeschreckte Giftschlangen und wütende Elstern haben die Mountainbike-Olympiasieger Miguel Martinez aus Frankreich und Paola Pezzo aus Italien auf dem 6,9-km-Rundkurs der Fairfield Farm 30 km südwestlich von Sydney nicht vom Goldkurs abbringen können.
Die deutschen Cross-Fahrer etablierten sich in der Weltspitze und kamen mit dem Stuttgarter Lado Fumic als Fünfter, Carsten Bresser aus St. Wendel als Achter und Sabine Spitz aus Rheinfelden als Neunte in die »Top 10«. Die Schweizer Mountainbiker kamen durch Barbara Blatter und Christoph Sauser zu Silber und Bronze.
Miguel Martinez krönte nach WM-Titelgewinn und Weltcup-Gesamtsieg das erfolgreichste Jahr seiner Karriere mit dem Olympiasieg vor dem Belgier Filip Meirhaeghe und Sauser. »Riesig, meine Taktik ist aufgegangen«, jubelte der bei der Olympiapremiere 1996 mit Bronze dekorierte 24-Jährige, der lange dem Schweizer Thomas Frischknecht die Führung überlassen hatte.
Fumic fehlten 37 Sekunden zum Platz auf dem Treppchen. »Das war mein größtes Rennen. Es hätte auch Platz drei werden können. In Athen will ich 2004 um Gold mitfahren«, sagte der Deutsche Meister, der unter Anleitung von Coach Thomas Schediwie gemeinsam mit Telekom-Profi Steffen Wesemann Tempotraining macht, und künftig verstärkt bei Straßenrennen antreten will.
Bei den Frauen hatte Paola Pezzo nach einem spektakulären Crash freie Fahrt zum zweiten Olympiasieg nach 1996 in Atlanta. Die ehemalige Dopingsünderin setzte sich nach 35,7 km vor der Schweizer Weltcupsiegerin Barbara Blatter und Spaniens Weltmeisterin Margarita Fullana durch, die nach einer Kollision mit Pezzo einen Abhang heruntergestürzt war und den Anschluss verloren hatte.
Die Italienerin war 1994 in Lillehammer bei den Winterspielen noch im Langlauf gestartet. Margarita Fullanas Ehemann Miguel Rosello konnte sich über die Kollision noch lange nach dem Rennen nicht beruhigen: »Das war schon das zweite Mal, denn im letzten Jahr bei der Europameisterschaft hat Pezzo genau dasselbe gemacht.« Auch Barbara Blatter ließ kein gutes Haar an der Siegerin: »Wer dopt, betrügt, basta.«
Zufrieden mit Platz neun von Sabine Spitz und Rang 13 der Deutschen Meisterin Hedda zu Putlitz aus St. Wendel war Bundestrainer Frank Brückner: »Das war das erwartete Resultat und ein Schritt in die richtige Richtung. Bei den Europameisterschaften 2001 in St. Wendel wollen wir in die Nähe der Medaillenränge kommen«.

STATISTIK

Mountainbike
Cross Country, Männer 24.09.2000

1. Miguel Martinez	FRA	2:09:02,50
2. Filip Meirhaeghe	BEL	2:10:05,51
3. Christoph Sauser	SUI	2:11:21,00
4. Jose Antonio Hermida	ESP	2:11:42,91
5. Lado Fumic	GER	2:11:57,88
6. Thomas Frischknecht	SUI	2:12:42,49
7. Cadel Evans	AUS	2:13:31,65
8. Carsten Bresser	GER	2:13:37,23
AG: Thomas Hochstrasser	SUI	

Mountainbike
Cross Country, Frauen 23.09.2000

1. Paola Pezzo	ITA	1:49:24,38
2. Barbara Blatter	SUI	1:49:51,42
3. Margarita Fullana	ESP	1:49:57,39
4. Alla Epifanowa	RUS	1:50:45,43
5. Alison Sydor	CAN	1:52:19,32
6. Mary Grigson	AUS	1:53:22,57
7. Alison Dunlap	USA	1:53:53,05
8. Chrissy Redden	CAN	1:54:07,38
9. Sabine Spitz	GER	1:54:46,49
11. Chantal Daucourt	SUI	1:56:49,53
13. Hedda zu Putlitz	GER	1:58:19,65

Sieger über Stock und Stein: Weltmeister Miguel Martinez aus Frankreich (großes Bild). »Mighty Mouse« hat damit auf dem Mountainbike alles gewonnen, was zu gewinnen ist. Er wird von seinem Vater Mariano Martinez trainiert, einem ehemaligen erfolgreichen Rennfahrer (u.a. Etappensiege bei der Tour de France 1978 und 1980).
Lado Fumic und Karsten Bresser (kleines Bild) erreichten mit den Rängen fünf und acht ein gutes Mannschafts-Ergebnis.

Die Reiterwelt ist orange

Die Niederländer verließen den Horsley Park mit der Goldmedaille von Anky van Grunsven, dem Team-Silber in der von ihr angeführten Dressur-Equipe und dem Doppelerfolg von Jeroen Dubbeldam und Albert Voorn als die großen Sieger. Die Deutschen bewiesen mit zweimal Team-Gold einmal mehr ihre mannschaftliche Stärke. Vergessen waren am glanzvollen Schlusstag die wie so oft bestürzenden Bilder von überforderten Pferden und Reitern bei der Military, die von den australischen und amerikanischen »Buschreitern« dominiert wurde.

Die Schweizer »Reitsport-Ikone« Christine Stückelberger beendete mit ihrer siebten Olympiateilnahme ihre glanzvolle Karriere ebenso wie der große deutsche Springreiter-Coach Herbert Meyer. Von den vierbeinigen Stars wird man Anky van Grunsvens Bonfire und Isabell Werths Gigolo nicht mehr im Dressur-Viereck sehen.

Rekorde und Bestmarken purzelten zuhauf wie die Stangen auf dem Parcours. Die Triumphe von van Grunsven und Dubbeldam waren die ersten überhaupt für unser Nachbarland. Umgekehrt war das deutsche Springreiter-Gold das achte seit 1912, die Dressur-Damen blieben seit 28 Jahren ungeschlagen.

Der Alltag hatte vor allem bei den Springreitern zuvor eher umgekehrt ausgesehen. Von den 24 Nationen-Preisen des Jahres gewannen deutsche Equipen in Budapest und Linz ganze zwei. Dafür hatte Ludger Beerbaum, der sich in Sydney gar nicht erst für das Einzelfinale qualifizieren konnte, überall regelrecht »abgeräumt«. In der Weltrangliste steht er an zweiter Stelle hinter dem Brasilianer Rodrigo Pessoa. Der Weltmeister und dreimalige Weltcup-Gewinner konnte im Horsley Park nach drei Verweigerungen seines Baloubet du Rouet absatteln.

Verkehrte Reiterwelt während zwei glanzvollen olympischen Wochen im Horsley Park.

Mit 53 Jahren bestritt die Schweizer Dressurreiterin Christine Stückelberger in Sydney ihre siebten Olympischen Spiele. 1976 hatte sie mit 29 Jahren in Bromont bei Montreal mit dem legendären Holsteiner Wallach Granat Gold gewonnen. Sieben Olympiateilnahmen weist bei den Frauen neben ihr lediglich die schwedische Fechterin Kerstin Palm von 1964 bis 1988 auf.

Rekordteilnehmer:

8 Piero d´Inzeo (Italien), Reiten, 1948-976
8 Raimondo d´Inzeo (Italien), Reiten, 1948-1976
8 Paul Elvström (Dänemark), Segeln, 1948-1960,1968-1972, 1984-1988
8 Durwood Knowles (Großbritannien/Bahamas), Segeln, 1948-1972, 1988
8 Hubert Raudaschl (Österreich), Segeln, 1964-1992

Rekordteilnehmerinnen:

7 Kerstin Palm (Schweden), Fechten, 1964-1988
7 Christine Stückelberger (Schweiz), Reiten, 1976-2000
6 Janice Lee Romary (USA), Fechten, 1948-1968
6 Lia Manoliu (Rumänien), Leichtathletik, 1952-1972
6 Christilot Hanson-Boylen (Kanada), Reiten, 1964-1976, 1984, 1992

Die Weltmeisterschaft und dreimal den Weltcup hatte Rodrigo Pessoa vor Sydney 2000 gewonnen: im Kampf um Gold verweigerte Baloubet du Rouet vor dem 1,50 m hohen und 1,75 m breiten Oxer dem sieggewohnten Brasilianer gleich dreimal die Gefolgschaft.

3

»Pferde sind auch Menschen« – so der deutsche Bundestrainer Martin Plewa: Die Military stand in Sydney wieder einmal im Mittelpunkt vieler kontroverser Diskussionen. Erfolgreichster Teilnehmer im Horsley Park war der Australier Frank Hoy auf dem Schimmel Darien Powers mit Mannschafts-Gold und Silber im Einzel.

Seit 28 Jahren bei Olympia ungeschlagen: die deutsche Dressur-Equipe, die in Sydney erstmals bei Olympia aus vier Damen bestand, sorgte für den zehnten Triumph seit 1928.

Dressur

Goldenes Damen-Quartett

Die Pferdewelt verneigt sich vor Deutschlands goldener Dressur-Equipe. Die traumhafte Isabell Werth mit Gigolo und Alexandra Simons-de Ridder auf Chacomo legten den Grundstein für den zehnten Olympiasieg seit 1928. Ulla Salzgeber auf Rusty und Nadine Capellmann auf Farbenfroh verteidigten tags darauf die Führung mit 5632 Punkten erfolgreich. Silber gewannen zum dritten Mal die Niederlande (5579) um Anky van Grunsven vor den USA (5166). Damit blieb Deutschland seit 28 Jahren bei Olympia ungeschlagen.

Isabell Werth, die in dem Frack ritt, den sie erstmals bei ihrem ersten Auftritt in einer schweren Dressur vor 13 Jahren trug, war nach ihrer Gala erleichtert: »In Bezug auf Goldmedaillen wird man nie zum Profi. Man freut sich immer wieder.« Die Rechtsanwältin hatte auf dem 17 Jahre alten Wallach Gigolo als erste deutsche Starterin in einem perfekten Ritt 1908 Punkte vorgelegt, daran kam auch Dauerrivalin Anky van Grunsven auf Bonfire (1875) mit drei Fehlereinlagen nicht heran. Isabell Werth verriet über das Verhältnis zum vierbeinigen Freund: »Man kann es fast schon mit einer Partnerschaft zwischen Menschen vergleichen.«

Trainer Dr. Uwe Schulten-Baumer (73), erfolgreichster Coach der Welt, schämte sich seiner Tränen nicht. Auch Bundestrainer Klaus Balkenhol war fast sprachlos: »Unglaublich, das war einmalig.«

Erstmals Anky vor Isabell

Zuerst war sie weg, kam dann doch zurück und brach am Ende in Tränen aus. In wenigen Minuten hatte Isabell Werth alles durchlitten, was den Sport so faszinierend und auch so grausam macht. Am Ende ihrer emotionalen Achterbahnfahrt wartete eine Niederlage. In ihrem letzten großen Ritt auf Gigolo, dem erfolgreichsten Dressurpferd aller Zeiten, unterlag sie ihrer »ewigen« niederländischen Rivalin Anky van Grunsven, die den gleichaltrigen Wallach Bonfire ebenfalls letztmals tanzen ließ.

Gold für van Grunsven, Silber für Werth – diese Reihenfolge hatte es noch nie bei einem großen Championat gegeben.

Zur eigens geschaffenen Komposition »Something Old, Something New« bewegte sich Bonfire leichter, frischer, tänzerischer. Gigolo wirkte dagegen fast schwerfällig, das Feuer früherer Jahre ist erloschen. Erstmals seit Moskau 1980 hing die Einzelgoldmedaille der »deutschen« Paradesportart am Hals einer anderen, doch es hatte seine Richtigkeit.

Anky van Grunsven gab zunächst eine Liebeserklärung für Bonfire ab, den sie als Dreijährigen entdeckt und gekauft hatte, weil er als Hengst nicht anerkannt und zum Wallach gemacht worden war. »Er ist und

Viecherei

Auch in Australien sitzt nicht hinter jeder Hecke ein Känguru, wie der Europäer vielleicht meinen könnte. Wenn man dann doch mal eines trifft, kann das durchaus Folgen haben.

In Sydney stieß eines dieser Springbeuteltiere mit dem niederländischen Teamfahrzeug zusammen. Der Zusammenprall war so heftig, dass das Känguru schockartig gelähmt war und steif am Straßenrand sitzen blieb.

Da hatte Sjeff Jansen, Trainer und Lebenspartner von Europameisterin Anky van Grunsven, die verrückte Idee, dem Beuteltier seine Olympiajacke überzulegen, die Akkreditierung umzuhängen und ein Foto zu machen.

Vom Blitzlicht in die Wirklichkeit zurückgeholt, hüpfte das Känguru schlagartig mit Riesensätzen in die schützende Nacht davon. Dabei ließ es allerdings weder die Akkreditierung noch die Jacke von Sjeff Jansen zurück, in der Ausweise und Kreditkarten steckten.

Ob das Beuteltier mit der Akkreditierung Einlass zu den olympischen Wettkampfstätten erhielt, ist nicht bekannt.

bleibt meine große Liebe«, sagte sie: »Und daran wird sich nichts ändern.«
Isabell Werth wirkte zunächst wie immer, fröhlich, kess, lustig: »Ich habe nicht Gold verloren, sondern Silber gewonnen.« Doch wenig später verschwand das Lachen aus ihrem Gesicht. Sie dankte allen, die ihr geholfen haben, dann waren die Tränen stärker, sie konnte nicht mehr reden.
Hinter Gold und Silber lief fast unbemerkt ein weiteres sportliches Drama ab. Ulla Salzgeber musste mit Rusty wegen Versagens der Musikanlage aus dem Viereck und nach Ende der Konkurrenz noch einmal ran. Sie gewann Bronze und Nadine Capellmann mit dem Publikumsliebling Farbenfroh stand mit leeren Händen da.

STATISTIK

Dressur, Einzel 30.09.2000

		Total	1	2	3
1. Anky Van Grunsven/Bonfire	NED	239.18	75.00	78.13	86.05
2. Isabell Werth/Gigolo	GER	234.19	76.32	75.67	82.20
3. Ulla Salzgeber/Rusty	GER	230.57	73.16	76.74	80.67
4. Nadine Capellmann/Farbenfroh	GER	225.88	74.68	76.60	74.60
5. Coby Van Baalen/Ferro	NED	221.36	74.92	71.34	75.10
6. Ellen Bontje/Silvano	NED	217.59	71.44	72.60	73.55
7. Lone Jorgensen/Kennedy	DEN	216.90	71.84	74.69	70.37
8. Susan Blinks/Flim Flam	USA	214.65	69.00	71.20	74.45
9. Kristy Oatley-Nist/Wall Street	AUS	210.79	68.16	70.23	72.40
13. Daniel Ramseier/Rali Baba	SUI	205.60	66.56	70.04	69.00

1 = Grand Prix   2 = Grand Prix Special   3 = Grand Prix Kür

Dressur, Mannschaft 27.09.2000

1. Deutschland 5632
(Werth/Gigolo 1908, Simons-de Ridder/Chacomo 1857, Salzgeber/Rusty 1829, Capellmann/Farbenfroh 1867)
2. Niederlande 5579
(van Grunsven/Bonfire 1875, Bontje/Silvano 1786, Teeuwissen/Goliath 1831, van Baalen/Ferro 1873)
3. USA 5166
(Dover/Ranier 1678, Blinks/Flim Flam 1725, Seidel/Foltaire 1695, Traurig/Etienne 1746)
4. Dänemark 5149
5. Spanien 5011
6. Australien 4925
7. Schweiz 4924
(Bottani/Diamond 1615, Ramseier/Rali Baba 1664, Stückelberger/Aquamarin 1637, Cantamessa/Sir S 1623)
8. Großbritannien 4898

Für den 17 Jahre alten Oldenburger Gigolo war der Auftritt in Sydney der letzte einer glanzvollen Karriere. Die 31 Jahre alte Rechtsanwältin Isabell Werth aus Rheinberg wird dem Team-Gold und dem Einzel-Silber von Sydney in Zukunft sicherlich weitere Medaillen hinzufügen.

Eine verfehlte Mannschafts-Aufstellung brachte Ingrid Klimke Tochter des sechsmaligen deutschen Olympiasiegers Dr. Reiner Klimke, mit dem Schimmel Sleep Late, und die zuletzt viertplatzierte deutsche Equipe im Horsley Park um eine durchaus mögliche Medaille.

Kursdesigner Mike Etherington-Smith sprach von einer »Zweiklassen-Gesellschaft«, Bundestrainer Martin Plewa von Regelungen »gegen jede reiterliche Vernunft«: Ein Teil der Reiter und Pferde war vor allem im Gelände völlig überfordert.

Military

»Buschreiten« im Zwielicht

Die Beste mühte sich vergeblich, die Ersatzfrau zu wenig, und die Ausgebootete war schlichtweg sauer – eine völlig missratene Personalplanung hat die deutschen Military-Reiter in Sydney um eine mögliche Mannschafts-Medaille gebracht. Statt Bronze blieb dem Quartett mit Ingrid Klimke aus Riesenbeck auf Sleep Late, Nele Hagener aus Salzhausen auf Little McMuffin, Andreas Dibowski aus Döhle auf Leonas Dancer und Marina Köhncke aus Lübeck-Bardenberg auf Sir Toby nach vier harten Wettkampftagen nur der undankbare vierte Platz hinter Australien, Großbritannien und den USA.

Im Mittelpunkt der Kritik stand »Nesthäkchen« Nele Hagener. Ausgerechnet in der deutschen Domäne Dressur offenbarte die 24 Jahre alte Jurastudentin Schwächen. Dressur-Bundestrainer Klaus Balkenhol: »Es fehlt ihr an Wettkampfpraxis. Sie müsste wenn immer möglich Turniere reiten.« Hart ins Gericht mit ihrer jungen Teamkollegin ging auch Ingrid Klimke: »Wenn ich Championate reiten möchte und weiß, dass ich irgendwo Schwächen habe, dann muss ich dagegen angehen, und zwar mit Arbeit.«

Die Tochter der deutschen Reiter-Legende Dr. Reiner Klimke lieferte in Dressur, Geländeritt und Springen die zweitbeste Leistung aller 47 Teilnehmer ab. Auf das Einzel verzichtete sie 32-Jährige mangels eines zweiten konkurrenzfähigen Pferdes. Dr. Annette Wyrwoll aus Regensburg, die für Nele Hagener »geopfert« worden war, blieb im Einzel mit Bantry Bay als einzige nach dem Gelände übrig und belegte am Ende Rang 19. Im Gelände verweigerten Butscher dem Fehmarner Kai Rüder und Longchamp der Lübeckerin Marina Köhncke die Gefolgschaft.

Der Amerikaner David O'Connor komplettierte vor 20000 Zuschauern im Horsley Park mit dem 16-jährigen Vollblut Custom Made seine Medaillensammlung, nachdem er vier Tage zuvor mit seiner Frau Karen in der Equipe Bronze und 1996 in Atlanta ebenfalls in der Mannschaft Silber gewonnen hatte. Der dreifache australische Mannschafts-Goldmedaillen-Gewinner Andrew Hoy wurde mit Swizzle In Zweiter, Doppel-Olympiasieger Mark Todd aus Neuseeland, der 1984 in Los Angeles und 1988 in Seoul Einzel-Gold holte, beendete auf Eyespy als Dritter mit dem Gewinn der fünften olympischen Medaille seine große Karriere.

Nachdem man wie schon in Atlanta ohne Edelmetall geblieben war, brannte im Lager der deutschen »Buschreiter« anschließend der Busch. Nach dem gescheiterten Aktivenaufstand gegen Cheftrainer Martin Plewa vor einem Jahr grollte diesmal Ausschussvorsitzender Peter Wagner: »Die Zeit der Abrechnung ist gekommen.«

Sie kam insgesamt bereits vor dem Abschluss auch für die seit langem umstrittene Sportart, nachdem 13 von 38 Reitern die 7450 m lange Strecke und die 29 Hindernisse im Horsley Park nicht beendet, zwölf weitere gestürzt, der Brasilianer Roberto Macedo und der Däne Nils Haagensen im Krankenhaus gelandet und die Stute Bermuda's Gold eingeschläfert worden waren.

In den Schlagzeilen wurde gemutmaßt, dass das Reiten in der freien Natur seine olympische Zukunft schon längst hinter sich hat.

STATISTIK

Military, Einzel 22.09.2000

1.	David O'Connor Custom Made (29,00/00,00/05,00*)	USA	34,00
2.	Andrew Hoy Swizzle In (00,00/00,00/39,80)	AUS	39,80
3.	Mark Todd Eyespy II (39,00/00,00/3,00)	NZL	42,00
4.	Rodolphe Scherer Bambi de Briere (41,40/00,00/5,00)	FRA	46,40
5.	Fabio Magni Cool'n Breezy (44,00/00,00/5,00)	ITA	49,00
6.	Heidi Antikatzidis Michaelmas (37,40/00,00/13,00)	GRE	50,40
7.	Mary King Star Appeal (47,00/00,00/5,00)	GBR	52,00
8.	Robert Costello Chevalier (42,40/00,00/10,00)	USA	52,40
19.	Annette Wyrwoll Bantry Bay (45,00/72,80/00.00)	GER	117,80

AG (im Gelände): Marina Koehnke (GER) Longchamps, Kai Rüder (GER) Butscher

Military, Mannschaft 19.09.2000

1.	Australien (Tinney/41,00; Hoy/45,60; Ryan/60,20; Dutton**/63,60)	146,80
2.	Großbritannien (Funnell/45,40; Law/54,00; Brakewell/61,60; Stark/AG)	161,00
3.	USA (K. O'Connor/43,00; D. O'Connor/46,80, Fout/86,00; Wiesman/AG)	175,80
4.	Deutschland (Klimke/41,20; Köhncke/70,40; Dibowski/130,20; Hagener**/262,40)	241,80
5.	Irland	270,00
6.	Brasilien	333,00

*) Reihenfolge: Dressur, Gelände, Springen
**) Streichergebnis

»Man darf nicht vergessen, Pferde sind auch Menschen.« (Bundestrainer Martin Plewa nach dem Debakel der deutschen Military-Reiter).

Gemeinsamkeit macht stark: Die deutschen Springreiter holten das achte Olympiagold seit 1912. Im Einzel reichte es ohne den ausgeschiedenen Ludger Beerbaum für Lars Nieberg, Marcus Ehning und Otto Becker nur zum gemeinsamen vierten Platz.

Springreiten

Gold – Geschenk für Coach Herbert Meyer

Mit dem knappsten Ergebnis in der Geschichte der Olympischen Spiele schenkten die deutschen Springreiter ihrem scheidenden Coach Herbert Meyer zum Abschied die Goldmedaille im Preis der Nationen. Marcus Ehning aus Borken auf dem Hengst For Pleasure (0 und 7 Fehlerpunkte), der alles überragende Otto Becker aus Mühlen mit zwei makellosen Durchgängen auf dem Schimmel Cento und Lars Nieberg aus Homberg/Ohm auf Esprit (8 und 0) siegten mit nur einem Fehlerpunkt weniger vor der Schweiz und Brasilien. Für die deutsche Equipe, die sich im Saison-Alltag 2000 mit gerade zwei Siegen in Budapest und Linz nicht eben mit Ruhm bekleckert hatte, war es das achte Olympiagold seit 1912.

»Rudelführer« Ludger Beerbaum erlebte sein viertes Olympiagold mit einem lachenden und einem weinenden Auge. Der 37-Jährige, sonst stets die Zuverlässigkeit in Person, lieferte mit dem total überforderten neunjährigen Hengst Goldfever in beiden Runden das Streichresultat und verpasste damit gleichzeitig die Qualifikation für das Einzelfinale der besten 45 Reiter. Dennoch blieb Beerbaum äußerlich gelassen: »Ich habe den anderen früher so oft geholfen, ich muss mir wirklich keine Vorwürfe machen.«

Einige Stunden zuvor war er weitaus weniger locker gewesen. Nach fünf Abwürfen in der ersten Runde ritt Beerbaum wortlos davon, war nicht mehr der souveräne Gesprächspartner. Nie zuvor in seiner Karriere hatte der sechsmalige deutsche Meister dermaßen »abgeholzt«, er konnte es nicht kommentieren, weil er es nicht verstand. Herbert Meyer war zu diesem Zeitpunkt der Verzweiflung nahe: »So ein Mist, das darf doch nicht wahr sein.« Bei seinem letzten Auftritt als Equipe-Chef sah er alles schwinden, doch in bester Musketier-Manier – einer für alle, alle für einen – retteten die restlichen drei Reiter ihrem Coach das goldene Abschiedsgeschenk. Gerührt stand Herbert Meyer bei der Siegerehrung mit der Mannschaft auf dem Treppchen. Von den deutschen Zuschauern auf der Tribüne schallte das »Herbert, Herbert« laut zu ihm herunter. Ein kleines Dankeschön für einen, der 15 Jahre lang und mehr viel für die Springreiterei tat, doch dem oft wenig gedankt wurde.

»Holzklasse« im Einzelspringen

Gleich dreimal »Holzklasse« gab es dafür am stürmischen Abschlusstag für Ehning, Becker und Nieberg als gemeinsame Vierte, womit man erstmals seit 1984 ohne Einzelmedaille blieb. Nach dem ersten Umlauf wiesen sie alle acht Fehlerpunkte auf, ein Abwurf weniger hätte also zur Teilnahme am ersten olympischen Stechen überhaupt gereicht. Doch am Ende jubelten andere, vor allem die beiden Niederländer Jeroen Dubbeldam und Albert Voorn, aber auch der 31-jährige Saudi-Araber Khaled al Eid als sensationeller Bronzemedaillen-Gewinner.

Der Sohn eines Supermarkt-Besitzers erfreut sich der großzügigen Förderung von Kronprinz Faisal Abdullah, ritt den belgischen Wallach Kasm al Aan – einen Halbbruder von Ulrich Kirchhoffs an einer Kolik eingegangenen »Goldpferd« Jus de Pomme – bereits in Atlanta unter dem Namen Eastern Night und tröstete Trainer Nelson Pessoa ein wenig über den Ausfall von Sohn Rodrigo hinweg.

Der Weltranglisten-Erste schied mit dem Fuchshengst Baloubet du Rouet, der ihn dreimal zum Weltcup-Sieg getragen hatte, im zweiten Umlauf mit bis dahin null Fehlern an der Oxer-Dop-

STATISTIK

Springenreiten, Einzel 01.10.2000

1. Jeroen Dubbeldam Sjiem [0,00* – 50,6]	NED	4,00
2. Albert Voorn Lando [4.00* – 44,7]	NED	4,00
3. Khaled Al Eid Khashm Al Aan [4,00* – 44,8]	KSA	4,00
4. Andre Johannpeter Calei	BRA	8,00
4. Lars Nieberg Esprit	GER	8,00
4. Ludo Philippaerts Otterongo	BEL	8,00
4. Marcus Ehning For Pleasure	GER	8,00
4. Otto Becker Cento	GER	8,00
9. Beat Mändli Pozitano	SUI	9,00
10. Willi Melliger Calvaro V	SUI	12,00
26. Anton-Martin Bauer Equo	AUT	28,00

* Stechen

Markus Fuchs (SUI) Tinka's Boy, zurückgezogen

QU: 37. Leslie McNaughty (SUI) Dulf 29,50, 49. Ludger Beerbaum (GER) Goldfever 3 37,50

Springreiten, Mannschaft 28.09.2000

1. Deutschland (8+7) (Ehning/For Pleasure 0+7, Becker/Cento 0+0, Nieberg/Esprit 8+0, Beerbaum/Goldfever 20+16,25)	15,00
2. Schweiz (8+8) (McNaught/Dulf 15+8,50, Fuchs/Tinka's Boy 0+8, Mändli/Pozitano 8+0, Mellinger/Calvaro V0+0)	16,00
3. Brasilien (12+12) (De Azevedo/Ralph 8+0, Johannpeter/Calei 8+16, Miranda Neto/Aspen 4+12, Pessoa/Baloubet du Rouet 0+0)	24,00
4. Frankreich (8+16)	24,00
5. Niederlande (16+16)	32,00
6. USA (12+24)	36,00
7. Schweden (16,75+20)	36,75
8. Großbritannien (20,50+20)	40,50

pelkombination nach drei Verweigerungen aus.
»Ich habe keine Erklärung, daran werde ich noch einige Zeit zu schlucken haben«, sagte der hohe Favorit.
Sieger Jeroen Dubbeldam war vor sechs Jahren in Millstreet Europameister der Jungen Reiter geworden, 1998 war der jetzt elfjährige Wallach De Sjiem (der Schimmel) erfolgreichstes Pferd im Nationen-Preis. Auf Lando, aus dem Beritt von Albert Voorn, wird in Zukunft der Mühlener Otto Becker sitzen. Paul Schockemöhle, dreimaliger Europameister und Turnierstall-Besitzer, hat den Wallach bereits in Sydney gekauft.

Jeroen Dubbeldam blieb mit Sjiem im Stechen der Einzelkonkurrenz als einziger Reiter fehlerfrei und gewann vor seinem Landsmann Albert Voorn die Goldmedaille.

Super-Stars der Schwimm-Wettbewerbe: Inge de Bruijn (NED) und Ian Thorpe (AUS) – beide je dreimal mit Gold dekoriert.

»Waterloo« für deutsche Schwimmer

Waterloo für Deutschlands Schwimmer. Nach glänzenden Leistungen bei den Deutschen Meisterschaften Mitte Juni in Berlin als Olympia-Qualifikation kamen sie in Sydney mit drei Bronzemedaillen nicht über eine Nebenrolle im Konzert der führenden Schwimmsport-Nationen hinaus. Steigerungen gegenüber den nationalen Titelkämpfen hatten Seltenheitswert, vor allem bei den Frauen. Vor vier Jahren in Atlanta verbuchten die Schwimmer immerhin noch zwölf Medaillen (fünfmal Silber und siebenmal Bronze).

Spitzen-Athletinnen des Deutschen Schwimm-Verbandes attackierten am Ende alles und jeden in der Betreuer- und Führungsriege des DSV – nur mit der eigenen Leistung gingen sie relativ unkritisch um. Und das, obwohl die Vorbereitung vorher allgemein als »optimal« bezeichnet worden war, individuelle Wünsche in Bezug auf einen EM-Start vor den Spielen oder Lehrgangsmaßnahmen berücksichtigt wurden, die Trainer der vermeintlichen Medaillen-Kandidaten alle zum offiziellen Stab des DSV in Sydney gehörten.

Die Männer waren mit öffentlicher Kritik zurückhaltender, dafür in ihren Leistungen, gemessen am eigenen Standard, vergleichsweise stärker. Bundestrainer Manfred Thiesmann wollte vorher jede Medaille mit einem Freudensprung begleiten. Er hatte immerhin zweimal Grund dazu, sein Kollege Achim Jedamsky für den Bereich der Frauen hingegen nur einmal. Seine Asse Franziska van Almsick, Sandra Völker oder Antje Buschschulte stachen nicht wie gewünscht. In diesem Punkt klafften Wunsch und Wirklichkeit zu weit auseinander. Denn auch bei realistischer Einschätzung waren Chancen für eine Handvoll Medaillen (und mehr ...) bei den Frauen gegeben.

Völker-Trainer Dirk Lange zeigte immerhin in der Niederlage Größe, suchte nicht die Fehler bei anderen, sondern räumte selbstkritisch »trainingsmethodische Fehler in der Vorbereitung« ein: »Die Schuld, dass Sandra in Sydney nicht besser geschwommen ist, trifft mich. Wir wollten das Super-Ding, jetzt ist es ein Super-GAU geworden ...«

Will man sich im DSV nicht an den fortgesetzten Doping-Spekulationen beteiligen, bleibt nach Sydney nur das Fazit: Die Weltspitze ist den Deutschen auf breiter Front weggeschwommen. Die Spitzenposition im Welt-Schwimmsport – die gehörte unbestritten den Amerikanern mit 14 Goldmedaillen aus 32 Wettbewerben und einer Demonstration der Stärke, die den Anspruch der australischen Gastgeber trotz eines Super-Stars Ian Thorpe von avisierten 20 Goldmedaillen auf letztlich fünf stutzte. Auf fünf Goldmedaillen kann auch das niederländische Zwei-Mann-Team Pieter van den Hoogenband (2) und Inge de Bruijn (3) verweisen. Inge de Bruijn war dann auch mit dreimal Einzel-Gold die »Queen« im Wasser.

De Bruijn und Van den Hoogenband waren zusammen auch fünfmal an den insgesamt 14 Welt- und 16 Europarekorden beteiligt. Im DSV beschied man sich mit drei nationalen Bestleistungen in den Staffeln. Die Rekordflut wurde getragen von den täglich rund 17000 fachkundigen und objektiven Zuschauern im Aquatic Centre, die dem internationalen Schwimmsport eine bislang einmalige Kulisse boten.

SYDNEY 2000

atch

GER

AUS
THORPE

Sieger und Besiegte: Freude bei Pieter van den Hoogenband (NED), dem »Thron-Rivalen« von Ian Thorpe (links oben), und Australiens 4x200-Meter-Freistilstaffel mit Michael Klim, Ian Thorpe, Todd Pearson und William Kirby (Mitte oben), Skepsis bei Christian Keller (links Mitte), Ratlosigkeit bei Antje Buschschulte (rechts oben), Niedergeschlagenheit in der deutschen Mannschaft (rechts unten).

Für Deutschlands Spitzenschwimmerinnen Franziska van Almsick (großes Foto und oben links), Antje Buschschulte (oben rechts) und Sandra Völker (Mitte) nahmen die Olympischen Spiele von Sydney nicht den gewünschten Verlauf. Einzige Medaille für die Frauen – Bronze über 4x200 Meter Freistil durch Buschschulte, van Almsick, Sara Harstick und Kerstin Kielgaß (unten von links nach rechts).

Männer

Wahre Stärke im letzten Rennen

Sie benötigten acht lange Tage im Sydney International Aquatic Centre, um endlich zu ihrer wahren Stärke zu finden. Im allerletzten der 32 Wettbewerbe »explodierten« die deutschen Schwimmer in der 4x100-Meter-Lagenstaffel in diesen acht Tagen wenigstens einmal und fügten den bis dato zwei Bronzemedaillen eine dritte hinzu. In 3:35,88 Minuten schwammen der Chemnitzer Stev Theloke, Jens Kruppa aus Riesa, der Neusser Thomas Rupprath und der für die SG Neukölln schwimmende Torsten Spanneberg aus Halle/Saale neuen Europarekord, steigerten ihre alte nationale Rekordmarke um fast vier Sekunden! Im Team: drei Zwei-Meter-Riesen und der »kleine« Rupprath (1,82 m).

»Wir hatten ja auch nichts mehr zu verlieren«, kommentierte Jens Kruppa die Medaille, die nach den vorausgegangenen 31 Entscheidungen wirklich niemand mehr erwartet hatte. Das Beispiel der 4x100-Meter-Lagenstaffel zeigte jedoch, was möglich gewesen wäre. Jens Kruppa (24) mit 1:00,52 Minuten auf seiner Teilstrecke (100 m Brust) und mehr noch Torsten Spanneberg (25) als Schluss-

STATISTIK

50 m Freistil, Männer 22.09.2000

WR	Alexander Popow Moskau – 16.06.2000	RUS	21,64
OR	Alexander Popow Barcelona – 30.07.1992	RUS	21,91
1.	Anthony Ervin	USA	21,98
1.	Gary Hall Jr.	USA	21,98
3.	Pieter van den Hoogenband	NED	22,03
4.	Lorenzo Vismara	ITA	22,11
5.	Bartosz Kizierowski	POL	22,22
6.	Alexander Popow	RUS	22,24
7.	Mark Foster	GBR	22,41
8.	Oleksandr Wolynez	UKR	22,51

VL: 28. Stephan Kunzelmann (GER) 23,08; 31. Christophe Bühler (SUI) 23,15

100 m Freistil, Männer 20.09.2000

WR	Alexander Popow Monte Carlo – 18.06.1994	RUS	48,21
OR	Matt Biondi Seoul – 22.09.1988	USA	48,63
1.	Pieter van den Hoogenband	NED	48,30
2.	Alexander Popow	RUS	48,69
3.	Gary Hall Jr.	USA	48,73
4.	Michael Klim	AUS	48,74
5.	Neil Walker	USA	49,09
6.	Lars Frölander	SWE	49,22
7.	Denis Pimankow	RUS	49,36
8.	Chris Fydler	AUS	49,44

HF: Pieter van den Hoogenband (NED) WR 47,84, 14. Christian Tröger (GER) 49,80,
VL: 19. Karel Novy (SUI) 50,19, 25. Torsten Spanneberg (GER) 50,56

200 m Freistil, Männer 18.09.2000

WR	Ian Thorpe Sydney – 15.05.2000	AUS	1:45,51
OR	Jewgeni Sadowyi Barcelona – 27.07.1992	EUN	1:46,70
1.	Pieter van den Hoogenband	NED	WR 1:45,35
2.	Ian Thorpe	AUS	1:45,83
3.	Massimiliano Rosolino	ITA	1:46,65
4.	Josh Davis	USA	1:46,73
5.	Paul Palmer	GBR	1:47,95
6.	James Salter	GBR	1:48,74
7.	Rick Say	CAN	1:48,76
8.	Grant Hackett	AUS	1:49,46

HF: Pieter van den Hoogenband (NED) WR 1:45,35; 13. Stefan Herbst (GER) 1:49,72; 16. Stefan Pohl (GER) 1:50,56

400 m Freistil, Männer 16.09.2000

WR	Ian Thorpe Sydney – 13.05.2000	AUS	3:41,33
OR	Jewgeni Sadowyi Barcelona – 29.07.1992	EUN	3:45,00
1.	Ian Thorpe	AUS	WR 3:40,59
2.	Massimiliano Rosolino	ITA	3:43,40
3.	Klete Keller	USA	3:47,00
4.	Emiliano Brembilla	ITA	3:47,01
5.	Dragos Coman	ROM	3:47,38
6.	Chad Carvin	USA	3:47,58
7.	Grant Hackett	AUS	3:48,22
8.	Ryk Neethling	RSA	3:48,52

VL: 9. Heiko Hell (GER) 3:50,80; 42. Hannes Kalteis (AUT) 4:03,66

1500 m Freistil, Männer 23.09.2000

WR	Kieren Perkins Victoria – 24.08.1994	AUS	14:41,66
OR	Kieren Perkins Barcelona – 31.07.1992	AUS	14:43,48
1.	Grant Hackett	AUS	14:48,33
2.	Kieren Perkins	AUS	14:53,59
3.	Chris Thompson	USA	14:56,81
4.	Alexej Filipez	RUS	14:56,88
5.	Ryk Neethling	RSA	15:00,48
6.	Erik Vendt	USA	15:08,61
7.	Igor Tscherwinskij	UKR	15:08,80
8.	Heiko Hell	GER	15:19,87

VL: 25. Hannes Kalteis (AUT) 15:32,90

100 m Rücken, Männer 18.09.2000

WR	Lenny Krayzelburg Sydney – 24.08.1999	USA	53,60
OR	Jeff Rouse Barcelona – 31.07.1992	USA	53,86
1.	Lenny Krayzelburg	USA	OR 53,72
2.	Matthew Welsh	AUS	54,07
3.	Stev Theloke	GER	54,82
4.	Josh Watson	AUS	55,01
5.	Bartosz Kizierowski	POL	55,04
6.	Neil Walker	USA	55,14
7.	Steffen Driesen	GER	55,27
8.	Eithan Urbach	ISR	55,74

VL: 33. Markus Rogan (AUT) 57,35; 35. Philipp Gilgen (SUI) 57,50

200 m Rücken, Männer 21.09.2000

WR	Lenny Krayzelburg Sydney – 27.08.1999	USA	1:55,87
OR	Martin Lopez-Zubero Barcelona – 28.07.1992	ESP	1:58,47
1.	Lenny Krayzelburg	USA	OR 1:56,76
2.	Aaron Peirsol	USA	1:57,35
3.	Matthew Welsh	AUS	1:57,59
4.	Orn Arnarson	ISL	1:59,00
5.	Emanuele Merisi	ITA	1:59,01
6.	Razvan Florea	ROM	1:59,05
7.	Rogerio Romero	BRA	1:59,27
8.	Gordan Kozulj	CRO	1:59,38

VL: 21. Ralf Braun (GER) 2:01,35; 27. Markus Rogan (AUT) 2:02,84

100 m Brust, Männer 17.09.2000

WR	Roman Sludnow Moskau – 15.06.2000	RUS	1:00,36
OR	Frederick Deburghgraeve Atlanta – 20.07.1996	BEL	1:00,60
1.	Domenico Fioravanti	ITA	OR 1:00,46
2.	Ed Moses	USA	1:00,73
3.	Roman Sludnow	RUS	1:00,91
4.	Kosuke Kitajima	JPN	1:01,34
5.	Daniel Malek	CZE	1:01,50
6.	Morgan Knabe	CAN	1:01,58
7.	Brett Petersen	RSA	1:01,63
8.	Remo Lütolf	SUI	1:01,88

HF: 11. Jens Kruppa(GER) 1:01,92.
VL: 20. Mark Warnecke (GER) 1:02,85; 22. Patrick Schmollinger (AUT) 1:02,87

200 m Brust, Männer 20.09.2000

WR	Mike Barrowman Barcelona – 29.07.1992	USA	2:10,16
OR	Mike Barrowman Barcelona – 29.07.1992	USA	2:10,16
1.	Domenico Fioravanti	ITA	2:10,87
2.	Terence Parkin	RSA	2:12,50
3.	Davide Rummolo	ITA	2:12,73
4.	Regan Harrison	AUS	2:12,88
5.	Daniel Malek	CZE	2:13,20
6.	Kyle Salyards	USA	2:13,27
7.	Johann Bernard	FRA	2:13,31
8.	Ryan Mitchell	AUS	2:14,00

HF: 11. Maxim Podoprigora (AUT) 2:14,20

»Meine Mutter hat durch die Medaille eine Wette verloren. Sie muss nach 40 Jahren mit dem Rauchen aufhören ...« (Stev Theloke nach Bronze über 100 m Rücken)

schwimmer in 48,15 Sekunden (100 m Freistil) wuchsen über sich hinaus. Spanneberg war im direkten Duell sogar schneller als Michael Klim, der mit der australischen 4x100-Meter-Freistilstaffel zum Auftakt Weltrekord (48,18) geschwommen war. Im Einzelrennen war Spanneberg hingegen nicht über 50,56 Sekunden (Rang 25 im Vorlauf) hinausgekommen, erkämpfte sich den Platz in der Lagenstaffel aber dann in bravourösen 49,63 Sekunden als Startmann über 4x100 m Freistil.

Zweimal Theloke

Für Stev Theloke am Start der Lagenstaffel bedeutete es dann sogar die zweite Medaille, die ihn als erfolgreichsten DSV-Starter überhaupt in Sydney ausweist. Über 100 m Rücken kam der 22-jährige Bundeswehr-Angehörige hinter dem amerikanischen Dreifach-Sieger Lenny Krayzelburg (100 und 200 m Rücken, 4x100 m Lagen) und dem Australier Matt Welsh ebenfalls auf dem Bronze-Platz ein. Mit 54,82 Sekunden näherte sich der »bekennende« Sachse seiner alten Form (1998 Europarekord in 54,43). Durch eine vierteljährige Krankheitspause ab Ende November vergangenen Jahres war der zweifache Europameister von 1999 empfindlich in seinem »Olympia-Fahrplan« gestört worden.

»Mit einer Medaille war eigentlich nicht zu rechnen«, wusste Theloke um seinen Trainingsrückstand. Aber dafür lässt sich »Theo« im Gegensatz zu vielen

Stev Theloke, ein Vierteljahr gesundheitlich »matt« gesetzt, dennoch gut genug für zweimal Bronze, Deutschlands erfolgreichster Schwimmer in Sydney.

Grant Hackett (rechts oben) wurde den großen Erwartungen seiner australischen Landsleute über 1500 Meter Freistil voll gerecht, der Italiener Domenico Fioravanti (Zweiter von oben) gewann überraschend beide Goldmedaillen im Brustschwimmen.

Mannschaftskameraden nicht so schnell aus der Ruhe bringen. Theloke wird in Chemnitz von Ute Schinkitz trainiert, die in Sydney nicht zum Trainerstab des DSV gehörte. Zu Hause freut sich der Motorrad-Freak wieder auf seine Maschine (»Ostern bin ich das letzte Mal gefahren.«) und einen deftigen Sauerbraten von »meiner Mutti, aber ein bisschen angebraten muss er sein ...«.

Mit Theloke zog auch der 18-jährige Steffen Driesen aus Krefeld-Uerdingen ins 100-m-Rücken-Finale ein und erzielte als Siebter in 55,27 Sekunden ebenso einen Achtungserfolg wie Heiko Hell (20) aus Elmshorn über 400 (Neunter) und 1500 m Freistil (Achter). Thomas Rupprath (23), der sich anschickt, den Namen Michael Groß aus den deutschen Rekordlisten zu löschen, fehlte in Sydney bei seiner ersten Olympia-Teilnahme vielleicht die Ruhe und Gelassenheit eines Stev Theloke.

Bei den Deutschen Meisterschaften in Berlin hatte er sich mit 52,58 Sekunden über 100 m Schmetterling förmlich in die Weltelite katapultiert. Nach seiner Enttäuschung über 200 m Schmetterling (15. in 1:58,96) freute er sich letztlich über Platz sieben im 100-m-Finale (53,13). Der Essener Routinier Christian Keller (28) wähnte sich nach 2:01,23 Minuten im Semifinale der 200 m Lagen auch schon im Medaillenbereich, musste sich aber schließlich mit Platz sechs (2:02,02) im Endlauf zufrieden geben.

Die 4x100-m-Freistilstaffel schrammte als Vierte um 37 Hundertstelsekunden an Bronze vorbei, die »Königsstaffel« über 4x200 m Freistil wurde diesmal Sechste. Bei den Spielen in Atlanta hatten beide Teams Bronze gewonnen. In Sydney sprang dafür die Lagenstaffel in die Bresche.

»Bei dem Rückstand und den Wellen der Führenden hätte ich eigentlich gleich das Surfbrett herausholen können.« (Christian Keller nach der 4x200 m Freistilstaffel)

STATISTIK

100 m Schmetterling, Männer 22.09.2000

WR	Michael Klim, Canberra – 12.12.1999	AUS	51,81
OR	Denis Pankratow, Atlanta – 24.07.1996	RUS	52,27
1.	Lars Frölander	SWE	OR 52,00
2.	Michael Klim	AUS	52,18
3.	Geoff Huegill	AUS	52,22
4.	Ian Crocker	USA	52,44
5.	Michael Mintenko	CAN	52,58
5.	Takashi Yamamoto	JPN	52,58
7.	Thomas Rupprath	GER	53,13
7.	Anatoli Poliakow	RUS	53,13

VL: 31. Philippe Meyer (SUI) 54,85

200 m Schmetterling, Männer 19.09.2000

WR	Tom Malchow, Charlotte/USA – 17.06.2000	USA	1:55,18
OR	Melvin Stewart, Barcelona – 30.07.1992	USA	1:56,26
1.	Tom Malchow	USA	OR 1:55,35
2.	Denis Sylantjew	UKR	1:55,76
3.	Justin Norris	AUS	1:56,17
4.	Anatoli Poliakow	RUS	1:56,34
5.	Michael Phelps	USA	1:56,50
6.	Stephen Parry	GBR	1:57,01
7.	Denis Pankratow	RUS	1:57,97
8.	Franck Esposito	FRA	1:58,39

HF: 15. Thomas Rupprath (GER) 1:58,96; **VL:** 28. Michael Windisch (AUT) 2:01,20

200 m Lagen, Männer 21.09.2000

WR	Jani Sievinen, Rom – 11.09.1994	FIN	1:58,16
OR	Attila Czene, Atlanta – 25.07.1996	HUN	1:59,91
1.	Massimiliano Rosolino	ITA	OR 1:58,98
2.	Tom Dolan	USA	1:59,77
3.	Tom Wilkens	USA	2:00,87
4.	Attila Czene	HUN	2:01,16
5.	Marcel Wouda	NED	2:01,48
6.	Christian Keller	GER	2:02,02
7.	Xavier Marchand	FRA	2:02,23
8.	Jani Sievinen	FIN	2:02,49

HF: 12. Jens Kruppa (GER) 2:02,55; **VL:** 27. Michael Windisch (AUT) 2:05,15; 28. Yves Platel (SUI) 2:05,19

400 m Lagen, Männer 17.09.2000

WR	Tom Dolan, Rom – 06.09.1994	USA	4:12,30
OR	Tamas Darnyi, Barcelona – 27.07.1992	HUN	4:14,23
1.	Tom Dolan	USA	WR 4:11,76
2.	Erik Vendt	USA	4:14,23
3.	Curtis Myden	CAN	4:15,33
4.	Alessio Boggiatto	ITA	4:15,93
5.	Terence Parkin	RSA	4:16,92
6.	Justin Norris	AUS	4:17,87
7.	Cezar Badita	ROM	4:20,91
8.	Shinya Taniguchi	JPN	4:20,93

VL: 9. Jirka Letzin (GER) 4:18,63; 18. Yves Platel (SUI) 4:22,38; 26. Michael Windisch (AUT) 4:24,62

4x100 m Freistil, Männer 16.09.2000

WR	USA, Atlanta – 12.08.1995	3:15,11
OR	USA, Atlanta – 23.07.1996	3:15,41
1.	Australien (Klim 48,18/Fydler 48,48/Callus 48,71/Thorpe 48,30)	WR 3:13,67
2.	USA (Ervin 48,89/Walker 48,31/Lezak 48,42/Hall Jr. 48,24)	3:13,86
3.	Brasilien (Scherer 49,79/Borges 48,61/Jayme 49,88/Filho 49,12)	3:17,40
4.	Deutschland (Spanneberg 49,63/Tröger 49,06/Kunzelmann 50,20/Herbst 48,88)	3:17,77
5.	Italien	3:17,85
6.	Schweden	3:19,60
7.	Frankreich	3:21,00
8.	Russland	DQ

4x200 m Freistil, Männer 19.09.2000

WR	Australien, Sydney – 25.08.1999	7:08,79
OR	EUN, Barcelona – 27.07.1992	7:11,95
1.	Australien (Thorpe 1:46,03/Klim 1:46,40/Pearson 1:47,36/Kirby 1:47,26)	WR 7:07,05
2.	USA (Goldblatt 1:49,66/Davis 1:46,49/Rauch 1:48,74/Keller 1:47,75)	7:12,64
3.	Niederlande (Zuijdweg 1:49,89/Kenkhuis 1:49,37/Wouda 1:48,56/van den Hoogenband 1:44,88)	7:12,70
5.	Großbritannien	7:12,98
6.	Deutschland (Pohl 1:50,83/Keller 1:50,01/Herbst 1:49,05/Tröger 1:50,30)	7:20,19
7.	Kanada	7:21,92
8.	Russland	7:24,37

4x100 m Lagen, Männer 23.09.2000

WR	USA, Atlanta – 26.07.1996	3:34,84
OR	USA, Atlanta – 26.07.1996	3:34,84
1.	USA (Krayzelburg 53,87/Moses 59,84/Crocker 52,10/Hall Jr. 47,92)	WR 3:33,73
2.	Australien (Welsh 54,29/Harrison 1:01,48/Huegill 51,33/Klim 48,17)	3:35,27
3.	Deutschland (Theloke 55,07/Kruppa 1:00,52/Rupprath 52,14/Spanneberg 48,15)	3:35,88
4.	Niederlande	3:37,53
5.	Ungarn	3:39,09
6.	Kanada	3:39,88
7.	Frankreich	3:40,02
8.	Großbritannien	3:40,19

VF: 16. SUI (Gilgen/Lütolf/Meyer/Novy) 3:42,78

Glatte Ausfälle gab es im Männer-Team des DSV eigentlich nur durch den Atlanta-Dritten Mark Warnecke (30) aus Essen über 100 m Brust und den Berliner Ralf Braun (27) über 200 m Rücken zu beklagen. Warnecke: »Ich habe bei meinem Vorlauf fünf Meter vor der Wende Wasser geschluckt, keine Luft mehr bekommen.«

Ein Thron für Zwei

Der Alleinherrscher im Aquatic Centre konnte nach Vorstellungen der Gastgeber nur Ian Thorpe heißen, der Liebling der australischen Nation. Und so sah es zuerst auch ganz aus: Auftakt mit zweimal Gold und zweimal Weltrekord über 400 m Freistil (3:40,59) und 4x100 m Freistil (3:13,67) für den »Thorpedo« mit den großen Füßen. Aber dann kam der große Auftritt des 22-jährigen Niederländers Pieter van den Hoogenband.

Unbeeindruckt von der Kulisse in der Halle und der zuerkannten Ausnahmestellung seines 17-jährigen Kontrahenten schockte der sechsfache Europameister von 1999 die Zuschauer und Thorpe mit Weltrekord über 200 m Freistil schon im ersten Semifinale (1:45,35). Thorpe versuchte direkt anschließend im zweiten Lauf zu kontern, scheiterte aber um zwei Hundertstelsekunden. Im Finale der Giganten wiederholte van den Hoogenband seine Weltrekordleistung exakt, für den vermeintlich unschlagbaren Thorpe blieb die elektronische Zeitmessung bei 1:45,83 Minuten stehen.

Thorpe, der auch noch seine 4x200 m Freistilstaffel zum Sieg führte, hatte in Europas bestem Schwimmer einen ebenbürtigen Rivalen für den Thron erhalten. Denn Van den Hoogenband zerstörte auch noch den Traum des seit acht Jahren in Australien lebenden Russen Alexander Popow (28) vom dritten Olympia-Triumph in Folge über 100 m Freistil. Van den Hoogenband, schon vor vier Jahren in Atlanta – damals zweimal Vierter – als größtes Talent des Welt-Schwimmsports gepriesen, raubte »Zar« Alexander dem Großen Gold und Weltrekord über 100 m Freistil.

Mit 47,84 Sekunden schwamm er erneut schon im Halbfinale eine »Fabelzeit«, blieb als erster Mensch auf der 50-m-Bahn unter der magischen 48-Sekunden-Grenze.

Popow und Perkins gescheitert

Über 50 m wurde Popow als Olympiasieger von 1992 und 1996 gar nur Sechster. Hier verschafften die beiden Amerikaner Gary Hall und Anthony Ervin zeitgleich in 21,98 Sekunden ihrer Mannschaft eine doppelte Gold-Wertung.

Legenden-Bildung zerstob auch im Finale über 1500 m Freistil. Der Australier Kieren Perkins suchte ebenfalls seine Chance zum dritten Olympiasieg in Folge, stand aber trotz sehr guter 14:53,59 Minuten auf verlorenem Posten gegen seinen Landsmann Grant Hackett (14:48,33).

Im Schatten des Mannschafts-Duells USA – Australien und dem Kampf Thorpe – Van den Hoogenband beeindruckten die Italiener mit ihren ersten drei Goldmedaillen in der Schwimmsport-Geschichte durch ihre Europameister Domenico Fioravanti (100 und 200 m Brust) und Massimiliano Rosolino (200 m Lagen), der zudem auch noch Silber über 400 m Freistil hinter Thorpe und Bronze über 200 m Freistil hinter van den Hoogenband und Thorpe gewann. Der Schwede Lars Frölander vereitelte über 100 m Schmetterling einen Einzelerfolg von Australiens zweitem Super-Star, Michael Klim.

Acht Weltrekorde hatte Inge de Bruijn schon im Vorfeld der Spiele in dieser Saison geschwommen, drei weitere kamen in Sydney hinzu.

Frauen

Zerplatzte Medaillen-Hoffnungen

Mit einem enttäuschenden vierten Platz in der 4x100-Meter-Freistilstaffel stiegen die DSV-Schwimmerinnen am 16. September in die olympischen Wettkämpfe ein, mit einem guten (aber deshalb nicht minder undankbaren) vierten Rang mit der 4x100-Meter-Lagenstaffel stiegen sie acht Tage später ein letztes Mal aus dem Becken des Aquatic Centre. Die vermeintliche Harmonie im deutschen Frauen-Team, die man aus dem Abschluss-Lehrgang in Brisbane abgeleitet hatte, überdauerte den ersten Wettkampftag in Sydney jedenfalls nicht. Wenn überhaupt von Medaillen die Rede sein durfte, dann im Zusammenhang mit den beiden Freistilstaffeln.

Nach den Ergebnissen der Deutschen Meisterschaften konnte die Frage nur heißen: Gold oder Silber? Und – sind die US-Girls zu schlagen? Die Addition der vier schnellsten deutschen 100-Meter-Kraulerinnen Antje Buschschulte (Magdeburg/54,39), Sandra Völker (Hamburg/55,03), Katrin Meißner (Spandau/55,12) und Franziska van Almsick (Berlin/55,18) nach der DM in Berlin ergab schon ohne »fliegende« Wechsel für eine Staffel eine Endzeit von 3:39,72 Minuten. Diese Leistung hätte schon zu Silber gereicht. Tatsächlich aber schwamm das Quartett mit 3:40,31 Minuten zwar immer noch DSV-Rekord, blieb aber doch deutlich hinter den Erwartungen zurück. Antje Buschschulte verlor bereits am Start (55,67) die entscheidenden Zehntelsekunden.

In der Folge lief nicht mehr viel im Frauen-Team. Darüber vermag auch die einzige »weibliche« Medaille über 4x200 Meter Freistil nicht hinweg zu täuschen. Van Almsick (22), Buschschulte (21), die Hildesheimerin Sara Harstick (19) und die allein mit einer Bestnote zu bewertende Berlinerin Kerstin Kielgaß (30) erkämpften in 7:58,64 hinter den USA und Australien Bronze. Kerstin Kielgaß, die in der Öffentlichkeit über ein Jahrzehnt immer im Schatten einer Dagmar Hase oder Franziska van Almsick stand, brillierte am Schluß mit dem »Rennen ihres Lebens« in 1:57,90 Minuten.

Im Einzelrennen steigerte sie sich auf 1:58,86 Minuten und war dennoch enttäuscht über Platz vier. Um fünf Hundertstelsekunden schwamm sie an Bronze vorbei. Auf Platz drei bei Olympia stand sie 1992 in Barcelona schon einmal auf dieser Strecke. Auf die ausgebildete Physiotherapeutin von Wfr. Spandau 04 war eigentlich immer Verlass.

Ihren internationalen Einstand gab sie als 15-Jährige mit Staffel-Gold für die DDR bei der EM 1995 in Sofia. Im vereinten

Antje Buschschulte stand vor der Wahl zwischen 100 Meter Freistil und 200 Meter Rücken. Sie entschied sich für die Rückenstrecke – und wurde Siebte.

Deutschland folgten neben etlichen Staffel-Meriten auch EM-Titel 1995 über 200 Meter Freistil und 1997 über 800 Meter Freistil. In den beiden erfolgreichen WM-Staffeln des DSV über 4x200 Meter Freistil stand sie 1991 und 1998, jeweils im australischen Perth, ebenfalls. Das Vorbild Kielgaß aber stand in Sydney ziemlich allein auf weiter Flur.

Aber was war mit den vermeintlichen Leistungs- und Medaillen-Garanten Völker, Buschschulte und van Almsick? Sandra Völker, dreifache Medaillengewinnerin 1996, blieben zwei vierte Plätze mit den Staffeln und Rang sechs über 50 Meter Freistil. Über 100 Meter Freistil und 100 Meter Rücken scheiterte die 26-Jährige jeweils als 15. im Halbfinale. Antje Buschschulte enttäuschte als Neunte über 100 und Siebte über 200 Meter Rücken, über 100 Meter Freistil verzichtete sie auf einen Start.

Und Franziska van Almsick ließ im Vorlauf über 100 Meter Schmetterling mit einer persönlichen Bestzeit (59,72) noch Hoffnung aufkommen, tauchte dann als Elfte in ihrer Parade-Disziplin 200 Meter Freistil in 2:00,26 Minuten und schlimmer noch mit 2:15,68 Minuten als 28. im Vorlauf über 200 Meter Schmetterling ab. Am Staffelstart auf dem Weg zu Bronze über 4x200 Meter Freistil stellte sie mit 1:59,51 Minuten zumindest noch einmal ihren Wert für die Mannschaft unter Beweis.

Zur Erinnerung: 1992 in Barcelona und 1996 in Atlanta hatte sie mit 1:58,00 und 1:58,57 Minuten jeweils Silber gewonnen. Ihre Barcelona-Leistung – damals war sie vierzehn – hätte im übrigen in Sydney für den Olympiasieg gereicht! Und den Gold-Traum hätte sich Franziska van Almsick bei ihrem Talent und Potenzial durchaus erfüllen können. Ihr Weltrekord beim WM-Triumph 1994 in Rom steht nach wie vor unangetastet bei 1:56,78 Minuten.

Der 18-jährigen Schülerin Hannah Stockbauer aus Erlangen mag man noch ihre Unerfahrenheit in den »tiefen« Wassern des Welt-Schwimmsports zugute halten, obwohl sie 1999 bereits Europameisterin über 800 Meter Freistil war. Bei den Olympia-Ausscheidungen in Berlin

Die amerikanischen Schwimmer gewannen 14 Goldmedaillen – die von Misty Hyman über 200 Meter Schmetterling hatten sie ursprünglich nicht auf der Rechnung.

Eric Moussambani (22) aus Äquatorial-Guinea, den sie jetzt nur noch Eric »the Eel« nennen, gelangte für ein paar Tage zu Welt-Ruhm – ein »Nicht-Schwimmer« im Vergleich zu Pieter van den Hoogenband, der die 100 m in 47,84 Sekunden krault. Eric, der »Aal«, schlängelte sich 1:52,72 Minuten lang durchs Wasser, das wohl noch nicht sein Element ist. Aber er hatte vorher auch noch nie 100 Meter am Stück geschwommen. In vier Jahren will er es mit einem High-Tech-Anzug noch einmal versuchen. Den hat ihm ein Ausrüster direkt nach seinem ersten Auftritt spendiert. Und eine neue Schwimmbrille benötigt Eric jetzt auch. Seine alte wurde in einer Online-Auktion für 2551 Dollar versteigert. Mehr hätte die von Thorpe auch kaum bringen können ...

erschreckte sie sich selbst über ihre damalige Weltjahres-Bestzeit von 4:06,55 Minuten über 400 Meter Freistil. Der »Schreck« wirkte nach. In Sydney lag sie als Sechste in 4:10,38 Minuten fast vier Sekunden hinter ihren Möglichkeiten, die für Silber gereicht hätten.

Über 800 Meter Freistil blieb sie mit 8:30,11 Minuten als Fünfte im Rahmen der Erwartungen, die Potsdamerin Jana Henke (27) als Siebte in 8:31,97 ebenfalls. Zufrieden sein durften auch Nicole Hetzer (21) aus Burghausen, die Routiniers Katrin Meißner (27) und Sylvia Gerasch (Berlin). Die 31-jährige Gerasch, Weltmeisterin 1986, erlebte in Sydney ihre ersten Olympischen Spiele – für die Älteste im Team allein schon Freude genug.

»Alte Damen« bestimmten auch das Leistungsbild im US-Team: Dara Torres (33) und Jenny Thompson (27). Mit den drei Staffel-Erfolgen von Sydney gewann Thompson in ihrer Laufbahn sieben Goldmedaillen, eine achte spricht ihr die offizielle Statistik für ihren Vorlauf-Einsatz 1996 in Atlanta über 4x100 Meter Lagen zu. Sie ist damit die erfolgreichste Olympionikin des Schwimmsports überhaupt. Einzel-Gold aber blieb Torres, die nach siebenjähriger Pause

STATISTIK

50 m Freistil, Frauen 23.09.2000

WR	Inge de Bruijn Rio de Janeiro – 10.06.2000	NED	24,39
OR	Wenyi Yang Barcelona – 31.07.1992	CHN	24,79
1.	Inge de Bruijn	NED	24,32
2.	Therese Alshammar	SWE	24,51
3.	Dara Torres	USA	24,63
4.	Amy Van Dyken	USA	25,04
5.	Martina Moravcova	SVK	25,24
6.	Sandra Völker	GER	25,27
7.	Alison Sheppard	GBR	25,45
8.	Sumika Minamoto	JPN	25,65

HF: Inge de Bruijn (NED) WR24,13; 11. Katrin Meißner (GER) 25,62; **VL:** 31. Judith Draxler (AUT) 26,26

100 m Freistil, Frauen 21.09.2000

WR	Inge de Bruijn Sheffield – 28.05.2000	NED	53,80
OR	Jingyi Le Atlanta – 20.07.1996	CHN	54,50
1.	Inge de Bruijn	NED	53,83
2.	Therese Alshammar	SWE	54,33
3.	Dara Torres	USA	54,43
3.	Jenny Thompson	USA	54,43
5.	Martina Moravcova	SVK	54,72
6.	Helene Muller	RSA	55,19
7.	Sumika Minamoto	JPN	55,53
8.	Wilma van Rijn	NED	55,58

HF: Inge de Bruijn (NED) WR 53,77; 15. Sandra Völker (GER) 55,97; **VL:** 27. Judith Draxler (AUT) 57,40

200 m Freistil, Frauen 19.09.2000

WR	Franziska van Almsick Rom – 06.09.1994	GER	1:56,78
OR	Heike Friedrich Seoul – 21.09.1988	DDR	1:57,65
1.	Susie O'Neill	AUS	1:58,24
2.	Martina Moravcova	SVK	1:58,32
3.	Claudia Poll	CRC	1:58,81
4.	Kerstin Kielgaß	GER	1:58,86
4.	Nadejda Tschemesowa	RUS	1:58,86
6.	Natalja Baranowskaja	BLR	1:59,28
7.	Camelia Potec	ROM	1:59,46
8.	Luna Wang	CHN	1:59,55

HF: 11. Franziska van Almsick (GER) 2:00,26

400 m Freistil, Frauen 17.09.2000

WR	Janet Evans Seoul – 22.09.1988	USA	4:03,85
OR	Janet Evans Seoul – 22.09.1988	USA	4:03,85
1.	Brooke Bennett	USA	4:05,80
2.	Diana Munz	USA	4:07,07
3.	Claudia Poll	CRC	4:07,83
4.	Janelle Atkinson	JAM	4:08,79
5.	Nadejda Tschemesowa	RUS	4:10,37
6.	Hannah Stockbauer	GER	4:10,38
7.	Carla Geurts	NED	4:12,36
8.	Hua Chen	CHN	4:13,11

VL: 9 Flavia Rigamonti (SUI) 4:11,77; 15. Kerstin Kielgaß (GER) 4:13,10; 21. Chantal Strasser (SUI) 4:16,17

800 m Freistil, Frauen 22.09.2000

WR	Janet Evans Tokio – 20.08.1989	USA	8:16,22
OR	Janet Evans Seoul – 24.09.1988	USA	8:20,20
1.	Brooke Bennett	USA	OR 8:19,67
2.	Jana Klotschkowa	UKR	8:22,66
3.	Kaitlin Sandeno	USA	8:24,29
4.	Flavia Rigamonti	SUI	8:25,91
5.	Hannah Stockbauer	GER	8:30,11
6.	Hua Chen	CHN	8:30,58
7.	Jana Henke	GER	8:31,97
8.	Sachiko Yamada	JPN	8:37,39

VL: 11. Chantal Strasser (SUI) 8:35,84

100 m Rücken, Frauen 18.09.2000

WR	Cihong He Rom – 10.09.1994	CHN	1:00,16
OR	Krisztina Egerszegi Barcelona – 28.07.1992	HUN	1:00,68
1.	Diana Mocanu	ROM	OR 1:00,21
2.	Mai Nakamura	JPN	1:00,55
3.	Nina Schiwanewskaja	ESP	1:00,89
4.	Roxana Maracineanu	FRA	1:01,10
5.	Noriko Inada	JPN	1:01,14
6.	B. J. Bedford	USA	1:01,47
7.	Dyana Calub	AUS	1:01,61
8.	Louise Ornstedt	DEN	1:02,02

HF: 9. Antje Buschschulte (GER) 1:01,91; 15. Sandra Völker (GER) 1:03,01

200 m Rücken, Frauen 22.09.2000

WR	Krisztina Egerszegi Athen – 25.08.1991	HUN	2:06,62
OR	Krisztina Egerszegi Barcelona – 31.07.1992	HUN	2:07,06
1.	Diana Mocanu	ROM	2:08,16
2.	Roxana Maracineanu	FRA	2:10,25
3.	Miki Nakao	JPN	2:11,05
4.	Tomoko Hagiwara	JPN	2:11,21
5.	Amanda Atkins	USA	2:12,35
6.	Zina Schiwanewskaja	ESP	2:12,75
7.	Antje Buschschulte	GER	2:13,31
8.	Kelly Stefanyshyn	CAN	2:14,57

HF: 11. Cathleen Rund (GER) 2:13,85

100 m Brust, Frauen 18.09.2000

WR	Penny Heyns Sydney – 29.08.1999	RSA	1:06,52
OR	Penny Heyns Atlanta – 21.07.1996	RSA	1:07,73
1.	Megan Quann	USA	OR 1:07,05
2.	Leisel Jones	AUS	1:07,49
3.	Penny Heyns	RSA	1:07,55
4.	Sarah Poewe	RSA	1:07,85
5.	Agnes Kovacs	HUN	1:08,09
6.	Masami Tanaka	JPN	1:08,37
7.	Tarnee White	AUS	1:09,09
8.	Sylvia Gerasch	GER	1:09,86

HF: 14. Simone Karn (GER) 1:09,85; **VL:** 24. Elvira Fischer (AUT) 1:11,58; 27. Agata Czaplicki (SUI) 1:13,19

200 m Brust, Frauen 21.09.2000

WR	Penny Heyns Sydney – 27.08.1999	RSA	2:23,64
OR	Penny Heyns Atlanta – 23.07.1996	RSA	2:25,41
1.	Agnes Kovacs	HUN	OR 2:24,35
2.	Kristy Kowal	USA	2:24,56

STATISTIK

3. Amanda Beard	USA	2:25,35
4. Hui Qi	CHN	2:25,36
5. Olga Bakaldina	RUS	2:25,47
6. Sarah Poewe	RSA	2:25,72
7. Masami Tanaka	JPN	2:26,98
8. Xuejuan Luo	CHN	2:27,33

HF: 12. Anne Poleska (GER) 2:28,99;
VL: 18. Ina Hüging (GER) 2:30,00; 19. Elvira Fischer (AUT) 2:30,05; 22. Agata Czaplicki (SUI) 2:32,98

100 m Schmetterling, Frauen

17.09.2000

WR Inge de Bruijn Federal Way – 22.07.2000	NED	56,64
OR Hong Qian Barcelona – 29.07.1992	CHN	58,62
1. Inge de Bruijn	NED	WR 56,61
2. Martina Moravcova	SVK	57,97
3. Dara Torres	USA	58,20
4. Petria Thomas	AUS	58,49
5. Jenny Thompson	USA	58,73
6. Junko Onishi	JPN	59,13
7. Susie O'Neill	AUS	59,27
8. Diana Mocanu	ROM	59,43

VL: 12. Franziska van Almsick (GER) 59,72/Halbfinale abgesagt; 27. Daniela Samulski (GER) 1:01,31

200 m Schmetterling, Frauen

20.09.2000

WR Susie O'Neill Sydney – 17.05.2000	AUS	2:05,81
OR Mary T. Meagher Los Angeles – 04.08.1984	USA	2:06,90
1. Misty Hyman	USA	OR 2:05,88
2. Susie O'Neill	AUS	2:06,58
3. Petria Thomas	AUS	2:07,12
4. Mette Jacobsen	DEN	2:08,24
5. Otylia Jedrzejczak	POL	2:08,48
6. Kaitlin Sandeno	USA	2:08,81
7. Yuko Nakanishi	JPN	2:09,66
8. Maki Mita	JPN	2:10,72

VL: 23. Petra Zahrl (AUT) 2:13,29; 28. Franziska van Almsick (GER) 2:15,68

200 m Lagen, Frauen 19.09.2000

WR Yanyan Wu Schanghai – 17.10.1997	CHN	2:09,72
OR Li Lin Barcelona – 30.07.1992	CHN	2:11,65
1. Jana Klotschkowa	UKR	OR 2:10,68
2. Beatrice Caslaru	ROM	2:12,57
3. Cristina Teuscher	USA	2:13,32
4. Marianne Limpert	CAN	2:13,44
5. Joanne Malar	CAN	2:13,70
6. Oxana Werewka	RUS	2:13,88
7. Gabrielle Rose	USA	2:14,82
8. Tomoko Hagiwara	JPN	2:15,64

HF: Sabine Klenz (GER) 2:17, 51; Nicole Hetzer (GER) 2:18,08

400 m Lagen, Frauen 16.09.2000

WR Yan Chen Schanghai – 13.10.1997	CHN	4:34,79
OR Petra Schneider Moskau – 26.07.1980	DDR	4:36,29
1. Jana Klotschkowa	UKR	WR 4:33,59
2. Yasuko Tajima	JPN	4:35,96
3. Beatrice Caslaru	ROM	4:37,18
4. Kaitlin Sandeno	USA	4:41,03
5. Nicole Hetzer	GER	4:43,56
6. Maddy Crippen	USA	4:44,63
7. Joanne Malar	CAN	4:45,17
8. Jennifer Reilly	AUS	4:45,99

VL: 16. Sabine Klenz (GER) 4:47,79

4x100 m Freistil, Frauen 16.09.2000

WR China Rom – 07.09.1994	3:37,91
OR USA Atlanta – 22.07.1996	3:39,29
1. USA (van Dyken 53,51/Torres 55,08/ Shealy 54,40/Thompson 53,62)	WR 3:36,61
2. Niederlande (van Rooijen 56,35/van Rijn 55,19/ Henneken 54,88/de Bruijn 53,41)	3:39,83
3. Schweden (Jöhnke 55,93/Alshammar 53,78/ Sjöberg 55,06/Kämmerling 55,53)	3:40,30
4. Deutschland (Buschschulte 55,67/Meißner 54,92/ van Almsick 55,02/Völker 54,70)	3:40,31
5. Großbritannien	3:40,54
6. Australien	3:40,91
7. Kanada	3:42,92
8. Italien	3:44,49

4x200 m Freistil, Frauen 20.09.2000

WR DDR Straßburg – 18.08.1987	7:55,47
OR USA Atlanta – 25.07.1996	7:59,87
1. USA (Arsenault 1:59,92/Munz 1:59,19/ Benko 1:59,34/Thompson 1:59,35)	OR 7:57,80
2. Australien (O'Neill 1:58,70/Rooney 1:59,37/ Thomson 2:00,13/Thomas 2:00,32)	7:58,52
3. Deutschland (van Almsick 1:59,51/ Buschschulte 2:00,35/ Harstick 2:00,88/Kielgaß 1:57,90)	7:58,64
4. Rumänien	8:01,63
5. Kanada	8:02,65
6. Großbritannien	8:03,69
7. Italien	8:04,68
8. Frankreich	8:05,99

4x100 m Lagen, Frauen 23.09.2000

WR China Rom – 10.09.1994	4:01,67
OR USA Barcelona – 30.07.1992	4:02,54
1. USA (Bedford 1:01,39/Quann 1:06,29/ Thompson 57,25/Torres 53,37)	WR 3:58,30
2. Australien (Calub 1:01,83/Jones 1:08,08/ Thomas 57,39/O'Neill 54,29)	4:01,59
3. Japan (Nakamura 1:02,08/Tanaka 1:08,65/ Onishi 58,72/Minamoto 54,71)	4:04,16
4. Deutschland (Buschschulte 1:02,05/ Gerasch 1:08,57/van Almsick 59,67/ Meißner 54,04)	4:04,33
5. Südafrika	4:05,15
6. Kanada	4:07,55
7. Großbritannien	4:07,61
8. China	4:07,83

1999 ein Comeback feierte, wie auch Thompson zum Karriereende versagt. Das wusste die »fliegende Holländerin« Inge de Bruijn in den Domänen der beiden Amerikanerinnen, den 50 und 100 Meter Freistil sowie den 100 Meter Schmetterling, zu verhindern.

Umrankt von Doping-Gerüchten wie 1996 die irische Sensations-Siegerin Michelle Smith (dreimal Gold) war die 27-jährige Inge de Bruijn schon mit acht Weltrekorden aus dieser Saison im Gepäck zu den Spielen angereist. Drei kamen in Sydney noch dazu. Niemand hatte eine Chance gegen sie – weder die Amerikanerinnen, noch die Australierinnen und auch nicht die schwedische »Diva« Therese Alshammar (23), die sich gemeinsam mit Sandra Völker in Hamburg unter Trainer Dirk Lange auf Sydney vorbereitet hatte. Alshammar, wahrscheinlich noch am Anfang einer großen Karriere, musste sich im Freistil-Sprint zweimal mit Silber begnügen.

Je zweimal Gold holten die Amerikanerin Brooke Bennett (400/800 Meter Freistil), die Ukrainerin Jana Klotschkowa (200/400 Meter Lagen) und die erst 16-jährige Überraschungssiegerin Diana Mocanu (100/200 Meter Rücken), die Rumänien die ersten beiden Goldmedaillen überhaupt im Schwimmsport sicherte.

Franziska van Almsicks sportliche Zukunft nach Sydney ist noch ungewiss. Hört sie auf – oder sucht sie noch einmal eine neue Herausforderung?

SPEEDO

Amerikanischer Doppelsieg über 400 Meter Freistil: Langstrecken-Königin Brooke Bennett und Diana Munz (rechts).

Jan Hempel und Heiko Meyer gewannen Bronze im Synchronspringen vom Turm. Die Synchron-Wettbewerbe im Kunst- und Turmspringen waren in Sydney erstmals im Programm.

Kunst-Turmspringen

Chinesen in einer anderen Welt

Zweimal Silber in Atlanta – zweimal Bronze in Sydney. Auf Deutschlands Kunst- und Turmspringer ist Verlass. Dörte Lindner aus Rostock vom 3-Meter-Brett sowie die Dresdner Heiko Meyer und Jan Hempel im Synchronspringen vom Turm nutzten ihre Minimal-Chance optimal und brachten dem DSV damit ein Ergebnis, das vorher nicht unbedingt zu erwarten war.

Und dabei lief bei Familien-Vater Jan Hempel eigentlich schon gar nichts mehr. Der 29-jährige Bundeswehrangehörige, der bei seiner ersten Olympia-Teilnahme 1988 in Seoul bereits Fünfter vom Turm war, konnte bei der EM Ende Juni in Helsinki nicht starten, musste sich einer Fuß-Operation unterziehen und durfte sich erst ab Mitte August im Training wieder voll belasten. Partner Heiko Meyer: »Lange war unklar, ob Jan überhaupt in Sydney starten würde. Aber als wir im August wieder zusammen trainiert haben, wuchs meine Zuversicht von Tag zu Tag.«

Und Jan Hempel, Olympia-Zweiter 1996 vom Turm, viermal Europameister, 42-mal Deutscher Meister, biss sich bei seinen vierten Spielen noch einmal durch. »Der Wettkampf war erst mit dem letzten Sprung entschieden. Wir haben uns die Höchstschwierigkeit für den letzten Durchgang aufgehoben. Bei einer längeren Vorbereitungs-Phase wäre auch mehr möglich gewesen«, meinte Jan

STATISTIK

Kunstspringen, Männer 26.09.2000

1.	Ni Xiong	CHN	708,72
2.	Fernando Platas	MEX	708,42
3.	Dimitri Sautin	RUS	703,20
4.	Hailiang Xiao	CHN	671,04
5.	Dean Pullar	AUS	647,40
6.	Troy Dumais	USA	642,72
7.	Mark Ruiz	USA	638,22
8.	Ken Terauchi	JPN	634,47
9.	Stefan Ahrens	GER	619,17
10.	Andreas Wels	GER	616,53
11.	Imre Lengyel	HUN	613,47
12.	Tony Ally	GBR	583,80
31.	Richard Frece	AUT	328,68
45.	Jean-Romain Delaloye	SUI	292,68

Kunstspringen, Synchron, Männer 28.09.2000

1.	Hailiang Xiao/ Ni Xiong	CHN	365,58
2.	Alexander Dobroskok/ Dimitri Sautin	RUS	329,97
3.	Robert Newbery/ Dean Pullar	AUS	322,86
4.	Troy Dumais/ David Pichler	USA	320,91
5.	Fernando Platas/ Eduardo Rueda	MEX	317,70
6.	Gilles Emptoz-Lacote/ Frederic Pierre	FRA	310,08
7.	Tony Ally/ Mark Shipman	GBR	296,64
8.	Nicola Marconi/ Donald Miranda	ITA	286,38

Turmspringen, Männer 30.09.2000

1.	Tian Liang	CHN	724,23
2.	Hu Jia	CHN	712,55
3.	Dimitri Sautin	RUS	679,26
4.	Alexandre Despatie	CAN	652,35
5.	Ken Terauchi	JPN	636,90
6.	Mark Ruiz	USA	625,92
7.	Igor Loukachine	RUS	624,51
8.	Mathew Helm	AUS	618,24
9.	David Pichler	USA	616,17
10.	Robert Newbery	AUS	613,98
11.	Heiko Meyer	GER	600,00
12.	Hyong Gil Choe	PRK	562,98
15.	Jan Hempel	GER	582,90

Turmspringen, Synchron, Männer 23.09.2000

1.	Dimitri Sautin/ Igor Lukaschin	RUS	365,04
2.	Liang Tian/Jia Hu	CHN	358,74
3.	Jan Hempel/ Heiko Meyer	GER	338,88
4.	Leon Taylor/ Peter Waterfield	GBR	335,34
5.	Mathew Helm/ Robert Newbery	AUS	333,24
6.	Alexander Skripnik/ Roman Wolodkow	UKR	332,22
7.	David Pichler/ Mark Ruiz	USA	321,69
8.	Gilles Emptoz-Lacote/ Frederic Pierre	FRA	314,94

Kunstspringen, Frauen 28.09.2000

1.	Mingxia Fu	CHN	609,42
2.	Jingjing Guo	CHN	597,81
3.	Dörte Lindner	GER	574,35
4.	Ioulia Pachalina	RUS	570,42
5.	Anna Lindberg	SWE	559,17
6.	Wera Ilina	RUS	555,15
7.	Chantelle Michell	AUS	550,68
8.	Jenny Keim	USA	534,18
9.	Irina Wigusowa	KAZ	528,33
10.	Blythe Hartley	CAN	523,05
11.	Ganna Sorokina	UKR	512,97
12.	Michelle Davison	USA	510,48
38.	Catherine Maliev-Aviolat	SUI	204,06
AG	Conny Schmalfuß	GER	

Kunstspringen, Synchron, Frauen 23.09.2000

1.	Vera Ilina/ Juia Pachalina	RUS	332,64
2.	Mingxia Fu/ Jingjing Guo	CHN	321,60
3.	Ganna Sorokina/ Olena Schupina	UKR	290,34
4.	Chantelle Michell/ Loudy Tourky	AUS	283,05
5.	Eryn Bulmer/ Blythe Hartley	CAN	279,00
6.	Maria Jose Alcala/ Jashia Luna	MEX	273,84
7.	Dörte Lindner/ Conny Schmalfuß	GER	263,76
8.	Catherine Maliev-Aviolat/ Jacqueline Schneider	SUI	256,20

Turmspringen, Frauen 24.09.2000

1.	Laura Wilkinson	USA	543,75
2.	Na Li	CHN	542,01
3.	Anne Montminy	CAN	540,15
4.	Xue Sang	CHN	513,03
5.	Emilie Heymans	CAN	511,92
6.	Olena Schupina	UKR	489,09
7.	Anja Richter-Libiseller	AUT	482,16
8.	Swetlana Timotschinina	RUS	478,89
9.	Natalia Tschikina	KAZ	466,80
10.	Myong Hwa Choe	PRK	453,06
11.	Rebecca Gilmore	AUS	448,95
12.	Ute Wetzig	GER	438,24
20.	Ditte Kotzian	GER	265,32
37.	Marion Reiff	AUT	206,55

Turmspringen, Synchron, Frauen 28.09.2000

1.	Na Li/Xue Sang	CHN	345,12
2.	Emilie Heymans/ Anne Montminy	CAN	312,03
3.	Rebecca Gilmore/ Loudy Tourky	AUS	301,50
4.	Marion Reiff/ Anja Richter-Libiseller	AUT	294,00
5.	Jenny Keim/ Laura Wilkinson	USA	291,42
6.	Jewgenia Olschewskaja/ Swetlana Timochinina	RUS	288,30
7.	Odile Arboles-Souchon/ Julie Danaux	FRA	277,14
8.	Maria Jose Alcala/ Azul Almazan	MEX	264,30

Hempel, der als Glücksbringer den ersten Strampler seiner Tochter Lisa im Gepäck mitgenommen hatte.
Für die Einzelkonkurrenz vom Turm fehlte Hempel nach der langen Verletzungs-Pause die Wettkampf-Praxis. Er scheiterte im Halbfinale, während Synchro-Partner Heiko Meyer im Endkampf Platz elf belegte.
Bundestrainerin Ursula Klinger war von der fehlerfreien Leistung der 26-jährigen Dörte Lindner begeistert: »Dörte ist cool geblieben. Ein riesiger Wettkampf von ihr. In diesem Feld kann man sich keinen Fehler erlauben.« Als beste Europäerin hinter den beiden Chinesinnen Mingxia Fu und Jingjing Guo erfüllte sich Dörte Lindner einen Traum. »Das Finale wurde zu 80 Prozent im Kopf entschieden. Die Chinesinnen springen allerdings in einer anderen Welt«, meinte sie respektvoll. Nach den Spielen geht die zweifache Vize-Europameisterin dieses Jahres in die USA zurück, wo sie in Los Angeles in diesem Frühjahr ihr Studium in Management und Publizistik abgeschlossen hatte.
Die »Springer aus der anderen Welt«, die Chinesen, beherrschten wie schon so oft die acht Wettbewerbe von Brett und Turm fast nach Belieben, gewannen je fünf Gold- und Silbermedaillen. Die vier Synchron-Wettbewerbe standen erstmals auf dem Programm. Die 23-jährige Mingxia Fu avancierte in Sydney mit nunmehr vier Gold- und einer Silbermedaille zur erfolgreichsten Olympionikin aller Zeiten im Wasserspringen.

Im Synchronspringen vom Turm landeten Laura Wilkinson und Jenny Keim auf dem fünften Platz. Vier Tage vor dieser Entscheidung hatte Laura Wilkinson das Turmspringen der Frauen knapp für sich entschieden.

Die beiden Chinesinnen Na Li und Xue Sang beherrschten den Synchronwettbewerb vom Turm nach Belieben. Über 40 Punkte trennten beide im Finale von der Konkurrenz.

Synchron

Männer unerwünscht

In der Vergangenheit waren es immer die Frauen, die um die Gleichberechtigung im Olympia-Programm kämpfen mussten. Beim Synchronschwimmen ist es umgekehrt. Hier sind Männer unerwünscht, obwohl das Reglement des Internationalen Schwimm-Verbandes Fina darüber gar nichts aussagt. Aber Synchronschwimmen ist eben traditionell ein rein weibliches Rollenfach. Mittlerweile aber haben die Männer durchaus »Bedarf« angemeldet.
Der Amerikaner Bill May stand als dreifacher Landesmeister im Solo, Duett und in der Teamwertung auf dem Sprung nach Sydney. Und wer in den USA »top« ist, der muss schon wer sein in der Welt der »schönen Künste«, denn von sieben Goldmedaillen seit der olympischen Premiere des Synchronschwimmens 1984 gewannen die USA fünf. May wurde auf die nächsten Weltmeisterschaften vertröstet.
Und die USA gingen in Sydney prompt ihrer Vormachtstellung als Vierte im Duett und gar nur Fünfte im Team verlustig. Beide Goldmedaillen holten die favorisierten Russinnen, die bei der WM 1998 schon alle drei Titel gewonnen hatten.
Olga Brusnikina und Maria Kisselewa standen im Duett ganz oben – wie drei Monate vorher schon bei der EM in Helsinki. Dort mussten sie wenig später allerdings Gold an die Französinnen Dedieu/Lignot weiterreichen, die in Sydney Bronze gewannen. Bei Maria Kisselewa waren in der Doping-Probe Ephedrin-Spuren gefunden worden. Ein »Unglücksfall«, so hieß es, und die »Sünderin« wurde wegen »Geringfügigkeit« rechtzeitig vor Sydney »begnadigt«.
Im DSV hatte man in realistischer Einschätzung der aktuellen Leistungsfähigkeit in der Sektion Synchronschwimmen auf die Qualifikations-Möglichkeit im Vorfeld der Spiele verzichtet.

Ein kuwaitischer Parlamentarier forderte in seinem Heimatland lautstark Fernsehverbot für drei Frauen-Wettbewerbe. Der konservative Moslem Waleed al-Tabtabai wollte Wasserspringen, Synchronschwimmen und Beach-Volleyball vom Bildschirm des staatlichen Fernsehens verbannt sehen: »Solche schamlosen Veranstaltungen haben mehr mit Sex als mit Sport zu tun und werden in Kuwait nicht betrieben.« Frauen haben in Kuwait zwar kein Wahlrecht, aber der Mann hat sich mit seiner Meinung wohl nicht durchgesetzt.

STATISTIK

Synchronschwimmen, Duett 26.09.2000

1.	Brusnikina/Kisselewa (Technik 34,580/Kür 65,000)	RUS	99,580
2.	Tachibana/Takeda (34,300/64,350)	JPN	98,650
3.	Dedieu/Lignot (33,997/63,440)	FRA	97,437
4.	Kozlova/Middaugh	USA	96,990
5.	Carver-Dias/Letourneau	CAN	95,984
6.	Cecconi/Lucchini	ITA	95,387
7.	Mengual/Tirados	ESP	94,784
8.	Li/Li	CHN	94,520
10.	Perk/Schmid (32,153/59,886)	SUI	92,039

Synchronschwimmen, Gruppe

29.9.2000

1.	Russland (Technik 34,580/Kür 64,566)	99,146
2.	Japan (34,510/64,350)	98,860
3.	Kanada (33,787/63,570)	97,357
4.	Frankreich	96,467
5.	USA	96,104
6.	Italien	95,177
7.	China	94,593
8.	Australien	89,493

Wasserball

Siebtes Gold für Ungarn

Mit 9:7 Toren endete das Vorrunden-Duell zwischen Kasachstan und dem späteren Silbermedaillengewinner aus Russland.

24 Jahre nach ihrem letzten Olympiasieg in Montreal gewannen die Wasserballer von Rekordsieger Ungarn in Sydney ihre siebte Goldmedaille in 100 Jahren. Der Weltcup-Sieger behielt im Finale gegen den WM-Sechsten Russland vor 17500 Zuschauern überraschend deutlich mit 13:6 (3:1, 5:1, 2:2, 3:2) die Oberhand und holte damit nach einer 20-jährigen olympischen Durststrecke wieder seine erste Medaille. Bronze ging an den dreimaligen Olympiasieger Jugoslawien, der das Spiel um Platz drei mit 8:3 gegen den amtierenden Weltmeister und Atlanta-Sieger Spanien gewann.
Nach der Viertelfinal-Niederlage (5:8) gegen Ungarn war Italiens jugoslawischer Star-Trainer Ratko Rudic vom Welt-Verband Fina wegen »rüpelhaften Verhaltens« für ein Jahr gesperrt worden. Rudic hatte sich lautstark mit Fina-Funktionären angelegt und in der anschließenden Pressekonferenz von einem »Komplott« gegen sein Team gesprochen. Italien, Olympia-Dritter 1996 in Atlanta, wurde im Endklassement Fünfter.
Die DSV-Sieben hatte im Frühjahr trotz Heimvorteils in Hannover erstmals die sportliche Qualifikation für Olympia verspielt. Höhepunkte in der Geschichte der deutschen Traditions-Sportart Wasserball waren der Olympiasieg 1928, die Silbermedaillen 1932 und 1936, Bronze 1984 sowie der Gewinn der Europameisterschaften 1981 und 1989.
Beim ersten olympischen Frauen-Turnier wurde Gastgeber Australien seiner Favoritenstellung gerecht. In einem dramatischen Finale setzte sich der Weltmeister von 1986 mit 4:3 im Finale gegen die USA durch. Bronze ging an Russland, ebenfalls nach einem 4:3 gegen Weltcup-Gewinner Niederlande. Der amtierende Welt- und Europameister Italien war ebenso wie die deutsche Mannschaft schon im Vorfeld in der Qualifikation gescheitert. Bei der Frauen-Premiere waren überhaupt nur sechs Teams zugelassen.

STATISTIK

Wasserball, Männer 01.10.2000

1. Ungarn	13:6 (3:1, 5:1, 2:2, 3:2)
2. Russland	
3. Jugoslawien	8:3 (2:1, 2:1, 2:1, 2:0)
4. Spanien	

HF: RUS – ESP n.V. 8:7, HUN – YUG 8:7, **Platz 5:** ITA – USA 10:8, Platz 7: CRO – AUS 10:8, **PR 5.–8.:** USA – CRO 9:8 n.V., ITA – AUS 8:4, **VF:** YUG – AUS 7:3, ESP – CRO 9:8, HUN – ITA 8:5, RUS – USA 11:10

VR, Gruppe A: ITA – SVK 11:8, ESP – KAZ 8:7, RUS – AUS 6:4, RUS – ITA 7:7, ESP – SVK 7:6, KAZ – AUS 11:11, ITA – ESP 6:5, RUS – KAZ 9:7, AUS – SVK 11:6, RUS – ESP 8:5, KAZ – SVK 9:5, ITA – AUS 6:5, RUS – SVK 21:5, ITA – KAZ 13:7, AUS – ESP 7:7, **Gruppe B:** HUN – GRE 7:4, YUG – NED 9:1, CRO – USA 10:7, HUN – NED 16:8, YUG – USA 8:5, GRE – CRO 5:9, USA – NED 12:8, CRO – HUN 8:7, YUG – GRE 10:3, HUN – USA 10:9, NED – GRE 10:7, CRO – YUG 4:4, YUG – HUN 10:9, CRO – NED 11:7, USA – GRE 9:3

Gruppe A		Gruppe B	
1. Russland	9:1	1. Jugoslawien	9:1
2. Italien	9:1	2. Kroatien	9:1
3. Spanien	5:5	3. Ungarn	6:4
4. Australien	4:6	4. USA	4:6
5. Kasachstan	3:7	5. Niederlande	2:8
6. Slowakei	0:10	6. Griechenland	0:10

Wasserball, Frauen 23.09.2000

1. Australien	4:3 (1:1, 0:1, 1:0, 2:1)
2. USA	
3. Russland	4:3 (0:2, 1:0, 1:1, 2:0)
4. Niederlande	

Finale: AUS – USA 4:3, **Platz 3:** RUS – NED 4:3, **HF:** USA – NED 6:5, AUS – RUS 7:6, **Platz 5:** CAN – KAZ 9:8

VR: AUS – KAZ 9:2, CAN – RUS 7:7, USA – NED 6:4, AUS – RUS 6:3, USA – CAN 8:8, NED – KAZ 8:6, NED – AUS 5:4, USA – RUS 7:5, CAN – KAZ 10:3, AUS – USA 7:6, RUS – KAZ 15:6, NED – CAN 7:4, AUS – CAN 9:4, RUS – NED 6:3, USA – KAZ 9:6

Vorrundentabelle

1. Australien	8:2
2. USA	7:3
3. Niederlande	6:4
4. Russland	5:5
5. Kanada	4:6
6. Kasachstan	0:10

Die Badeanzüge der Wasserballspielerinnen waren bei der Olympia-Premiere harten Material-Tests ausgesetzt. Allein die Australierinnen mussten bei ihrem Auftaktspiel zehnmal die 140 Mark teuren Anzüge wechseln. Einige Spielerinnen beendeten das Match mit zerrissener »Arbeitskleidung«, weil der notwendige Nachschub fehlte.

EASTON

Bogenschießen

Bronze im Team: »Schöner als Silber in Atlanta«

Es stand im Horoskop – und so kam für die deutschen Bogenschützinnen alles, wie es kommen musste. Mit Platz drei im Team-Wettbewerb hinter Südkorea und der Ukraine wiederholten Cornelia Pfohl (Berlin), Barbara Mensing (Gelsenkirchen) und Sandra Sachse (Welzheim) ihren Medaillen-Coup von Atlanta (Silber) und feierten nach der Einzelpleite ihr olympisches Happyend.

Dass bei einer günstigeren Auslosung mehr drin gewesen wäre, störte das Trio nicht. Im Halbfinale kam gegen die übermächtigen Profis aus Südkorea das erwartete Aus (238:251). Gegen die Ukraine wäre vielleicht das Finale möglich gewesen. Am Ende stand die ungetrübte Freude nach dem 240:233 gegen die Türkei. »Wir haben uns nur knapp für die Hauptrunde qualifiziert. Nie hätten wir noch mit einer Medaille gerechnet«, sagte Pfohl. 1996 hatten die Drei mit Silber überrascht, in Sydney standen sie in der Pflicht. »Damals war es eine Sensation, diesmal hatten es alle erwartet. Wir standen unter großem Druck«, gestand Sandra Sachse, die den Trubel sichtlich genoss. »Es macht Spaß, 'mal im Mittelpunkt zu stehen«, meinte auch Barbara Mensing, die wie ihre Kolleginnen eine Prämie von 10000 Mark kassierte.

Für so ein »Taschengeld« würde Doppel-Olympiasiegerin Mi-Jin Yun aus Südkorea wohl nicht mal mehr den Bogen spannen. Die 17-Jährige wurde down under zur Multi-Millionärin. Zunächst kassierte sie die vom Staatspräsidenten ausgelobte eine Million Dollar für ihren Einzeltriumph, dann durfte sie sich weitere zwei Millionen mit ihren beiden Team-Kameradinnen teilen. Macht für sie unter dem Strich umgerechnet rund 3,8 Millionen Mark.

»Die haben ausgesorgt. Wir wären schon froh, wenn wir nicht nur alle vier Jahre aus der Schublade geholt und danach wieder in die Versenkung geschickt würden. Das ist schwer zu verkraften, nachdem man einmal den Ruhm genossen hat«, sagte Mensing und verwies damit auf die Problematik vieler Randsportarten. Doch Sandra Sachse entgegnete: »Nicht mal ein Weltmeistertitel wird bei uns beachtet, aber Olympia entschädigt für alle Mühen.«

Südkorea dominierte mit drei der vier möglichen Goldmedaillen wie erwartet das Bogenschießen: Gold im Einzel der Damen sowie in den Mannschafts-Wettbewerben der Damen und Herren. Gold im Einzel der Herren ging an den Australier Simon Fairweather.

STATISTIK

Bogenschießen, Einzel, Männer

20.09.2000

1.	Simon Fairweather	AUS	113:106
2.	Victor Wunderle	USA	
3.	Wietse van Alten	NED	114:109
4.	Magnus Petersson	SWE	

HF: Fairweather – van Alten 112:110, Wunderle – Petersson 108:107, **VF:** van Alten – Sebastien Flute (FRA) 106:102, Petersson – Chung-Tae Kim (KOR) 112:111, Wunderle – Kyo-Moon Oh (KOR) 108:105, Fairweather – Balijinima Zirempilow (RUS) 113:104, **2.R.:** Bo Yang (CHN) – Christian Stubbe (GER) 159:152

Bogenschießen, Mannschaft, Männer

22.09.2000

1.	Südkorea (Jan, Kim, Ho)	255:247
2.	Italien (Bisiani, Di Buo, Frangilli)	
3.	USA (Johnson, Wunderle, White)	239:239 (29:26)*
4.	Russland	

HF: ITA – USA 244:241; KOR – RUS 240:229, **VF:** ITA – KAZ 249:244, USA – SWE 255:244, KOR** – UKR 258:236, RUS – TUR 247:245

*) Ergebnis im Stechen
**) Olympischer Rekord

Bogenschießen, Einzel, Frauen

19.09.2000

1.	Mi-Jin Yun	KOR	107:106
2.	Nam-Soon Kim	KOR	
3.	Soo-Nyung Kim	KOR	103:101
4.	Ok Sil Choe	PRK	

HF: Nam-Soon Kim – Choe 114:107, Yun – Soo-Nyung Kim 107:105, **VF:** Soo-Nyung Kim – Joanna Nowicka (POL) 106:100, Yun – Natalia Bolotowa (RUS) 110:105, Nam-Soon Kim – Sayoko Kawauchi (JPN) 114:110, Choe – Natalia Valeeva (ITA) 107:103, **2.R.:** Ying He (CHN) – Cornelia Pfohl (GER) 163:157, Katerina Serdjuk (UKR) – Barbara Mensing 161:153, **1.R.:** Karin Larsson (SWE) – Sandra Sachse (GER) 147:146

Bogenschießen, Mannschaft, Frauen

21.09.2000

1.	Südkorea (S. Kim, N. Kim, Yun)	251:239
2.	Ukraine (Sadownitscha/Serdjiuk/Burdejina)	
3.	Deutschland (Mensing/Pfohl/Sachse)	240:234
4.	Türkei	

HF: UKR – TUR 240:233, KOR – GER 251:238 **VF:** TUR – TPE 234:227, UKR – ITA 237:230, KOR* – USA 252:240, GER – CHN 240:234

*) Olympischer Rekord

Im Sydney International Shooting Centre blieben die deutschen Schützen wie hier Christian Bauer aus Ruhstorf mit dem Kleinkaliber erstmals seit 36 Jahren ohne Medaillengewinn.

Die achtfache Weltmeisterin Sonja Pfeilschifter aus Eching führte im Dreistellungkampf nach dem Vorkampf noch klar, kam dann über Rang vier nicht hinaus, nachdem sie bereits mit dem Luftgewehr nur Fünfte geworden war.

Schießen

Schützen als Lach- und Schieß-Gesellschaft

Der Deutsche Schützenbund (DSB) ist in Sydney zur Lach- und Schieß-Gesellschaft geworden. Nach der schlechtesten Olympia-Leistung aller Zeiten gab der Chef der medaillenlosen deutschen Fehl-Schützen die peinliche Devise »schönreden und aussitzen« aus. »Ich bin sehr zufrieden. Alle haben sich angestrengt, unsere zahlreichen Platzierungen zwischen vier und zehn sind herausragende Ergebnisse«, sagte Josef Ambacher. Der DSB-Präsident setzte damit den sportlichen und verbalen Fehlleistungen seiner Truppe die Krone auf.

Erstmals seit 36 Jahren gewannen die deutschen Waffenträger keine Olympiamedaille – allerdings standen 1964 in Tokio nur fünf, in Sydney aber 17 Entscheidungen auf dem Programm. Die erfolgreichsten unter den rund 500 Schützinnen und Schützen aus 103 Ländern kamen aus China mit drei Gold-,

Skeet, Männer 23.09.2000

WR Jan-Henrik Heinrich Lonato – 5.6.1996	GER	150
OR Ennio Falco Atlanta – 27.7.1996	ITA	149
1. Mykola Miltschew	UKR	150,0
2. Petr Malek	CZE	148,0
3. James Graves	USA	147,0
4. Hennie Dompeling	NED	146,0
5. Andrea Benelli	ITA	146,0
6. Nasser S Alattiya	QAT	145,0
7. Sergej Jakschin	KAZ	122,0
8. Antonis Andreou	CYP	122,0

VK: 14. Jan-Henrik Heinrich (GER) 121,0

Skeet, Frauen 21.09.2000

WR Swetlana Demina Kumamoto – 1.6.1999	RUS	99,0
1. Zemfira Meftachetdinowa	AZE	OR 98,0
2. Swetlana Demina	RUS	95,0
3. Diana Igaly	HUN	93,0
4. Tash Lonsdale	AUS	93,0
5. Cindy Shenberger	USA	92,0
6. Erdschani Awetisjan	RUS	92,0

Kleinkaliber liegend, Männer 21.09.2000

WR Christian Klees Atlanta – 25.7.1996	GER	704,8
OR Christian Klees Atlanta – 25.7.1996	GER	704,8
1. Jonas Edman	SWE	701,3
2. Torben Grimmel	DEN	700,4
3. Sergej Martinow	BLR	700,3
4. Maik Eckhardt	GER	699,8
5. Vaclav Becvar	CZE	699,7
6. Artem Chadjibekow	RUS	699,2
7. Igor Pirekejew	TKM	699,2
8. Philippe Joualin	FRA	699,0

VK: 9. Mario Knögler (AUT) 596,0; 25. Swen Schuller (GER) 592,0; 44. Thomas Farnik (AUT) 585

KK-Dreistellungskampf, Männer 23.09.2000

WR Rajmond Debevec München – 29.08.1992	SLO	1287,9
OR Jean-Pierre Amat Atlanta – 27.07.1996	FRA	1273,9
1. Rajmond Debevec	SLO	OR 1275,1
2. Juha Hirvi	FIN	1270,5
3. Harald Stenvaag	NOR	1268,6
4. Artem Chadjibekow	RUS	1268,2
5. Artur Aiwasian	UKR	1266,6
6. Christian Bauer	GER	1266,0
7. Jewgeni Aleinikow	RUS	1265,5
8. Jozef Gonci	SVK	1261,3

VK: 9. Mario Knögler (AUT) 1164,0; 12. Thomas Farnik (AUT) 1162,0; 25. Maik Eckhardt (GER) 1157,0

Luftgewehr, Männer 18.09.2000

WR Jason Parker München – 23.05.1998	USA	700,6
OR Artem Schadschibekow Atlanta – 22.07.1996	RUS	695,7
1. Yalin Cai	CHN	OR 696,4
2. Artem Schadschibekow	RUS	695,1
3. Jewgeni Aleinikow	RUS	693,8
4. Anatoli Klimenko	BLR	693,4
5. Jason Parker	USA	693,1
6. Nedzad Fazlija	BIH	692,7
7. Leif Steinar Rolland	NOR	692,2
8. Artur Aiwasian	UKR	692,0

VK: 9. Mario Knögler (AUT) 591,0; 15. Norbert Ettner (GER) 589,0; 18. Thomas Farnik (AUT) 588,0; 18. Wolfram Waibel (AUT) 588,0; 37. Ferdinand Stipberger (GER) 584,0

Laufende Scheibe, Männer 22.09.2000

WR Ling Yang Mailand – 6.6.1996	CHN	687,9
OR Ling Yang Atlanta – 26.7.1996	CHN	686.8
1. Ling Yang	CHN	681,1
2. Oleg Moldovan	MDA	681,0
3. Zhiyuan Niu	CHN	677,4
4. Pasi Wedman	FIN	672,1
5. Dimitri Lykine	RUS	671,7
6. Manfred Kurzer	GER	671,3
7. Igor Kolessow	RUS	667,5
8. Miroslav Janus	CZE	666,8

VK: 12. Michael Jakosits (GER) 570,0

Freie Pistole, Männer 19.09.2000

WR William Demarest Mailand – 04.06.2000	USA	676,2
OR Boris Kokorew Atlanta – 23.07.1996	RUS	666,4
1. Tanju Kirjakow	BUL	666,0
2. Igor Basinski	BLR	663,3
3. Martin Tenk	CZE	662,5
4. Wladimir Gontscharow	RUS	662,2
5. Dilschod Muchtarow	UZB	662,0
6. Yifu Wang	CHN	659,0
7. Roberto Di Donna	ITA	657,3
8. Wladimir Gutschscha	KAZ	655,8

VK: 20. Hans-Jürgen Bauer-Neumaier (GER) 553,0; 32. Artur Gevorgjan (GER) 543,0

Schnellfeuerpistole, Männer 21.9.2000

WR Ralf Schumann Barcelona – 8.6.1994	GER	699,7
OR Ralf Schumann Atlanta – 25.7.1996	GER	698,0
1. Sergej Alifirenko	RUS	687,6
2. Michel Ansermet	SUI	686,1
3. Iulian Raicea	ROM	684,6
4. Emil Milew	BUL	684,5
5. Ralf Schumann	GER	683,3
6. Oleg Schwazowas	BLR	682,4
7. Krzysztof Kucharczyk	POL	682,2
8. Afanasijs Kuzmins	LAT	681,3

VK: 9. Daniel Leonhard (GER) 584

Luftpistole, Männer 16.09.2000

WR Sergej Pyschanow München – 13.10.1989	URS	695,1
OR Wang Yifu Barcelona – 28.07.1992	CHN	684,8
1. Franck Dumoulin	FRA	OR 688,9
2. Yifu Wang	CHN	686,9
3. Igor Basinski	BLR	682,7
4. Michail Nestrojew	RUS	682,3
5. Stephane Gagne	FRA	682,0
6. Roberto Di Donna	ITA	680,5
7. Joao Costa	POR	679,4
8. Tanju Kirjakow	BUL	676,8

VK: 20. Hans-Jürgen Bauer-Neumaier (GER) 575,0; 20. Artur Gevorgjan (GER) 575,0

KK-Dreistellungskampf, Frauen 20.09.2000

WR Wessela Letschewa München – 15.06.1995	BUL	689,7
OR Aleksandra Ivosev Atlanta – 24.07.1996	YUG	686,1
1. Renata Mauer-Rozanska	POL	684,6
2. Tatjana Goldobina	RUS	680,9
3. Maria Feklistowa	RUS	679,9
4. Sonja Pfeilschifter	GER	678,5
5. Hong Shan	CHN	676,9
6. Anni Bisso	DEN	675,6
7. Olga Dowgun	KAZ	674,2
8. Melissa Mulloy	USA	673,7

VK: 11. Alexandra Schneider (GER) 578,0; 17. Petra Horneber (GER) 575,0; 17. Oriana Scheuss (SUI) 575,0; 23. Gabriela Bühlmann (SUI) 572,0

Luftgewehr, Frauen 16.09.2000

WR Christiane Bühlmann München – 24.05.1998	SUI	503,5
OR Kab-Soon Yeo Barcelona – 27.07.1992	KOR	498,2
1. Nancy Johnson	USA	497,7
2. Cho-Hyun Kang	KOR	497,5
3. Jing Gao	CHN	497,2
4. Ljubow Galkina	RUS	496,7
5. Sonja Pfeilschifter	GER	495,9
6. Jayme Dickman	USA	495,4
7. Dae-Young Choi	KOR	493,1
8. Anjali Ramakanta Vedpathak	IND	493,1

VK: 9. Monika Haselsberger (AUT) 393,0; 9. Petra Horneber (GER) 393,0, 28. Gabriela Bühlmann (SUI) 390,0; 36. Oriana Scheuss (SUI) 388,0

Sportpistole, Frauen 22.09.2000

WR Diana Jorgowa Mailand – 31.5.1994	BUL	696,2
OR Li Duihong Atlanta – 26.7.1996	CHN	687,9
1. Maria Grozdewa	BUL	OR 690,3
2. Luna Tao	CHN	689,8
3. Lolita Ewglewskaja	BLR	686,0
4. Julia Sinjai	BLR	685,9
5. Michiko Fukushima	JPN	684,8
6. Otryad Gundegmaa	MGL	680,9
7. Yoko Inada	JPN	679,6
8. Yeqing Cai	CHN	678,8

VK: 18. Carmen Meininger (GER) 576,0; 39. Anke Schumann (GER) 562,0

Luftpistole, Frauen 17.09.2000

WR Ren Jie München – 22.05.1999	CHN	493,5
OR Olga Klochnewa Atlanta – 21.07.1996	RUS	490,1
1. Luna Tao	CHN	488,2
2. Jasna Sekaric	YUG	486,5
3. Annemarie Forder	AUS	484,0
4. Swetlana Smirnowa	RUS	483,7
5. Michiko Fukushima	JPN	483,7
6. Dina Aspandijarowa	KAZ	483,7
7. Olga Kusnetzowa	RUS	482,4
8. Yoko Inada	JAP	481,2

VK: 21. Anke Schumann (GER) 378,0; 32. Carmen Meininger (GER) 373,0

zwei Silber- und drei Bronzemedaillen. Mit der Schnellfeuer-Pistole gewann Michel Ansermet aus der Schweiz Silber.

Nie Weltspitze?

Von Fehleranalyse oder gar Konsequenzen mochte der Präsident des mit Abstand weltgrößten Schützenverbandes (knapp 1,5 Millionen Mitglieder) erst recht nichts wissen: »Die Trainer kommen alle sehr gut raus aus der Affäre. Keiner braucht Angst zu haben.« Geht es nach Ambacher, wird selbst der Vertrag von Pistolen-Bundestrainer Peter Kraneis verlängert. Dessen Schützlinge brachten bis auf einen enttäuschenden fünften Platz von Doppel-Olympiasieger Ralf Schumann (Stockheim) »immerhin« Platzierungen zwischen 18 und 39 nach Hause. Im Pistolenbereich, so Ambacher, werde Deutschland »nie Weltspitze sein«.

Daher müsse auch die Erwartungshaltung geändert werden, meinte Ambacher: »Die absolute Weltspitze können wir uns auf Dauer nicht leisten. Wir sind gutes Mittelfeld.« Die deutschen Schützen waren aber nicht mal das, was die Medaillenausbeute betrifft. Dass bei sieben Finalteilnahmen kein Edelmetall herausgesprungen ist, sei »Pech« gewesen, von dem »die Welt nicht zusammenbricht«. Ambacher: »Außerdem haben wir im Bogenschießen Bronze gewonnen. Die gehören auch zu uns.«

Sportdirektor Heiner Gabelmann hatte als einzige Erklärung für das Debakel die »zeitige Anreise« zehn Tage vor Olympia parat, die eine gute Vorbereitung gewährleisten sollte. Vier Jahre nach Atlanta, als die Sportschützen mit vier Plaketten (zwei Gold, zwei Silber) für Furore gesorgt hatten, ballerten sich die deutschen Waffenträger diesmal ins Abseits. Zu den sportlichen Misserfolgen kamen mangelndes Anspruchsdenken und amateurhaftes Auftreten.

Auch für Susanne Kiermayer aus Kirchberg gingen die Schüsse im Doppeltrap eher nach hinten los. Die Olympiazweite von Atlanta konnte sich nicht einmal für das Finale qualifizieren.

STATISTIK

Trap, Männer 17.09.2000

WR	Marcello Tittarelli Suhl – 11.06.1996	ITA	150,0
OR	Michael Diamond Atlanta – 21.07.1996	AUS	149,0
1.	Michael Diamond	AUS	147,0
2.	Ian Peel	GBR	142,0
3.	Giovanni Pellielo	ITA	140,0
4.	Khaled Al Mudhaf	KUW	139,0
5.	Marco Venturini	ITA	138,0
6.	David Kostelecky	CZE	138,0

VK: 9. Thomas Fichtner (GER) 114,0; 13. Waldemar Schanz (GER) 113,0

Doppel-Trap, Männer 20.09.2000

WR	Daniele Di Spigno Tampere – 07.07.1999	ITA	194,0
OR	Russell Mark Atlanta – 24.07.1996	AUS	189,0
1.	Richard Faulds	GBR	187,0
2.	Russell Mark	AUS	187,0
3.	Fehaid Al Deehani	KUW	186,0
4.	Conny Persson	SWE	184,0
5.	Roland Gerebics	HUN	180,0
6.	Lance Bade	USA	179,0

VK: 7. Waldemar Schanz (GER) 136,0

Trap, Frauen 18.09.2000

WR	Satu Pusila Nikosia – 13.09.1998	FIN	95,0
1.	Daina Gudzineviciute	LTU	OR 93,0
2.	Delphine Racinet	FRA	92,0
3.	E Gao	CHN	90,0
4.	Anne Focan	BEL	88,0
5.	Susanne Kiermayer	GER	86,0
6.	Jelena Tkatsch	RUS	81,0

Doppel-Trap, Frauen 19.09.2000

WR	Deborah Gelisio Nicosia – 19.06.1999	ITA	149,0
OR	Kimberly Rhode Atlanta – 23.07.1996	USA	141,0
1.	Pia Hansen	SWE	OR 148,0
2.	Deborah Gelisio	ITA	144,0
3.	Kimberly Rhode	USA	139,0
4.	Yi-Chun Lin	TPE	134,0
5.	Cynthia Meyer	CAN	134,0
6.	Cindy Gentry	USA	130,0

VK: 9. Susanne Kiermayer (GER) 98,0

Erfolgreichster Turner: der 24-jährige Moskauer Alexej Nemow (großes Bild).
Auf dem Flug zur Turn-Königin war Andreea Raducan aus Rumänien (rechts), ehe sie des Dopings überführt wurde. Dimitri Nonin aus Berlin (oben) erreichte als einziger Deutscher das Mehrkampf-Finale.

Keine Gnade für die Turnkönigin

Erst weinten die rumänischen Turnerinnen nach dem Gewinn der Mannschafts-Goldmedaille vor Freude an der Brust ihres NOK-Präsidenten Ion Tiriac, dann schwebten sie nach Gold, Silber und Bronze im Einzelmehrkampf im siebten Himmel – und dann kam für ihre Erfolgreichste, den Teenager Andreea Raducan, der Absturz aus allen Wolken:

Sie war nach der Entscheidung im Einzelmehrkampf positiv getestet worden. Ihr Urin enthielt eine unzulässig hohe Konzentration von Pseudo-Ephedrin, einem verbotenen Wirkstoff, der in dem Medikament Nurofen enthalten ist. Mannschaftsarzt Dr. Iochin Oana hatte der jungen Sportlerin zwei Grippe-Tabletten verabreicht.

Zwei Tage vor ihrem 17. Geburtstag wurde Andreea Raducan die Goldmedaille im Mehrkampf aberkannt. Ihr Gold vom Mannschafts-Wettkampf (nicht getestet) und ihr Silber im Pferdsprung (Test negativ) durfte sie behalten. Einen Einspruch Rumäniens gegen die IOC-Entscheidung lehnte der Internationale Sportgerichtshof (CAS) ab. Es war der erste Doping-Fall in der Geschichte des olympischen Kunstturnens.

Russland war die erfolgreichste Nation im Kunstturnen – sowohl bei den Frauen als auch bei den Männern.

Männer

Nemow siegt und weiß nicht warum

Der Traum von einer weiteren Medaille war für Andreas Wecker (Reck-Olympiasieger von 1996) wegen einer Verletzung vor dem Mehrkampf-Finale beendet.

Er entspricht so gar nicht dem Klischee vom farblosen, fleißigen Kunstturner, der artig und brav sein knochenhartes Training absolviert. Und so geriet die Medaillenzeremonie für den neuen Mehrkampf-Olympiasieger Alexej Nemow nicht zu einem steifen protokollarischen Akt, sondern zu einem fröhlichen Happening. Der Russe tanzte auf dem Medaillenpodest

STATISTIK

Boden, Männer 24.09.2000

1. Igors Vihrovs	LAT	9,812
2. Alexej Nemow	RUS	9,800
3. Jordan Jowtschew	BUL	9,787
4. Wei Yang	CHN	9,750
5. Xiaopeng Li	CHN	9,737
6. Marian Dragulescu	ROM	9,712
7. Morgan Hamm	USA	9,262
8. Jewgeni Podgorni	RUS	8,550

Seitpferd, Männer 24.09.2000

1. Marius Urzica	ROM	9,862
2. Eric Poujade	FRA	9,825
3. Alexej Nemow	RUS	9,800
4. Jang-Hyung Lee	KOR	9,775
5. Kil-Su Pae	PRK	9,762
6. Zoltan Supola	HUN	9,762
7. Alexander Beresch	UKR	9,712
8. Nikolai Krukow	RUS	9,700

Ringe, Männer 24.09.2000

1. Szilveszter Csollany	HUN	9,850
2. Dimosthenis Tampakos	GRE	9,762
3. Jordan Jowtschew	BUL	9,737
4. Wei Yang	CHN	9,712
5. Iwan Iwankow	BLR	9,700
6. Marius Toba	GER	9,675
7. Norimasa Iwai	JPN	9,662
8. Roman Zozulja	UKR	9,637

Pferdsprung, Männer 25.09.2000

1. Gervasio Deferr	ESP	9,712
2. Alexej Bondarenko	RUS	9,587
3. Leszek Blanik	POL	9,475
4. Alexej Nemow	RUS	9,456
5. Sergej Fedorschenko	KAZ	9,399
6. Blaine Wilson	USA	9,362
7. Ioannis Melissanidis	GRE	9,262
8. Dieter Rehm	SUI	9,006

Barren, Männer 25.09.2000

1. Xiaopeng Li	CHN	9,825
2. Joo-Hyung Lee	KOR	9,812
3. Alexej Nemow	RUS	9,800
4. Jin-Soo Jung	KOR	9,787
5. Iwan Iwankow	BLR	9,775
6. Yann Cucherat	FRA	9,725
7. Xu Huang	CHN	9,650
8. Marius Urzica	ROM	8,887

Reck, Männer 25.09.2000

1. Alexej Nemow	RUS	9,787
2. Benjamin Varonian	FRA	9,787
3. Joo-Hyung Lee	KOR	9,775
4. Alexej Bondarenko	RUS	9,762
5. Alexander Beresch	UKR	9,750
6. Ilja Giorgadse	GEO	9,625
7. Dieter Rehm	SUI	8,925
8. Naoya Tsukahara	JPN	8,825

Turnen, Einzelmehrkampf, Männer 20.09.2000

		Total	1	2	3	4	5	6
1. Alexej Nemow	RUS	58,474	9,800	9,775	9,687	9,650	9,775	9,787
2. Wei Yang	CHN	58,361	9,700	9,750	9,712	9,712	9,750	9,737
3. Alexander Beresch	UKR	58,212	9,675	9,762	9,550	9,675	9,750	9,800
4. Iwan Iwankow	BLR	58,024	9,575	9,725	9,762	9,500	9,700	9,762
5. Andrej Swetlitschni	UKR	57,950	9,600	9,675	9,525	9,725	9,725	9,700
6. Blaine Wilson	USA	57,936	9,700	9,587	9,612	9,800	9,712	9,525
7. Alexej Bondarenko	RUS	57,924	9,637	9,725	9,712	9,400	9,675	9,775
8. Jordan Jowtschew	BUL	57,887	9,550	9,737	9,750	9,475	9,675	9,700
21. Dimitri Nonin	GER	56,310	8,937	9,437	9,587	9,012	9,587	9,750

Nicht für das 36er Finale qualifiziert: 30. Andreas Wecker (GER) 56,011 (wegen Verletzung nicht im Finale angetreten), 42. Dieter Rehm (SUI) 54,423; 60. Jan-Peter Nikiferow (GER) 46,587; 61. Sergej Pfeifer (GER) 46,549; 74. Marius Toba (GER) 37,337; 77. Rene Tschernitschek (GER) 36,998

1 = Boden, 2 = Seitpferd, 3 = Ringe, 4 = Pferdsprung, 5 = Barren, 6 = Reck

Turnen, Mannschaftsmehrkampf, Männer 18.09.2000

	Total	1	2	3	4	5	6
1. CHN	231,919	38,524	38,874	38,487	38,574	38,849	38,611
2. UKR	230,306	37,750	38,811	38,249	38,461	38,261	38,774
3. RUS	230,019	38,037	37,974	38,487	38,736	38,411	38,374
4. JPN	229,857	37,849	38,324	38,425	38,724	37,711	38,824
5. USA	228,983	37,600	38,099	38,111	37,937	39,024	38,212
6. ROM	227,543	37,386	38,299	37,836	38,661	37,999	37,362

1 = Boden, 2 = Seitpferd, 3 = Ringe, 4 = Pferdsprung, 5 = Barren, 6 = Reck

1. CHN (Yang /58,048; Zheng/57,374; Li/48,399; Xing/48,261; Huang/38,374; Xiao/24,774)
2. UKR (Beresch/57,610; Swetlitschni/57,223; Zozulja/57,100; Gontscharow/46,811; Pereschkura/38,361; Mijezijentsew/28,725)
3. RUS (Nemow/58,423; Aletschine/56,474; Bondarenko/55,999; Krijukow/48,298; Podgorni/47,361; Drevine/18,925)

10. GER 225,282 (Wecker/56,011; Nikiferow/46,587; Pfeifer/46,549; Toba/37,337; Tschernitschek/36,998)

Sergej Pfeifer (links) aus Hannover belegte mit dem deutschen Team im Mannschaftsmehrkampf Rang zehn.

und ließ die Hüften derart lasziv kreisen, dass er von seinem knapp geschlagenen Rivalen Wei Yang aus China mehr als nur einen schiefen Blick erntete. »So oft habe ich gedacht, ich kann gewinnen und habe es nicht geschafft. Diesmal war es genau umgekehrt, warum, weiß ich einfach nicht«, sagte der 24 Jahre alte Moskauer mit einem Grinsen, gemixt aus Freude und Unverständnis.

Immer wieder in den vergangenen Jahren hatte Nemow in der Königsdisziplin an mindestens einem der sechs Geräte die Konzentration verloren, im Sydney Superdome aber turnte der Modellathlet »wie ein Automat«, der Lohn war olympisches Gold mit 58,474 Punkten vor Wei Yang (58,361) und Europameister Alexander Beresch aus der Ukraine (58,212).

Unter Deutschlands Turnern sorgte einzig Marius Toba aus Hannover für Aufsehen. Nur zwei Tage vor dem Abflug erreichte ihn der Notruf aus der DTB-Zentrale. Ohne offiziellen Dress, nur mit einem hastig gepackten Koffer, stolperte er

förmlich in den Jet Richtung Sydney. Er war als vierter (!) Ersatzturner für die Riege nachnominiert worden und hätte an den Ringen fast noch eine Bronzemedaille gewonnen. Aber ein kleiner Ausfallschritt bei der Landung kostete den ältesten Geräte-Artisten (fast 33 Jahre alt) das greifbar nahe Edelmetall.

Durfte sich über zwei Gold-, eine Silber- sowie zwei Bronze-Medaillen freuen: Alexej Nemow. Der Russe gewann u.a. den Mehrkampf.

Da war die Welt noch in Ordnung: Die Rumäninnen Simona Amanar, Andreea Raducan und Maria Olaru (von links) mit ihren Medaillen.

Beste Russin im Mehrkampf war Ekatarina Lobazniuk, die sich in den Einzelwettbewerben zwei Medaillen erkämpfte und im Mannschaftskampf die Silber-Medaille holte (rechte Seite, unten).

Frauen

Rumäniens Turnerinnen weinen an Tiriacs Brust

Er breitete seine Arme ganz weit aus, strahlte durch seinen gewaltigen Bart hindurch, und seine Augen bekamen wässrigen Glanz: Als wären es die eigenen Töchter, herzte und umarmte Rumäniens sonst so mürrischer NOK-Präsident Ion Tiriac sein Kunstturnerinnen-Sextett, das in Sydney das erste olympische Mannschafts-Gold seit 16 Jahren gewonnen hatte. Und als sich dieses freudetrunkene Menschenknäuel in den Katakomben des Superdomes wieder auflöste, zierte eine Mischung aus Tränen und Make-up-Resten sein vorher blütenreines Hemd.

Doch dem hartgesottenen Tennis-Promoter war an diesem denkwürdigem Abend alles egal. »Das ist ein großer Triumph für das kleine Rumänien«, sagte der ehemalige Manager von Boris Becker mit bewegter Stimme. Fast 20 Minuten lang hatte Tiriac mit den Athletinnen und ihrem Trainer Octavian Belu vor dem Ergebniscomputer um den Sieg gezittert. Mit Erfolg: 154,608 Punkte reichten zum Sieg, Russland (154,403) und China (154,008) gelang es in den letzten beiden Durchgängen nicht mehr, an den Weltmeisterinnen vorbei zu ziehen.

Nadia Comaneci gratulierte

48 Stunden später – nach dem Mehrkampf-Finale – trat Rumäniens Erfolgstrainer Octavian Belu mit dem Handy in der Hand vor die internationale Presse, seine Gesprächspartnerin im fernen Oklahoma war niemand anderes als die legendäre Olympiasiegerin Nadia Comaneci. »Nadia ist sehr stolz auf unsere Turnerinnen und auf Rumänien«, berichtete der Coach anschließend. Zu Recht, denn mit Gold für Andreea Raducan, Silber für Simona Amanar und Bronze für Maria Olaru

STATISTIK

Pferdsprung, Frauen 24.09.2000

1.	Elena Zamolodschikowa	RUS	9,731
2.	Andreea Raducan	ROM	9,693
3.	Ekaterina Lobazniuk	RUS	9,674
4.	Esther Moya	ESP	9,618
5.	Laura Martinez	ESP	9,612
6.	Simona Amanar	ROM	9,537
7.	Fangxiao Dong	CHN	9,487
8.	Denisse Lopez	MEX	8,843

Schwebebalken, Frauen 25.09.2000

1.	Xuan Liu	CHN	9,825
2.	Ekaterina Lobazniuk	RUS	9,787
3.	Elena Produnowa	RUS	9,775
4.	Claudia Presacan	ROM	9,750
5.	Tatjana Jarosch	UKR	9,712
6.	Maria Olaru	ROM	9,700
7.	Jie Ling	CHN	9,675
8.	Elise Ray	USA	9,387

Stufenbarren, Frauen 24.09.2000

1.	Swetlana Chorkina	RUS	9,862
2.	Jie Ling	CHN	9,837
3.	Yun Yang	CHN	9,787
4.	Viktoria Karpenko	UKR	9,775
5.	Tatjana Zarganowa	BLR	9,737
6.	Olga Roschupkina	UKR	9,725
7.	Elena Produnowa	RUS	9,650
8.	Elvire Teza	FRA	9,512

Boden, Frauen 25.09.2000

1.	Elena Zamolodschikowa	RUS	9,850
2.	Swetlana Chorkina	RUS	9,812
3.	Simona Amanar	ROM	9,712
4.	Esther Moya	ESP	9,700
5.	Yun Yang	CHN	9,637
6.	Fangxiao Dong	CHN	9,537
7.	Andreea Raducan	ROM	9,275
8.	Lisa Skinner	AUS	9,012

Turnen, Einzelmehrkampf, Frauen 21.09.2000

			Total	1	2	3	4
1.	Simona Amanar	ROM	38,642	9,656	9,512	9,662	9,812
2.	Maria Olaru	ROM	38,581	9,656	9,600	9,700	9,625
3.	Xuan Liu	CHN	38,418	9,331	9,725	9,750	9,612
4.	Ekaterina Lobazniuk	RUS	38,393	9,693	9,700	9,425	9,575
5.	Yun Yang	CHN	38,305	9,531	9,787	9,287	9,700
6.	Elena Zamolodschikowa	RUS	38,268	9,731	9,725	9,700	9,112
7.	Olga Roschupkina	UKR	38,205	9,368	9,725	9,750	9,362
8.	Lisa Skinner	AUS	38,193	9,168	9,650	9,625	9,750
DQ	Andreea Raducan*	ROM	38,893	9,706	9,575	9,787	9,825

*) Wegen Dopings disqualifiziert.

1 = Pferdsprung, 2 = Stufenbarren, 3 = Schwebebalken, 4 = Boden

Turnen, Mannschaftsmehrkampf, Frauen 19.09.2000

		Total	1	2	3	4
1.	ROM	154,608	38,461	38,237	38,986	38,924
2.	RUS	154,403	38,605	38,862	37,899	39,037
3.	CHN	154,008	38,073	38,962	39,099	37,874
4.	USA	152,933	37,685	38,875	37,699	38,674
5.	ESP	152,113	38,730	38,523	37,861	37,999
6.	UKR	151,846	37,185	38,674	38,625	37,362

1 = Pferdsprung, 2 = Stufenbarren, 3 = Schwebebalken, 4 = Boden

1. ROM (Raducan/38,861, Olaru/38,580, Amanar/38,567, Boboc/38,175, Isarescu/28,862, Presacan/9,450)
2. RUS (Produnowa/38,512, Chorkina/38,261, Lobazniuk/38,250, Zamolodschikowa/38,105, Kolesnikova/18,887, Tschepelewa/18,762)
3. CHN (Yang/38,836, Ling/38,393, Dong/38,375, Liu/38,129, Huang/19,162)

Nach der Disqualifikation ihrer Mannschaftsgefährtin Andreea Raducan erhielt die Rumänin Simona Amanar die Goldmedaille im Mehrkampf (Bild rechts).

waren alle drei Plaketten an Rumänien gegangen.
Die Freude wurde später durch den Doping-Fall Raducan getrübt, der Ion Tiriac dazu veranlasste, seinen Rücktritt als NOK-Chef anzudeuten. Trotzdem: Gold und Silber blieben den Rumäninnen – Amanar und Olaru rückten auf.

Abgang der Diva

Die große Favoritin Swetlana Chorkina aus Russland dagegen patzte gleich an zwei Geräten (Pferdsprung und Stufenbarren) und kam nur auf Rang elf. Bereits im Mannschaftskampf war die Diva aus Moskau, die durch Aufnahmen im Playboy, Piercing und verrückte Tattoos Funktionäre verprellt hatte, vom Stufenbarren gefallen. Es gab 0,5 Punkte Abzug, die am Ende ihrem russischen Team gegen Rumänien im Kampf um Gold fehlten. Vorher war die Olympia-Siegerin von 1996 an diesem Gerät fünf Jahre ungeschlagen geblieben.

Rhythmische Sportgymnastik

An Bronze geschnuppert

Die deutsche Gymnastik-Gruppe verpasste in Sydney die Bronzemedaille nur denkbar knapp. Die Mädchen des TV Wattenscheid belegten im Gruppenfinale unter acht Teams mit 38,899 Punkten Rang vier. Es war die beste Platzierung einer deutschen Gruppe bei internationalen Wettkämpfen überhaupt und die beste Leistung aller Athleten des Deutschen Turner-Bundes (DTB). »Wir sind überglücklich, mit einer solchen Platzierung hätten wir nie gerechnet. Die Mädchen haben ruhig und souverän geturnt«, lobte Bundestrainerin Carmen Weber.

Den Sieg machten vor 4000 Zuschauern die favorisierten Mannschaften aus Russland und Weißrussland unter sich aus. Bei jeweils 39,500 Zählern entschied nur die höhere B-Note für die Ausführung der Übung zugunsten der russischen Weltmeisterinnen, die sich bei der olympischen Premiere 1996 in Atlanta noch mit dem dritten Platz begnügen mussten. Die Bronzemedaille ging diesmal an Vize-Weltmeister Griechenland (39,283). Das Gold im Einzel schien für

Die alles überragenden Russinnen gewannen durch Julia Barsukowa die Einzelkonkurrenz, siegten aber in der Gruppe bei Punktgleichheit lediglich aufgrund der höheren B-Note vor Weißrussland.

Alina Kabajewa reserviert. Mehr als zwei Jahre lang präsentierte die Russin fehlerfreie Übungen am Fließband, in Sydney endete die Serie im ungünstigsten Moment. Ein falscher Griff – schon polterte der Reifen auf die Bodenfläche und kullerte ins Seitenaus. »Ich kann das alles nicht begreifen. Nie hätte ich geglaubt, dass sowas möglich ist«, jammerte die Welt- und Europameisterin.

Am Ende reichten 39,466 Punkte gerade noch zur Bronzemedaille hinter Teamkollegin Julia Barsukowa (39,632) und der Weißrussin Julia Raskina (39,548). Der Deutschen Meisterin Edita Schaufler kostete ein ähnliches Malheur wie Kabajewa einen Finalplatz. Die Wattenscheiderin kam auf Platz zwölf.

STATISTIK

Rhythmische Sportgymnastik 01.10.2000

		Total	1	2	3	4
1. Julia Barsukowa	RUS	39,632	9.883	9.900	9.916	9.933
2. Julia Raskina	BLR	39,548	9.908	9.791	9.933	9.916
3. Alina Kabajewa	RUS	39,466	9.925	9.641	9.950	9.950
4. Olena Witrytschenko	UKR	39,408	9.825	9.833	9.875	9.875
5. Eva Serrano	FRA	39,390	9.841	9.850	9.841	9.858
6. Tamara Jerofejewa	UKR	39,000	9.750	9.750	9.750	9.750
7. Evmorfia Ntona	GRE	38,982	9.766	9.716	9.775	9.725
8. Waleria Watkina	BLR	38,957	9.791	9.750	9.666	9.750
9. Almudena Cid	ESP	38,907	9.750	9.725	9.691	9.741
12. Edita Schaufler	GER	38,707	9,775	9,783	9,366	9,783
17. Heike Asmus	GER	38,311	9,429	9,616	9,641	9,625

1 = Seil 2 = Ball 3 = Keulen 4 = Band

Rhythmische Sportgymnastik, Gruppe

30.09.2000

1. Russland (Keulen 19,800/Reifen, Band 19,700)	39,500
2. Weißrussland (19,800/19,700)	39,500
3. Griechenland (19,550/19,733)	39,283
4. Deutschland (19,533/19,366)	38,899
5. Japan (19,350/19,200)	38,550
6. Italien (19,250/19,233)	38,483
7. Bulgarien (19,166/19,266)	38,432
8. Brasilien (19,066/19,200)	38,266

Europameisterin Anna Dogonadse-Lilkendey aus Bad Kreuznach führte nach dem Vorkampf, musste im Finale aber das Trampolin verlassen und landete nur auf Rang acht.

Trampolinturnen

Debüt mit Enttäuschungen

Die Trampolin-Premiere von Sydney verlief für den Deutschen Turner-Bund (DTB) enttäuschend. »Wir haben eine große Chance verpasst, unsere Sportart in ein gutes Licht zu rücken«, bedauerte Bundestrainer Michael Kuhn die sportlichen Enttäuschungen im Superdome.

24 Stunden nach dem achten Platz von Europameisterin Anna Dogonadse-Lilkendey aus Bad Kreuznach erreichte der Schaafheimer Michael Serth nicht mal mehr das Finale.

Konnte Dogonadse-Lilkendey noch einen grippalen Infekt als plausible Entschuldigung anführen, blieb das Versagen Serths, der mit Rang fünf gehandelt worden war, rätselhaft. Kuhn: »Michael hat eine stabile Saison geturnt und hier im Training immer Qualität geboten.« Im Wettkampf allerdings nicht.

Da war Olympiasieger Alexander Moskalenko schon aus ganz anderem Holz geschnitzt. Der viermalige Weltmeister hatte nach drei WM-Titeln seine Karriere bereits beendet, startete aber ein Comeback, nachdem das Trampolinturnen den olym-

STATISTIK

Trampolin, Männer 23.09.2000

1.	Alexander Moskalenko	RUS	41,70
2.	Ji Wallace	AUS	39,30
3.	Mathieu Turgeon	CAN	39,10
4.	David Martin	FRA	38,80
5.	Dimitri Poliarusch	BLR	38,10
6.	Lee Brearley	GBR	37,90
7.	Alan Villafuerte	NED	27,60
8.	Alexander Tschernonos	UKR	7,50

VK: 9. Michael Serth (GER) 37,60; 11. Markus Wiesner (SUI) 35,70

Trampolin, Frauen 22.09.2000

1.	Irina Karawajewa	RUS	38,90
2.	Oksana Zihulewa	UKR	37,70
3.	Karen Cockburn	CAN	37,40
4.	Ekaterina Chilko	UZB	36,60
5.	Natalia Karpenkowa	BLR	35,80
6.	Akiko Furu	JPN	35,30
7.	Rusudan Choperia	GEO	34,10
8.	Anna Dogonadse-Lilkendey	GER	5,00

pischen Status erhalten hatte. »Zu Beginn meines Comebacks musste ich 24 Kilogramm abnehmen, und alle Wetten standen gegen mich. Deshalb kann ich jetzt diesen Erfolg umso mehr genießen«, sagte der Russe nach seinem Triumph. Aber auch ohne den Gewinn der Goldmedaille, so Moskalenko weiter, hätte er sein Comeback nie bedauert. Als Sieger durfte sich neben dem 30-Jährigen auch George Nissen fühlen. Der 87 Jahre alte US-Amerikaner erlebte als Ehrengast mit feuchten Augen die Erfüllung eines Lebenstraums. Mitte der 30-er-Jahre hatte Nissen aus ausrangierten Autoreifen die ersten Trampoline gebaut, nach dem Zweiten Weltkrieg wurde das neue Turngerät weltweit immer populärer.

Das Mitte der 30er-Jahre erfundene und erst nach dem Zweiten Weltkrieg populärer gewordene Trampolinturnen erlebte in Sydney 2000 seine olympische Premiere.

Wassersport

Sieben Gold- und drei Silbermedaillen gewann Kanutin Birgit Fischer bei Olympischen Spielen zwischen 1980 und 2000. Zwei goldene komplettierten ihre Sammlung auf dem Regattakurs von Penrith. Als Schlagfrau im Vierer siegte die erfolgreichste deutsche Sportlerin bei Olympischen Spielen zusammen mit Anett Schuck, Manuela Mucke und Katrin Wagner, im Zweier gemeinsam mit Katrin Wagner.

Birgit Fischer und Katrin Wagner – nach dem Vierer gewannen sie auch die Entscheidung im Zweier-Kajak.

Der Kampf mit dem »wilden Wasser« auf der Kanuslalom-Strecke im Penrith Whitewater Stadium. Die Französin Anne-Lise Bardet gewann mit der drittbesten Zeit aus zwei Läufen die Bronzemedaille.

22

GER
GER
GBR
BORKOWSKI BAHR SCHUEMANN

Die britische Kanuslalom-Fahrerin Laura Blakeman wurde im K1 der Frauen Zwölfte (links oben). Stefan Pfannmöller belegte im Einer-Canadier Rang fünf (Mitte rechts). Hinter dem Neuseeländer Rob Waddell belegten Xeno Müller (Schweiz, im Vordergrund) und Marcel Hacker aus Kassel die Plätze zwei und drei im Einer-Rennen der Ruderer (oben). Spannung pur herrschte bei den Match Races der Solingsegler. Die deutsche Crew mit Skipper Jochen Schümann setzte sich bis ins Finale durch, verlor dort aber gegen Dänemark. Im Viertelfinale besiegte das deutsche Boot Großbritannien (großes Foto links). In der Vorrunde kamen Schümann, Gunnar Bahr und Ingo Borkowski dem finnischen Boot sehr nahe.

Zweimal Gold in Sydney – Birgit Fischer ist die erfolgreichste deutsche Sportlerin bei Olympischen Spielen.

Kanu

Birgit, die Gold-Fischerin

Erst gab's eine dicke Umarmung, dann befestigte Ulla Fischer liebevoll einen kleinen Plüsch-Koala an der letzten Goldmedaille ihrer Mutter. Mit Tränen in den Augen stand die sonst so kühle Birgit Fischer auf der Tribüne des Regattakurses von Penrith und herzte immer wieder Tochter Ulla (10), Sohn Ole (14) und ihre Mutter Ursula. Kurz zuvor hatte die »Grande Dame« nach dem unglaublichen Rekord von sieben Olympiasiegen und 27 Weltmeistertiteln ein letztes Mal mit »klopfendem Herzen« auf dem Treppchen gestanden und der deutschen Nationalhymne gelauscht.

»Ich bin sehr traurig, aber besser als mit zwei olympischen Goldmedaillen kann man nicht abtreten. Es ist schwer, Schluss zu machen. Aber ich räume den Platz auf der Bühne, das war definitiv mein letztes Rennen.

STATISTIK

Einer-Kajak (500 m), Männer 1.10.2000

1.	Knut Holmann	NOR	1:57,84
2.	Petar Merkow	BUL	1:58,39
3.	Michael Kolganov	ISR	1:59,56
4.	Akos Vereckei	HUN	2:00,14
5.	Lutz Liwowski	GER	2:00,25
6.	Jovino Gonzalez	ESP	2:03,88
7.	Alvydas Duonela	LTU	2:04,59
8.	Alan van Coller	RSA	2:04,98
9.	Grzegorz Kotowicz	POL	2:07,71

VL: 7. Adrian Hermann Bachmann (SUI)

Einer-Kajak (1000 m), Männer 30.09.2000

1.	Knut Holmann	NOR	3:33,26
2.	Petar Merkow	BUL	3:34,64
3.	Tim Brabants	GBR	3:35,05
4.	Michael Kolganov	ISR	3:35,09
5.	Javier Andres Correa	ARG	3:35,68
6.	Torsten Tranum	DEN	3:37,81
7.	Pierre Lubac	FRA	3:37,93
8.	Jacopo Majocchi	ITA	3:38,10
9.	Emilio Merchan	ESP	3:39,96

HF: DQ Lutz Liwowski (GER), **VL:** 7. Adrian Hermann Bachmann (SUI)

Zweier-Kajak (500 m), Männer 1.10.2000

1.	Kammerer/Storcz	HUN	1:47,05
2.	Trim/Collins	AUS	1:47,89
3.	Rauhe/Wieskötter	GER	1:48,77
4.	Amir-Tahmasseb/Aubertin	FRA	1:48,92
5.	Twardowski/Wysocki	POL	1:48,96
6.	Newton/Perez	USA	1:52,61
7.	Rossi/Bonomi	ITA	1:52,63
8.	Sibinkitch/Kazanov	BUL	1:52,72
9.	Oscarsson/Nilsson	SWE	1:56,30

Zweier-Kajak (1000 m), Männer 30.09.2000

1.	Rossi/Bonomi	ITA	3:14,46
2.	Oscarsson/Nilsson	SWE	3:16,07
3.	Bartfai/Vereb	HUN	3:16,35
4.	Ihle/Winter	GER	3:16,62
5.	Amir-Tahmasseb/Aubertin	FRA	3:17,63
6.	Riszdorfer/Baca	SVK	3:18,32
7.	Salakhov/Gorobii	RUS	3:18,93
8.	Twardowski/Wysocki	POL	3:19,93
9.	Larsen/Fjeldheim	NOR	3:20,51

Vierer-Kajak (1000 m), Männer 30.09.2000

1.	Ungarn (Vereckei/Horvath/Kammerer/Storcz)	2:55,18
2.	Deutschland (Schaefer/Zabel/Bach/Ulm)	2:55,70
3.	Polen (Kotowicz/Seroczynski/Bialkowski/Witkowski)	2:57,19
4.	Slowakei	2:57,69
5.	Bulgarien	2:59,11
6.	USA	2:59,47
7.	Russland	2:59,77
8.	Schweden	3:01,32
9.	Jugoslawien	3:02,31

Einer-Canadier (500 m), Männer 1.10.2000

1.	Gyorgy Kolonics	HUN	2:24,81
2.	Maxim Opalew	RUS	2:25,80
3.	Andreas Dittmer	GER	2:27,59
4.	Maxime Boilard	CAN	2:29,25
5.	Slavomir Knazovicky	SVK	2:29,61
6.	Ledys Frank Balceiro	CUB	2:32,22
7.	Mychaylo Sliwinskyi	UKR	2:33,12
8.	Martin Doktor	CZE	2:37,46
9.	Nikolay Bouhalow	BUL	2:44,28

Einer-Canadier (1000 m), Männer 30.09.2000

1.	Andreas Dittmer	GER	3:54,37
2.	Ledys Frank Balceiro	CUB	3:56,07
3.	Steve Giles	CAN	3:56,43
4.	Eric Le Leuch	FRA	3:57,21
5.	Christian Frederiksen	NOR	3:58,15
6.	Maxim Opalew	RUS	3:58,81
7.	Jefimijs Klementjevs	LAT	4:00,93
8.	Martin Doktor	CZE	4:02,33
9.	Peter Pales	SVK	4:03,09

Zweier-Canadier (500 m), Männer 1.10.2000

1.	Novak/Pulai	HUN	1:51,28
2.	Jedraszko/Baraszkiewicz	POL	1:51,53
	Pricop/Popescu	ROM	1:54,26
4.	Mascato/Bea	ESP	1:56,60
5.	Zereske/Gille	GER	1:59,29
6.	Kovalev/Kostoglod	RUS	2:00,13
7.	Satubaldin/Negodyayev	KAZ	2:01,43
8.	Sablin/Klymnyuk	UKR	2:02,61
9.	Rojas/Pereira	CUB	2:17,12

Zweier-Canadier (1000 m), Männer 30.09.2000

1.	Pricop/Popescu	ROM	3:37,35
2.	Rojas/Pereira	CUB	3:38,75
3.	Utess/Kober	GER	3:41,12
4.	Kovalev/Kostoglod	RUS	3:41,26
5.	Novak/Pulai	HUN	3:43,10
6.	Ferrer/Romero	MEX	3:46,45
7.	Buday/Buday	CAN	3:48,01
8.	Gajownik/Baraszkiewicz	POL	3:52,22
9.	Mascato/Bea	ESP	3:54,05

STATISTIK

Einer-Kajak (500 m), Frauen 1.10.2000

1.	Josefa Idem Guerrini	ITA	2:13,84
2.	Caroline Brunet	CAN	2:14,64
3.	Katrin Borchert	AUS	2:15,13
4.	Natasa Janic	YUG	2:16,50
5.	Elzbieta Urbanczyk	POL	2:18,01
6.	Rita Koban	HUN	2:19,66
7.	Ruth Nortje	RSA	2:20,27
8.	Uschi Profanter	AUT	2:20,59
9.	Anna Olsson	SWE	2:24,77

HF: 4. Manuela Mucke (GER)

Zweier-Kajak (500 m), Frauen 1.10.2000

1.	Fischer/Wagner	GER	1:56,99
2.	Kovacs/Szabo	HUN	1:58,58
3.	Sokolowska/Pastuszka	POL	1:58,78
4.	Limbau/Ionita	ROM	1:59,26
5.	Furneaux/Brunet	CAN	2:01,04
6.	Wood/Borchert	AUS	2:01,47
7.	Garcia Suarez/Sanchez	ESP	2:04,20
8.	Olsson/Ericsson	SWE	2:04,57
9.	Goulii/Tissina	RUS	2:04,99

Vierer-Kajak (500 m), Frauen 30.09.2000

1.	Deutschland (Fischer/Schuck/Mucke/Wagner)	1:34,53
2.	Ungarn (Szabo, Koban, Kovacs, Viski)	1:34,94
3.	Rumänien (Limbau/Ionita/Radu/Toma)	1:37,01
4.	Polen	1:37,07
5.	Ukraine	1:37,54
6.	Weißrussland	1:37,74
7.	Russland	1:38,62
8.	Spanien	1:38,65
9.	Kanada	1:39,56

Tschüss«, sagte die 38-jährige Berlinerin am Ende ihrer einmaligen Karriere. Vor 21 Jahren war sie als 17-jähriges DDR-Mädchen in Duisburg zu ihrem ersten WM-Gold im Einer-Kajak gefahren. Ihren letzten erfolgreichen Paddelschlag setzte sie jetzt im Zweierkajak-Rennen von Sydney. Birgit Fischer stieß nach der Ziel-Durchfahrt die Faust in den Himmel und schlug mit der Hand immer wieder auf's wellige Wasser.

Mit Gold im Zweier und Vierer komplettierte sie bei ihren fünften Olympischen Spielen ihre Rekord-Sammlung. Mit ihren insgesamt sieben Goldmedaillen krönte sie sich in Sydney zur erfolgreichsten deutschen Olympia-Teilnehmerin aller Zeiten vor Dressur-Reiter Dr. Reiner Klimke (6-0-2) und Schwimmerin Kristin Otto (6-0-0). Mit ihren drei zusätzlichen Silbermedaillen überholte sie den Schweden Gert Frederiksson (acht Medaillen) als medaillenreichsten Kanu-Sportler bei Olympia. Mit ihren 27 Weltmeistertiteln steht Birgit Fischer ohnehin schon im Guinness-Buch der Rekorde.

»Alles Statistik. Ich bin nicht so der historische Typ. Ich freue mich, dass ich so oft gewonnen habe. Ansonsten weiß ich, dass Kanu und Birgit Fischer zum Jahresende wieder vergessen sein werden. Mir ist das alles nicht so wichtig«, wiederholte

Nur eine Bugspitze trennten Olympiasieger Ungarn (vorne) und den favorisierten Vierer des Deutschen Kanu-Verbandes im Ziel.

Lob für »Gold-Birgit« von Bundestrainer Josef Capousek.

die gebürtige Brandenburgerin ihre Ansicht von der Vergänglichkeit des Ruhms einer Kanu-Sportlerin. Viel wichtiger war ihr in diesen letzten Augenblicken des Triumphes ihre Familie und damit ihre Zukunft im »Kanu-Ruhestand«.
Die ehrgeizige Frau, die die politische Wende in Deutschland mit der Wandlung von der Majorin der Nationalen Volksarmee der DDR zur Fahnenträgerin für die Olympia-Mannschaft des vereinten Deutschland erfolgreich bewältigte, wird einen radikalen Wechsel in ihrem Leben vollziehen. Im November möchte Birgit Fischer ihr Studium im Sport- und Touristik-Management abschließen. Die politischen Pläne hat sie erstmal auf Eis gelegt, nachdem ihr letztjähriger Versuch, für die FDP ins Europa-Parlament einzuziehen, fehlgeschlagen ist.

DKV bester deutscher Verband

Grund zur Freude hatte auch der Präsident des Deutschen Kanu-Verbandes, Ulrich Feldhoff, in Personalunion auch Vize-Präsident im Deutschen Sportbund und Präsident des Kanu-Weltverbandes. Er konnte in Penrith drei Gold-, eine Silber- und drei Bronzemedaillen sowie zehn Final-Teilnahmen in zwölf Rennen bilanzieren. »Mit dem Sieg von Thomas Schmidt bei den Slalom-Kanuten sind es sogar acht Medaillen, davon vier goldene«, ergänzte Feldhoff. Und damit steht »sein« DKV auf Platz eins unter den Fach-Verbänden des deutschen Olympia-Teams von Sydney. Im Kanu-Rennsport wurde der DKV bei diesen Spielen lediglich vom alten Widersacher Ungarn übertroffen. Die Magyaren holten viermal Gold.
Als Weltverbands-Präsident war Feldhoff sichtlich erleichtert, dass die Wettbewerbe in Penrith letztlich doch noch »in der Zeit« abgewickelt werden konnten. Am Schluss-Tag war schon eine Verlängerung auf Montag, den 2. Oktober, in Erwägung gezogen worden. Schließlich aber wurden die sechs Finals am Sonntag doch noch gestartet – mit sechs Stunden Verspätung und Windgeschwindigkeiten von bis zu 80 km/h.
Birgit Fischer spielte während der Zwangspause all ihre Erfahrung aus. Als andere wegen des Sturms lamentierten, brachte der größte Profi der Szene das Boot lieber in Gold-Form. Einen Tag nach dem knappen Erfolg mit dem Vierer-Kajak fuhr die Schlagfrau vom WSV Mannheim Sandhofen zusammen mit der Potsdamerin Katrin Wagner unbeeindruckt von Sturm und Verzögerungen auch im Zweier-Kajak zu Gold. Im Vierer gehörten Anett Schuck aus Leipzig, Manuela Mucke aus Potsdam und Katrin Wagner zum Erfolgs-Quartett. Schuck und Mucke saßen auch schon 1996 in Atlanta mit Birgit Fischer im siegreichen Boot.

Die dritte Goldmedaille erkämpfte sich der 28-jährige Andreas Dittmer aus Neubrandenburg im Einer-Canadier über 1000 m. Seine drei Jahre jüngere Schwester Anja, Triathlon-Europameisterin 1999, in Sydney aber nur 18., sprang im Überschwang des Familien-Glücks mit einer kleinen Deutschland-Fahne ins Wasser und schwamm ihrem Bruder hinter dem Zieleinlauf entgegen. Der Mann mit der Figur eines Bodybuilders galt ohnehin als vermeintlich sicherster Sieger-Tip der deutschen Kanu-Flotte. Über 500 m gab es dann für den Sparkassen-Angestellten allerdings »nur« Bronze hinter dem Ungarn Gyorgy Kolonics und dem Russen Maxim Opalew.

Dittmer war selbstbewußt wie kaum ein Zweiter in Sydney angetreten: »Ich bin in so guter Form, dass ich niemanden fürchten muss. Woche für Woche habe ich mindestens 20 Stunden trainiert, bin 5000 Kilometer pro Jahr gepaddelt.« Bei Weltmeisterschaften hatte er vor Sydney auch schon elf Medaillen gewonnen, darunter zwei Titel.

Tragische Figur

Zur tragischen Figur im deutschen Team wurde der vermeintliche Favorit im Einer-Kajak, Lutz Liwowski aus Essen, der im Halbfinale der 1000 m wegen eines Fehlstarts disqualifiziert wurde. »Liwowski hat ganz klar schon vor dem Start gepaddelt. Das ist nun 'mal verboten«, räumte Bundestrainer Josef Capousek ein und verzichtete auf einen Protest. Der zweimalige Weltmeister zeigte indes wenig Verständnis für die Haltung des Trainers: »Ich bin enttäuscht, dass die Mannschaftsführung nicht für mich gekämpft hat.«

Im Einer-Kajak der Frauen war der DKV zwar nicht im Finale vertreten. Dafür aber standen zwei ehemalige deutsche Elite-Kanutinnen auf dem Sieger-Podest. Mit Gold dekoriert wurde die jetzt für Italien startende Josefa Idem Guerrini, Bronze für Australien erhielt Katrin Borchert.

Erste Gratulantin von Canadier-Olympiasieger über 1000 m, Andreas Dittmer, war seine Schwester Anja. Die Triathletin, 18. in ihrem Wettbewerb zum Auftakt der Spiele, brachte ihm auf dem direkten Weg durchs Wasser eine Deutschland-Flagge.

Schussfahrt durch 23 Tore: Zwei Tage nach seinem 24. Geburtstag gewinnt ein Student aus Bad Kreuznach im Penrith Whitewater Stadium am Fuße der Blauen Berge im Kanuslalom die erste Goldmedaille.

Kanuslalom

Ein Paddler namens Schmidt

Als das goldene Wunder am Fuße der Blauen Berge geschehen war, blieb der Mann des Tages völlig ruhig. Zweimal schlug Thomas Schmidt nach seiner sensationellen Goldfahrt im Kajak-Slalom mit der Faust auf sein Boot, ein kurzer Schrei – dann brachte er erstmal seinen Trainer Klaus Pohlen sicher wieder an Land. Der Coach war im ersten Jubel ins wilde Wasser geflogen.

Nach der Siegerehrung ein Küsschen auf die Goldmedaille für die Fotografen und eine kurze Umarmung mit seiner Freundin, die auf eigene Kosten nach Australien gekommen war – die großen Gefühle aber behielt Thomas Schmidt am schönsten Tag seiner Karriere für sich. »Ich war mir schon vor dem zweiten Lauf sicher, dass nichts mehr passiert«, erklärte er später seine unglaubliche Ruhe. »Heute war einfach mein Tag.«

In der Tat. Mit dem größten Vorsprung in der olympischen Kajak-Geschichte paddelte der 24 Jahre alte Student aus Bad Kreuznach – zwei Tage nach seinem Geburtstag – im Penrith White Water Stadium den Konkurrenten auf und davon, bescherte dem Deutschen Kanu-Verband im letzten Slalom-Wettbewerb die erste Medaille und trat die Nachfolge des Augsburgers Oliver Fix an, der 1996 in Atlanta Gold geholt hatte. »Mir ist ein Stein vom Herzen gefallen«, gestand DKV-Präsident Ullrich Feldhoff und lobte den Retter des Verbandes über alles: »Thomas war unglaublich.«

Die Formulierung »unglaublich« traf den Punkt. Schon nach dem ersten Lauf führte der Mann mit dem Allerweltsnamen 3,15 Sekunden vor allen anderen, am Ende ging er vor 12500 Zuschauern, darunter auch der ehemalige CDU-Vorsitzende Wolfgang Schäuble, mit 6,46 Sekunden Vorsprung durch das Ziel. Der britische Weltranglisten-Erste Paul Ratcliffe, genannt »Mr. Kajak«, musste sich mit Silber begnügen, Bronze ging an den Italiener Pierpaolo Ferrazzi, der 1992 in Barcelona noch Gold gewonnen hatte.

Thomas Schmidt war einfach zu gut. Wie auf Schienen zog er zweimal durch die 23 Tore in den wilden Fluten. Auch durch den großen Halbzeitvorsprung ließ er sich nicht aus der Ruhe bringen.

Der goldene Triumph war umso erstaunlicher, als Schmidts Karriere im September 1999 schon beendet schien. Beim Training im spanischen Olympia-Ort Seu d'Urgell kugelte er sich die rechte Schulter aus, kurz danach wurde er operiert. »Da war ich das erste Mal am Tiefpunkt. Es hat lange gedauert, bis ich da drüber weg war. Normalerweise bedeutet eine Schulterverletzung für einen Kajak-Fahrer das Aus.«

Anfang November aber saß er wieder im geliebten Boot, und am 1. April besiegte er in der Qualifikation für Olympia in Augsburg überraschend den hohen Favoriten Thomas Becker, immerhin amtierender Weltmeister und Olympia-Dritter 1996. Trotz der schmerzhaften Niederlage wünschte Becker per Handy am Tag vor dem Rennen noch viel Glück, was Thomas Schmidt »ziemlich aufbauend fand«.

Wie er die Sporthilfe-Prämie für seinen Olympiasieg anlegen soll, wusste Schmidt noch nicht. 30000 Mark sind jedenfalls viel Geld für einen Kajak-Fahrer, der im »Alltag« im sechsten Semester Maschinenbau studiert. »Ich habe keine Ahnung. Ein Auto brauche ich nicht, ich bin leidenschaftlicher Radfahrer.« – und Paddler.

STATISTIK

Einer-Kajak, Slalom, Männer

20.09.2000

1.	Thomas Schmidt	GER	217,25
2.	Paul Ratcliffe	GBR	223,71
3.	Pierpaolo Ferrazzi	ITA	225,03
4.	Helmut Oblinger	AUT	226,45
5.	Scott Shipley	USA	226,67
6.	Manuel Köhler	AUT	226,80
7.	Tomas Kobes	CZE	226,99
8.	Laurent Burtz	FRA	227,63
9.	Mathias Röthenmund	SUI	227,96

Einer-Canadier, Slalom, Männer

18.09.2000

1.	Tony Estanguet	FRA	231,87
2.	Michal Martikan	SVK	233,76
3.	Juraj Mincik	SVK	234,22
4.	Emmanuel Brugvin	FRA	238,42
5.	Stefan Pfannmöller	GER	239,72
6.	Sören Kaufmann	GER	240,18
7.	Simeon Hocevar	SLO	240,64
8.	Stuart McIntosh	GBR	243,61

Zweier-Canadier, Slalom, Männer

20.09.2000

1.	Hochschorner/Hochschorner	SVK	237,74
2.	Kolomanski/Staniszewski	POL	243,81
3.	Jiras/Mader	CZE	249,45
4.	Bowman/ Smith	GBR	249,93
5.	Volf/Stepanek	CZE	253,36
6.	Wojs/Mordarski	POL	255,51
7.	Adisson/Forgues	FRA	290,91
8.	Ehrenberg/Senft	GER	301,78

Einer-Kajak, Slalom, Frauen

18.09.2000

1.	Stepanka Hilgertova	CZE	247,04
2.	Brigitte Guibal	FRA	251,88
3.	Anne-Lise Bardet	FRA	254,77
4.	Elena Kaliska	SLO	255,95
5.	Irena Pavelkova	CZE	256,11
6.	Mandy Planert	GER	257,85
7.	Rebecca Giddens	USA	258,69
8.	Danielle Woodward	AUS	261,89
9.	Sandra Friedli	SUI	262,30
10.	Susanne Hirt	GER	266,01
15.	Violetta Oblinger-Peters	AUT	282,2

Hohe Schlagzahl im Skull – schwere Schlagseite im Riemen

Ein beinahe übermächtiges Skuller-Team der Frauen, ein Doppelvierer mit Tradition und ein ausgesprochener Individualist bescherten den deutschen Ruderern auch ohne das nicht qualifizierte Flaggschiff Deutschland-Achter eine reiche Medaillenausbeute. Zu Gold ruderten auf dem Penrith Lake die von Bundestrainerin Jutta Lau trainierten Doppelzweier und Doppelvierer der Frauen. Silber eroberte sich mit einer beherzten Fahrt der Leichtgewichts-Doppelzweier bei den Frauen. Und mit Bronze im Gepäck kehrten der Männer-Doppelvierer sowie Skullerin Katrin Rutschow-Stomporowski (Berlin) und der in Eigenregie agierende Einer-Ruderer Marcel Hacker (Kassel) heim.

Mit zwei Gold-, einer Silber-, und drei Bronzemedaillen übertraf der Deutsche Ruder-Verband (DRV) auch seine Bilanz von Atlanta 1996, als zwei Gold-, eine Silber- und eine Bronzemedaille aus dem Lake Lanier gefischt wurden. Erfolgreichstes Land war Rumänien mit drei Goldmedaillen.

Zwar gehört die einstige Vormachtstellung der deutschen Ruderer der Vergangenheit an, dennoch lobte Chef de Mission Klaus Steinbach: »Bei den Ruderern sieht man, dass sie das Herz an der richtigen Stelle haben. Sie sind begeistert und freuen sich, obwohl sie wissen, dass sie in einer Woche wieder vergessen sind.«

Der Name Kathrin Boron wird zumindest den Ruder-Kennern in Erinnerung bleiben. Die 30 Jahre alte Bankkauffrau strickte in Sydney noch ein bisschen weiter an ihrer eigenen Legende als erfolgreichste Skullerin aller Zeiten. Zusammen mit Partnerin Jana Thieme gewann die siebenmalige Weltmeisterin ihr drittes Olympiagold nach 1992 im Doppelzweier und 1996 im Doppelvierer. Dabei schleppte die Weltmeisterin von 1999 die Favoritenbürde wie einen Rucksack über die 2000-Meter-Distanz. »Wir haben es gut überspielt, aber ich war noch nie so aufgeregt«, gestand Kathrin Boron hinterher.

Kathrin Boron und Jana Thieme wollen weiter am Erfolg knabbern und von »Jahr zu Jahr« über Fortsetzung der Laufbahn entscheiden.

An ein Ende ihrer Laufbahn denkt die Potsdamerin aber dennoch nicht. Kathrin Boron: »Ich habe alles erreicht, was man erreichen kann, aber Rudern macht mir immer noch viel Spaß. Ans Aufhören denke ich noch nicht.« Wie Jana Thieme will die Ausnahme-Ruderin von »Jahr zu Jahr entscheiden«.
Jutta Lau wird's mit Freude vernehmen. Dabei hat die resolute Bundestrainerin die potenziellen Nachfolgerinnen schon zu einem schlagkräftigen Doppelvierer geformt. Die Zwillingsschwestern Manja und Kerstin Kowalski (Potsdam), Meike Evers (Ratzeburg) und Manuela Lutze (Magdeburg) setzten die Tradition des erfolgreichsten deutschen Bootes aller Zeiten fort und gewannen mit einem Durchschnittsalter von 24 Jahren das vierte Olympiagold in Folge. Seit 1993 ist das »Traumschiff« in unterschiedlicher Besatzung ungeschlagen auf den Regatta-Gewässern dieser Welt unterwegs.

In Atlanta steuerte Katrin Rutschow-Stomporowski ihr Scherflein zum Doppelvierer-Olympiasieg bei, in Sydney versuchte sich die angehende Modedesignerin im Einer und wurde für das Wagnis mit Bronze belohnt. Das gleiche Kunststück gelang bei den Männern Marcel Hacker, der nur von dem Neuseeländer Rob Waddell und Atlanta-Sieger Xeno Müller aus der Schweiz bezwungen wurde. Für das Unternehmen Olympia nahm sich der gelernte Schlos-

Redgrave auf den Spuren von Gerevich

Mit seinem fünften aufeinander folgenden Sieg ist der 38-jährige britische Ruderer Steve Redgrave nur noch eine Goldmedaille von der ungarischen Fecht-Legende Aldar Gerevich entfernt, der von 1932 bis 1960 sechsmal hintereinander Olympiasieger im Säbelfechten geworden war. Fünfmal Olympiasieger in Serie war auch Pal Kovacs, ein anderer ungarischer Säbelfechter der Vor- und Nachkriegszeit. Vier Athleten stehen mit vier Olympiagewinnen in Folge zu Buch, darunter der Leichtathlet Carl Lewis, der insgesamt neun Titel holte.

Aldar Gerevich (Ungarn) **Säbelfechten, Team und Einzel**	**'32, '36, '48, '52, '56, '60**
Steve Redgrave (Großbritannien) **Rudern, Vierer m., Zweier o., Vierer o.**	**'84, '88, '92, '96, '00**
Pal Kovacs (Ungarn) **Säbelfechten, Team und Einzel**	**'36, '48, '52, '56, '60**
Carl Lewis (USA) **Leichtathletik, 100 m, 200 m, Weitsprung, Staffel**	**'84, '88, '92, '96**
Al Oerter (USA) **Leichtathletik, Diskus**	**'56, '60, '64, '68**
Poul Elvström (Dänemark) **Segel, Solitaire, Finn**	**'48, '52, '56, '60**
Rudolf Karpatti (Ungarn) **Säbelfechten, Team und Einzel**	**'48, '52, '56, '60**

ser unbezahlten Urlaub und bereitete sich alleine vor. Der etwas eigenwillige Athlet, der aus lauter Vorsicht schon mal sein Boot mit ins Hotel nimmt, häufte dadurch 30000 Mark an Schulden an.

Die Verbands-Unterstützung war hingegen dem Doppelvierer sicher, die Gold-Hoffnungen erfüllten sich indes nicht. Nach den Olympiasiegen 1992 und 1996 konnten Andreas Hajek (Halle), Stephan Volkert (Leverkusen), Andre Wilms (Magdeburg) und Marco Geisler (Ratzeburg) bei seiner Olympiapremiere die Tradition nicht fortsetzen. Hinter Italien und den Niederlanden blieb am Ende Bronze. Silber gewannen im Leichtgewichts-Doppelzweier Claudia Blasberg und Valerie Viehoff. Damit unterstrich das Duo aus Dresden und Siegburg die hohe Schlagzahl im Skullbereich.

Schwere Schlagseite hatte der DRV dagegen im Riemen-Bereich, wo alle Boote leer ausgingen. Eigentlich kein Wunder nach den Querelen im Vorfeld mit der gerichtlich erstrittenen Olympia-Teilnahme von Bundestrainer Ralf Holtmeyer. Der bereits in der Olympia-Qualifikation gescheiterte Deutschland-Achter hatte sich zudem in einem jahrelangen Streit mit DRV-Präsident Professor Wolfgang Maennig um die künftige Vermarktung schon abseits der Regattabahnen aufgerieben.

Links: Eine unerwarteter Bronzemedaille haut auch einen starken Mann wie Marcel Hacker um. Mitte oben: Rumäniens Ruderinnen konnten mit drei Goldmedaillen gut lachen. Mitte unten: Großbritannien konnte groß brillieren: Gold im Achter.

STATISTIK

Einer, Männer 23.09.2000

1. Rob Waddell	NZL	6:48,90
2. Xeno Müller	SUI	6:50,55
3. Marcel Hacker	GER	6:50,83
4. Derek Porter	CAN	6:51,10
5. Iwo Janakiew	BUL	6:57,32
6. Juri Jaanson	EST	6:59,15

Doppel-Zweier, Männer 23.09.2000

1. Spik/Cop	SLO	6:16,63
2. Tufte/Bekken	NOR	6:17,98
3. Calabrese/Sartori	ITA	6:20,49
4. Mayer/Roehnert	GER	6:23,58
5. Peto/Haller	HUN	6:27,04
6. Korol/Kolbowicz	POL	6:32,11

Zweier-ohne, Männer 23.09.2000

1. Andrieux/Rolland	FRA	6:32,97
2. Murphy/Bea	USA	6:33,80
3. Long/Tomkins	AUS	6:34,26
4. Coode/Searle	GBR	6:34,38
5. Visacki/Stojic	YUG	6:38,70
6. Di Clemente/Cech	RSA	6:43,10

B-Finale: 3. Robert Sens/Detlef Kirchhoff (GER) 6:37,94

Doppel-Vierer, Männer 24.09.2000

1. Italien (Abbagnale/Sartori/Galtarossa/Raineri)	5:45,56
2. Niederlande (Verberne/Lippits/Simon/Bartman)	5:47,91
3. Deutschland (Geisler/Hajek/Volkert/Willms)	5:48,64
4. Australien	5:50,32
5. Schweiz (Stürm/Stofer/Erdlen/Vonarburg)	5:54,88
6. Ukraine	5:55,12

B-Finale: 5. Österreich (Hartl/Nussbaumer/Jonke/Lambing) 5:57,58

Vierer-ohne, Männer 23.09.2000

1. Großbritannien (Cracknell/Redgrave/Foster/Pinsent)	5:56,24
2. Italien (Molea/Deirossi/Carboncini/Mornati)	5:56,62
3. Australien (Stewart/Dodwell/Stewart/Hanson)	5:57,61
4. Slowenien	5:58,34
5. USA	6:02,34
6. Neuseeland	6:09,13

B-Finale: 5. Deutschland (Meusel/Diessner/Herzog/Landvoigt) 6:08,11

Achter, Männer 24.09.2000

1. Großbritannien (Lindsay/Hunt-Davis/Dennis/Attrill/Grubor/West/Scarlett/Trapmore+Douglas)	5:33,08
2. Australien (Ryan/Gordon/Porzig/Jahrling/Mckay/Welch/Burke/Fernandez+Hayman)	5:33,88
3. Kroatien (Francetic/Frankovic/Smoljanovic/N. Skelin/S. Skelin/Culjak/Boraska/Vujevic+Petrisko)	5:34,85
4. Italien	5:35,37
5. USA	5:39,16
6. Rumänien	5:43,89

Leichtgewicht Doppel-Zweier, Männer 24.09.2000

1. Kucharski/Sycz	POL	6:21,75
2. Luini/Pettinari	ITA	6:23,47
3. Touron/Chapelle	FRA	6:24,85
4. Euler/Rühling	GER	6:26,54
5. Gier/Gier	SUI	6:28,52
6. Hase/Takede	JPN	6:29,74

Katrin Rutschow-Stomporowski auf dem Weg zu Bronze

STATISTIK

Leichtgewicht Vierer-ohne, Männer 24.09.2000

1. Frankreich 6:01,68 (Porchier/Bette/Hocde/Dorfman)
2. Australien 6:02,09 (Burgess/Edwards/Balmforth/Richards)
3. Dänemark 6:03,51 (Madsen/Ebert/Ebbesen/Feddersen)
4. Italien 6:03,77
5. Südafrika 6:07,67
6. USA 6:10,09

B-Finale: 3. Österreich (Jurtschitsch/Wakolbinger/Kobau/Sigl) 6:07,84, 6. Deutschland (Händle/Spaeter/Schmidt/Mielke) 6:15,31

Einer, Frauen 23.09.2000

1.	Ekaterina Karsten	BLR	7:28,14
2.	Rumjana Nejkowa	BUL	7:28,15
3.	Katrin Rutschow-Stomporowski	GER	7:28,99
4.	Julia Alexandrowa	RUS	7:36,57
5.	Georgina Douglas	AUS	7:37,88
6.	Sonia Waddell	NZL	7:43,71

Doppel-Zweier, Frauen 23.09.2000

1.	Thieme/Boron	GER	6:55,44
2.	van Dishoeck/van Nes	NED	7:00,36
3.	Sakickiene/Poplavskaja	LTU	7:01,71
4.	Skricki/Davidon	USA	7:02,61
5.	Lipa/Cochela	ROM	7:05,05
6.	Hatzakis/Roye	AUS	7:05,35

B-Finale: 1. Lüthi/Wicki (SUI) 7:02,82

Zweier-ohne, Frauen 23.09.2000

1.	Damian/Ignat	ROM	7:11,00
2.	Taylor/Slatter	AUS	7:12,56
3.	Ryan/Kraft	USA	7:13,00
4.	Robinson/Luke	CAN	7:15,48
5.	Fleming/Orsmond	RSA	7:16,84
6.	Wech/Barth	GER	7:20,08

Doppel-Vierer, Frauen 24.09.2000

1. Deutschland 6:19,58 (M. Kowalski/Evers/Lutze/K. Kowalski)
2. Großbritannien 6:21,64 (Batten/Lindsay/Grainger/Batten)
3. Russland 6:21,65 (Dorodnowa/Fedotowa/Lewina/Merk)
4. Ukraine 6:25,71
5. USA 6:30,26
6. Dänemark 6:31,30

Achter, Frauen 24.09.2000

1. Rumänien 6:06,44 (Damian/Susanu/Olteanu/Cochela/Dumitrache/Lipa/Gafencu/Ignat+Georgescu)
2. Niederlande 6:09,39 (Venema/Beek Ter/Penninx/van Dishoeck/van Nes/Appeldoorn/Westerhof/Meijer+Quik)
3. Kanada 6:11,58 (McDermid/Davis/Urbaniak/Luke/Robinson/Korn/Biesenthal/Alexander+Thompson)
4. Bulgarien 6:13,57
5. Australien 6:15,16
6. USA 6:16,87

Leichtgewicht Doppel-Zweier, Frauen 24.09.2000

1.	Burcica/Alupei	ROM	7:02,64
2.	Viehoff/Blasberg	GER	7:02,95
3.	Collins/Garner	USA	7:06,37
4.	Newmarch/Lee	AUS	7:12,04
5.	Plugge/Vogel	SUI	7:15,57
6.	van der Kolk/van Eupen	NED	7:17,89

Kehrseite der Medaille: Jochen Schümann blieb mit seinem Team Gunnar Bahr/Ingo Borkowski im Soling durch ein 3:4 im Finalrennen gegen den Dänen Jesper Bank das vierte Olympia-Gold versagt.

Segeln

Haudegen und Sonnenschein

Er träumte vom goldenen Schluss-Akt vor der Sydney-Oper, doch nach dem schwärzesten Augenblick seiner langen Segler-Karriere blieb Jochen Schümann der vierte Olympiasieg nach 1976, 1988 und 1996 versagt. In einem sieben Runden langen Final-Thriller im Soling musste sich der 46-Jährige mit seiner jungen Crew vom Yacht-Club Berlin-Grünau dem dänischen Barcelona-Sieger Jesper Bank mit 3:4 geschlagen geben und mit Silber begnügen.

»Wenn du die Chancen nicht nutzt, dann kommt der liebe Gott und bestraft deine Fehler. Genauso war es im Finale«, meinte Schümann, der die Finalserie größtenteils dominierte. Fehler, wie in der vierten Wettfahrt, als ihm bei 2:1-Führung und klarem Vorsprung zwei Meter vor dem Ziel bei drehenden Winden der Spinnaker ins Wasser fiel. Das Schümann-Boot blieb auf der Stelle stehen, die Dänen konnten mühelos vorbeiziehen.

Am Ende kosteten den gebürtigen Berliner strittige Jury-Entscheidungen (»Die erste Flagge gegen uns war ein Witz«) und eigene Fehler den Triumph im schönsten und zugleich schwersten Segel-Revier der Welt. Mit seinem Team Gunnar Bahr/Ingo Borkowski hatte er fast alle Rennen gegen Bank dominiert.

»Wir hatten den Sieg schon in der Tasche und haben ihn wieder verschenkt«, gab Schümann zu. Aus war der Traum, bei seinen sechsten und letzten Spielen mit seinem dänischen Idol Paul Elvström gleichzuziehen, dem einzigen Segler mit vier olympischen Goldmedaillen.

Unter anderem machten auch angeblich sieben (!) unerlaubte Berührungen des gegnerischen Bootes, so bei eigener 3:2-Führung im sechsten Duell, die Niederlage perfekt. Im siebten und entscheidenden Match Race setzte Schümann alles auf eine

Rot-weiß-rote Armada

»Jetzt sind wir die See-Streitmacht Nummer eins.« Christoph Sieber sprach ein großes Wort gelassen aus. Österreich, bislang vornehmlich bei Winterspielen dank Skistars wie Toni Sailer oder Hermann Maier zu olympischen Ehren gekommen, entpuppte sich in Sydney als Großmacht im Segeln.

Zunächst trat das Tornado-Duo Roman Hagara/Hans-Peter Steinacher in die Fußstapfen von Judo-Held Peter Seisenbacher, der 1988 in Seoul als letzter Österreicher Gold bei Sommerspielen gewonnen hatte. Dann trumpfte Christoph Sieber als Olympiasieger im Surfen für die rot-weiß-rote Armada auf.

»Ich stehe mit Gold da, und weiß gar nicht, wie es dazu kam. Ich will es aber auch gar nicht wissen«, sagte Sieber freudestrahlend. »In der schönsten Stadt der Welt den größten Erfolg für Österreichs Segelsport zu erkämpfen, reicht völlig aus.« Als die rot-weiß-rote Fahne aufgezogen wurde, flatterte sie genau zwischen der berühmten Sydney-Oper und der Harbour Bridge im Wind. Da ließ sich sogar Surfer-König Sieber – sonst ganz Weltenbummler und Kosmopolit – dazu hinreißen, die österreichische Hymne zu singen.

»Ich bin eben ein begeisterter Musiker«, sagte Sieber, der bis vor ein paar Jahren noch im Frack als Cellist in einem Orchestergraben in Bruck stand. Aber vom vielen Surfen wurden seine Finger stumpf, es kam der Tag der Entscheidung: Frack oder Surfbrett. Da zögerte der Oberösterreicher nicht lange, gab seine Wohnung auf, und lebt seitdem an den großen Surferparadiesen der Welt. Sieber: »Ich bin ein genügsamer Mensch, mir macht es nichts aus, einmal am Strand zu pennen. Außerdem habe ich Freunde auf der ganzen Welt, bei denen ich jederzeit unterkriechen kann.«

Im Sturm nahm Österreichs Tornado Sydney. Schon zwei Wettfahrten vor Schluss standen Roman Hagara/Hans-Peter Steinacher als Olympiasieger fest. »Der schönste Moment in meinem Leben, da läuft dir eine Gänsehaut über den Rücken«, sagte Roman Hagara.

Karte, kämpfte sich aus fast aussichtsloser Position neu heran, ehe eine weitere Zeitstrafe kurz vor der Ziellinie das letzte Fünkchen Hoffnung erstickte. Der zwei Jahre jüngere Jesper Bank konnte es selbst kaum glauben: »Jochen war in absoluter Top-Form. Ich weiß nicht, was letztlich abgelaufen ist.«
Jedenfalls hat es für Schümann nicht zum krönenden Abschluss gereicht. »Ich werde zwar weitermachen, aber Athen 2004 ist kein Thema mehr«, sagte der erfolgreichste deutsche Segler aller Zeiten. Sein nächstes Ziel heißt Penzberg in der bayerischen Wahlheimat: »Ich fahre nach Hause, steige aufs Fahrrad und ziehe mich in die Berge zurück.«
In den Wäldern will er sich erstmal den Frust von der Seele radeln, ehe er seinen letzten Sportlertraum ansteuert: »Den America's Cup 2003 – das Höchste, dafür würde ich sogar alle meine Ersparnisse opfern.«
Für den Sonnenschein (»Ein Tag ohne Lachen ist ein verlorener Tag«) im deutschen Segler-Team kamen die ersten Küsse an Land von den Weltmeistern Roland Gäbler und Rene Schwall, die im Tornado fast zeitgleich Bronzemedaillen geholt hatten. Die ersten Blumen für Amelie Lux überreichte Mutter Barbara, am Abend zuvor aus Oldenburg eingeflogen: »Seit Tagen steht die Stadt Kopf.« Die ersten Tränen der Rührung flossen, als Freund »Jojo« die 23-Jährige in den Himmel hob.
Bis zur letzten Wettfahrt der Mistral-Surfer hatte die Kielerin den Kiel auf Gold gerichtet. Sieben Sekunden trennten die Nachwuchssportlerin des Jahres 1995 schließlich vom Olympiasieg. Doch Amelie Lux hatte nicht Gold verloren, sondern Silber gewonnen. Hinter der italienischen Weltmeisterin Alessandra Sensini, deren Vater Gottfredo Mutter und Tochter Lux umarmte und Trost spendete: »Es hätte zweimal Gold geben müssen.«
Die letzte Wettfahrt stand Amelie Lux »mit zitternden Armen und letzter Kraft« durch und eroberte die erste deutsche Olympia-Medaille überhaupt bei den Seglerinnen. »Meine Arme sind steinhart. Ich konnte ab der fünften Boje kaum noch das Segel halten, nicht mehr denken, nur noch fighten.«
Gold hatte sie schon am Frühstückstisch verloren. »Ich konnte beim besten Willen nichts essen, der Magen wollte nicht, ich war zu aufgeregt«, gestand das zierliche Persönchen, das in den Tagen zuvor immer tapfer Haferschleim verschlungen hatte. »Obwohl ich den eigentlich gar nicht mag.« Mit ihren 53 Kilo ist die 1,63 kleine Blondine das Leichtgewicht unter den Mistral-Surferinnen. Und gerade das »Pumpen« bei wenig Wind, wie in diesen Tagen vor Sydney, erfordert enorm viel Kraft.

Ein vierter Rang in der dritten Wettfahrt war das beste Ergebnis von Petra Niemann in der Europe-Klasse, im Gesamtklassement endete die Berlinerin lediglich auf Rang 13.

Star, offen 30.09.2000

			WF1	WF2	WF3	WF4	WF5	WF6	WF7	WF8	WF9	WF10	WF11
1. Reynolds/Liljedahl	USA	34	(14)	3	(10)	5	6	10	1	2	4	1	2
2. Walker/Covell	GBR	35	1	9	(11)	7	2	3	2	1	7	9	3
3 Grael/Ferreira	BRA	39	3	(13)	1	2	1	6	7	4	12	3	(OCS)
4. Bromby/White	BER	45,3	4	(10)	3	8	4	1	(12)	7	6,3	8	4
5. MacDonald/Bjorn	CAN	48	7	5	13	4	(14)	5	3	(OCS)	5	5	1
6. Neeleman/Schrier	NED	50	5	7	7	(11)	8	4	(15)	6	1	4	8
7. Beashel/Giles	AUS	51	8	8	6	1	3	2	8	9	(17)	(12)	6
8. van der Ploeg/ Trujillo	ESP	55	2	4	(DQ)	3	11	7	4	10	3	11	(OCS)
12. Pickel/Auracher	GER	82	11	6	2	13	10	8	11	13	8	(15)	(DQ)
15. F. Marazzi/R. Marazzi	SUI	97	13	14	4	(DQ)	(DQ)	NB	16	12	6	10	5

Laser, offen 28.09.2000

			WF1	WF2	WF3	WF4	WF5	WF6	WF7	WF8	WF9	WF10	WF11
1. Ben Ainslie	GBR	42	(22)	1	1	3	4	4	10	11	4	4	(36)
2. Robert Scheidt	BRA	44	1	2	(22)	1	12	1	20	5	1	1	(DQ)
3. Michael Blackburn	AUS	60	8	8	2	(18)	6	5	(22)	2	12	3	14
4. Serge Kats	NED	72	(29)	3	10	7	5	10	(31)	19	3	9	6
5. Andreas Geritzer	AUT	78	2	11	(38)	9	11	7	15	15	(NB)	5	3
6. Gustavo Lima	POR	83	6	22	4	2	3	18	11	7	(OCS)	10	(34)
7. Maciej Grabowski	POL	86	11	24	(34)	5	2	9	(30)	13	9	2	11
8. Diego Negri	ITA	91	9	17	(18)	11	8	15	1	8	13	(20)	9

Tornado, offen 24.09.2000

			WF1	WF2	WF3	WF4	WF5	WF6	WF7	WF8	WF9	WF10	WF11
1. Hagara/Steinacher	AUT	16	3	1	2	1	1	4	1	1	2	(NG)	(NG)
2. Bundock/Forbes	AUS	25	1	3	4	4	4	(7)	2	4	(5)	2	1
3. Gäbler/Schwall	GER	38	(10)	4	8	5	3	(11)	7	2	1	1	7
4. Pennec/Guichard	FRA	43	4	8	(13)	2	5	3	3	(9)	4	6	8
5. Dickson/Sowry	NZL	46	5	2	7	(15)	10	1	5	7	(12)	3	6
6. Styles/May	GBR	53	2	5	3	10	7	6	(OCS)	(DQ)	10	7	3
7. Lovell/Ogletree	USA	57	8	6	5	8	2	10	(11)	11	3	(DQ)	4
8. Suarez/Hernandez	PUR	58	(11)	11	1	7	9	2	4	8	(13)	11	5

49er, offen 25.09.2000

			WF1	WF2	WF3	WF4	WF5	WF6	WF7	WF8	WF9	WF10	WF11	WF12	WF13	WF14	WF15	WF16
1. Johanson/Jarvi	FIN	55	2	7	2	(12)	3	4	10	6	2	4	7	2	3	1	2	(13)
2. Barker/Hiscocks	GBR	60	(13)	5	6	(10)	6	2	4	2	9	5	4	4	5	4	1	3
3. McKee/McKee	USA	64	6	3	5	1	5	(14)	(13)	1	3	3	1	11	7	6	11	1
4. Lopez-Vazquez/de la Plaza	ESP	79	1	8	11	8	4	3	1	11	11	(OCS)	5	1	1	(12)	10	4
5. Baur/Barth	GER	81	5	1	4	3	(11)	(12)	11	5	6	9	6	6	10	3	6	6
6. Nicholson/Phillips	AUS	86	11	11	1	(14)	1	1	12	3	1	6	(17)	10	8	5	9	7
7. Domingos/Cayolla	POR	93	7	(13)	3	6	8	(13)	3	4	13	11	8	3	4	11	4	8
8. Slater/Handley	NZL	99	(14)	9	(OCS)	5	12	7	5	12	4	2	3	8	2	7	13	10
15. Rueegge/Maurer	SUI	151	15	6	14	4	10	(17)	8	9	(17)	14	11	15	9	13	12	11

Soling, offen 30.09.2000

VF: GER – DEN 1:0, NED – NOR 0:1, RUS – NZL 0:1, GER – NED 1:0, DEN – NZL 1:0, NOR – RUS 1:0, NZL – NED 0:1, RUS – DEN 0:1, NOR – GER 0:1, NED – RUS 1:0, NZL – GER 0:1, DEN – NOR 1:0, GER – RUS 0:1, NOR – NZL 0:1, NED – DEN 0:1

1. GER	4:1
2. DEN	4:1
3. NOR	2:3
4. NED	2:3
5. NZL	2:3
6. RUS	1:4

HF	DEN	3:1	NOR	GER	3:1	NED
Platz 3	NOR	3:1	NED			
Finale	DEN	4:3	GER			

Finn-Dinghy, Männer 30.09.2000

			WF1	WF2	WF3	WF4	WF5	WF6	WF7	WF8	WF9	WF10	WF11
1. Iain Percy	GBR	35	2	1	9	2	5	8	1	6	1	(14)	(NG)
2. Luca Devoti	ITA	46	(19)	2	2	(18)	4	2	3	15	11	1	6
3. Fredrik Loof	SWE	47	(17)	5	1	6	7	4	4	(22)	2	11	7
4. Mateusz Kusznierewicz	POL	48	1	4	11	8	(15)	3	(12)	9	5	6	1
5. Xavier Rohart	FRA	55	11	11	4	3	1	9	6	(13)	(17)	5	5
6. Russ Silvestri	USA	64	3	(18)	6	11	2	16	(18)	4	3	16	3
7. Sebastien Godefroid	BEL	65	13	3	10	1	14	(17)	5	10	7	(19)	2
8. Ali Enver Adakan	TUR	66	5	7	(17)	7	9	(23)	11	3	4	7	13
18. Peter Theurer	SUI	120	16	13	(21)	4	18	19	8	20	(NG)	4	18
21. Michael Fellmann	GER	145	18	(23)	20	5	(24)	18	20	18	19	15	12

470er, Männer 28.09.2000

			WF1	WF2	WF3	WF4	WF5	WF6	WF7	WF8	WF9	WF10	WF11
1. King/Tumbull	AUS	38	5	1	2	(14)	7	10	8	1	2	(11)	2
2. Foerster/Merrick	USA	42	8	9	4	11	1	1	6	(12)	(13)	1	1
3. Conte/De La Fuente	ARG	57	11	6	8	5	(OCS)	6	3	7	1	(17)	10
4. Rogers/Glanfield	GBR	58	4	3	17	1	8	(18)	(19)	6	6	6	7
5. Marinho/Nunes	POR	67	1	4	6	7	5	9	5	15	(25)	15	(16)
6. Braslavets/Matvienko	UKR	72	2	5	(DQ)	(OCS)	6	2	4	9	11	DQ	3
7. Cooke/Nicholas	NZL	76	6	(15)	9	12	10	12	(15)	3	3	13	8
8. Kosmatopoulos/Trigkonis	GRE	78	13	7	(21)	6	3	8	(24)	19	14	2	6
17. Meister/Thieme	GER	130	20	18	(24)	(26)	24	15	7	13	4	24	5
27. Erni/Brügger	SUI	184	(OCS)	(28)	27	24	20	7	20	26	27	8	25

Europe, Frauen 28.09.2000

			WF1	WF2	WF3	WF4	WF5	WF6	WF7	WF8	WF9	WF10	WF11
1. Shirley Robertson	GBR	37	4	3	1	6	1	(13)	8	9	2	(16)	3
2. Margriet Matthysse	NED	39	1	(24)	(19)	2	6	5	3	19	1	1	1
3. Serena Amato	ARG	51	6	(15)	9	5	2	2	6	1	(14)	12	8
4. Neus Garriga	ESP	61	10	2	11	13	5	1	(17)	3	11	5	(OCS)
5. Sari Multala	FIN	61	2	7	(16)	12	(20)	12	9	4	7	2	6
6. Min Dezillie	BEL	68	8	8	(26)	10	4	4	10	(12)	10	7	7
7. Lenka Smidowa	CZE	75	(15)	(19)	15	7	8	3	13	2	15	10	2
8. Larissa Nevierov	ITA	75	3	9	4	(19)	13	(18)	7	11	8	8	12
13. Petra Niemann	GER	87	13	6	18	3	9	15	(OCS)	(OCS)	5	9	9
20. Denise Cesky	AUT	134	22	22	6	9	15	9	14	16	(26)	(24)	21

470er, Frauen 28.09.2000

			WF1	WF2	WF3	WF4	WF5	WF6	WF7	WF8	WF9	WF10	WF11
1. Armstrong/Stowell	AUS	33	1	(11)	(18)	5	8	7	1	6	3	1	1
2. Isler/Glaser	USA	47	6	1	(15)	3	4	(15)	9	10	5	3	6
3. Taran/Pakholchyk	UKR	48	5	7	3	(13)	5	1	10	9	(11)	5	3
4. Kedmi/Fabrikant	ISR	50	7	12	1	(15)	3	5	3	(14)	9	2	8
5. Birkner/Bülle	GER	54	8	2	4	6	12	4	(OCS)	13	1	4	(15)
6. Dufresne/Azon	ESP	55	14	(18)	5	2	(19)	3	11	2	4	9	5
7. Salva'/Sossi	ITA	60	4	4	9	(16)	2	(18)	12	8	10	7	4
8. Shige/Kinoshita	JAP	66	9	5	10	7	1	(14)	8	3	(12)	12	11

Surfen (Mistral), Männer 24.09.2000

		Total	WF1	WF2	WF3	WF4	WF5	WF6	WF7	WF8	WF9	WF10	WF11
1. Christoph Sieber	AUT	38	1	2	1	(24)	1	10	7	(23)	4	5	7
2. Carlos Espinola	ARG	43	8	3	8	1	5	7	2	(26)	6	(11)	3
3. Aaron Mcintosh	NZL	48	(OCS)	9	4	10	9	3	1	5	(12)	3	4
4. Lars Kleppich	AUS	61	4	(OCS)	(18)	3	8	1	18	8	5	9	5
5. Yuanguo Zhou	CHN	64	(OCS)	6	23	(DQ)	18	2	3	2	1	1	8
6. Nikolaos Kaklamanakis	GRE	64	(20)	12	5	9	7	6	4	(DQ)	7	13	1
7. Amit Inbar	ISR	79	3	13	(14)	13	13	5	(OCS)	4	13	4	11
8. Przemyslaw Miarczynski	POL	84	(19)	8	7	14	2	8	15	(18)	10	6	14
9. Alexander Baronjan	GER	84	13	5	6	5	10	11	9	(NB)	17	8	(18)

Surfen (Mistral), Frauen 24.09.2000

		Total	WF1	WF2	WF3	WF4	WF5	WF6	WF7	WF8	WF9	WF10	WF11
1. Alessandra Sensini	ITA	15	3	1	3	2	1	(4)	1	2	1	(12)	1
2. Amelie Lux	GER	15	1	2	1	1	(4)	2	2	(3)	2	2	2
3. Barbara Kendall	NZL	19	2	3	2	3	(7)	1	3	1	(5)	1	3
4. Lanee Butler	USA	57	(DQ)	4	(12)	6	5	6	7	4	10	3	12
5. Jessica Crisp	AUS	59	13	(15)	4	4	9	8	4	(16)	3	4	10
6. Lai Shan Lee	HKG	59	5	10	5	8	(17)	10	6	6	4	5	(20)
7. Chujun Zhang	CHN	60	10	(17)	8	(11)	6	3	5	5	8	8	7
8. Maria Del Carmen Vaz	ESP	72	4	5	(14)	9	(19)	11	8	9	6	14	6
12. Anja Käser	SUI	90	14	(16)	7	7	10	12	13	10	13	(18)	4

( ) Streichresultat **NB** Nicht beendet **NG** Nicht gestartet **DQ** Disqualifiziert **OCS** Disqualifiziert nach Frühstart

Goodbye Sydney Kalimera Athen

Der Himmel leuchtete, der Fluss brannte, und die berühmte Harbour Bridge explodierte. Mit einem Feuerwerk, wie es die Welt noch nicht gesehen hat, wurden die Sommerspiele von Sydney am Abend des 1. Oktober 2000 beendet. Millionen Sydneysider entlang des Parramatta River verfolgten das farbenprächtige Spektakel.

Es waren Spiele der Superlative, nicht der Superstars, aber mit vielen großen Athleten: der US-Sprinterin Marion Jones, Australiens Wunderschwimmer Ian Thorpe, der »fliegenden Holländerin« Inge de Bruijn, dem britische Ruderer Steven Redgrave.

Es waren Tage der Favoriten-Stürze: Marokkos El Guerrouj, Amerikas Armstrong oder Brasiliens Pessoa stehen für viele.

Die Persönlichkeit der Spiele schlechthin war Cathy Freeman, hinter der Ur-Einwohnerin vereinte sich die Nation: »Der Stolz des Landes« schrieb eine Zeitung nach ihrer goldenen Stadionrunde.

Australien hat sich selbst am schönsten beschenkt. Die Sportwelt wird Sydney 2000 im Herzen behalten. Goodbye – bis zum Kalimera Athen 2004.

see ya in Athens
see ya in Athens
see ya in Athens
see ya in Athens

BALLSPORT

Badminton, Einzel, Männer
1992 Alan Budi Kusuma INA 2:0
Ardy Wiranata INA
Thomas Stuer-Lauridsen DEN
Hermawan Susanto INA
1996 Paul-Erik Hoyer-Larsen DEN 2:0
Jiong Dong CHN
Rashid Sidek MAS
2000 Xinpeng Ji CHN 2:0
Hendrawan INA
Xuanze Xia CHN 2:0

Badminton, Doppel, Männer
1992 Kim/Park KOR 2:0
Hartono/Gunawan INA
R. + J. Sidek MAS
Li/Tian CHN
1996 Mainaky/Subagja INA 2:1
Cheah/Kim MAS
Kantono/S. Antonius INA
2000 Gunawan/Wijaya INA 2:1
Lee/Yoo KOR
Ha/Kim KOR 2:0

Badminton, Einzel, Frauen
1992 Susi Susanti INA 2:1
Soo-Hyun Bang KOR
Hua Huang CHN
Jiuhong Tang CHN
1996 Soo-Hyun Bang KOR 2:0
Mia Audina INA
Susi Susanti INA
2000 Gong Zhichao CHN 2:0
Camilla Martin DEN
Zhaoying Ye CHN 2:1

Badminton, Doppel, Frauen
1992 Hwang/Chung KOR 2:1
Guan/Nong CHN
Lin/Yao CHN
Gil/Shim KOR
1996 Ge/Gu CHN 2:0
Gil/Jang KOR
Tang/Qin CHN
2000 Fei Ge/Jun Gu CHN 2:0
Nanyan Huang/Wei Yang CHN
Ling Gao/Yiyuan Qin CHN 2:0

Badminton, Mixed
1996 Kim/Gil KOR 2:1
Park/Ra KOR
Liu/Sun CHN
2000 Zhang/Gao CHN 2:1
Kusharyanto/Timur INA
Goode/Archer GBR 2:1

Baseball, Männer
1992 Kuba 11:1
Taiwan
Japan
1996 Kuba 13:9
Japan
USA
2000 USA 4:0
Kuba
Südkorea 3:1

Softball, Frauen
1996 USA 3:1
China
Australien
2000 USA 2:1
Japan
Australien

Basketball, Männer
1936 USA 19:8
Kanada
Mexiko
1948 USA 65:21
Frankreich
Brasilien
1952 USA 36:25
UdSSR
Uruguay
1956 USA 89:55
UdSSR
Uruguay
1960 USA 6:0
UdSSR 4:2
Brasilien 2:4
1964 USA 73:59
UdSSR
Brasilien
1968 USA 65:50
Jugoslawien
UdSSR
1972 UdSSR 51:50
USA
Kuba
1976 USA 95:74
Jugoslawien
UdSSR
1980 Jugoslawien 86:77
Italien
UdSSR
1984 USA 96:65
Spanien
Jugoslawien
1988 UdSSR 76:63
Jugoslawien
USA
1992 USA 117:85
Kroatien
Litauen
1996 USA 95:69
Jugoslawien
Litauen
2000 USA 85:75
Frankreich
Litauen 89:71

Basketball, Frauen
1976 UdSSR 10:0
USA 6:4
Bulgarien 6:4
1980 UdSSR 12:0
Bulgarien 8:4
Jugoslawien 8:4
1984 USA 85:55
Südkorea
China
1988 USA 77:70
Jugoslawien
UdSSR
1992 EUN 77:66
China
USA
1996 USA 111:87
Brasilien
Australien
2000 USA 76:54
Australien
Brasilien 84:73

Fußball, Männer
1900 Großbritannien 4:0
Frankreich
Belgien
1908 Großbritannien 2:0
Dänemark
Niederlande
1912 Großbritannien 4:2
Dänemark
Niederlande
1920 Belgien
Spanien
Niederlande
1924 Uruguay 3:0
Schweiz
Schweden
1928 Uruguay 1:1/2:1
Argentinien
Italien
1936 Italien 2:1
Österreich
Norwegen
1948 Schweden 3:1
Jugoslawien
Dänemark
1952 Ungarn 2:0
Jugoslawien
Schweden
1956 UdSSR 1:0
Jugoslawien
Bulgarien
1960 Jugoslawien 3:1
Dänemark
Ungarn
1964 Ungarn 2:1
Tschechoslowakei
Deutschland/DDR
1968 Ungarn 4:1
Bulgarien
Japan
1972 Polen 2:1
Ungarn
DDR 2:2
UdSSR
1976 DDR 3:1
Polen
UdSSR
1980 Tschechoslowakei 1:0
DDR
UdSSR
1984 Frankreich 2:0
Brasilien
Jugoslawien
1988 UdSSR 2:1 n.V.
Brasilien
BR Deutschland
1992 Spanien 3:2
Polen
Ghana
1996 Nigeria 3:2
Argentinien
Brasilien
2000 Kamerun i.E. 5:3 / 2:2
Spanien
Chile 2:0

Fußball, Frauen
1996 USA 2:1
China
Norwegen
2000 Norwegen n.V. 3:2
USA
Deutschland 2:0

Handball, Männer
Feld
1936 Deutschland 10:6
Österreich
Schweiz
1972 Jugoslawien 21:16
Tschechoslowakei
Rumänien
1976 UdSSR 19:15
Rumänien
Polen
1980 DDR 23:22
UdSSR
Rumänien
1984 Jugoslawien 18:17
BR Deutschland
Rumänien
1988 UdSSR 32:25
Südkorea
Jugoslawien
1992 EUN 22:20
Schweden
Frankreich
1996 Kroatien 27:26
Schweden
Spanien
2000 Russland 28:26
Schweden
Spanien 26:22

Handball, Frauen
1976 UdSSR 10:0
DDR 7:3
Ungarn 7:3
1980 UdSSR 10:0
Jugoslawien 7:3
DDR 7:3
1984 Jugoslawien 10:0
Südkorea 7:3
China 5:5
1988 Südkorea 4:2
Norwegen 3:3
UdSSR 3:3
1992 Südkorea 28:21
Norwegen
EUN
1996 Dänemark 37:33
Südkorea
Ungarn
2000 Dänemark 31:27
Ungarn
Norwegen 22:21

Hockey, Männer
1908 England 8:1
Irland
Schottland
Wales
1920 Großbritannien 6:0
Dänemark 4:2
Belgien 2:4
1928 Indien 3:0
Niederlande
Deutschland
1932 Indien 4:0
Japan 2:2
USA 0:4
1936 Indien 8:1
Deutschland
Niederlande
1948 Indien 4:0
Großbritannien
Niederlande
1952 Indien 6:1
Niederlande
Großbritannien
1956 Indien 1:0
Pakistan
Deutschland
1960 Pakistan 1:0
Indien
Spanien
1964 Indien 1:0
Pakistan
Australien
1968 Pakistan 2:1
Australien
Indien
1972 BR Deutschland 1:0
Pakistan
Indien
1976 Neuseeland 1:0
Australien
Pakistan
1980 Indien 4:3
Spanien
UdSSR
1984 Pakistan 2:1
BR Deutschland
Großbritannien
1988 Großbritannien 3:1
BR Deutschland
Niederlande
1992 Deutschland 2:1
Australien
Pakistan
1996 Niederlande 3:1
Spanien
Australien
2000 Niederlande i.P. 5:4 / 3:3
Südkorea
Australien 6:3

Hockey, Frauen
1980 Zimbabwe 8:2
Tschechoslowakei 7:3
UdSSR 6:4
1984 Niederlande 9:1
BR Deutschland 6:4
USA 5:5
1988 Australien 2:0
Südkorea
Niederlande
1992 Spanien 2:1
Deutschland
Großbritannien
1996 Australien 3:1
Südkorea
Niederlande
2000 Australien 3:1
Argentinien
Niederlande 2:0

Tennis, Einzel, Männer
1896 John Pius Boland GBR 3:0
Demis Kasdaglis GRE
1900 Hugh Doherty GBR 3:0
Harold S. Mahony GBR
Reginald Doherty GBR
A.B.J. Norris GBR
1908 Josiah Ritchie GBR 3:0
Otto Froitzheim GER
Vaughan Eaves GBR
1908 Arthur Gore GBR 3:0
Halle George Caridia GBR
Josiah Ritchie GBR
1912 Charles Winslow RSA 3:1
Harold Kitson RSA
Oscar Kreuzer GER
1912 Andre Gobert FRA 3:0
Halle Charles Dixon GBR
Anthony Wilding AUS
1920 Louis Raymond RSA 3:1
Ichiya Kumagae JPN
Charles Winslow RSA
1924 Vincent Richards USA 3:2
Henri Cochet FRA
Luigi de Morpugo ITA
1988 Miloslav Mecir TCH 3:1
Tim Mayotte USA
Stefan Edberg SWE
Brad Gilbert USA
1992 Marc Rosset SUI 3:2
Jordi Arrese ESP
Goran Ivanisevic CRO
Andrej Tscherkasow EUN
1996 Andre Agassi USA 3:0
Sergi Bruguera ESP
Leander Paes IND
2000 Jewgenj Kafelnikow RUS 3:2
Tommy Haas GER
Arnaud Di Pasquale FRA 2:1

Tennis, Doppel, Männer
1896 Boland/Traun GBR/GER 2:0
Kasdaglis/Petrokokkinos GRE
1900 Reginald u. Hugh Doherty GBR 3:0
Spalding/Decugis USA/FRA
Prevost/Chapelle FRA
Mahony/Norris GBR
1908 Hillyard/R. Doherty GBR 3:0
Ritchie/Park GBR
Cazalet/Dixon GBR
1908 Gore/Barett GBR 3:1
Halle Simond/Caridia GBR
Setterwall/Boström SWE
1912 Kitson/Winslow RSA 3:1
Pipes/Zborzil AUT
Canet/Marangue FRA
1912 Gobert/Germot FRA 3:1
Halle Setterwall/Kempe SWE
Dixon/Beamish GBR
1920 Turnbull/Woosnam GBR 3:1
Kumagae/Kashio JPN
Decugis/Albarran FRA
1924 Richards/Hunter USA 3:2
Cochet/Brugnon FRA
Borotra/Lacoste FRA
1988 Flach/Seguso USA 3:2
E. Sanches/Casal ESP
Edberg/Jarryd SWE
Mecir/Srejber TCH
1992 Becker/Stich GER 3:1
W. Ferreira/Norval RSA
Frana/Miniussi ARG
Ivanisevic/Prpic CRO
1996 Woodbridge/Woodforde AUS 3:0
Broad/Henman GBR
Prinosil/Goellner GER
2000 Lareau/Nestor CAN 3:1
Woodforde/Woodbridge AUS
Costa/Corretja ESP 3:0

Tennis, Einzel, Frauen
1900 Charlotte Cooper GBR 2:0
Helene Prevost FRA
Marion Jones USA
Hedwig Rosenbaum BOH
1908 Gwendoline Eastlake GBR 2:1
Halle Angela N. Greene GBR
Mährta Adlersträhle SWE
1912 Marguerite Broquedis FRA 2:1
Dora Köring GER
Molla Bjurstedt NOR
1912 Edith Hannam GBR 2:0
Halle Thora Castenschiold DEN
Mabel G. Parton GBR
1920 Suzanne Lenglen FRA 2:0
Edith Dorothy Holman GBR
Kathleen McKane GBR

1924 Helen Wills USA 2:0
Julie Penelope Vlasto FRA
Kathleen McKane GBR
1988 Steffi Graf FRG 2:0
Gabriela Sabatini ESP
Zina Garrison USA
Manuela Maleeva BUL
1992 Jennifer Capriati USA 2:1
Steffi Graf GER
Arantxa Sanchez-Vicario ESP
Mary Joe Fernandez USA
1996 Lindsay Davenport USA 2:0
Arantxa Sanchez-Vicario ESP
Jana Novotna CZE
2000 Venus Williams USA 2:0
Elena Dementiewa RUS
Monica Seles USA 2:0

Tennis, Doppel, Frauen

1920 McNair/McKane GBR 2:0
Beamish/Holman GBR
Lenglen/d'Ayen FRA
1924 Wills/Wightman USA 2:0
Covell/McKane GBR
Shepperd-Barron/Colyer GBR
1988 Shriver/Garrison USA 2:1
Novotna/Sukova TCH
Graf/Kohde-Kilsch FRG
Turnbull/Smylie AUS
1992 G. Fernandez/
MJ. Fernandez USA 2:1
Sanchez-Vicario/
Martinez ESP
McQuillan/Provis AUS
Meshki/Zwerewa EUN
1996 G. Fernandez/
MJ. Fernandez USA 2:0
Novotna/Sukova TCH
Sanchez-Vicario/
Martinez ESP
2000 S. und V. Williams USA 2:0
Boogert/Oremans NED
Callens/Van Roost BEL 2:1

Tischtennis, Einzel, Männer

1988 Yoo Nam-Kyu KOR 3:1
Kim Ki-Taik KOR
Erik Lindh SWE
1992 Jan-Ove Waldner SWE 3:0
Jean-Philippe Gatien FRA
Wenga Ma CHN
Tak-Soo Kim KOR
1996 Guoliang Liu CHN 3:2
Wang Too CHN
Jörg Roßkopf GER
2000 Linghui Kong CHN 3:2
Jan-Ove Waldner SWE
Liu Guoliang CHN 3:1

Tischtennis, Doppel, Männer

1988 Chen/Wie CHN 2:1
Lupulescu/Primorac YUG
Ahn/Yoo KOR
1992 Lu/Wang CHN 3:2
Roßkopf/Fetzner GER
Kang/Lee KOR
Kim/Yoo KOR
1996 Kong/Liu CHN
Tao/Lu CHN
Yoo/Lee KOR
2000 Wang/Yan CHN 3:1
Kong/Liu CHN
Gatien/Chila FRA 3:1

Tischtennis, Einzel, Frauen

1988 Jing Chen CHN 3:2
Huifen Li CHN
Jiao Zhimin CHN

1992 Yaping Deng CHN 3:1
Hong Qiao CHN
Jung Hwa Hyun KOR
Bun Hui Li PRK
1996 Yaping Deng CHN 3:2
Jing Chen TPE
Hong Qiao CHN
2000 Nan Wang CHN 3:2
Ju Li CHN
Jing Chen TPE 3:1

Tischtennis, Doppel, Frauen

1988 Jung/Yong KOR 2:1
Jing/Jiao CHN
Fazlic/Perkucin YUG
1992 Deng/H. Qiao CHN 3:2
Chen/Gao CHN
Li/Yu PRK
Hong/Hyun KOR
1996 Deng/H. Qiao CHN 3:1
Liu/Y. Qiao CHN
Park/Ryu KOR
2000 Wang Nan/Li Ju CHN 3:0
Sun Jin/Yang Ying CHN
Moo-Kyo Kim /Ji-Hye Ryu KOR 3:2

Volleyball, Männer

1964 UdSSR 3:2
Tschechoslowakei
Japan
1968 UdSSR 3:1
Japan
Tschechoslowakei
1972 Japan 3:1
DDR
UdSSR
1976 Polen 3:2
UdSSR
Kuba
1980 UdSSR 3:1
Bulgarien
Rumänien
1984 USA 3:0
Brasilien
Italien
1988 USA 3:1
UdSSR
Argentinien
1992 Brasilien 3:0
Niederlande
USA
1996 Niederlande 3:2
Italien
Jugoslawien
2000 Jugoslawien 3:0
Russland
Italien 3:0

Volleyball, Frauen

1964 Japan 3:0
UdSSR
Polen
1968 UdSSR 3:1
Japan
Polen
1972 UdSSR 3:2
Japan
Nord-Korea
1976 Japan 3:0
UdSSR
Süd-Korea
1980 UdSSR 3:1
DDR
Bulgarien
1984 China 3:0
USA
Japan

1988 UdSSR 3:2
Peru
China
1992 Kuba 3:1
EUN
USA
1996 Kuba 3:1
China
Brasilien
2000 Kuba 3:2
Russland
Brasilien 3:0

Beachvolleyball, Männer

1996 Karch Kiraly/Kent Steffes USA
Mark Dodd/Mike Whitmarsh USA
John Child/Mark Heese CAN
2000 Blanton/Fonoimoana USA
Melo/Santos BRA
Ahmann/Hager GER

Beachvolleyball, Frauen

1996 Jackie Silva/Sandra Pires BRA
Adriana Ramos/Monica Rodriguez BRA
Nathalie Cook/Karri Pottharst AUS
2000 Cook/Potthars AUS
Behar/Bede BRA
Samuel/Pires BRA

KAMPFSPORT/ KRAFTSPORT

Boxen

Halbfliegen (48 kg)

1968 Francisco Rodriguez VEN
Yong-Ju Jee KOR
Harlan Marbley USA
Hubert Skrzypczak POL
1972 György Gedo HUN
U-Gil Kim PRK
Ralph Evans GBR
Enrique Rodriguez ESP
1976 Jorge Hernandez Pardon CUB
Yonk-Uk Ri PRK
Payao Pooltarat THA
Orlando Maldonado PUR
1980 Schamil Sabirow URS
Hipolito Ramos Martinez CUB
Ismail Mustafov BUL
Byong-Uk Ri PRK
1984 Paul Gonzales USA
Salvatore Todisco ITA
Keith Mwila ZAM
Jose Marcilino Bolivar VEN
1988 Ivanilo Marinov-Christov
(früher: Ismail Mustafov) BUL
Michael Carbajal USA
Robert Isaszegi HUN
Leopoldo Serantes PHI
1992 Rogelio Marcelo CUB
Daniel Bojinov BUL
Jan Quast GER
Roel Velasco PHI
1996 Daniel Petrov BUL
Mansueto Velasco PHI
Oleg Kirjuschin UKR
Rafael Lozano Munoz ESP
2000 Brahim Asloum FRA
Rafael Lozano Munoz ESP
Un Chol Kim PRK
Maikro Romero Esquirol CUB

Fliegen (51 kg)

1920 Frank di Gennara USA
Anders Petersen DEN
William Cuthbertson GBR
1924 Fidel LaBarba USA
James McKenzie GBR
Raymond Fee USA
1928 Antal Kocsis HUN
Armand Appell FRA
Carlo Cavagnoli ITA
1932 István Enekes HUN
Francisco Cabanas MEX
Louis Salica USA
1936 Willi Kaiser GER
Gavino Matta ITA
Louis Daniel Laurie USA
1948 Pascual Perez ARG
Spartaco Bandinelli ITA
Soo-Ann Han KOR
1952 Nathan Brooks USA
Edgar Basel GER
Anatoli Bulakow URS
William Toweel RSA

1956 Terence Spinks GBR
Mircea Dobrescu ROM
John Caldwell IRL
René Libeer FRA
1960 Gyula Török HUN
Sergej Siwko URS
Kiyoshi Tanabe JPN
Abdelmoneim Elguindi EGY
1964 Fernando Atzori ITA
Arthur Olech POL
Robert Carmody USA
Stanislaw Sorokin URS
1968 Ricardo Delgado MEX
Arthur Olech POL
Servilio de Oliveira BRA
Leo Rwabwogo UGA
1972 Georgi Kostadinov BUL
Leo Rwabwogo UGA
Leszek Blazynski POL
Douglas Rodriguez CUB
1976 Leo Randolph USA
Ramon Duvalon CUB
Leszek Blazynski POL
Dawid Torosjan URS
1980 Petar Lessov BUL
Wiktor Mirosnitschenko URS
János Varadi HUN
Hugh Russel IRL
1984 Steven McCrory USA
Redzep Redzepovski YUG
Eyup Can TUR
Ibrahim Bilali KEN
1988 Kim Kwang-Sun KOR
Andreas Tews GDR
Timofej Skrjabin URS
Mario Gonzales MEX
1992 Chol Su Choi PRK
Raul Gonzalez CUB
Timothy Austin USA
Istvan Kovacs HUN
1996 Maikro Romero CUB
Bolat Schumadilow KAZ
Albert Pakejew RUS
Zoltan Lunka GER
2000 Wijan Ponlid THA
Bolat Schumadilow KAZ
Jerome Thomas FRA
Wladimir Sidorenko UKR

Bantam (54 kg)

1920 Clarence Walker RSA
Chris J. Graham CAN
James McKenzie GBR
1924 William Smith RSA
Salvatore Tripoli USA
Jean Ces FRA
1928 Vittorio Tamagnini ITA
John Daley USA
Harry Isaacs RSA
1932 Horace Gwynne CAN
Hans Ziglarski GER
Jose Villanueva PHI
1936 Ulderico Sergo ITA
Jack Wilson USA
Fidel Ortiz MEX
1948 Tibor Csik HUN
Giovanni Battista Zuddas ITA
Juan Venegas PUR
1952 Pentti Hämäläinen FIN
John McNally IRL
Gennadi Garbusow URS
Joon-Ho Kang KOR
1956 Wolfgang Behrendt GER
Soon-Chung Song PRK
Frederick Gilroy IRL
Claudio Barrientos CHI
1960 Oleg Grigorjew URS
Primo Zamparini ITA
Brunon Bendig POL
Oliver Taylor AUS
1964 Takao Sakurai JPN
Shin-Cho Chung KOR
Juan Fabila Mendoza MEX
Washington Rodriguez URU
1968 Waleri Sokolow URS
Eridadi Mukwanga UGS
Eiji Marioka JPN
Kyou-Chull Chang KOR
1972 Orlando Martinez CUB
Alfonso Zamora MEX
George Turpin GBR
Ricardo Carreras USA
1976 Yong-Jo Gu PRK
Charles Mooney USA
Patrick Cowdell GBR
Wiktor Rybakow URS
1980 Juan Hernandez Perez CUB
Bernando Jose Pinango VEN
Michael Anthony GUY
Dumitru Cipere ROM

1984 Maurizio Stecca ITA
Hector Lopez MEX
Dale Walters CAN
Pedro Nolasco DOM
1988 Kennedy McKinney USA
Alexander Christov BUL
Phajol Moolsan THA
Jorge Julio Rocha COL
1992 Joel Casamayor CUB
Wayne McCullough IRL
Li Gwang Sik PRK
Mohamed Achik MAR
1996 Istvan Kovacs HUN
Arnaldo Mesa CUB
Raimkul Malachbekow RUS
Vichairachanon Khadpo THA
2000 Guillermo Rigondeaux Ortiz CUB
Raimkul Malachbekow RUS
Sergej Daniltschenko UKR
Clarence Vinson USA

Feder (57 kg)

1920 Paul Fritsch FRA
Jean Gachet FRA
Edoardo Garzena ITA
1924 John »Jackie« Fields USA
Joe Salas USA
Pedro Quartucci ARG
1928 Lambertus Van Klaveren NED
Victor Peralta ARG
Harold Devine USA
1932 Carmelo Robledo ARG
Josef Schleinkofer GER
Carl Carlsson SWE
1936 Oscar Casanovas ARG
Charles Caterall RSA
Josef Miner GER
1948 Ernesto Formenti ITA
Dennis Shepherd RSA
Aleksy Antkiewicz POL
1952 Jan Zachara TCH
Sergio Caprari ITA
Joseph Ventaja FRA
Leonard Leisching RSA
1956 Wladimir Safranow URS
Thomas Nicholls GBR
Henryk Niedzwiedzki POL
Pentti Hämäläinen FIN
1960 Francesco Musso ITA
Jerzy Adamski POL
William Meyers RSA
Jorma Limmonen FIN
1964 Stanislaw Stepaschkin URS
Anthony Villanueva PHI
Charles Brown USA
Heinz Schulz GER
1968 Antonio Roldan MEX
Albert Robinson USA
Philip Waruinge KEN
Ivan Michailov BUL
1972 Boris Kusnezow URS
Philip Waruinge KEN
Clemente Rojas COL
Andras Botos HUN
1976 Angel Herrera CUB
Richard Nowakowski GDR
Leszek Kosedowski POL
Juan Paredes MEX
1980 Rudi Fink GDR
Adolfo Horta CUB
Krzysztof Kosedowski POL
Wiktor Rybakow URS
1984 Meldrick Taylor USA
Peter Konyegwachie NGR
Turgut Aykac TUR
Omar Catari Peraza VEN
1988 Giovanni Parisi ITA
Daniel Dumitrescu ROM
Jae-Hyuk Lee KOR
Abdelhak Achik MAR
1992 Andreas Tews GER
Faustino Reyes ESP
Hocine Soltani ALG
Ramazi Paliani EUN
1996 Somluck Kamsing THA
Serafim Todorov BUL
Floyd Mayweather AUS
Pablo Chacon ARG
2000 Beksat Sattarchanow KAZ
Ricardo Juarez USA
Tahar Tamsamani MAR
Kamil Dsamalutdinow RUS

Leicht (60 kg)

1920 Samuel Mosberg USA
Godfred Johanssen DEN
Clarence Newton CAN
1924 Hans Nielsen DEN
Alfredo Copello ARG
Frederick Boylstein USA
1928 Carlo Orlandi ITA
Stephen Michael Halaiko USA
Gunnar Berggren SWE

1932	Lawrence Stevens	RSA
	Thure Ahlqvist	SWE
	Nathan Bor	USA
1936	Imre Harangi	HUN
	Nikolai Stepulow	EST
	Erik Agren	SWE
1948	Gerald Dreyer	RSA
	Joseph Vissers	BEL
	Sven Wad	DEN
1952	Aureliano Bolognesi	ITA
	Aleksy Antkiewicz	POL
	Gheorghe Fiat	ROM
	Erkki Pakkanen	FIN
1956	Richard McTaggart	GBR
	Harry Kurschat	GER
	Anthony Byrne	IRL
	Anatoli Lagetko	URS
1960	Kazimierz Pazdzior	POL
	Sandro Lopopolo	ITA
	Richard McTaggart	GBR
	Abel Laudiono	ARG
1964	Jozef Grudzien	POL
	Welikton Barannikow	URS
	Ronald Harris	USA
	James McCourt	IRL
1968	Ronald Harris	USA
	Jozef Grudzien	POL
	Calistrat Cutov	ROM
	Zvonimir Vujin	YUG
1972	Jan Szczepanski	POL
	Laslo Orban	HUN
	Alfonso Perez	COL
	Samuel Mbugua	KEN
1976	Howard Davis jun.	USA
	Simion Cutov	ROM
	Wassili Solomin	URS
	Ace Rusevski	YUG
1980	Angel Herrera	CUB
	Wiktor Demjanenko	URS
	Richard Nowakowski	GDR
	Kazimierz Adach	POL
1984	Pernell Whitaker	USA
	Luis F. Ortiz	PUR
	Martin Ndongo Ebanga	CMR
	Chil-Sung Chun	KOR
1988	Andreas Zülow	GDR
	George Cramne	SWE
	Romallis Ellis	USA
	Nergui Enchbat	MGL
1992	Oscar de la Hoya	USA
	Marco Rudolph	DER
	Namjil Bajarsaichan	MGL
	Sung Sik Hong	KOR
1996	Hocine Soltani	ALG
	Tontscho Tontschev	BUL
	Terrance Cauthen	USA
	Leonard Doroftei	ROM
2000	Mario Kindelan	CUB
	Andrej Kotelnik	UKR
	Alexander Maletin	RUS
	Cristian Bejarano Benitez	MEX

Halbwelter (63,5 kg)

1952	Charles Adkins	USA
	Wiktor Mednow	URS
	Erkki Mallenius	FIN
	Bruno Visintin	ITA
1956	Wladimir Jengibarjan	URS
	Franco Nenci	ITA
	Henry Loubscher	RSA
	Constantin Dumitrescu	ROM
1960	Bohumil Nemecek	TCH
	Clement »Ike« Quartey	GHA
	Quincey Daniels	USA
	Marian Kasprzyk	POL
1964	Jerzy Kulej	POL
	Jewgeni Frolow	URS
	Eddie Blay	GHA
	Habib Galhia	TUN
1968	Jerzy Kulej	POL
	Enrique Regueiferos	CUB
	Arto Nilsson	FIN
	James Wallington	USA
1972	Ray Seales	USA
	Angel Anghelov	BUL
	Zvonimir Vujin	YUG
	Issaka Daborg	NGR
1976	»Sugar« Ray Leonard	USA
	Andres Aldama	CUB
	Vladimir Kolev	BUL
	Kazimierz Szczerba	POL
1980	Patrizio Oliva	ITA
	Serik Konakbajew	URS
	Anthony Willis	GBR
	José Aguilar	CUB
1984	Jerry Page	USA
	Dhawee Umponmaha	THA
	Mircea Fulger	ROM
	Mirko Puzovic	YUG
1988	Wjatscheslaw Janowski	URS
	Grahame Cheney	AUS
	Reiner Gies	FRG
	Lars Myrberg	SWE
1992	Hector Vinent	CUB
	Marc Leduc	CAN
	Jyri Kjäll	FIN
	Leonard Doroftei	ROM
1996	Hector Vinent	CUB
	Oktay Urkal	GER
	Bolat Niyazymbetow	KAZ
	Fahti Missaoui	TUN
2000	Mahamad Abdullajew	UZB
	Ricardo Williams	USA
	Diogenes Luna Martinez	CUB
	Mohamed Allalou	ALG

Welter (67 kg)

1920	Albert Schneider	CAN
	Alexander Ireland	GBR
	Frederick Colberg	USA
1924	Jean Delarge	BEL
	Héctor Méndez	ARG
	Douglas Lewis	CAN
1928	Edward »Ted« Morgan	NZL
	Raúl Landini	ARG
	Raymond Smilie	CAN
1932	Edward Flynn	USA
	Erich Campe	GER
	Bruno Ahlberg	FIN
1936	Sten Suvio	FIN
	Michael Murach	GER
	Gerhard Petersen	DEN
1948	Julius Torma	TCH
	Jorace Herring	USA
	Alessandro d'Ottavio	ITA
1952	Zygmunt Chychla	POL
	Sergej Tscherbakow	URS
	Victor Jörgensen	DEN
	Günther Heidemann	GER
1956	Nicolae Linca	ROM
	Frederick Tiedt	IRL
	Kevin John Hogarth	AUS
	Nicholas Gargano	GBR
1960	Giovanni »Nino« Benvenuti	ITA
	Juri Radonjak	URS
	Leszek Drogosz	POL
	James Lloyd	GBR
1964	Marian Kasprzyk	POL
	Richardas Tamulis	URS
	Pertti Purhonen	FIN
	Silvano Bertini	ITA
1968	Manfred Wolke	GDR
	Joseph Bessala	CMR
	Wladimir Musalimow	URS
	Mario Guilloti	ARG
1972	Emilio Correa	CUB
	János Kajdi	HUN
	Dick Tiger Murunga	KEN
	Jesse Valdez	USA
1976	Jochen Bachfeld	GDR
	Pedro Gamarro	VEN
	Reinhard Skricek	FRG
	Victor Zilberman	ROM
1980	Andres Aldama	CUB
	John Mugabi	UGA
	Karl-Heinz Krüger	GDR
	Kazimierz Szczerba	POL
1984	Mark Breland	USA
	Young-Su An	KOR
	Joni Nymann	FIN
	Luciano Bruno	ITA
1988	Robert Wangila	KEN
	Laurent Boudouani	FRA
	Kenneth Gould	USA
	Jan Dydak	POL
1992	Michael Carruth	IRL
	Juan Hernandez	CUB
	Arkom Chenglai	THA
	Anibal Acevedo	PUR
1996	Oleg Saitow	RUS
	Juan Hernandez	CUB
	Marin Simion	ROM
	Daniel Santos	PUR
2000	Oleg Saitow	RUS
	Sergej Dotsenko	UKR
	Dorel Simion	ROM
	Vitalii Grusac	MDA

Halbmittel (71 kg)

1952	László Papp	HUN
	Theunis van Schalkwyk	RSA
	Boris Tischin	URS
	Eladio Herrera	ARG
1956	László Papp	HUN
	José Torres	USA
	John McCormack	GBR
	Zbigniew Pietrzykowski	POL
1960	Wilbert McClure	USA
	Carmelo Bossi	ITA
	Boris Lagutin	URS
	William Fisher	GBR
1964	Boris Lagutin	URS
	Joseph Gonzales	FRA
	Nojim Maiyegun	NGR
	Józef Grzesiak	POL
1968	Boris Lagutin	URS
	Rolando Garbey	CUB
	Günther Meier	FRG
	John Baldwin	USA
1972	Dieter Kottysch	FRG
	Wieslaw Rudowski	POL
	Peter Tiepold	GDR
	Alan Minter	GBR
1976	Jerzy Rybicki	POL
	Tadija Kacar	YUG
	Wiktor Sawtschenko	URS
	Rolando Garbey	CUB
1980	Armando Martinez	CUB
	Alexander Koschkin	URS
	Detlef Kästner	GDR
	Jan Franek	TCH
1984	Frank Tate	USA
	Shawn O'Sullivan	CAN
	Manfred Zielonka	FRG
	Christophe Tiozzo	FRA
1988	Si-Hun Park	KOR
	Roy Jones	USA
	Raymond Downey	CAN
	Richard Woodhall	GBR
1992	Juan Lemus	CUB
	Orhan Delibas	NED
	György Mizsei	HUN
	Robin Reid	GBR
1996	David Reid	USA
	Alfredo Duvergel	CUB
	Karim Tulaganow	UZB
	Ermunkjan Ibraimow	KAZ
2000	Jermarchan Ibraimow	KAZ
	Marin Simion	ROM
	Pornchai Thongburan	THA
	Jermain Taylor	USA

Mittel (75 kg)

1920	Harry Mallin	HUN
	George Prud'Homme	RSA
	Montgomery Herscovitch	GBR
1924	Harry Mallin	GBR
	John Elliott	GBR
	Joseph Beecken	BEL
1928	Piero Toscani	ITA
	Jan Hermánek	TCH
	Leonard Steyaert	BEL
1932	Carmen Barth	USA
	Amado Azar	ARG
	Ernest Pierce	RSA
1936	Jean Despeaux	FRA
	Henry Tiller	NOR
	Raúl Villareal	ARG
1948	László Papp	HUN
	John Wright	GBR
	Ivano Fontana	ITA
1952	Floyd Patterson	USA
	Vasile Tita	ROM
	Boris Georgiev	BUL
	Stig Sjölin	SWE
1956	Gennadi Schatkow	URS
	Ramon Tapia	CHI
	Gilbert Chapron	FRA
	Victor Zalazar	ARG
1960	Edward Crook	USA
	Tadeusz Walasek	POL
	Ion Monea	RUM
	Jewgeni Feofanow	URS
1964	Waleri Popentschenko	URS
	Emil Schulz	GER
	Franco Valle	ITA
	Tadeusz Walasek	POL
1968	Chris Finnegan	GBR
	Alexej Kisseljow	URS
	Agustin Zaragoza	MEX
	Al Jones	USA
1972	Wjatscheslaw Lemeschew	URS
	Reima Virtanen	FIN
	Marvin Johnson	USA
	Prince Amartey	GHA
1976	Michael Spinks	USA
	Rufat Riskijew	URS
	Alec Nastac	ROM
	Luiz Martinez	CUB
1980	Jose Gomez	CUB
	Wiktor Sawtschenko	URS
	Valentin Silaghi	ROM
	Jerzey Rybicki	POL
1984	Joon-Sup Shin	KOR
	Virgil Hill	USA
	Mohamed Zaoui	ALG
	Aristides Gonzales	PUR
1988	Henry Maske	GDR
	Egerton Marcus	CAN
	Chris Sande	KEN
	Hussain Shah Syed	PAK
1992	Ariel Hernandez	CUB
	Chris Byrd	USA
	Chris Johnson	CAN
	Seung Bae Lee	KOR
1996	Ariel Hernandez	CUB
	Malik Beyleroglu	TUR
	Mohamed Bahari	ALG
	Roshii Wells	USA
2000	Jorge Gutierrez	CUB
	Gaidarbek Gaidarbekow	RUS
	Zsolt Erdei	HUN
	Wugar Alekperow	AZE

Halbschwer (81 kg)

1920	Edward Eagan	USA
	Sverre Sörsdal	NOR
	H. Franks	GBR
1924	Harry Mitchell	GBR
	Thyge Petersen	DEN
	Sverre Sörsdal	NOR
1928	Victor Avendano	ARG
	Ernst Pistulla	GER
	Karel Leendert Miljon	NED
1932	David Carstens	RSA
	Gino Rossi	ITA
	Peter Jörgensen	DEN
1936	Roger Michelot	FRA
	Richard Vogt	GER
	Francisco Risiglione	ARG
1948	George Hunter	RAS
	Donald Scott	GBR
	Maurio Cia	ARG
1952	Norvel Lee	USA
	Antonio Pacenza	ARG
	Anatoli Perow	URS
	Harri Siljander	FIN
1956	James Boyd	USA
	Gheorghe Negrea	ROM
	Carlos Lucas	CHI
	Romualdas Murauskas	URS
1960	Cassius Clay	USA
	Zbigniew Pietrzykowski	POL
	Anthony Madigan	AUS
	Giulio Saraudi	ITA
1964	Cosimo Pinto	ITA
	Alexej Kisseljow	URS
	Alexander Nikolov	BUL
	Zbigniew Pietrzykowski	POL
1968	Dan Posnjak	URS
	Ion Monea	ROM
	Georgi Stankov	BUL
	Stanislaw Dragan	POL
1972	Mate Parlov	YUG
	Gilberto Carrillo	CUB
	Janusz Gortat	POL
	Isaac Ikhuoria	NGR
1976	Leon Spinks	USA
	Sixto Soria	CUB
	Costica Dafinoiu	ROM
	Janusz Gortat	POL
1980	Slobodan Kacar	YUG
	Pawel Skrzecz	POL
	Herbert Bauch	GDR
	Ricardo Rojas	CUB
1984	Anton Josipovic	YUG
	Kevin Barry	NZL
	Mustapha Moussa	ALG
	Evander Holyfield	USA
1988	Andrew Maynard	USA
	Nurmagamed Schanawasow	URS
	Damir Skaro	YUG
	Henryk Petrich	POL
1992	Torsten May	GER
	Rostislaw Saulitschny	EUN
	Zoltan Beres	HUN
	Wojciech Bartnik	POL
1996	Wasilli Schirow	KAZ
	Sung-Bae Lee	KOR
	Thomas Ulrich	GER
	Antonio Tarver	USA
2000	Alexander Lebsiak	RUS
	Rudolf Kraj	CZE
	Andrej Fedtschuk	UKR
	Sergej Michailow	UZB

Schwer (91 kg)

1984	Henry Tillman	USA
	Willie Dewit	CAN
	Angelo Musone	ITA
	Arnold van der Lijde	NED
1988	Ray Mercer	USA
	Hyun-Man Baik	KOR
	Arnold van der Lijde	NED
	Andrzej Golota	POL
1992	Felix Savon	CUB
	David Izonritei	NGR
	David Tua	NZL
	Arnold van der Lijde	NED
1996	Felix Savon	CUB
	David Defiagbon	CAN
	Luan Krasniqi	GER
	Nate Jones	USA
2000	Felix Savon	CUB
	Sultanahmed Ibragimow	RUS
	Sebastian Köber	GER
	Wladimir Tschanturia	GEO

Superschwer (+ 91 kg; bis 1980 + 81 kg)

1920	Ronald Rawson	GBR
	Sören Petersen	DEN
	Xavier Eluere	FRA
1924	Otto von Porat	NOR
	Sören Petersen	DEN
	Alfredo Porzio	ARG
1928	Arturo Rodriguez Jurado	ARG
	Nils Ramm	SWE
	Jacob Michaelsen	DEN
1932	Santiago Lovell	ARG
	Luigi Rovati	ITA
	Fred Feary	USA
1936	Herbert Runge	GER
	Guillermo Lovell	ARG
	Erling Nilsen	NOR
1948	Rafael Iglesias	ARG
	Gunnar Nilsson	SWE
	John Arthur	RSA
1952	Hayes Edward Sandres	USA
	Ingemar Johansson	SWE*
	Andries Nieman	RSA
	Ilkka Koski	FIN

* DQ wegen Passivität im Finale, 1981 vom IOC aufgehoben

1956	Peter Rademacher	USA
	Lew Muchin	URS
	Daniel Bekker	RSA
	Giacomo Bozzano	ITA
1960	Franco De Piccoli	ITA
	Daniel Bekker	RSA
	Josef Nemec	TCH
	Günter Siegmund	GER
1964	Joe Frazier	USA
	Hans Huber	GER
	Guiseppe Ros	ITA
	Wadim Jemeljanow	URS
1968	George Foreman	USA
	Ionas Tschepulis	URS
	Giorgio Bambini	ITA
	Joaquin Rocha	MEX
1972	Teofilo Stevenson	CUB
	Ion Alexe	ROM
	Peter Hussing	FRG
	Hasse Thomsen	SWE
1976	Teofilo Stevenson	CUB
	Mircea Simon	ROM
	Clarence Hill	BER
	Johnny Tate	USA
1980	Teofilo Stevenson	CUB
	Pjotr Sajew	URS
	Istvan Levai	HUN
	Jürgen Fanghänel	GDR
1984	Tyrell Biggs	USA
	Francesco Domiani	ITA
	Robert Wells	GBR
	Salihu Azis	YUG
1988	Lennox Lewis	CAN
	Riddick Bowe	USA
	Alexander Mirosnitschenko	URS
	Janusz Zarenkiewicz	POL
1992	Roberto Balado	CUB
	Richard Igbineghu	NGR
	Brian Niielsen	DEN
	Swilen Rusinov	POL
1996	Wladimir Klitschko	UKR
	Paea Wolfgram	TGA
	Alexej Lezin	RUS
	Duncan Dokiwari	NGR
2000	Audley Harrison	GBR
	Muchtarchan Dildabekow	KAZ
	Rustam Saidow	UZB
	Paolo Vidoz	ITA

Fechten

Florett, Einzel, Männer

1896	Emile Gravelotte	FRA	4
	Henri Callot	FRA	3
	P. Pierrakos-Mavromichalis	GRE	2

1900	Emile Coste	FRA	6
	Henri Masson	FRA	5
	Jaques Boulenger	FRA	4
1904	Ramon Fonst	CUB	3
	Albertson Van Zo Post	CUB	2
	Charles Tatham	USA	1
1908	nicht ausgetragen		
1912	Nedo Nadi	ITA	7
	Pietro Speciale	ITA	5
	Richard Verderber	AUT	4
1920	Nedo Nadi	ITA	10
	Philippe Cattiau	FRA	9
	Roger Ducret	FRA	9
1924	Roger Ducret	FRA	6
	Philippe Cattiau	FRA	5
	Maurice van Damme	BEL	4
1928	Lucien Gaudin	FRA	9+2
	Erwin Casmir	GER	9+1
	Giulio Gaudini	ITA	9
1932	Gustavo Marzi	ITA	9
	Joseph Levis	USA	6
	Giulio Gaudini	ITA	5
1936	Giulio Gaudini	ITA	7
	Edward Gardere	FRA	6
	Giorgio Bocchino	ITA	4
1948	Jehan Buhan	FRA	7
	Christian d'Oriola	FRA	5
	Lajos Maszlay	HUN	4
1952	Christian d'Oriola	FRA	8
	Edoardo Mangiarotti	ITA	6
	Manlio Di Rosa	ITA	5
1956	Christian d'Oriola	FRA	6
	Giancarlo Bergamini	ITA	5
	Antonio Spallino	ITA	5
1960	Wiktor Schdanowitsch	URS	7
	Juri Sissikin	URS	4
	Albert Axelrod	USA	3
1964	Egon Franke	POL	3
	Jean-Claude Magnan	FRA	2
	Daniel Revenu	FRA	1
1968	Ion Drimba	ROM	4
	Jenö Kamuti	HUN	3
	Daniel Revenu	FRA	3
1972	Witold Woyda	POL	5
	Jenö Kamuti	HUN	4
	Christian Noel	FRA	2
1976	Fabio Dal Zotto	ITA	4+1
	Alexander Romankow	URS	4
	Bernard Talvard	FRA	3
1980	Wladimir Smirnow	URS	4
	Pascal Jolyot	FRA	4
	Alexander Romankow	URS	4
1984	Mauro Numa	ITA	12:11
	Matthias Behr	FRG	
	Stefano Cerioni	ITA	
1988	Stefano Cerioni	ITA	10:7
	Udo Wagner	GDR	
	Alexander Romankow	URS	
1992	Philippe Omnes	FRA	2:1
	Sergej Golubitski	EUN	
	Elvis Gregory	CUB	
1996	Alessandro Puccini	ITA	15:12
	Lionel Plumenail	FRA	
	Franck Boidin	FRA	
2000	Young-Ho Kim	KOR	15:14
	Ralf Bissdorf	GER	
	Dimitri Tschewtschenko	RUS	15:14

Florett, Mannschaft, Männer

1920	Italien	9:7
	Frankreich	
	USA	
1924	Frankreich	2
	Belgien	1
	Ungarn	0
1928	Italien	3
	Frankreich	1
	Argentinien	1
1932	Frankreich	4
	Italien	3
	USA	2
1936	Italien	3
	Frankreich	2
	Deutschland	1
1948	Frankreich	3
	Italien	2
	Belgien	1
1952	Frankreich	3
	Italien	2
	Ungarn	1
1956	Italien	3
	Frankreich	2
	Ungarn	1
1960	UdSSR	9:4
	Italien	
	Deutschland	
1964	UdSSR	9:7
	Polen	
	Frankreich	
1968	Frankreich	9:6
	UdSSR	
	Polen	
1972	Polen	9:5
	UdSSR	
	Frankreich	
1976	BR Deutschland	9:6
	Italien	
	Frankreich	
1980	Frankreich	(68:60) 8:8
	UdSSR	
	Polen	
1984	Italien	8:7
	BR Deutschland	
	Frankreich	
1988	UdSSR	9:5
	BR Deutschland	
	Ungarn	
1992	Deutschland	(65:53) 8:8
	Kuba	
	Polen	
1996	Russland	45:40
	Polen	
	Kuba	
2000	Frankreich	45:44
	China	
	Italien	45:38

Degen, Einzel, Männer

1900	Ramon Fonst	CUB	
	Louis Perree	FRA	
	Leon See	FRA	
1904	Ramon Fonst	CUB	3
	Charles Tatham	USA	2
	Albertson van Zo Post	CUB	1
1908	Gaston Alibert	FRA	5
	Alexandre Lippmann	FRA	4
	Eugene Olivier	FRA	4
1912	Paul Anspach	BEL	6
	Ivan Osiier	DEN	5
	Ph. Hardy de Beaulieu	BEL	4
1920	Armand Massard	FRA	9
	Alexandre Lippmann	FRA	7
	Gustave Buchard	FRA	6
1924	Charles Delporte	BEL	8
	Roger Ducret	FRA	7
	Nils Hellsten	SWE	7
1928	Lucien Gaudin	FRA	8
	Georges Buchard	FRA	7
	George Calnan	USA	6
1932	G.C. Cornaggia-Medici	ITA	8+1
	Georges Buchard	FRA	8
	Carlo Agostini	ITA	7
1936	Franco Riccardi	ITA	5-3-1
	Saverio Ragno	ITA	6-0-3
	G.C. Cornaggia-Medici	ITA	6-0-3
1948	Gino Cantone	ITA	7
	Oswald Zappelli	SUI	5+1
	Edoardo Mangiarotti	ITA	5
1952	Edoardo Mangiarotti	ITA	7
	Dario Mangiarotti	ITA	6
	Oswald Zappelli	SUI	6
1956	Carlo Pavesi	ITA	5+2
	Giuseppe Delfino	ITA	5+2
	Edoardo Mangiarotti	ITA	5+0
1960	Giuseppe Delfino	ITA	5+1
	Allan Jay	GBR	5
	Bruno Schabarow	URS	4
1964	Grigori Kriss	URS	2+1
	Henry Hoskyns	GBR	2
	Guram Kostawa	URS	1
1968	Gyözö Kulscar	HUN	4+2
	Grigori Kriss	URS	4
	Gian Luigi Saccaro	ITA	4
1972	Csaba Fenyvesi	HUN	4
	Jaques La Degaillerie	FRA	3
	Gyözö Kulscar	HUN	3
1976	Alexander Pusch	FRG	3+2
	Jürgen Hehn	FRG	3+1
	Gyözö Kulscar	HUN	3+0
1980	Johan Harmenberg	SWE	4
	Ernö Kolczonay	HUN	3
	Philippe Reboud	FRA	3
1984	Philippe Boisse	FRA	10:5
	Björne Vaggö	SWE	
	Philippe Reboud	FRA	
1988	Arnd Schmitt	FRG	10:9
	Philippe Reboud	FRA	
	Andrej Schuwalow	URS	
1992	Eric Srecki	FRA	2:0
	Pawel Kolobkow	EUN	
	Jean-Michel Henry	FRA	
1996	Alexander Beketow	RUS	15:14
	Ivan Trevejo	CUB	
	Geza Imre	HUN	
2000	Pawel Kolobkow	RUS	15:12
	Hugues Obry	FRA	
	Sang-Ki Lee	KOR	15:14

Degen, Mannschaft, Männer

1908	Frankreich	12:5
	Großbritannien	
	Belgien	
1912	Belgien	3
	Großbritannien	1
	Niederlande	1
1920	Italien	5
	Belgien	4
	Frankreich	3
1924	Frankreich	3
	Belgien	2
	Italien	1
1928	Italien	3
	Frankreich	2
	Portugal	1
1932	Frankreich	3
	Italien	2
	USA	1
1936	Italien	3
	Schweden	2
	Frankreich	1
1948	Frankreich	3
	Italien	2
	Schweden	1
1952	Italien	3
	Schweden	2
	Schweiz	1
1956	Italien	3
	Ungarn	2
	Frankreich	1
1960	Italien	9:5
	Großbritannien	
	UdSSR	
1964	Ungarn	8:3
	Italien	
	Frankreich	
1968	Ungarn	7:4
	UdSSR	
	Polen	
1972	Ungarn	8:4
	Schweiz	
	UdSSR	
1976	Schweden	8:5
	BR Deutschland	
	Schweiz	
1980	Frankreich	8:4
	Polen	
	UdSSR	
1984	BR Deutschland	8:5
	Frankreich	
	Italien	
1988	Frankreich	8:3
	BR Deutschland	
	UdSSR	
1992	Deutschland	8:4
	Ungarn	
	EUN	
1996	Italien	45:43
	Russland	
	Frankreich	
2000	Italien	39:38
	Frankreich	
	Kuba	45:31

Säbel, Einzel, Männer

1896	Jean Georgiadis	GRE	4
	Telemachos Karakalos	GRE	3
	Holger Nielsen	DEN	2
1900	Georges de la Falaise	FRA	
	Leon Thiebault	FRA	
	Siegfried Flesch	AUT	
1904	Manuel Diaz	DUB	4
	William Grebe	USA	3
	Albertson van Zo Post	CUB	2
1908	Jenö Fuchs	HUN	6+1
	Bela Zulavsky	HUN	6
	V. Goppold v. Lobsdorf	BOH	4
1912	Jenö Fuchs	HUN	6
	Bela Bekessy	HUN	5
	Erwin Meszaros	HUN	5
1920	Nedo Nadi	ITA	11
	Aldo Nadi	ITA	9
	Adrianus de Jong	NED	7
1924	Sandor Posta	HUN	5+2
	Roger Ducret	FRA	5+2
	Janos Garay	HUN	5+0
1928	Ödön Terstyansky	HUN	9+1
	Attila Petschauer	HUN	9
	Bino Bini	ITA	8
1932	György Piller	HUN	8
	Giulio Gaudini	ITA	7
	Endre Kabos	HUN	5
1936	Endre Kabos	HUN	7
	Gustavo Marzi	ITA	6
	Aladar Gerevich	HUN	6
1948	Aladar Gerevich	HUN	7
	Vincenzo Pinton	ITA	5
	Pal Kovacs	HUN	5
1952	Pal Kovacs	HUN	8
	Aladar Gerevich	HUN	7
	Tibor Bereczelly	HUN	5
1956	Rudolf Karpati	HUN	6
	Jerzy Pawlowsky	POL	5
	Lew Kusnezow	URS	4
1960	Rudolw Karpati	HUN	5
	Zoltan Horvath	HUN	4
	Wladimiro Calarese	ITA	4
1964	Tibor Pesza	HUN	2+1
	Claude Arabo	FRA	2
	Umjar Mawlichanow	URS	1
1968	Jerzy Pawlowsky	POL	4+1
	Mark Rakita	URS	4
	Tibor Pesza	HUN	3
1972	Wiktor Sidjak	URS	4
	Peter Maroth	HUN	3
	Wladimir Naslymow	URS	3
1976	Wiktor Krowopuskow	URS	5
	Wladimir Naslymow	URS	4
	Wiktor Sidjak	URS	3
1980	Wiktor Krowopuskow	URS	4+1
	Michail Burzew	URS	4
	Imre Gedovari	HUN	3
1984	Jean-Francois Lamour	FRA	12:11
	Marco Marin	ITA	
	Peter Westbrook	USA	
1988	Jean-Francois Lamour	FRA	10:4
	Janusz Olech	POL	
	Giovanni Scalzo	ITA	
1992	Bence Szabo	HUN	2:0
	Marco Marin	ITA	
	Jean-Francois Lamour	FRA	
1996	Stanislaw Posdniakow	RUS	15:12
	Sergej Scharikow	RUS	
	Damien Touya	FRA	
2000	Mihai Covaliu	ROM	15:12
	Mathieu Gourdain	FRA	
	Wiradech Kothny	GER	15:11

Säbel, Mannschaft, Männer

1908	Ungarn	3
	Italien	2
	Böhmen	2
1912	Ungarn	
	Österreich	
	Niederlande	
1920	Italien	6
	Frankreich	5
	Niederlande	4
1924	Italien	3
	Ungarn	2
	Niederlande	1
1928	Ungarn	2
	Italien	1
	Polen	1
1932	Ungarn	3
	Italien	2
	Polen	1
1936	Ungarn	3
	Italien	2
	Deutschland	1
1948	Ungarn	3
	Italien	2
	USA	1
1952	Ungarn	3
	Italien	2
	Frankreich	1
1956	Ungarn	3
	Italien	2
	UdSSR	1
1960	Ungarn	9:7
	Polen	
	Italien	
1964	UdSSR	9:6
	Italien	
	Polen	
1968	UdSSR	9:7
	Italien	
	Ungarn	
1972	Italien	9:5
	UdSSR	
	Ungarn	
1976	UdSSR	9:4
	Italien	
	Rumänien	
1980	UdSSR	9:2
	Italien	
	Ungarn	
1984	Italien	9:3
	Frankreich	
	Rumänien	
1988	Ungarn	(67:64) 8:8
	UdSSR	
	Italien	
1992	EUN	9:5
	Ungarn	
	Frankreich	
1996	Russland	45:25
	Ungarn	
	Italien	
2000	Russland	45:32
	Frankreich	
	Deutschland	45:27

Florett, Einzel, Frauen

1924	Ellen Osiier	DEN	5
	Gladys Muriel Davis	GBR	4
	Grete Heckschner	DEN	3
1928	Helene Mayer	GER	7
	Muriel B. Freeman	GBR	6
	Olga Oelkers	GER	4
1932	Ellen Preis	AUT	8+1
	Judy Heather Guinness	GBR	8
	Erna Bogen	HUN	7
1936	Ilona Schacherer-Elek	HUN	6
	Helene Mayer	GER	5
	Ellen Preis	AUT	5
1948	Ilona Elek	HUN	6
	Karen Lachmann	DEN	5
	Ellen Müller-Preis	AUT	5
1952	Irene Camber	ITA	5+1
	Ilona Elek	HUN	5
	Karen Lachmann	DEN	4
1956	Gilian Mary Sheen	GBR	6+1
	Olga Orban	ROM	6
	Renee Garilhe	FRA	5
1960	Heidi Schmid	GER	6
	Walentina Rastworowa	URS	5
	Maria Vicol	ROM	4
1964	Ildiko Ujlaky-Rejtö	HUN	2+2
	Helga Mees	GER	2+1
	Antonella Ragno	ITA	2
1968	Jelena Nowikowa	URS	4
	Maria Pilar Roldan	MEX	3
	Ildiko Ujlaky-Rejtö	HUN	3
1972	Antonella Ragno-Lonzi	ITA	4
	Ildiko Bobis	HUN	3
	Galina Gorochowa	URS	3
1976	Ildiko Schwarczenberger	HUN	4+1
	Maria Consolata Collino	ITA	4
	Jelena Belowa-Nowikowa	URS	3
1980	Pascale Trinquet	FRA	4
	Magda Maros	HUN	3
	B. Szeja-Wysoczanska	POL	3
1984	Jujie Luan	CHN	8:3
	Cornelia Hanisch	FRG	
	Dorina Vaccaroni	ITA	
1988	Anja Fichtel	FRG	8:5
	Sabine Bau	FRG	
	Zita Funkenhauser	FRG	
1992	Giovanna Trillini	ITA	2:1
	Huifeng Wang	CHN	
	Tatjana Sadowskaja	EUN	
1996	Laura Badea	ROM	15:10
	Valentina Vezzali	ITA	
	Giovanna Trillini	ITA	
2000	Valentina Vezzali	ITA	15:5
	Rita König	GER	
	Giovanna Trillini	ITA	15:9

Florett, Mannschaft, Frauen

1960	UdSSR	9:3
	Ungarn	
	Italien	
1964	Ungarn	9:7
	UdSSR	
	Deutschland	
1968	UdSSR	9:3
	Ungarn	
	Rumänien	
1972	UdSSR	9:5
	Ungarn	
	Rumänien	
1976	UdSSR	9:2
	Frankreich	
	Ungarn	
1980	Frankreich	9:6
	UdSSR	
	Ungarn	
1984	BR Deutschland	9:5
	Rumänien	
	Frankreich	
1988	BR Deutschland	9:4
	Italien	
	Ungarn	
1992	Italien	9:6
	Deutschland	
	Rumänien	
1996	Italien	45:33
	Rumänien	
	Deutschland	
2000	Italien	45:36
	Polen	
	Deutschland	45:42

Degen, Einzel, Frauen

1996	Laura Flessel	FRA	15:12
	Valeria Barlois	FRA	
	Gyöngy Szalay	HUN	

2000	Timea Nagy	HUN	15:11
	Gianna Hablützel-Bürki	SUI	
	Laura Flessel-Colovic	FRA	15:6

Degen, Mannschaft, Frauen

1996	Frankreich	45:33
	Italien	
	Russland	
2000	Russland	45:35
	Schweiz	
	China	41:39

GEWICHTHEBEN

(1924 Fünfkampf, 1920 und bis 1972 Dreikampf, ab 1972 Zweikampf, 2000 Reduzierung von zehn auf acht Klassen)

56 kg, Männer

1972	Zygmunt Smalcerz	POL	337,5
	Lajos Szücs	HUN	330,0
	Sandor Holczreiter	HUN	327,5
1976	Alexander Woronin	URS	242,5
	György Köszegi	HUN	237,5
	Mohammad Nassiri	IRI	235,0
1980	Kanybek Osmonalijew	URS	245,0
	Bong-Zol Ho	PRK	245,0
	Gen-Si Han	PRK	245,0
1984	Guoqiang Zeng	CHN	235,0
	Peishun Zhou	CHN	235,0
	Kazushito Manabe	JPN	232,5
1988	Sevdalin Marinov	BUL	270,0
	Byung-Kwan Chun	KOR	260,0
	Zhuoqiang He	CHN	257,5
1992	Ivan Ivanov	BUL	265,0
	Qisheng Lin	CHN	262,5
	Trajan Giharean	ROM	252,5
1996	Halil Mutlu	TUR	287,5
	Xiangsen Zhang	CHN	280,0
	Sevdalin Minchev	BUL	277,5
2000	Halil Mutlu	TUR	305,0
	Wenxiong Wu	CHN	287,5
	Xiangxiang Zhang	CHN	287,5

62 kg, Männer

1948	Joseph Di Pietro	USA	307,5
	Julian Creus	GBR	297,5
	Richard Tom	USA	295,0
1952	Iwan Udodow	URS	315,0
	Mahmoud Namdjou	IRI	307,5
	Ali Mirzai	IRI	300,0
1956	Charles Vinci	USA	342,5
	Wladimir Stogow	URS	337,5
	Mahmoud Namdjou	IRI	332,5
1960	Charles Vinci	USA	345,0
	Yoshinobu Miyake	JPN	337,5
	Esmail Elm Khah	IRI	330,0
1964	Alexej Wachonin	URS	357,5
	Imre Földi	HUN	355,0
	Shiro Ichinoseki	JPN	347,5
1968	Mohammad Nassiri	IRI	367,5
	Imre Földi	HUN	367,5
	Henryk Trebicki	POL	367,5
1972	Imre Földi	HUN	377,5
	Mohammad Nassiri	IRI	370,0
	Gennadi Tschetin	URS	367,5
1976	Norair Nurikjan	BUL	262,5
	Grzegorz Cziura	POL	252,2
	Kenkichi Ando	JPN	250,0
1980	Daniel Nunez Aguiar	CUB	275,0
	Jurik Sarkisjan	URS	270,0
	Tadeusz Dembonczyk	POL	265,0
1984	Shude Wu	CHN	267,5
	Runming Lai	CHN	265,0
	Masahiro Kotaka	JPN	252,5
1988	Oksen Mirsojan	URS	292,5
	Yingqiang He	CHN	287,5
	Shoubin Liu	CHN	267,5
1992	Byung-Kwan Chun	KOR	287,5
	Shoubin Liu	CHN	277,5
	Jianming Luo	CHN	277,5
1996	Lingsheng Tang	CHN	307,5
	Leonidas Sabanis	GRE	305,0
	Nikolai Peschalov	BUL	302,5
2000	Nikolay Pechalov	CRO	325,0
	Leonidas Sabanis	GRE	317,5
	Gennadi Oleschtschui	BLR	317,5

64 kg, Männer (bis 1996)

1920	Frans de Haes	BEL	220,0
	Alfred Schmidt	EST	212,5
	Eugene Ryther	SUI	210,0
1924	Pierino Gabetti	ITA	402,5
	Andreas Stadler	AUT	385,0
	Artur Reinmann	SUI	382,5
1928	Franz Andrysek	AUT	287,5
	Pierino Gabetti	ITA	282,5
	Hans Wölpert	GER	282,5
1932	Raymond Suvigny	FRA	287,5
	Hans Wölpert	GER	282,5
	Anthony Terlazzo	USA	280,0
1936	Anthony Terlazzo	USA	312,5
	Saleh Moham. Soliman	EGY	305,0
	Ibrahim Hassan Shams	EGY	300,0
1948	Mahmoud Fayad	EGY	332,5
	Rodney Wilkes	TRI	317,5
	Jaffar Salmassi	IRI	312,5
1952	Rafael Tschimischkjan	URS	337,5
	Nikolai Saksonow	URS	332,5
	Rodney Wilkes	TRI	322,5
1956	Isaac Berger	USA	352,5
	Jewgeni Minjajew	URS	342,5
	Marian Zielinski	POL	335,0
1960	Jewgeni Minjajew	URS	372,5
	Isaac Berger	USA	362,5
	Sebastiano Manniront	ITA	352,5
1964	Yoshinobu Miyake	JPN	397,5
	Isaac Berger	USA	382,5
	Mieczyslaw Nowak	POL	377,5
1968	Yoshinobu Miyake	JPN	392,5
	Dito Schanidse	URS	387,5
	Yoshiyuki Miyake	JPN	385,0
1972	Norair Nurikjan	BUL	402,5
	Dito Schanidse	URS	400,0
	Janos Benedek	HUN	390,0
1976	Nikolai Kolesnikow	URS	285,0
	Georgi Todorov	BUL	280,0
	Kazumasa Hirai	JPN	275,0
1980	Wiktor Masin	URS	290,0
	Stefan Dimitrov	BUL	287,5
	Marek Seweryn	POL	282,5
1984	Weiqiang Chen	CHN	282,5
	Gelu Radu	ROM	280,0
	Wen-Yee Tsai	TPE	272,5
1988	Naim Süleymanoglu	TUR	342,5
	Stefan Topurov	BUL	312,5
	Huanming He	CHN	287,5
1992	Naim Süleymanoglu	TUR	320,0
	Nikolai Peschalov	BUL	305,0
	Yingqiang He	CHN	295,0
1996	Naim Süleymanoglu	TUR	335,0
	Valerios Leonidis	GRE	332,5
	Jiangang Xiao	CHN	322,5

69 kg, Männer

1920	Alfred Neuland	EST	257,5
	Louis Williquet	BEL	240,0
	Florimond Rooms	BEL	230,0
1924	Edmond Decottignies	FRA	440,0
	Anton Zwerina	AUT	427,5
	Bohumil Durdis	TCH	425,0
1928	Kurt Helbig	GER	322,5
	Hans Haas	AUT	322,5
	Fernand Arnout	FRA	302,5
1932	Rene Duverger	FRA	325,0
	Hans Haas	AUT	307,5
	Gastone Pierini	ITA	302,5
1936	Anwar Moham. Mesbah	EGY	342,5
	Robert Fein	AUT	342,5
	Karl Jansen	GER	327,5
1948	Ibrahim Hassan Shams	EGY	360,0
	Appia Hamouda	EGY	360,0
	James Halliday	GBR	340,0
1952	Tommy Kono	USA	362,5
	Jewgeni Lopatin	URS	350,0
	Verne Barberis	AUS	350,0
1956	Igor Rybak	URS	380,0
	Rafael Schabutdinow	URS	372,5
	Chang-Hee Kim	KOR	370,0
1960	Wiktor Buschujew	URS	397,5
	Wowe-Liang Tan	SIN	380,0
	Abdul Wahid Aziz	IRQ	380,0
1964	Waldemar Baszanowski	POL	432,5
	Wladimir Kaplunow	URS	432,5
	Marian Zielinski	POL	420,0
1968	Waldemar Baszanowski	POL	437,5
	Parviz Jalayer	IRI	422,5
	Marian Zielinski	POL	420,0
1972	Mucharbi Kirschinow	URS	460,0
	Mladen Kurschev	BUL	450,0
	Zbigniew Kaczmarek	POL	437,5
1976	Pjotr Korol	URS	305,0
	Daniel Senet	FRA	300,0
	Kazimierz Czarnecki	POL	395,0
1980	Janko Russev	BUL	342,5
	Joachim Kunz	GDR	335,0
	Mintscho Paschov	BUL	325,0
1984	Jingyuan Yao	CHN	320,0
	Andrei Socaci	ROM	312,5
	Juoni Grönman	FIN	312,5
1988	Joachim Kunz	GDR	340,0
	Israil Militosian	URS	337,5
	Jinhe Li	CHN	325,0
1992	Israil Militosian	EUN	337,5
	Joto Jotov	BUL	327,5
	Andreas Behm	GER	320,0
1996	Xugang Zhang	CHN	357,5
	Myong-Nam Kim	PRK	345,0
	Attila Feri	HUN	340,0
2000	Galabin Bojewski	BUL	357,5
	Georgi Markow	BUL	352,5
	Sergei Lawrenow	BLR	340,0

77 kg, Männer

1920	Henri Gance	FRA	245,0
	Pietro Bianchi	ITA	237,5
	Albert Petterson	SWE	237,5
1924	Carlo Galimberti	ITA	492,5
	Alfred Neuland	EST	455,0
	Jaan Kikkas	EST	450,0
1928	Roger Francois	FRA	335,0
	Carlo Galimberti	ITA	332,5
	August Scheffer	NED	327,5
1932	Rudolf Ismayr	GER	345,0
	Carlo Galimberti	ITA	340,0
	Karl Hipfinger	AUT	337,5
1936	Khadr Sayed El Thouni	EGY	387,5
	Rudolf Ismayr	GER	352,5
	Adolf Wagner	GER	352,5
1948	Frank Spellman	USA	390,0
	Peter George	USA	382,5
	Sung-Jip Kim	KOR	380,0
1952	Peter George	USA	400,0
	Gerard Gratton	CAN	390,0
	Sung-Jip Kim	KOR	382,5
1956	Fjodor Bogdanowski	URS	420,0
	Peter George	USA	412,5
	Ermanno Pignatti	ITA	382,5
1960	Alexander Kurinow	URS	437,5
	Tommy Kono	USA	427,5
	Gyözö Veres	HUN	405,0
1964	Hans Zdrazila	TCH	445,0
	Wiktor Kurenzow	URS	440,0
	Masahi Ouchi	JPN	437,5
1968	Wiktor Kurenzow	URS	475,0
	Masahi Ouchi	JPN	455,0
	Karoly Bakos	HUN	440,0
1972	Jordan Bykov	BUL	485,0
	Mohamed Trabulsi	LIB	472,5
	Anselmo Silvino	ITA	470,0
1976	Jordan Mitkov	BUL	335,0
	Wartan Militossian	URS	330,0
	Peter Wenzel	GDR	327,5
1980	Assen Slatev	BUL	360,0
	Alexander Porwij	URS	357,5
	Nedeltscho Kolev	BUL	345,0
1984	Karl-Heinz Radschinsky	FRG	340,0
	Jaques Demers	CAN	335,0
	Dragomir Cioroslan	ROM	332,5
1988	Borislaw Gidikov	BUL	375,0
	Ingo Steinhöfel	GDR	360,0
	Alexander Warbanov	BUL	357,5
1992	Fedor Kassapu	EUN	357,5
	Pablo Lara	CUB	357,5
	Myong-Nam Kim	PRK	352,5
1996	Pablo Lara	CUB	367,5
	Joto Jotov	BUL	360,0
	Chol Jon	PRK	357,5
2000	Xugang Zhan	CHN	367,5
	Viktor Mitrou	GRE	367,5
	Arsen Melikjan	ARM	365,0

85 kg, Männer

1920	Ernest Cadine	FRA	290,0
	Fritz Hünenberger	SUI	275,0
	Erik Pettersson	SWE	272,5
1924	Charles Rigoulot	FRA	502,5
	Fritz Hünenberger	SUI	490,0
	Leopold Friedrich	AUT	490,0
1928	El Sayed Nosseir	EGY	355,0
	Louis Hostin	FRA	352,5
	Johannes Verheijen	NED	337,5
1932	Louis Hostin	FRA	365,0
	Svend Olsen	DEN	360,0
	Henry Duey	USA	330,0
1936	Louis Hostin	FRA	372,5
	Eugen Deutsch	GER	365,0
	Ibrahim Wasif	EGY	360,0
1948	Stanley Stanczyk	USA	417,5
	Harold Sakata	USA	380,0
	Gösta Magnusson	SWE	375,0
1952	Trofim Lomakin	URS	417,5
	Stanley Stanczyk	USA	415,0
	Arkadi Worobjow	URS	407,5
1956	Tommy Kono	USA	474,5
	Wassili Stepanow	URS	427,5
	James George	USA	417,5
1960	Ireneusz Palinski	POL	442,5
	James George	USA	430,0
	Jan Bochenek	POL	420,0
1964	Rudolf Plukfelder	URS	475,0
	Geza Toth	HUN	467,5
	Gyözö Veres	HUN	467,5
1968	Boris Selizki	URS	485,0
	Wladimir Beljajew	URS	485,0
	Norbert Ozimek	POL	472,5
1972	Leif Jenssen	NOR	507,5
	Norbert Ozimek	POL	497,5
	György Horvath	HUN	495,0
1976	Waleri Scharij	URS	365,0
	Trendafil Stoitschev	BUL	360,0
	Peter Baczako	HUN	345,0
1980	Jurik Wardanjan	URS	400,0
	Blagoi Blagoev	BUL	372,5
	Dusan Poliacik	TCH	367,5
1984	Petre Becheru	ROM	355,0
	Robert Kabbas	AUS	342,5
	Ryoji Isaoka	JPN	340,0
1988	Israil Arsamakow	URS	377,5
	Istvan Meszi	HUN	370,0
	Hyung-Kun Lee	KOR	367,5
1992	Pyrros Dimas	GRE	370,0
	Krzysztof Siemon	POL	370,0
	Bronze nicht vergeben		
1996	Pyrros Dimas	GRE	392,5
	Marc Huster	GER	382,5
	Andrzej Cofalik	POL	372,5
2000	Pyrros Dimas	GRE	390,0
	Marc Huster	GER	390,0
	George Asanidze	GEO	390,0

94 kg, Männer

1952	Norbert Schemansky	USA	445,0
	Grigori Nowak	URS	410,0
	Lennix Kilgour	TRI	402,5
1956	Arkadi Worobjow	URS	462,5
	David Sheppard	USA	442,5
	Jean Debuf	FRA	425,0
1960	Arkadi Worobjow	URS	472,5
	Trofim Lomakin	URS	457,5
	Louis Martin	GBR	445,0
1964	Wladimir Golowanow	URS	487,5
	Louis Martin	GBR	475,0
	Ireneusz Palinski	POL	467,5
1968	Kaarlo Kangasniemi	FIN	517,5
	Jaan Talts	URS	507,5
	Marek Golab	POL	495,0
1972	Andon Nikolov	BUL	525,0
	Atanas Shopov	BUL	517,5
	Hans Bettembourg	SWE	512,5
1976	David Rigert	URS	382,5
	Lee James	USA	362,5
	Atanas Shopov	BUL	360,0
1980	Peter Baczako	HUN	377,5
	Rumen Alexandrov	BUL	375,0
	Frank Mantek	GDR	370,0
1984	Nicu Vlad	ROM	392,5
	Dumitro Petre	ROM	360,0
	David Mercer	GBR	352,5
1988	Anatoli Chrapati	URS	412,5
	Nail Muchamedjarow	URS	400,0
	Slawomir Zawoda	POL	400,0
1992	Kachi Kachiaschwili	EUN	412,5
	Sergej Syrtsow	EUN	412,5
	Sergiusz Wolczaniecki	POL	392,5
1996	Alexej Petrow	RUS	402,5
	Leonidas Kokas	GRE	390,0
	Oliver Caruso	GER	390,0
2000	Akakios Kakiasvilis	GRE	405,0
	Szymon Kolecki	POL	405,0
	Alexej Petrow	RUS	402,5

99 kg, Männer (bis 1996)

1980	Ota Zaremba	TCH	395,0
	Igor Nikitin	URS	392,5
	Alberto Blanco Fernandez	CUB	385,0
1984	Rolf Milser	FRG	385,0
	Vasile Groapa	ROM	382,5
	Pekka Niemi	FIN	367,5
1988	Pawel Kusnezow	URS	425,0
	Nicu Vlad	ROM	402,5
	Peter Immesberger	FRG	395,0
1992	Viktor Tregubow	EUN	410,0
	Timur Taimazow	EUN	402,5
	Waldemar Malak	POL	400,0
1996	Kachi Kachiaschwili	GRE	420,0
	Anatoli Chrapati	KAZ	410,0
	Denis Gotfried	UKR	422,5

105 kg, Männer

1972	Jaan Talts	URS	580,0
	Alexander Kraitschev	BUL	562,5
	Stefan Grützner	GDR	555,0
1976	Juri Saizew	URS	385,0
	Krastu Semerdshiev	BUL	385,0
	Tadeusz Rutkowski	POL	377,5
1980	Leonid Taranenko	URS	422,5
	Valentin Christov	BUL	405,0
	György Szalai	HUN	390,0
1984	Norberto Oberburger	ITA	390,0
	Stefan Tasnadi	ROM	380,0
	Guy Carlton	USA	377,5
1988	Juri Zacharewitsch	URS	455,0
	Jozsef Jacso	HUN	427,5
	Ronny Weller	GDR	425,0
1992	Ronny Weller	GER	432,5
	Artur Akojew	EUN	430,0
	Stefan Botev	BUL	417,5
1996	Timur Taimazow	UKR	430,0
	Sergej Syrtsow	RUS	420,0
	Nicu Vlad	ROM	420,0
2000	Hossein Tavakoli	IRN	425,0
	Alan Tsagaew	BUL	422,5
	Said S Asaad	QAT	420,0

+105 kg, Männer

1896	Viggo Jensen	DEN	111,5
	Launceston Elliott	GBR	111,5
	Carl Schuhmann	GER	100,0
	Sotirios Versis	GRE	100,0
1904	Perikles Kakousis	GRE	111,58
	Oscar Paul Osthoff	USA	84,36
	Frank Kungler	USA	79,83
1920	Fillippo Bottino	ITA	270,0
	Joseph Alzin	LUX	255,0
	Louis Bernot	FRA	250,0
1924	Guiseppe Tonani	ITA	517,5
	Franz Aigner	AUT	515,0
	Harald Tammer	EST	497,5
1928	Josef Straßberger	GER	372,5
	Arnold Luhaäär	EST	360,0
	Jaroslav Skobla	TCH	357,5
1932	Jaroslav Skobla	TCH	380,0
	Vaclav Psenicka	TCH	377,5
	Josef Straßberger	GER	377,5
1936	Josef Manger	GER	410,0
	Vaclav Psenicka	TCH	402,5
	Arnold Luhaäär	EST	400,0
1948	John Davis	USA	452,5
	Norbert Schemansky	USA	425,0
	Abraham Charite	NED	412,5
1952	John Davis	USA	460,0
	James Bradford	USA	437,5
	Humberto Selvetti	ARG	432,5
1956	Paul Anderson	USA	500,0
	Humberto Selvetti	ARG	500,0
	Alberto Pigaiani	ITA	452,5
1960	Juri Wlassow	URS	537,5
	James Bradford	USA	512,5
	Norbert Schemansky	USA	500,0
1964	Leonid Schabotinski	URS	572,5
	Juri Wlassow	URS	570,0
	Norbert Schemansky	USA	537,5
1968	Leonid Schabotinski	URS	572,5
	Serge Reding	BEL	555,0
	Joseph Dube	USA	555,0
1972	Wassili Alexejew	URS	640,0
	Rudolf Mang	FRG	610,0
	Gerd Bonk	GDR	572,5
1976	Wassili Alexejew	URS	440,0
	Gerd Bonk	GDR	405,0
	Helmut Losch	GDR	387,5
1980	Sultan Rachmanow	URS	440,0
	Jürgen Heuser	GDR	410,0
	Tadeusz Rutkowski	POL	407,5
1984	Dian Dinko Lukin	AUS	412,5
	Mario Martinez	USA	410,0
	Manfred Nerlinger	FRG	397,5
1988	Alexander Kurlowitsch	URS	462,5
	Manfred Nerlinger	FRG	430,0
	Martin Zawieja	FRG	415,0
1992	Alexander Kurlowitsch	EUN	450,0
	Leonid Taranenko	EUN	425,0
	Manfred Nerlinger	GER	412,5
1996	Andrej Tschemerkin	RUS	457,5
	Ronny Weller	GER	455,0
	Stefan Botev	AUS	450,0
2000	Hossein Rezazadeh	IRI	472,5
	Ronny Weller	GER	467,5
	Andrej Tschemerkin	RUS	462,5

48 kg, Frauen

2000	Tara Nott	USA	185,0
	Raema Lisa Rumbewas	INA	185,0
	Sri Indriyani	INA	182,5

53 kg, Frauen

2000	Xia Yang	CHN	225,0
	Feng-Ying Li	TPE	212,5
	Winarni Binti Slamet	INA	202,5

58 kg, Frauen

2000	Soraya Jimenez Mendivil	MEX	222,5
	Song Hui Ri	PRK	220,0
	Khassaraporn Suta	THA	210,0

63 kg, Frauen

2000	Xiaomin Chen	CHN	242,5
	Walentina Popowa	RUS	235,0
	Ioanna Chatziioannou	GRE	222,5

69 kg, Frauen

2000	Weining Lin	CHN	242,5
	Erzsebet Markus	HUN	242,5
	Karnam Malleswari	IND	240,0

75 kg, Frauen

2000	Maria Isabel Urrutia	COL	245,0
	Ruth Ogbeifo	NGR	245,0
	Yi-Hang Kuo	TPE	245,0

+75 kg, Frauen

2000	Meiyuan Ding	CHN	300,0
	Agata Wrobel	POL	295,0
	Cheryl Haworth	USA	270,0

Judo

Extraleicht (60kg), Männer

1980	Thierry Rey	FRA
	Rafael Rodriguez Carbonell	CUB
	Tibor Kincses	HUN
	Arambi Emish	URS
1984	Shinji Hosokawa	JPN
	Jae-Yup Kim	KOR
	Neil Eckersley	GBR
	Edward Liddie	USA
1988	Jae-Yup Kim	KOR
	Kevin Asano	USA
	Shinji Hosokawa	JPN
	Amiran Totikaschwili	URS
1992	Nazim Gusseinow	EUN
	Hyun Yoon	KOR
	Richard Trautmann	GER
	Tadanori Koshino	JPN
1996	Tadahiro Nomura	JPN
	Girolama Giovinazzo	ITA
	Richard Trautmann	GER
	Dorjpalam Narmandakh	MGL
2000	Tadahiro Nomura	JPN
	Bu-Kyung Jung	KOR
	Manolo Poulot	CUB
	Aidin Smagulow	KGZ

Halbleicht (66kg), Männer

1972	Takao Kawaguchi	JPN
	Silber nicht vergeben	
	Yong-Ik Kim	PRK
	Jean-Jaques Mounier	FRA
1976	Hector Rodriguez Torres	CUB
	Eun-Kyung Chang	KOR
	Jozsef Tuncsik	HUN
	Felice Mariani	ITA
1980	Nikolai Solodjuchin	URS
	Zendjing Damdin	MGL
	Ilijan Nedkov	BUL
	Janusz Pawlowski	POL
1984	Yoshiyuki Matsuoka	JPN
	Jung-Oh Hwang	KOR
	Marc Alexandre	FRA
	Josef Reiter	AUT
1988	Kyung-Keun Lee	KOR
	Janusz Pawlowski	POL
	Bruno Carabetta	FRA
	Yosuke Yamamoto	JPN
1992	Rogerio Sampaio	BRA
	Joszef Czak	HUN
	Udo Quellmalz	GER
	Israel Hernandez	CUB
1996	Udo Quellmalz	GER
	Yukimasa Nakanura	JPN
	Henrique Guimaraes	BRA
	Israel Hernandez	CUB
2000	Husein Ozkan	TUR
	Larbi Benboudaoud	FRA
	Girolamo Giovinazzo	ITA
	Giorgi Waschagaschwili	GEO

Leicht (73kg), Männer

1964	Takehide Nakatani	JPN
	Eric Hänni	SUI
	Oleg Stepanow	URS
	Aron Bogoljubow	URS
1972	Toyokazu Nomura	JPN
	Antoni Zajkowski	POL
	Dietmar Hötger	GDR
	Anatoli Nowikow	URS
1976	Wladimir Newsorow	URS
	Koji Kuramoto	JPN
	Patrick Vial	FRA
	Marian Talaj	POL
1980	Ezio Gamba	ITA
	Neil Adams	GBR
	Karl-Heinz Lehmann	GDR
	Ravdan Davaadalai	MGL
1984	Byeong-Keun Ahn	KOR
	Ezio Gamba	ITA
	Luis Onmura	BRA
	Kerrith Brown	GBR
1988	Marc Alexandre	FRA
	Sven Loll	GDR
	Georgi Tenadse	URS
	Michael Swain	USA
1992	Toshihiko Koga	JPN
	Bertalan Hajtos	HUN
	Chung Hoon	KOR
	Oren Smagda	ISR
1996	Kenzo Nakamura	JPN
	Dae-Sung Kwak	KOR
	Christophe Gagliano	FRA
	Jimmy Pedro	USA
2000	Giuseppe Maddaloni	ITA
	Tiago Camilo	BRA
	Vsevolods Zelonijs	LAT
	Anatoli Larjukow	BLR

Halbmittel (81kg), Männer

1964	Isao Okano	JPN
	Wolfgang Hofmann	GER
	Eui-Tae Kim	KOR
	James Bregman	USA
1972	Shinobu Sekine	JPN
	Seung-Lip Oh	KOR
	Brian Jacks	GBR
	Jean-Paul Coche	FRA
1976	Isamu Sonoda	JPN
	Waleri Dwoinikow	URS
	Young-Chul Park	KOR
	Slavko Obadov	YUG
1980	Schota Schabareli	URS
	Juan Ferrer la Hera	CUB
	Bernard Tchoullouyan	FRA
	Harald Heinke	GDR
1984	Frank Wieneke	FRG
	Neil Adams	GBR
	Michel Nowak	FRA
	Mircea Fratica	ROM
1988	Waldemar Legien	POL
	Frank Wieneke	FRG
	Baschir Warajew	URS
	Torsten Brechot	GDR
1992	Hidehiko Yoshida	JPN
	Jason Morris	USA
	Byung-Joo Kim	KOR
	Bertrand Damaisin	FRA
1996	Djamel Bouras	FRA
	Toshihiko Koga	JPN
	Soso Liparteliani	GEO
	In-Chul Cho	KOR
2000	Makoto Takimoto	JPN
	In-Chul Cho	KOR
	Nuno Delgado	POR
	Alexej Budolin	EST

Mittel (90kg), Männer

1980	Jürg Röthlisberger	SUI
	Isaac Azcuy Oliva	CUB
	Detlef Ultsch	GDR
	Alexander Jatzkewitsch	URS
1984	Peter Seisenbacher	AUT
	Robert Berland	USA
	Seiki Nose	JPN
	Walter Carmona	BRA
1988	Peter Seisenbacher	AUT
	Waldimir Schestokow	URS
	Akinobu Osaka	JPN
	Ben Spijker	HOL
1992	Waldemar Legien	POL
	Pascal Tayot	FRA
	Hirotaka Okada	JPN
	Nicolas Gill	CAN
1996	Ki-Young Jeon	KOR
	Artem Bagdasarow	UZB
	Marko Spittka	GER
	Mark Huizinga	NED
2000	Mark Huizinga	NED
	Carlos Honorato	BRA
	Ruslan Maschurenko	UKR
	Frederic Demontfaucon	FRA

Halbschwer (100kg), Männer

1972	Schota Tschotschischwili	URS
	David Starbrook	GBR
	Paul Barth	FRG
	Chiaki Ishii	BRA
1976	Kazuhiro Ninomiya	JPN
	Ramas Scharschiladse	URS
	David Starbrook	GBR
	Jürg Röthlisberger	SUI
1980	Robert van de Walle	BEL
	Tengis Schubuluri	URS
	Dietmar Lorenz	GDR
	Henk Numan	NED
1984	Hyoung-Zoo Ha	KOR
	Douglas Vieira	BRA
	Bjarni Fridriksson	ISL
	Günther Neureuther	FRG
1988	Aurelio Miguel	BRA
	Marc Meiling	FRG
	Dennis Stewart	GBR
	Robert van de Walle	BEL
1992	Antal Kovacs	HUN
	Raymond Stevens	GBR
	Dmitri Sergejew	EUN
	Theo Meijer	NED
1996	Pawel Nastula	POL
	Soo-Min Kim	KOR
	Miguel A. Fernandes	BRA
	Stéphane Traineau	FRA
2000	Kosei Inoue	JPN
	Nicolas Gill	CAN
	Stéphane Traineau	FRA
	Juri Stepkin	RUS

Schwer (+100kg), Männer

1964	Isao Inokuma	JPN
(+80)	Alfred Rogers	CAN
	Ansor Kiknadse	URS
	Parnaos Tschikwiladse	URS
1972	Willem Ruska	NED
	Klaus Glahn	FRG
	Giwi Onaschwili	URS
	Motoki Nishimura	JPN
1976	Sergej Nowikow	URS
	Günther Neureuther	FRG
	Sumio Endo	JPN
	Allen Coage	USA
1980	Angelo Parisi	FRA
	Dimitar Zaprianov	BUL
	Vladimir Kocman	TCH
	Radomir Kovacevic	YUG
1984	Hitoshi Saito	JPN
	Angelo Parisi	FRA
	Yong-Chul Cho	KOR
	Mark Berger	CAN
1988	Hitoshi Saito	JPN
	Henry Stöhr	GDR
	Yong-Chul Cho	KOR
	Grigori Weritschew	URS
1992	David Schaschaleschwili	EUN
	Naoya Ogawa	JPN
	David Douillet	FRA
	Imre Csosz	HUN
1996	David Douillet	FRA
	Ernesto Perez	ESP
	Frank Möller	GER
	Harry van Barneveld	BEL
2000	David Douillet	FRA
	Shinichi Shinohara	JPN
	Indrek Pertelson	EST
	Tamerlan Timenow	RUS

Offene Klasse, Männer (bis 1984)

1964	Anton Geesink	NED
	Akio Kaminaga	JPN
	Klaus Glahn	GER
	Theodore Boronovskis	AUS
1972	Willem Ruska	NED
	Witali Kuznezow	URS
	Jean-Claude Brondani	FRA
	Angelo Parisi	GBR
1976	Haruki Uemura	JPN
	Keith Remfry	GBR
	Jeaki Cho	KOR
	Schota Tschotschischwili	URS
1980	Dietmar Lorenz	GDR
	Angelo Parisi	FRA
	Andras Ozsvar	HUN
	Arthur Mapp	GBR
1984	Yasuhiro Yamashita	JPN
	Mohamed Ali Rashwan	EGY
	Mihai Cioc	ROM
	Arthur Schnabel	FRG

Extraleicht (48kg), Frauen

1992	Cecile Nowak	FRA
	Ryoko Tamura	JPN
	Hulya Senyurt	TUR
	Amarilis Savon	CUB
1996	Son Kye	PRK
	Ryoko Tamura	JPN
	Yolanda Soler	ESP
	Amarilis Savon	CUB
2000	Ryoko Tamura	JPN
	Ljubow Bruletowa	RUS
	Anna-Maria Gradante	GER
	Ann Simons	BEL

Halbleicht (52kg), Frauen

1992	Almudena Munoz	ESP
	Noriko Mizoguzhi	JPN
	Zhongyun Li	CHN
	Susan Rendle	GBR
1996	Marie-Claire Restoux	FRA
	Sook-Hee Hyum	JPN
	Noriko Sugawara	JPN
	Legna Verdecia	CUB
2000	Legna Verdecia	CUB
	Noroko Narazaki	JPN
	Sun Hui Kye	PRK
	Yuxiang Liu	CHN

Leicht (57kg), Frauen

1992	Miriam Blasco	ESP
	Nicola Fairbrother	GBR
	Driulis Gonzalez	CUB
	Chiyori Tateno	JPN
1996	Driulis Gonzalez	CUB
	Sun-Yong Jung	KOR
	Marisabel Lomba	BEL
	Isabel Frenandez	ESP
2000	Isabel Fernandez	ESP
	Driulis Gonzales	CUB
	Maria Pekli	AUS
	Kie Kusakabe	JPN

Halbmittel (63kg), Frauen

1992	Catherine Fleury	FRA
	Yael Arad	ISR
	Elena Petrowa	EUN
	Zhang Di	CHN
1996	Yuko Emoto	JPN
	Gella Vandecaveye	BEL
	Jenny Gal	NED
	Sung-Sook Jung	KOR
2000	Severine Vandenhende	FRA
	Shufang Li	CHN
	Gella Vandecaveye	BEL
	Sung Sook Jung	KOR

Mittel (70kg), Frauen

1992	Odalis Reve	CUB
	Emanuela Pierantozzi	ITA
	Kate Howey	GBR
	Heidi Rakels	BEL
1996	Min-Sun Cho	KOR
	Aneta Szczepanska	POL
	Claudia Zwiers	NED
	Xiangbo Wang	CHN
2000	Sibelis Veranes	CUB
	Kate Howey	GBR
	Ylenia Scapin	ITA
	Min-Sun Cho	KOR

Halbschwer (78kg), Frauen

1992	Mi Jung Kim	KOR
	Yoko Tanabe	JPN
	Irene de Kok	NED
	Laetitia Meignan	FRA
1996	Ulla Werbrouck	BEL
	Yoko Tanabe	JPN
	Ylenia Scapin	ITA
	Diadenis Luna	CUB
2000	Lin Tang	CHN
	Celine Lebrun	FRA
	Emanuela Pierantozzi	ITA
	Simona Richter	ROM

Schwer (+78kg), Frauen

1992	Xiaoyan Zhuang	CHN
	Estela Rodriguez	CUB
	Yoko Sakaue	JPN
	Natalia Lupino	FRA
1996	Fuming Sun	CHN
	Estela Rodriguez	CUB
	Johanna Hagn	GER
	Christine Cicot	FRA
2000	Hua Yuan	CHN
	Daima Mayelis Beltran	CUB
	Mayumi Yamashita	JPN
	Seon-Young Kim	KOR

RINGEN

Griechisch-römisch

Papier (48 kg, bis 1996)

1972	Gheorghe Berceanu	ROM
	Rahim Aliabadi	IRI
	Stefan Angelov	BUL
1976	Alexej Schumakow	URS
	Gheorghe Berceanu	ROM
	Stefan Angelov	BUL
1980	Saksylik Uschkempirow	URS
	Constantin Alexandru	ROM
	Ferenc Seres	HUN
1984	Vincenzo Maenza	ITA
	Markus Scherer	FRG
	Ikuzu Saito	JPN
1988	Vincenzo Maenza	ITA
	Andrzej Glab	POL
	Bratan Zenov	BUL
1992	Oleg Kutscherenko	EUN
	Vincenzo Maenza	ITA
	Wilber Sanchez	CUB
1996	Kwon-Ho Sim	KOR
	Alexander Pawlow	BLR
	Zafar Gulijew	RUS

Fliegen (54 kg)

1948	Pietro Lombardi	ITA
	Kenan Olcay	TUR
	Reino Kangasmäki	FIN
1952	Boris Gurewitsch	URS
	Ignazio Fabra	ITA
	Leo Honkala	FIN
1956	Nikolai Solowjow	URS
	Ignazio Fabra	ITA
	Durum Ali Egribas	TUR
1960	Dumitru Pirvulescu	ROM
	Osman Sayed	EGY
	Mohamed Paziraye	IRI
1964	Tsutomu Hanahara	JPN
	Angel Keresov	BUL
	Dumitru Pirvulescu	ROM
1968	Petar Kirov	BUL
	Wladimir Bakulin	URS
	Miroslav Zeman	TCH
1972	Petar Kirov	BUL
	Koichiro Hirayama	JPN
	Guiseppe Bognanni	ITA
1976	Witali Konstantinow	URS
	Nicu Ginga	ROM
	Koichiro Hirayama	JPN
1980	Wachtang Blagidse	URS
	Lajos Rácz	HUN
	Mladen Mladenov	BUL
1984	Atsuji Miyahara	JPN
	Daniel Aceves	MEX
	Dae-Du Bang	KOR
1988	Jon Rönningen	NOR
	Atsuji Miyahara	JPN
	Jae-Suk Lee	KOR
1992	Jon Rönningen	NOR
	Alfred Ter-Mkrtytschan	EUN
	Kyung-Kap Min	KOR
1996	Armen Nazarian	ARM
	Brandon Paulson	USA
	Andrej Kalaschnikow	UKR
2000	Kwon-Ho Sim	KOR
	Lazaro Rivas	CUB
	Yong Gyun Kang	PRK

Bantam (58 kg)

1924	Eduard Pütsep	EST
	Anselm Ahlfors	FIN
	Väino Ikonen	FIN
1928	Kurt Leucht	GER
	Jindrich Maudr	TCH
	Giovanni Gozzi	ITA
1932	Jakob Brendel	GER
	Marcello Nizzola	ITA
	Louis Francois	FRA
1936	Marton Lörincz	HUN
	Egon Svensson	SWE
	Jakob Brendel	GER
1948	Kurt Pettersen	SWE
	Ali Mahmoud Hassan	EGY
	Halil Kaya	TUR

1952 Imre Hódos HUN
Zakaria Chihab LIB
Artjom Terjan URS

1956 Konstantin Wyrupajew URS
Edvin Vesterby SWE
Francisc Horvath ROM

1960 Oleg Karawajew URS
Ion Cernea ROM
Dinko Petrov BUL

1964 Masamitsu Ichiguchi JPN
Wladlen Trostjanski URS
Ion Cernea ROM

1968 János Varga HUN
Ion Baciu ROM
Iwan Kotschergin URS

1972 Rustem Kasakow URS
Hans-Jürgen Veil FRG
Risto Björlin FIN

1976 Pertti Ukkola FIN
Ivan Frgic YUG
Farhat Mustafin URS

1980 Schamil Serikow URS
Józef Lipien POL
Benni Ljungbeck SWE

1984 Pasquale Passarelli FRG
Masaki Eto JPN
Charalambos Holidis GRE

1988 Andras Sike HUN
Stojan Balow BUL
Charalambos Holidis GRE

1992 Han-Bong An KOR
Rifat Yildiz GER
Zetian Sheng CHN

1996 Juri Melnitschenko KAZ
Dennis Hall USA
Zetian Sheng CHN

2000 Armen Nasarian BUL
In-Sub Kim KOR
Zetian Sheng CHN

Feder (63 kg)

1912 Kaarlo ›Kalle‹ Koskelo FIN
Georg Gerstäcker GER
Otto Lasanen FIN

1920 Oskar ›Oskari‹ Friman FIN
Heikki Kähkönen FIN
Frithjof Svensson SWE

1924 Kaarlo ›Kalle‹ Antilla FIN
Aleksanteri Toivola FIN
Erik Malmberg SWE

1928 Woldemar Väli EST
Erik Malmberg SWE
Gerolamo Quaglia ITA

1932 Giovanni Gozzi ITA
Wolfgang Ehrl GER
Lauri Koskela FIN

1936 Yasar Erkan TUR
Aarne Reini FIN
Einar Karlsson SWE

1948 Mehmet Oktav TUR
Olle Anderberg SWE
Ferenc Tóth HUN

1952 Jakow Punkin URS
Imre Polyák HUN
Abdel Rasched EGY

1956 Rauno Mäkinen FIN
Imre Polyák HUN
Roman Dseneladse URS

1960 Mühazir Sille TUR
Imre Polyák HUN
Konstantin Wyrupajew URS

1964 Imre Polyák HUN
Roman Rurua URS
Branislav Martinovic YUG

1968 Roman Rurua URS
Hideo Fujimoto JPN
Simion Popescu ROM

1972 Georgi Markov BUL
Heinz-Helmut Wehling GDR
Kazimierz Lipién POL

1976 Kazimierz Lipién POL
Nelson Dawidjan URS
László Reczi HUN

1980 Stylianos Mygiakis GRE
István Tóth HUN
Boris Kramorenko URS

1984 Weon-Kee Kim KOR
Kent-Olle Johansson SWE
Hugo Dietsche SUI

1988 Kamandar Madshidow URS
Jivko Wangelov BUL
Dae-Hyun An KOR

1992 Akif Pirim TUR
Sergej Martinow EUN
Juan Maren CUB

1996 Wlodzimierz Zawadzki POL
Juan Maren CUB
Akif Pirim TUR

2000 Warteres Samurgaschew RUS
Juan Luis Maren CUB
Akaki Schaschua GEO

Leicht (69 kg)

1908 Enrico Porro ITA
Nikolai Orlow RUS
Arvid Lindén-Linko FIN

1912 Eemil Ernesti Väre FIN
Gustaf Malmström SWE
Edvin Matiasson SWE

1920 Eemil Ernesti Väre FIN
Taavi Tamminen FIN
Frithjof Andersen NOR

1924 Oskar >Oskari< Friman FIN
Lajos Keresztes HUN
Kalle Westerlund FIN

1928 Lajos Keresztes HUN
Eduard Sperling GER
Edvard Westerlund FIN

1932 Erik Malmberg SWE
Abraham Kurland DEN
Eduard Sperling GER

1936 Lauri Koskela FIN
Josef Herda TCH
Woldemar Väli EST

1948 Gustav Freij SWE
Aage Eriksen NOR
Károly Ferencz HUN

1952 Schazam Safin URS
Gustav Freij SWE
Mikulás Athansow TCH

1956 Kyösti Lehtonen FIN
Riza Dogan TUR
Gyula Tóth HUN

1960 Awtandil Koridse URS
Branislav Martinovic YUG
Gustav Freij SWE

1964 Kazim Ayvaz TUR
Valeriu Bularca ROM
Dawid Gwanzeladse URS

1968 Munji Munemura JPN
Stevan Horvat YUG
Petros Galaktopoulos GRE

1972 Schamil Schisamutdinow URS
Stojan Apostolov BUL
Gian-Matteo Ranzi ITA

1976 Suren Nalbandjan URS
Stefan Rusu ROM
Heinz-Helmut Wehling GDR

1980 Stefan Rusu ROM
Andrzej Supron POL
Lars-Erik Sköld SWE

1984 Vlado Lisjak YUG
Tapio Sipilä FIN
James Martinez USA

1988 Lewon Dschulfalkjan URS
Sung-Moon Kim KOR
Tapio Sipilä FIN

1992 Attila Repka HUN
Islam Duguziew EUN
Rodney Smith USA

1996 Ryszard Wolny POL
Ghani Yalouz FRA
Alexander Tretjakow RUS

2000 Filiberto Azcuy CUB
Katsuhiko Nagata JPN
Alexej Gluschkow RUS

Welter (76 kg)

1908 Frithjof Martensson SWE
Mauritz Andersson SWE
Anders Andersen DEN

1912 Claes Johanson SWE
Martin Klein RUS
Alfred Asikainen FIN

1920 Carl Westergren SWE
Artur Lindfors FIN
Matti Perttilä FIN

1924 Edvard Westerlund FIN
Artur Lindfors FIN
Roman Steinberg EST

1928 Väinö Kokkinen FIN
László Papp HUN
Albert Kusnets EST

1932 Ivar Johansson SWE
Väinö Kajander-Kajukorpi FIN
Ercole Gallegati ITA

1936 Rudolf Svedberg SWE
Fritz Schäfer GER
Eino Virtanen FIN

1948 Gösta Andersson SWE
Miklós Szilvásy HUN
Henrik Hansen DEN

1952 Miklós Szilvásy HUN
Gösta Andersson SWE
Khalil Taha LIB

1956 Mithat Bayrak TUR
Wladimir Manejew URS
Per Berlin SWE

1960 Mithat Bayrak TUR
Günter Maritschnigg GER
René Schiermeyer FRA

1964 und 1968 nicht ausgetragen

1972 Vitezslav Macha TCH
Petros Galaktopoulos GRE
Jan Karlsson SWE

1976 Anatoli Bykow URS
Vitezslav Macha TCH
Karl-Heinz Helbing FRG

1980 Ferenc Kocsis HUN
Anatoli Bykow URS
Mikko Huhtala FIN

1984 Jouko Salomäki FIN
Roger Tallroth SWE
Stefan Rusu ROM

1988 Young-Nam Kim KOR
Daulet Turlichanow URS
Jozef Tracz POL

1992 Minatsakan Iskandarian EUN
Jozef Tracz POL
Torbjörn Kornbakk SWE

1996 Feliberto Ascuy CUB
Marko Asell FIN
Jozef Tracz POL

2000 Murat Kardanow RUS
Matt James Lindland USA
Marko Yli-Hannuksela FIN

Mittel (85 kg)

1912 Gold nicht vergeben
2. Anders Oscar Ahlgren SWE
2. Ivar Theodor Böhling FIN
Béla Varga HUN

1920 Claes Johanson SWE
Edil Rosenqvist FIN
Johannes Eriksen DEN

1924 Carl Westergren SWE
Rudolf Svensson SWE
Onni Pellinen FIN

1928 Ibrahim Moustafa EGY
Adolf Rieger GER
Onni Pellinen FIN

1932 Väinö Kokkinen FIN
Jean Földeák GER
Axel Cadier SWE

1936 Ivar Johansson SWE
Ludwig Schweickert GER
József Pálotas HUN

1948 Axel Grönberg SWE
Muhlis Tayfur TUR
Ercole Gallegati ITA

1952 Axel Grönberg SWE
Kalervo Rauhala FIN
Nikolai Below URS

1956 Giwi Kartosija URS
Dimiter Dobrev BUL
Rune Jansson SWE

1960 Dimiter Dobrev BUL
Lothar Metz GER
Ion Taranu ROM

1964 Anatoli Kolessow URS
Kiril Petkov BUL
Bertil Nyström SWE

1968 Rudolf Vesper GDR
Daniel Robin FRA
Károly Bajkó HUN

1972 Csaba Hegedüs HUN
Anatoli Nasarenko URS
Milovan Nenadic YUG

1976 Momir Petkovic YUG
Wladimir Tscheboksarow URS
Ivan Kolev BUL

1980 Gennadi Korban ROM
Jan Dolgowicz POL
Pavel Pavlov BUL

1984 Ion Draica ROM
Dimitrios Thanopoulos GRE
Sören Claesson SWE

1988 Michail Mamiaschwili URS
Tibor Komaromi HUN
Sang-Kyu Kim KOR

1992 Peter Farkas HUN
Piotr Stepien POL
Daulet Turlichanow EUN

1996 Hamza Yerlikaya TUR
Thomas Zander GER
Waleri Tsilent BLR

2000 Hamza Yerlikaya TUR
Sandor Bardosi HUN
Muchran Wachtangadze GEO

Halbschwer (90 kg, bis 1996)

1908 Verner Weckman FIN
Yrjö Saarela FIN
Carl M. Jensen DEN

1912–1928 nicht ausgetragen

1932 Rudolf Svensson SWE
Onni Pellinen FIN
Mario Gruppioni ITA

1936 Axel Cadier SWE
Edwins Bietags LAT
August Neo EST

1948 Karl-Erik Nilsson SWE
Kaelpo Gröndahl FIN
Ibrahim Orabi EGY

1952 Kaelpo Gröndahl FIN
Schalwa Tschichladse URS
Karl-Erik Nilsson SWE

1956 Walentin Nikolajew URS
Petko Sirakov BUL
Karl-Erik Nilsson SWE

1960 Tevfik Kis TUR
Kraliu Bimbalov BUL
Giwi Kartosija URS

1964 Branislaw Simic YUG
Jiri Kormanik TCH
Lothar Metz GER

1968 Lothar Metz GDR
Walentin Olejnik URS
Branislaw Simic YUG

1972 Waleri Resanzew URS
Josip Corak YUG
Czeslaw Kwiecinski POL

1976 Waleri Resanzew URS
Stojan Ivanov BUL
Czeslaw Kwiecinski POL

1980 Norbert Kövényi HUN
Igor Kanygin URS
Petre Dicu ROM

1984 Steve Fraser USA
Ilie Matei ROM
Frank Andersson SWE

1988 Atanas Komtschev BUL
Harri Koskela FIN
Wladimir Popow URS

1992 Maik Bullmann GER
Hakki Basar TUR
Georgi Koguaschwili EUN

1996 Wjatscheslaw Olejnik UKR
Jacek Fafinski POL
Maik Bullmann GER

Halbschwer (97 kg)

1964 Bojan Radev BUL
Per Svensson SWE
Heinz Kiehl GER

1968 Bojan Radev BUL
Nikolai Jakowenko URS
Nicolae Martinescu ROM

1972 Nicolae Martinescu ROM
Nikolai Jakowenko URS
Ferenc Kiss HUN

1976 Nikolai Balboschin URS
Kamen Goranov BUL
Andrzej Skrzydlewski POL

1980 Georgi Raikov BUL
Roman Bierla POL
Vasile Andrei ROM

1984 Vasile Andrei ROM
Greg Gibson USA
Josef Tertelje YUG

1988 Andrzej Wronski POL
Gerhard Himmel FRG
Dennis Koslowski USA

1992 Hector Milian CUB
Dennis Koslowski USA
Sergej Demiaszhkiewitsch EUN

1996 Andrzej Wronski POL
Sergej Lischtwan BLR
Mikael Ljungberg SWE

2000 Mikael Ljungberg SWE
David Saladze UKR
Garrett Lowney USA

Schwer (130 kg, bis 1980 offene Klasse)

1896 Carl Schuhmann GER
Georgios Tsitas GRE
Stephanos Christopoulos GRE

1908 Richard Weisz HUN
Alexander Petrow RUS
Sören Marius Jensen DEN

1912 Yrjö Saarela FIN
Johan Frederik Olin FIN
Sören Marius Jensen DEN

1920 Adolf Lindfors FIN
Poul Hansen DEN
Martti Nieminen FIN

1924 Henri Deglane FRA
Edil Rosenqvist FIN
Raymund Bado HUN

1928 Rudolf Svensson SWE
Hjalmar Eemil Nyström FIN
Georg Gehring GER

1932 Carl Westergren SWE
Josef Urban TCH
Nikolaus Hirschl AUT

1936 Kristjan Palusalu EST
John Nyman SWE
Kurt Hornfischer GER

1948 Ahmet Kirecci TUR
Tor Nilsson SWE
Guido Fantoni ITA

1952 Johannes Kotkas URS
Josef Ruzická TCH
Tauno Kovanen FIN

1956 Anatoli Parfjonow URS
Wilfried Dietrich GER
Adelmo Bulgarelli ITA

1960 Iwan Bogdan URS
Wilfried Dietrich GER
Bohumil Kubát TCH

1964 István Kozma HUN
Anatoli Roschtschin URS
Wilfried Dietrich GER

1968 István Kozma HUN
Anatoli Roschtschin URS
Petr Kment TCH

1972 Anatoli Roschtschin URS
Alexander Tomov BUL
Victor Dolipschi ROM

1976 Alexander Koltschinski URS
Alexander Tomov BUL
Roman Codreanu ROM

1980 Alexander Koltschinski URS
Alexander Tomov BUL
Hassan Bchara LIB

1984 Jeffrey Blatnick USA
Refik Memisevic YUG
Victor Dolipschi ROM

1988 Alexander Karelin URS
Rangel Gerowski BUL
Tomas Johansson SWE

1992 Alexander Karelin EUN
Tomas Johansson SWE
Ioan Grigoras ROM

1996 Alexander Karelin RUS
Siamak Ghaffari USA
Sergej Mureiko MDA

2000 Rulon Gardner USA
Alexander Karelin RUS
Dimitri Debelka BLR

Ringen, Freistil

Papier (48 kg, bis 1996)

1972 Roman Dmitrijew URS
Ognjan Nikolov BUL
Ebrahim Javadi IRI

1976 Hassan Issajev BUL
Roman Dmitrijew URS
Akira Kudo JPN

1980 Claudio Pollio ITA
Se-Hong Jang PRK
Sergej Kornilajew URS

1984 Robert Weaver USA
Takashi Irie JPN
Gab-Do Son KOR

1988 Takashi Kobayashi JPN
Ivan Zonov BUL
Sergej Karamtschakow URS

1992 Il Kim PRK
Jong-Shin Kim KOR
Wugar Orudijow EUN

1996 Il Kim PRK
Armen Mkrytschan ARM
Alexis Vila CUB

Fliegen (54 kg)

1948 Lennart Viitala FIN
Halit Balamir TUR
Thure Johansson SWE

1952 Hasan Gemici TUR
Yushu Kitano JPN
Mahmoud Mollaghassemi IRI

1956 Mirian Zalkalamanidse URS
Mohamed Khojastehpour IRI
Hüseyin Akbas TUR

1960 Ahmet Bilek TUR
Masayuki Matsubara JPN
Mohamad Saidabadi IRI

1964 Yoshikatsu Yoshida JPN
Chang-Sun Chang KOR
Said Aliakbar Haydari IRI

1968 Shigeo Nakata JPN
Richard Sanders USA
Surenjav Suchebator MGL

1972 Kiyomi Kato JPN
Arsen Alachwerdijew URS
Gwong-Hyong Kim PRK

1976	Yuji Takada	JPN
	Alexander Iwanow	URS
	Hae-Sup Jeon	KOR
1980	Anatoli Beloglasow	URS
	Wladyslaw Stecyk	POL
	Nermedin Selimov	BUL
1984	Saban Trstena	YUG
	Jong-Kyu Kim	KOR
	Yuji Takada	JPN
1988	Mitsuru Sato	JPN
	Saban Trstena	YUG
	Wladimir Togusow	URS
1992	Hak-Son Lee	PRK
	Larry Lee Jones	USA
	Valentin Jordanov	BUL
1996	Valentin Jordanov	BUL
	Namig Abdullajew	AZE
	Maule Mamyrow	KAZ
2000	Namig Abdullajew	AZE
	Samuel Henson	USA
	Amiran Karntanov	GRE

Bantam (58 kg)

1908	George Mehnert	USA
	William J. Press	GBR
	Aubert Coté	CAN
1912	Kustaa Pihlajamäki	FIN
	Kaarlo Mäkinen	FIN
	Bryant Hines	USA
1928	Kaarlo Mäkinen	FIN
	Edmond Spapen	BEL
	James Trifunov	CAN
1932	Robert Pearce	USA
	Ödön Zombori	HUN
	Aatos Jaskari	FIN
1936	Ödön Zombori	HUN
	Ross Flood	USA
	Johannes Herbert	GER
1948	Nasuh Akar	TUR
	Gerald Leeman	USA
	Charles Kouyos	FRA
1952	Shohachi Ishii	JPN
	Raschid Mamedbekow	URS
	Kha-Shaba Jadav	IND
1956	Mustafa Dagistanil	TUR
	Mohamad Yoghoubi	IRI
	Michail Schachow	URS
1960	Terrence McCann	USA
	Nejdet Zalev	BUL
	Tadeusz Trojanowski	POL
1964	Yojiro Uetake	JPN
	Hüseyin Akbas	URS
	Aidyn Ibragimow	URS
1968	Yojiro Uetake	JPN
	Donald Behm	USA
	Abutaleb Gorgori	IRI
1972	Hideaki Yanagida	JPN
	Richard Sanders	USA
	László Klinga	HUN
1976	Wladimir Jumin	URS
	Hans-Dieter Brüchert	DDR
	Masao Arai	JPN
1980	Sergej Beloglasow	URS
	Ho-Pyong Li	PRK
	Dugassuren Ouinbold	MGL
1984	Hideaki Tomiyama	JPN
	Barry Davis	USA
	Eui-Kon Kim	KOR
1988	Sergej Beloglasow	URS
	Asgari Mohammadian	IRI
	Kyung-Sung Noh	KOR
1992	Alejandro Puerto	CUB
	Sergej Smal	EUN
	Yong-Sik Kim	PRK
1996	Kendall Cross	USA
	Giga Sissaouri	CAN
	Sam Ri Yong	PRK
2000	Alireza Dabir	IRI
	Jewgeni Buslowisch	UKR
	Terry Brands	USA

Feder (63 kg)

1908	George Dole	USA
	James P. Slim	GBR
	William McKie	GBR
1912	Charles Akerly	USA
	Samuel Gerson	USA
	P.W.Bernard	GBR
1924	Robin Reed	USA
	Chester Newton	USA
	Katsutoshi Naito	JPN
1928	Allie Morrison	USA
	Kustaa Pihlajamäki	FIN
	Hans Minder	SUI
1932	Hermanni Pihlajamäki	FIN
	Edgar Nemir	USA
	Einar Karlsson	SWE
1936	Kustaa Pihlajamäki	FIN
	Francis Millard	USA
	Gösta Jönsson	SWE
1948	Gazanfer Bilge	TUR
	Ivar Sjölin	SWE
	Adolf Müller	SUI
1952	Bayram Sit	TUR
	Nasser Guivehtchi	IRI
	Josiah Henson	USA
1956	Shozo Sasahara	JPN
	Joseph Mewis	BEL
	Erkki Penttilä	FIN
1960	Mustafa Dagistanli	TUR
	Stantscho Kolev	BUL
	Wladimir Rubaschwili	URS
1964	Osamu Watanabe	JPN
	Stantscho Kolev	BUL
	Nodar Schochaschwili	URS
1968	Maasaki Kaneko	JPN
	Eniu Todorov	BUL
	Shamseddin Seyed-Abassy	IRI
1972	Sagalaw Abdulbekow	URS
	Vehbi Akdag	TUR
	Ivan Krastev	BUL
1976	Jung-Mo Yang	KOR
	Zeveg Oidow	MGL
	Gene Davis	USA
1980	Magomedgason Abuschew	URS
	Micho Dukov	BUL
	Georgios Hazionidis	GRE
1984	Randy Lewis	USA
	Kosei Akaishi	JPN
	Jung-Keun Lee	KOR
1988	John Smith	USA
	Stepan Sarkisjan	URS
	Simeon Schterev	BUL
1992	John Smith	USA
	Asgari Mohammadian	IRI
	Lazaro Reinosa	CUB
1996	Thomas Brands	USA
	Jae-Sung Jang	KOR
	Elbrus Tedejew	URS
2000	Murad Umachanow	RUS
	Serafim Barsakow	BUL
	Jae-Sung Jang	KOR

Leicht (69 kg)

1908	George de Relwyskow	GBR
	William Wood	GBR
	Albert Gingell	GBR
1920	Kaarlo ›Kalle‹ Anttila	FIN
	Gottfrid Svensson	SWE
	Peter Wright	GBR
1924	Russell Vis	USA
	Volmari Vikström	FIN
	Arvo Jaako Haavisto	FIN
1928	Osvald Käpp	EST
	Charles Pacome	FRA
	Eino Leino	FIN
1932	Charles Pacome	FRA
	Károly Kárpáti	HUN
	Gustaf Klaren	SWE
1936	Károly Kárpáti	HUN
	Wolfgang Ehrl	FIN
	Hermanni Pihlajamäki	FIN
1948	Celal Atik	TUR
	Gösta Frändfors	SWE
	Hermann Baumann	SUI
1952	Olle Anderberg	SWE
	Jay Thomas Evans	USA
	Djahanbakte Tovfighe	IRI
1956	Emamali Habibi	IRI
	Shigeru Kasahara	JPN
	Alimberg Bestajew	URS
1960	Shelby Wilson	USA
	Wladimir Sinjawski	URS
	Eniu Dimov-Valtschev	BUL
1964	Eniu Valtschew	BUL
	Klaus-Jürgen Rost	GER
	Iwao Horiuchi	JPN
1968	Abdollah Movahed Ardabili	IRI
	Eniu Valtschew	BUL
	Sereeter Danzandarjaa	MGL
1972	Dan Gable	USA
	Kikuo Wada	JPN
	Ruslan Aschuralijew	URS
1976	Pawel Pinigin	URS
	Lloyd Kaeser	USA
	Yasaburo Sugawara	JPN
1980	Saipulla Absaidow	URS
	Ivan Jankov	BUL
	Savan Sejdi	YUG
1984	In-Tak You	KOR
	Andrew Rein	USA
	Jukka Rauhala	FIN
1988	Arsen Fadschajew	URS
	Jong-Soon Park	KOR
	Nate Carr	USA
1992	Arsen Fadschajew	EUN
	Valentin Getsov	BUL
	Kosai Akaishi	JPN
1996	Wladim Bogijew	RUS
	Townsend Saunders	USA
	Zaza Zazirow	UKR
2000	Daniel Igali	CAN
	Arsen Gitinow	RUS
	Lincoln McIlravy	USA

Welter (76 kg)

1908	Stanley Bacon	GBR
	George de Relwyskow	GBR
	Frederick Beck	GBR
1920	Eino Leino	FIN
	Väinö Penttala	FIN
	Charles Johnson	USA
1924	Hermann Gehri	SUI
	Eino Leino	FIN
	Otto Müller	SUI
1928	Arvo Jaako Haavisto	FIN
	Lloyd Appleton	USA
	Maurice Letchford	CAN
1932	Jack Van Bebber	USA
	Daniel McDonald	CAN
	Eino Leino	FIN
1936	Frank Lewis	USA
	Ture Andersson	SWE
	Joseph Schleimer	CAN
1948	Yasar Dogu	TUR
	Richard Gorrard	AUS
	Leland Merrill	USA
1952	William Smith	USA
	Per Berlin	SWE
	Abdullah Modjtabavi	IRI
1956	Mitsuo Ikeda	JPN
	Ibrahim Zengin	TUR
	Wachtang Balawadse	URS
1960	Douglas Blubaugh	USA
	Ismail Ogan	TUR
	Muhammed Bashir	PAK
1964–1968 nicht ausgetragen		
1972	Wayne Wells	USA
	Jan Karlsson	SWE
	Adolf Seger	FRG
1976	Jiichiro Date	JPN
	Mansour Barzegar	IRI
	Stanley Dziedzic	USA
1980	Valentin Raitschev	BUL
	Jamtsying Dawaajaw	MGL
	Dan Karabin	TCH
1984	David Schultz	USA
	Martin Knosp	FRG
	Saban Sejdi	YUG
1988	Kenneth Monday	USA
	Adlan Warajew	URS
	Rachmad Sofiadi	BUL
1992	Jang-Soon Park	KOR
	Kenneth Monday	USA
	Amir Reza Khadem	IRI
1996	Butwaisa Saitijew	RUS
	Jang-Soon Park	KOR
	Takuya Ota	JPN
2000	Alexander Leipold	GER
	Brandon Slay	USA
	Eui-Jae Moon	KOR

Mittel (85 kg)

1920	Anders Larsson	SWE
	Charles Courant	SUI
	Walter Maurer	USA
1924	Fritz Hagmann	SUI
	Pierre Ollivier	BEL
	Vilho Pekkala	FIN
1928	Ernst Kyburz	SUI
	Donald Stockton	CAN
	Samuel Rabin	GBR
1932	Ivar Johansson	SWE
	Kyösti Luukko	FIN
	Jozsef Tunyogi	HUN
1936	Emile Poilvé	FRA
	Richard Voliva	USA
	Ahmet Kirecci	TUR
1948	Glen Brand	USA
	Adil Candemir	TUR
	Erik Lindén	SWE
1952	Dawid Zimakuridse	URS
	Gholamreza Takhiti	IRI
	György Gurcis	HUN
1956	Nikola Stantschev	BUL
	Daniel Hodge	USA
	Georgi Schirtladse	URS
1960	Hasan Güngör	TUR
	Georgi Schirtladse	URS
	Hans Yingve Antonsson	SWE
1964	Ismail Ogan	TUR
	Guliko Sagaradse	URS
	Mohamad Ali Sanatkaran	IRI
1968	Mahmut Atalay	TUR
	Daniel Robin	FRA
	Dagvasuren Purev	MGL
1972	Lewan Tediaschwili	URS
	John Peterson	USA
	Vasile Iorga	ROM
1976	John Peterson	USA
	Wiktor Nowoschilow	URS
	Adolf Seger	FRG
1980	Ismail Abilov	BUL
	Magomed Arazilow	URS
	Istvan Kovacs	HUN
1984	Mark Schultz	USA
	Hideyuki Nagashima	JPN
	Chris Rinke	CAN
1988	Myung-Woo Han	KOR
	Necmi Gencalp	TUR
	Josef Lohyna	TCH
1992	Kevin Jackson	USA
	Elmadi Dschabrailow	EUN
	Rasul Khadem	IRI
1996	Schadschimurad Magomedow	RUS
	Hyun-Mo Yang	KOR
	Amir Khadem	IRI
2000	Adam Saitiew	RUS
	Yoel Romero	CUB
	Mogamed Ibragimow	MKD

Halbschwer (90 kg, bis 1996)

1924	John Spellmann	USA
	Rudolf Svensson	SWE
	Charles Courant	SUI
1928	Thure Sjöstedt	SWE
	Arnold Bögli	SUI
	Henri Lefèbre	FRA
1932	Peter Mehringer	USA
	Thure Sjöstedt	SWE
	Eddie Scarf	AUS
1936	Knut Fridell	SWE
	August Neo	EST
	Erich Siebert	GER
1948	Henry Wittenberg	USA
	Fritz Stöckli	SUI
	Bengt Fahlkvist	SWE
1952	Viking Palm	SWE
	Henry Wittenberg	USA
	Adil Atan	TUR
1956	Gholamreza Takhiti	IRI
	Boria Kulajew	URS
	Peter Blair	USA
1960	Ismet Atli	TUR
	Gholamreza Takhiti	IRI
	Anatoli Albul	URS
1964	Prodon Gordschev	BUL
	Hasan Güngör	TUR
	Daniel Brand	USA
1968	Boris Gurewitsch	URS
	Munkbat Jigjid	MGL
	Prodan Gardschev	BUL
1972	Benjamin Peterson	USA
	Gennadi Strachow	URS
	Károly Bajkó	HUN
1976	Lewan Tediaschwili	URS
	Benjamin Peterson	USA
	Stelica Morcov	ROM
1980	Sanasar Oganesjan	URS
	Uwe Neupert	GDR
	Alexander Cichon	POL
1984	Ed Banach	USA
	Akira Ohta	JPN
	Noel Loban	GBR
1988	Macharbek Schardatsew	URS
	Akira Ohta	JPN
	Tae-Woo Kim	KOR
1992	Macharbek Schardatsew	EUN
	Kenan Simsek	TUR
	Christopher Campbell	USA
1996	Rasul Khadem	IRI
	Macharbek Schardatsew	RUS
	Eldari Kurtanidse	GEO

Halbschwer (97 kg)

1964	Alexander Medwed	URS
	Ahmet Ayik	TUR
	Said Mustafov	BUL
1968	Ahmet Ayik	TUR
	Shota Lomidse	URS
	József Csatari	HUN
1972	Iwan Jarygin	URS
	Khorloo Baianmunkh	MGL
	József Csatari	HUN
1976	Iwan Jarygin	URS
	Russell Hellickson	USA
	Dimo Kostov	BUL
1980	Ilja Mate	URS
	Slavtscho Tschervenkov	BUL
	Julius Strnisko	TCH
1984	Lou Banach	USA
	Joseph Atiyeh	SYR
	Vasile Puscasu	ROM
1988	Vasile Puscasu	ROM
	Leri Schabelow	URS
	Bill Scherr	USA
1992	Leri Schabelow	EUN
	Heiko Balz	GER
	Ali Kayali	TUR
1996	Kurt Angle	USA
	Abbas Jadidi	IRI
	Arawat Sabejew	GER
2000	Saghid Murtasalijew	RUS
	Islam Bairamukow	KAZ
	Eldar Kurtanidze	GEO

Schwer (130 kg, bis 1980 offene Klasse)

1908	George Con O'Kelly	GBR
	Jacob Gundersen	NOR
	Edward Barrett	GBR
1920	Robert Roth	SUI
	Nathan Pendleton	USA
	Ernst Nilsson	SWE
	Frederick Meyer	USA
1924	Harry Steel	USA
	Henri Wernli	SUI
	Andrew McDonald	GBR
1928	Johan Richthoff	SWE
	Aukusti Sihvola	FIN
	Edmond Dame	FRA
1932	Johan Richthoff	SWE
	John Riley	USA
	Nikolaus Hirschl	AUS
1936	Kristjan Palusalu	EST
	Josef Klapuch	TCH
	Hjalmar Nyström	FIN
1948	Gyula Bóbis	HUN
	Bertil Antonssons	SWE
	Joseph Armstrong	AUS
1952	Arsen Mekokischwili	URS
	Bertil Antonssons	SWE
	Kenneth Richmond	GBR
1956	Hamit Kaplan	TUR
	Jussein Mehmedov	BUL
	Taisto Kangasniemi	FIN
1960	Wilfried Dietrich	GER
	Hamit Kaplan	TUR
	Sawkus Scharassow	URS
1964	Alexander Iwanizki	URS
	Liutvi Achmedov	BUL
	Hamit Kaplan	TUR
1968	Alexander Medwed	URS
	Osman Duraliev	BUL
	Wilfried Dietrich	FRG
1972	Alexander Medwed	URS
	Osman Duraliev	BUL
	Chris Taylor	USA
1976	Soslan Andijew	URS
	József Balla	HUN
	Ladislau Simon	ROM
1980	Soslan Andijew	URS
	József Balla	HUN
	Adam Sandurski	POL
1984	Bruce Baumgartner	USA
	Bob Molle	CAN
	Ayhan Taskin	TUR
1988	David Gobedischwili	URS
	Bruce Baumgartner	USA
	Andreas Schröder	GDR
1992	Bruce Baumgartner	USA
	Jeff Thue	CAN
	David Gobedischwili	EUN
1996	Mahmut Demir	TUR
	Alexej Medvedew	BLR
	Bruce Baumgartner	USA
2000	David Mussulbes	RUS
	Artur Taimasow	UZB
	Alexis Rodriguez	CUBO

Taekwondo

Fliegen (58 kg), Männer

2000	Michail Mouroutsos	GRE	4:2
	Gabriel Esparza	ESP	
	Chih-Hsiung Huang	TPE	3:0

Feder (68 kg), Männer

2000	Steven Lopez	USA	1:0
	Joon-Sik Sin	KOR	
	Hadi Saeibonehkohal	IRI	4:2

Welter (80 kg), Männer

2000	Angel Fuentes	CUB	3:1
	Faissal Ebnoutalib	GER	
	Victor Garibay	MEX	2:1

Schwer (+80 kg), Männer

2000	Kyong-Hun Kim	KOR	6:2
	Daniel Trenton	AUS	
	Pascal Gentil	FRA	Abbruch

Fliegen (49 kg), Frauen

2000	Lauren Burns	AUS	4:2
	U. Melendez Rodriguez	CUB	
	Shu-Ju Chi	TPE	4:0

Feder (57 kg), Frauen

2000	Jae-Eun Jung	KOR	2:0
	Hieu Ngan Tran	VIE	
	Hamide Bikcin	TUR	7:5

Welter (67 kg), Frauen

2000	Sun-Hee Lee	KOR	6:3
	Trude Gundersen	NOR	
	Yoriko Okamoto	JPN	6:5

Schwer (+67 kg), Frauen

2000	Chen Zhong	CHN	8:3
	Natalia Iwanowa	RUS	
	Dominique Bosshart	CAN	11:8

LEICHTATHLETIK

Männer

100 m

1896	Thomas Burke	USA	12,0
	Fritz Hofmann	GER	12,2
	Alajos Szokolyi	HUN	12,6
1900	Francis Jarvis	USA	11,0
	Walter John Tewksbury	USA	11,1
	Stanley Rowley	AUS	11,2
1904	Archie Hahn	USA	11,0
	Nathaniel Cartmell	USA	11,2
	William Hogenson	USA	11,2
1908	Reggie Walker	RSA	10,8
	James Rector	USA	10,9
	Robert Kerr	CAN	11,0
1912	Ralph Craig	USA	10,8
	Alvah Meyer	USA	10,9
	Donald Lippincott	USA	10,9
1920	Charles Paddock	USA	10,8
	Morris Kirksey	USA	10,8
	Harry Edward	GBR	10,9
1924	Harold Abrahams	GBR	10,6
	Jackson Scholz	USA	10,7
	Arthur Porritt	NZL	10,8
1928	Percy Williams	CAN	10,8
	Jack London	GBR	10,9
	Georg Lammers	GER	10,9
1932	Thomas »Eddie« Tolan	USA	10,3
	Ralph Metcalfe	USA	10,3
	Arthur Jonath	GER	10,4
1936	Jesse Owens	USA	10,3
	Ralph Metcalfe	USA	10,4
	Martinus Osendarp	NED	10,5
1948	Harrison Dillard	USA	10,3
	Norwood Barney Ewell	USA	10,4
	Lloyd LaBeach	PAN	10,4
1952	Lindy Remigino	USA	10,4
	Herbert McKenley	JAM	10,4
	McDonald-Bailey	GBR	10,4
1956	Bobby Morrow	USA	10,5
	Thane Baker	USA	10,5
	Hector Hogan	AUS	10,6
1960	Armin Hary	GER	10,2
	David Sime	USA	10,2
	Peter Radford	GBR	10,3
1964	Robert Hayes	USA	10,0
	Enrique Figuerola	CUB	10,2
	Harry Jerome	CAN	10,2
1968	Jim Hines	USA	9,9
	Lennox Miller	JAM	10,0
	Charlie Greene	USA	10,0
1972	Waleri Borsow	URS	10,14
	Robert Taylor	USA	10,24
	Lennox Miller	JAM	10,33
1976	Hasely Crawford	TRI	10,06
	Don Quarrie	JAM	10,08
	Waleri Borsow	URS	10,14
1980	Allan Wells	GBR	10,25
	Silvio Leonard	CUB	10,25
	Petar Petrov	BUL	10,39
1984	Carl Lewis	USA	9,99
	Sam Graddy	USA	10,19
	Ben Johnson	CAN	10,22
1988	Carl Lewis	USA	9,92
	Linford Christie	GBR	9,97
	Calvin Smith	USA	9,99
1992	Linford Christie	GBR	9,96
	Frank Fredericks	NAM	10,02
	Dennis Mitchell	USA	10,04
1996	Donovan Bailey	CAN	9,84
	Frank Fredericks	NAM	9,89
	Ato Boldon	TRI	9,90
2000	Maurice Greene	USA	9,87
	Ato Boldon	TRI	9,99
	Obadele Thompson	BAR	10,04

200 m

1900	Walter John Tewksbury	USA	22,2
	Norman Pritchard	IND	22,8
	Stanley Rowley	AUS	22,9
1904	Archie Hahn	USA	21,6
	Nathaniel Cartmell	USA	21,9
	William Hogenson	USA	
1908	Robert Kerr	CAN	22,6
	Robert Cloughen	USA	22,6
	Nathaniel Cartmell	USA	22,7
1912	Ralph Craig	USA	21,7
	Donald Lippincott	USA	21,8
	William Appelgarth	GBR	22,0
1920	Allen Woodring	USA	22,0
	Charles Paddock	USA	22,1
	Harry Edward	GBR	22,2
1924	Jackson Scholz	USA	21,6
	Charles Paddock	USA	21,7
	Eric Liddell	GBR	21,9
1928	Percy Williams	CAN	21,8
	Walter Rangeley	GBR	21,9
	Helmuth Körnig	GER	21,9
1932	Thomas ›Eddie‹ Tolan	USA	21,2
	George Simpson	USA	21,4
	Ralph Metcalfe	USA	21,5
1936	Jesse Owens	USA	20,7
	›Mack‹ Robinson	USA	21,2
	Martinus Osendarp	NED	21,3
1948	Mel Patton	USA	21,1
	Norwood Barney Ewell	USA	21,1
	Lloyd LaBeach	PAN	21,2
1952	Andrew Stanfield	USA	20,7
	Thane Baker	USA	20,8
	James Gathers	USA	20,8
1956	Bobby Morrow	USA	20,6
	Andrew Stanfield	USA	20,7
	Thane Baker	USA	20,9
1960	Livio Berruti	ITA	20,5
	Lester Carney	USA	20,6
	Abdoulaye Seye	FRA	20,7
1964	Henry Carr	USA	20,3
	Otis Paul Drayton	USA	20,5
	Edwin Roberts	TRI	20,6
1968	Tommie Smith	USA	19,8
	Peter Norman	AUS	20,0
	John Carlos	USA	20,0
1972	Waleri Borsow	URS	20,00
	Larry Black	USA	20,19
	Pietro Mennea	ITA	20,30
1976	Don Quarrie	JAM	20,23
	Millard Hampton	USA	20,29
	Dwayne Evans	USA	20,43
1980	Pietro Mennea	ITA	20,19
	Allan Wells	GBR	20,21
	Don Quarrie	JAM	20,29
1984	Carl Lewis	USA	19,80
	Kirk Baptiste	USA	19,96
	Thomas Jefferson	USA	20,26
1988	Joe DeLoach	USA	19,75
	Carl Lewis	USA	19,79
	Robson da Silva	BRA	20,04
1992	Mike Marsh	USA	20,01
	Frank Fredericks	NAM	20,12
	Michael Bates	USA	20,38
1996	Michael Johnson	USA	19,32
	Frank Fredericks	NAM	19,68
	Ato Boldon	TRI	19,80
2000	Konstantinos Kenteris	GRE	20,09
	Darren Campbell	GBR	20,14
	Ato Boldon	TRI	20,20

400 m

1896	Thomas Burke	USA	54,2
	Herbert Jamison	USA	55,2
	Fritz Hofmann	GER	55,6
1900	Maxwell ›Maxey‹ Long	USA	49,4
	William Holland	USA	49,6
	Ernst Schultz	DEN	15 m
1904	Harry Hillman	USA	49,2
	Frank Waller	USA	49,9
	Herman Groman	USA	50,0
1908	Wyndham Halswelle	GBR	50,0
	die anderen Finalisten verzichteten aus Protest		
1912	Charles Reidpath	USA	48,2
	Hanns Braun	GER	48,3
	Edward Lindberg	USA	48,4
1920	Bevill Rudd	RSA	49,6
	Guy Butler	GBR	49,9
	Nils Engdahl	SWE	50,0
1924	Eric Liddell	GBR	47,6
	Horatio Fitch	USA	48,4
	Guy Butler	GBR	48,6
1928	Raymond Barbuti	USA	47,8
	James Ball	CAN	48,0
	Joachim Büchner	GER	48,2
1932	William Carr	USA	46,2
	Benjamin Eastman	USA	46,4
	Alexander Wilson	CAN	47,4
1936	Archie Williams	USA	46,5
	Arthur G. K. Brown	GBR	46,7
	James LuValle	USA	46,8
1948	Arthur Wint	JAM	46,2
	Herb McKenley	JAM	46,4
	Mal Whitfield	USA	46,9
1952	George Rhoden	JAM	45,9
	Herbert McKenley	JAM	45,9
	Ollie Matson	USA	46,8
1956	Charles Jenkins	USA	46,7
	Karl-Friedrich Haas	GER	46,8
	Ardalion Ignatjew	URS	47,0
	Voitto Hellsten	FIN	47,0
1960	Otis Davis	USA	44,9
	Carl Kaufmann	GER	44,9
	Malcom Spence	RSA	45,5
1964	Michael Larrabee	USA	45,1
	Wendell Mottley	TRI	45,2
	Andrzej Badenski	POL	45,6
1968	Lee Evans	USA	43,8
	Larry James	USA	43,9
	Ronald Freeman	USA	44,4
1972	Vincent Matthews	USA	44,66
	Wayne Collett	USA	44,80
	Julius Sang	KEN	44,92
1976	Alberto Juantorena	CUB	44,26
	Frederik Newhouse	USA	44,40
	Herman Frazier	USA	44,95
1980	Wiktor Markin	URS	44,60
	Richard Mitchell	AUS	44,84
	Frank Schaffer	GDR	44,87
1984	Alonzo Babers	USA	44,27
	Gabriel Tiacoh	CIV	44,54
	Antonio McKay	USA	44,71
1988	Steve Lewis	USA	43,87
	Harry ›Butch‹ Reynolds	USA	43,93
	Danny Everett	USA	44,09
1992	Quincy Watts	USA	43,50
	Steve Lewis	USA	44,21
	Samson Kitur	KEN	44,24
1996	Michael Johnson	USA	43,49
	Roger Black	GBR	44,41
	Davis Kamoga	UGA	44,53
2000	Michael Johnson	USA	43,84
	Alvin Harrison	USA	44,40
	Gregory Haughton	JAM	44,70

800 m

1896	Edwin Flack	AUS	2:11,0
	Nandor Dani	HUN	2:11,8
	Dimitros Golemis	GRE	2:28,0
1900	Alfred Tysoe	GBR	2:01,2
	John Cregan	USA	2:03,0
	David Hall	USA	
1904	James Lightbody	USA	1:56,0
	Howard Valentine	USA	1:56,3
	Emil Breitkreuz	USA	1:56,4
1908	Melvin Sheppard	USA	1:52,8
	Emilio Lunghi	ITA	1:54,2
	Hanns Braun	GER	1:55,2
1912	James ›Ted‹ Meredith	USA	1:51,9
	Melvin Sheppard	USA	1:52,0
	Ira Davenport	USA	1:52,0
1920	Albert Hill	GBR	1:53,4
	Earl Eby	USA	1:53,6
	Bevill Rudd	RSA	1:54,0
1924	Douglas Lowe	GBR	1:52,4
	Paul Martin	SUI	1:52,6
	Schuyler Enck	USA	1:53,0
1928	Douglas Lowe	GBR	1:51,8
	Erik Bylehn	SWE	1:52,8
	Hermann Engelhard	GER	1:53,2
1932	Thomas Hampson	GBR	1:49,7
	Alexander Wilson	CAN	1:49,9
	Philip Edwards	CAN	1:51,5
1936	John Woodruff	USA	1:52,9
	Mario Lanzi	ITA	1:53,3
	Philip Edwards	CAN	1:53,6
1948	Mal Whitfield	USA	1:49,2
	Arthur Wint	JAM	1:49,5
	Marcel Hansenne	FRA	1:49,8
1952	Mal Whitfield	USA	1:49,2
	Arthur Wint	JAM	1:49,4
	Heinz Ulzheimer	GER	1:49,7
1956	Thomas Courtney	USA	1:47,7
	Derek Johnson	GBR	1:47,8
	Audun Boysen	NOR	1:48,1
1960	Peter Snell	NZL	1:46,3
	Roger Moens	BEL	1:46,5
	George Kerr	JAM	1:47,1
1964	Peter Snell	NZL	1:45,1
	William Crothers	CAN	1:45,6
	Wilson Kiprugut	KEN	1:45,9
1968	Ralph Doubell	AUS	1:44,3
	Wilson Kiprugut	KEN	1:44,5
	Thomas Farell	USA	1:45,3
1972	David Wottle	USA	1:45,9
	Jewgeni Arschanow	URS	1:45,9
	Mike Boit	KEN	1:46,0
1976	Alberto Juantorena	CUB	1:43,5
	Ivo van Damme	BEL	1:43,9
	Rick Wohlhuter	USA	1:44,1
1980	Steve Ovett	GBR	1:45,4
	Sebastian Coe	GBR	1:45,9
	Nikolai Kirow	URS	1:46,0
1984	Joaquim Cruz	BRA	1:43,00
	Sebastian Coe	GBR	1:43,64
	Earl Jones	USA	1:43,83
1988	Paul Ereng	KEN	1:43,45
	Joaquim Cruz	BRA	1:43,90
	Said Aouita	MAR	1:44,06
1992	William Tanui	KEN	1:43,66
	Nixon Kiprotich	KEN	1:43,70
	Johnny Gray	USA	1:43,97
1996	Vebjörn Rodal	NOR	1:42,58
	Hezekiel Sepeng	RSA	1:42,74
	Fred Onyancha	KEN	1:42,79
2000	Nils Schumann	GER	1:45,08
	Wilson Kipketer	DEN	1:45,14
	Aissa Djabir Said-Guerni	ALG	1:45,16

1500 m

1896	Edwin Flack	AUS	4:33,2
	Arthur Blake	USA	4:34,0
	Albin Lermusiaux	FRA	4:36,0
1900	Charles Bennett	GBR	4:06,2
	Henri Deloge	FRA	4:06,6
	John Bray	USA	4:07,2
1904	James Lightbody	USA	4:05,4
	W. Frank Verner	USA	4:06,8
	Lacey Hearn	USA	
1908	Melvin Sheppard	USA	4:03,4
	Harold Wilson	GBR	4:03,6
	Norman Hallows	GBR	4:04,0
1912	Arnold Strode-Jackson	GBR	3:56,8
	Abel Kiviat	USA	3:56,9
	Norman Taber	USA	3:56,9
1920	Albert Hill	GBR	4:01,8
	Philip Noel-Baker	GBR	4:02,4
	Lawrence Shields	USA	4:03,1
1924	Paavo Nurmi	FIN	3:53,6
	Wilhelm Schärer	SUI	3:55,0
	Henry Stallard	GBR	3:55,6
1928	Harri Larva	FIN	3:53,2
	Jules Ladoumégue	FRA	3:53,8
	Eino Purje-Borg	FIN	3:56,4
1932	Luigi Beccali	ITA	3:51,2
	John Cornes	GBR	3:52,6
	Philip Edwards	CAN	3:52,8
1936	John ›Jack‹ Lovelock	NZL	3:47,8
	Glenn Cunningham	USA	3:48,4
	Luigi Beccali	ITA	3:49,2
1948	Henry Eriksson	SWE	3:49,8
	Lennart Strand	SWE	3:50,4
	Wilem Slijkhuis	NED	3:50,4
1952	Josy Barthel	LUX	3:45,1
	Robert McMillen	USA	3:45,2
	Werner Lueg	GER	3:45,4
1956	Ron Delany	IRL	3:41,2
	Klaus Richtzenhain	GER	3:42,0
	John Landy	AUS	3:42,0
1960	Herbert Elliott	AUS	3:35,6
	Michel Jazy	FRA	3:38,4
	Istvan Rozsavölgyi	HUN	3:39,2
1964	Peter Snell	NZL	3:38,1
	Josef Odlozil	TCH	3:39,6
	John Davies	NZL	3:39,6
1968	Kipchoge Keino	KEN	3:34,9
	Jim Ryun	USA	3:37,8
	Bodo Tümmler	FRG	3:39,0
1972	Pekka Vasala	FIN	3:36,3
	Kipchoge Keino	KEN	3:36,8
	Rodney Dixon	NZL	3:37,5
1976	John Walker	NZL	3:39,2
	Ivo van Damme	BEL	3:39,3
	Paul Heinz Wellmann	FRG	3:39,3
1980	Sebastian Coe	GBR	3:38,4
	Jürgen Straub	GDR	3:38,8
	Steve Ovett	GBR	3:39,0
1984	Sebastian Coe	GBR	3:32,53
	Steve Cram	GBR	3:33,40
	Jose Abascal	ESP	3:34,30
1988	Peter Rono	KEN	3:35,96
	Peter Elliott	GBR	3:36,15
	Jens-Peter Herold	GDR	3:36,21
1992	Fermin Cacho	ESP	3:40,12
	Rachid El-Basir	MAR	3:40,62
	Mohamed Sulaiman	QAT	3:40,69
1996	Noureddine Morceli	ALG	3:35,78
	Fermin Cacho	ESP	3:36,40
	Stephen Kipkorir	KEN	3:36,72
2000	Noah Ngeny	KEN	3:32,07
	Hicham El Guerrouj	MAR	3:32,32
	Bernard Lagat	KEN	3:32,44

5000 m

1912	Hannes Kolehmainen	FIN	14:36,6
	Jean Bouin	FRA	14:36,7
	George Hutson	GBR	15:07,6
1920	Joseph Guillemot	FRA	14:55,6
	Paavo Nurmi	FIN	15:00,0
	Erik Backman	SWE	15:13,0
1924	Paavo Nurmi	FIN	14:31,2
	Ville Ritola	FIN	14:31,4
	Edvin Wide	SWE	15:01,8
1928	Ville Ritola	FIN	14:38,0
	Paavo Nurmi	FIN	14:40,0
	Edvin Wide	SWE	14:41,2
1932	Lauri Lehtinen	FIN	14:30,0
	Ralph Hill	USA	14:30,0
	Lauri Virtanen	FIN	14:44,0
1936	Gunnar Höckert	FIN	14:22,2
	Lauri Lehtinen	FIN	14:25,8
	Henry Jonsson	SWE	14:29,0
1948	Gaston Reiff	BEL	14:17,6
	Emil Zatopek	TCH	14:17,8
	Willem Slijkhuis	NED	14:26,8
1952	Emil Zatopek	TCH	14:06,6
	Alain Mimoun	FRA	14:07,4
	Herbert Schade	GER	14:08,6
1956	Wladimir Kuz	URS	13:39,6
	Gordon Pirie	GBR	13:50,6
	Derek Ibbotson	GBR	13:54,4
1960	Murray Halberg	NZL	13:43,4
	Hans Grodotzki	GER	13:44,6
	Kazimierz Zimny	POL	13:44,8
1964	Robert Schul	USA	13:48,8
	Harald Norpoth	GER	13:49,6
	William Dellinger	USA	13:49,8
1968	Mohamed Gammoudi	TUN	14:05,0
	Kipchoge Keino	KEN	14:05,2
	Naftali Temu	KEN	14:06,4
1972	Lasse Viren	FIN	13:26,4
	Mohamed Gammoudi	TUN	13:27,4
	Ian Stewart	GBR	13:27,6
1976	Lasse Viren	FIN	13:24,8
	Dick Quax	NZL	13:25,2
	Klaus Peter Hildenbrand	FRG	13:25,4
1980	Miruts Yifter	ETH	13:21,0
	Suleiman Nyambui	TAN	13:21,6
	Kaarlo Maaninka	FIN	13:22,0
1984	Said Aouita	MAR	13:05,59
	Markus Ryffel	SUI	13:07,54
	Antonio Leitao	POR	13:09,20
1988	John Ngugi	KEN	13:11,70
	Dieter Baumann	FRG	13:15,52
	Hansjörg Kunze	GDR	13:15,73
1992	Dieter Baumann	GER	13:12,52
	Paul Bitok	KEN	13:12,71
	Fita Bayisa	ETH	13:13,03
1996	Venuste Niyongabo	BDI	13:07,96
	Paul Bitok	KEN	13:08,16
	Khalid Boulami	MAR	13:08,37
2000	Millon Wolde	ETH	13:35,49
	Ali Saidi-Sief	ALG	13:36,20
	Brahim Lahlafi	MAR	13:36,47

10 000 m

1908	Emil Voigt	GBR	25:11,2
	Edward Owen	GBR	25:24,0
	John Svanberg	SWE	25:37,2
1912	Hannes Kolehmainen	FIN	31:20,8
	Louis Tewanima	USA	32:06,6
	Albin Stenroos	FIN	32:21,8
1920	Paavo Nurmi	FIN	31:45,8
	Joseph Guillemot	FRA	31:47,2
	James Wilson	GBR	31:50,8
1924	Ville Ritola	FIN	30:23,2
	Edvin Wide	SWE	30:55,2
	Eero Berg	FIN	31:43,0
1928	Paavo Nurmi	FIN	30:18,8
	Ville Ritola	FIN	30:19,4
	Edvin Wide	SWE	31:00,8
1932	Janusz Kusocinski	POL	30:11,4
	Volmari Iso-Hollo	FIN	30:12,6
	Lauri Virtanen	FIN	30:35,0
1936	Ilmari Salminen	FIN	30:15,4
	Arvo Askola	FIN	30:15,6
	Volmari Iso-Hollo	FIN	30:20,2
1948	Emil Zatopek	TCH	29:59,6
	Alain Mimoun	FRA	30:47,4
	Bertil Albertsson	SWE	30:53,6
1952	Emil Zatopek	TCH	29:17,0
	Alain Mimoun	FRA	29:32,8
	Alexander Anufriew	URS	29:48,2
1956	Wladimir Kuz	URS	28:45,6
	Jozsef Kovacs	HUN	28:52,4
	Allan Lawrence	AUS	28:53,6
1960	Pjotr Bolotnikow	URS	28:32,2
	Hans Grodotzki	GER	28:37,0
	David Power	AUS	28:38,2
1964	Billy Mills	USA	28:24,4
	Mohamed Gammoudi	TUN	28:24,8
	Ron Clarke	AUS	28:25,8
1968	Naftali Temu	KEN	29:27,4
	Mamo Wolde	ETH	29:28,0
	Mohamed Gammoudi	TUN	29:34,2
1972	Lasse Viren	FIN	27:38,4
	Emiel Puttemans	BEL	27:39,6
	Miruts Yifter	ETH	27:41,0
1976	Lasse Viren	FIN	27:40,4
	Carlos Lopes	POR	27:45,2
	Brendan Foster	GBR	27:55,0
1980	Miruts Yifter	ETH	27:42,7
	Kaarlo Maaninka	FIN	27:44,3
	Mohammed Kedir	ETH	27:44,7
1984	Alberto Cova	ITA	27:47,54
	Martti Vainio	FIN	27:51,10
	Michael McLeod	GBR	28:06,22

1988	Brahim Boutayeb	MAR	27:21,46
	Salvatore Antibo	ITA	27:23,55
	Kimeli Kipkemboi	KEN	27:25,16
1992	Khalid Skah	MAR	27:46,70
	Richard Chelimo	KEN	27:47,72
	Addis Abebe	ETH	28:00,07
1996	Haile Gebrselassie	ETH	27:07,34
	Paul Tergat	KEN	27:08,17
	Salah Hissou	MAR	27:28,59
2000	Haile Gebrselassie	ETH	27:18,20
	Paul Tergat	KEN	27:18,29
	Assefa Mezgebu	ETH	27:19,75

Marathon

1896	Spiridon ›Spyros‹ Louis	GRE	2:58:50,0
	Charilaos Vasilakos	GRE	3:06:03,0
	Gyula Kellner	HUN	3:06:35,0
1900	Michel Théato	FRA	2:59:45,0
	Emile Champion	FRA	3:04:17,0
	Ernst Fast	SWE	3:37:14,0
1904	Thomas Hicks	USA	3:28:53,0
	Albert Corey	FRA	3:34:52,0
	Arthur Newton	USA	3:47:33,0
1908	Johnny Hayes	USA	2:55:18,4
	Charles Hefferon	RSA	2:56:06,0
	Joseph Forshaw	USA	2:57:10,4
1912	Kenneth McArthur	RSA	2:36:54,8
	Christopher Gitsham	RSA	2:37:52,0
	Gaston Strobino	USA	2:38:42,4
1920	Hannes Kolehmainen	FIN	2:32:35,8
	Jüri Lossmann	EST	2:32:48,6
	Valerio Arri	ITA	2:36:32,8
1924	Albin Stenroos	FIN	2:41:22,6
	Romeo Bertini	ITA	2:47:19,6
	Clarence DeMar	USA	2:48:14,0
1928	Boughera El Ouafi	FRA	2:32:57,0
	Miguel Plaza Reyes	CHI	2:33:23,0
	Martti Marttelin	FIN	2:35:02,0
1932	Juan Carlos Zabala	ARG	2:31:36,0
	Samuel Ferris	GBR	2:31:55,0
	Armas Toivonen	FIN	2:32:12,0
1936	Kee-Chung Sohn (KOR)	JPN	2:29:19,2
	Ernest Harper	GBR	2:31:23,2
	Seung-Yong Nam (KOR)	JPN	2:31:42,0
1948	Delfo Cabrera	ARG	2:34:51,6
	Thomas Richards	GBR	2:35:07,6
	Etienne Gailly	BEL	2:35:33,6
1952	Emil Zatopek	TCH	2:23:03,2
	Reinaldo Gorno	ARG	2:25:35,0
	Gustaf Jansson	SWE	2:26:07,0
1956	Alain Mimoun	FRA	2:25:00,0
	Franjo Mihalic	YUG	2:26:32,0
	Veikko Karvonen	FIN	2:27:47,0
1960	Bikila Abebe	ETH	2:15:16,2
	Rhadi Ben Abdesselam	MAR	2:15:41,6
	Barry Magee	NZL	2:17:18,2
1964	Bikila Abebe	ETH	2:12:11,2
	Basil Heatley	GBR	2:16:19,2
	Kokichi Tsuburaya	JPN	2:16:22,8
1968	Mamo Wolde	ETH	2:20:26,4
	Kenji Kimihara	JPN	2:23:31,0
	Michael Ryan	NZL	2:23:45,0
1972	Frank Shorter	USA	2:12:19,8
	Karel Lismont	BEL	2:14:31,8
	Mamo Wolde	ETH	2:15:08,4
1976	Waldemar Cierpinski	GDR	2:09:55,0
	Frank Shorter	USA	2:10:45,8
	Karel Lismont	BEL	2:11:12,6
1980	Waldemar Cierpinski	GDR	2:11:03,0
	Gerard Nijboer	NED	2:11:20,0
	Satymkul Dchumanassarow	URS	2:11:35,0
1984	Carlos Lopes	POL	2:09:21,0
	John Treacy	IRL	2:09:56,0
	Charles Spedding	GBR	2:09:58,0
1988	Gelindo Bordin	ITA	2:10:32,0
	Douglas Wakiihuru	KEN	2:10:47,0
	Ahmed Salah	DJI	2:10:59,0
1992	Young-Cho Hwang	KOR	2:13:23
	Koichi Morishita	JPN	2:13:45
	Stephan Freigang	GER	2:14:00
1996	Josia Thugwane	RSA	2:12:34
	Bong-Ju Lee	KOR	2:12:39
	Eric Wainaina	KEN	2:12:44
2000	Gezahgne Abera	ETH	2:10:11
	Eric Wainaina	KEN	2:10:31
	Tesfaye Tola	ETH	2:11:10

110 m Hürden

1896	Thomas Curtis	USA	17,6
	Grantley Goulding	GBR	17,7
	Bronze nicht vergeben		
1900	Alvin Kraenzlein	USA	15,4
	John McLean	USA	15,5
	Fred Moloney	USA	15,6
1904	Frederick Schule	USA	16,0
	Thaddeus Shideler	USA	16,3
	Lesley Ashburner	USA	16,4
1908	Forrest Smithson	USA	15,0
	John Garrels	USA	15,7
	Arthur Shaw	USA	15,8
1912	Frederick W. Kelly	USA	15,1
	James Wendell	USA	15,2
	Martin Hawkins	USA	15,3
1920	Earl Thomson	CAN	14,8
	Harold Barron	USA	15,1
	Frederick Murray	USA	15,2
1924	Daniel Kinsey	USA	15,0
	Sidney Atkinson	RSA	15,0
	Sten Pettersson	SWE	15,4
1928	Sidney Atkinson	RSA	14,8
	Stephen Anderson	USA	14,8
	John Collier	USA	14,9
1932	Gerorge Saling	USA	14,6
	Percy Beard	USA	14,7
	Donald Finaly	GBR	14,8
1936	Forrest ›Spec‹ Towens	USA	14,2
	Donald Finaly	GBR	14,4
	Frederick Pollard	USA	14,4
1948	William Porter	USA	13,9
	Clyde Scott	USA	14,1
	Craig Dixon	USA	14,1
1952	Harrison Dillard	USA	13,7
	Jack Davis	USA	13,7
	Arthur Barnard	USA	14,1
1956	Lee Calhoun	USA	13,5
	Jack Davis	USA	13,5
	Joel Shankle	USA	14,1
1960	Lee Calhoun	USA	13,8
	Willie May	USA	13,8
	Hayes Jones	USA	14,0
1964	Hayes Jones	USA	13,6
	Blaine Lindgren	USA	13,7
	Anatoli Michailow	URS	13,7
1968	Willie Davenport	USA	13,3
	Ervin Hall	USA	13,4
	Eddy Ottoz	ITA	13,4
1972	Rodney Milburn	USA	13,24
	Guy Drut	FRA	13,34
	Thomas Hill	USA	13,48
1976	Guy Drut	FRA	13,30
	Alejandro Casanas	CUB	13,33
	Willie Davenport	USA	13,38
1980	Thomas Munkelt	GDR	13,39
	Alejandro Casanas	CUB	13,40
	Alexander Putschkow	URS	13,44
1984	Roger Kingdom	USA	13,20
	Greg Foster	USA	13,23
	Arto Bryggare	FIN	13,40
1988	Roger Kingdom	USA	12,98
	Colin Jackson	GBR	13,28
	Anthony Cambell	USA	13,38
1992	Mark McKoy	CAN	13,12
	Tony Dees	USA	13,24
	Jack Pierce	USA	13,26
1996	Allen Johnson	USA	12,95
	Mark Crear	USA	13,09
	Florian Schwarthoff	GER	13,17
2000	Anier Garcia	CUB	13,00
	Terrence Trammell	USA	13,16
	Mark Crear	USA	13,22

400 m Hürden

1900	Walter John Tewksbury	USA	57,6
	Henri Tauzin	FRA	58,3
	George Orton	CAN	
1908	Charles Bacon	USA	55,0
	Harry Hillman	USA	55,3
	Leonard Tremeer	GBR	57,0
1920	Frank Loomis	USA	54,0
	John Norton	USA	54,3
	August Desch	USA	54,5
1924	Morgan Taylor	USA	52,6
	Erik Vilen	FIN	53,8
	Ivan Riley	USA	54,2
1928	David Burghley	GBR	53,4
	Frank Cuhel	USA	53,6
	Morgan Taylor	USA	53,6
1932	Robert Tisdall	IRL	51,7
	Glenn Hardin	USA	51,9
	Morgan Taylor	USA	52,2
1936	Glenn Hardin	USA	52,4
	John Loaring	CAN	52,7
	Miguel White	PHI	52,8
1948	Leroy Cochran	USA	51,1
	Duncan White	SRI	51,8
	Rune Larsson	SWE	52,2
1952	Charles Moore	USA	50,8
	Juri Litujew	URS	51,3
	John Holland	NZL	52,2
1956	Glenn Davis	USA	50,1
	Silas ›Eddie‹ Southern	USA	50,8
	Joshua Culbreath	USA	51,6
1960	Glenn Davis	USA	49,3
	Clifton Cushman	USA	49,6
	Richard Howard	USA	49,7
1964	Warren ›Rex‹ Cawley	USA	49,6
	John Cooper	GBR	50,1
	Salvatore Morale	ITA	50,1
1968	Dave Hemery	GBR	48,1
	Gerhard Hennige	FRG	49,0
	John Sherwood	GBR	49,0
1972	John Akii-Bua	UGA	47,82
	Ralph Mann	USA	48,51
	Dave Hemery	GBR	48,52
1976	Ed Moses	USA	47,64
	Michael Shine	USA	48,69
	Jewgeni Gawrilenko	URS	49,45
1980	Volker Beck	GDR	48,70
	Wassili Archipenko	URS	48,86
	Gary Oakes	GBR	49,11
1984	Ed Moses	USA	47,75
	Danny Harris	USA	48,13
	Harald Schmid	FRG	48,19
1988	Andre Phillips	USA	47,19
	Amadou Dia Ba	SEN	47,23
	Ed Moses	USA	47,56
1992	Kevin Young	USA	46,78
	Winthrop Graham	JAM	47,66
	Kriss Akabusi	GBR	47,82
1996	Derrick Adkins	USA	47,54
	Samuel Matete	ZAM	47,78
	Calvin Davis	USA	47,96
2000	Angelo Taylor	USA	47,50
	Hadi Souan Somayli	KSA	47,53
	Llewllyn Herbert	RSA	47,81

3000 m Hindernis

1900	George Orton	CAN	7:34,4
(2500m)	Sidney Robinson	GBR	7:38,0
	Jacques Chastanié	FRA	
1904	James Lightbody	USA	7:38,6
(2500m)	John Daly	IRL	7:40,6
	Arthur Newton	USA	25m
1908	Arthur Russell	GBR	10:47,8
(3200m)	Archie Robertson	GBR	10:48,4
	John Eisele	GBR	11:00,8
1920	Percy Hodges	GBR	10:00,4
	Patrick Flynn	USA	100m
	Ernesto Ambrosini	ITA	130m
1924	Ville Ritola	FIN	9:33,6
	Elias Katz	FIN	9:44,0
	Paul Bontemps	FRA	9:45,2
1928	Toivo Loukola	FIN	9:21,8
	Paavo Nurmi	FIN	9:31,6
	Ove Andersen	FIN	9:35,6
1932	Volmari Iso-Hollo	FIN	10:33,4
(3460m)	Thomas Evenson	GBR	10:46,0
	Joseph McCluskey	USA	10:46,2
1936	Volmari Iso-Hollo	FIN	9:03,8
	Kaarlo Tuominen	FIN	9:06,8
	Alfred Dompert	GER	9:07,2
1948	Thore Sjöstrand	SWE	9:04,6
	Erik Elmsäter	SWE	9:08,2
	Göte Hagström	SWE	9:11,8
1952	Horace Ashenfelter	USA	8:45,4
	Wladimir Kasanzew	URS	8:51,6
	John Disley	GBR	8:51,8
1956	Christopher Brasher	GBR	8:51,2
	Sandor Roznyoi	HUN	8:43,6
	Ernst Larsen	NOR	8:44,0
1960	Zdzislaw Krzyszkowiak	POL	8:34,2
	Nikolai Sokolow	URS	8:36,4
	Semjon Ritschin	URS	8:42,4
1964	Gaston Roelants	BEL	8:30,8
	Maurice Herriott	GBR	8:32,4
	Iwan Beljajew	URS	8:33,8
1968	Amos Biwott	KEN	8:51,0
	Benjamin Kogo	KEN	8:51,6
	George Young	USA	8:51,8
1972	Kipchoge Keino	KEN	8:23,6
	Benjamin Jipcho	KEN	8:24,6
	Tapio Katanen	FIN	8:24,8
1976	Anders Gärderud	SWE	8:08,0
	Bronislaw Malinowski	POL	8:09,2
	Frank Baumgartl	GDR	8:10,4
1980	Bronislaw Malinowski	POL	8:09,7
	Filbert Bayi	TAN	8:12,5
	Eshetu Tura	ETH	8:13,6
1984	Julius Korir	KEN	8:11,30
	Joseph Mahmoud	FRA	8:13,31
	Brian Diemer	USA	8:14,06
1988	Julius Kariuki	KEN	8:05,51
	Peter Koech	KEN	8:06,79
	Mark Rowland	GBR	8:07,96
1992	Matthew Birir	KEN	8:08,84
	Patrick Sang	KEN	8:09,55
	William Mutwol	KEN	8:10,74
1996	Joseph Keter	KEN	8:07,12
	Moses Kiptanui	KEN	8:08,33
	Alessandro Lambruschini	ITA	8:11,28
2000	Reuben Kosgei	KEN	8:21,43
	Wilson Boit Kipketer	KEN	8:21,77
	Ali Ezzine	MAR	8:22,15

4x100 m

1912	Großbritannien	42,4
	Schweden	42,6
	Bronze nicht vergeben	
1920	USA	42,2
	Frankreich	42,6
	Schweden	42,9
1924	USA	41,0
	Großbritannien	41,2
	Niederlande	41,8
1928	USA	41,0
	Deutschland	41,2
	Großbritannien	41,8
1932	USA	40,0
	Deutschland	40,9
	Italien	41,2
1936	USA	39,8
	Italien	41,1
	Deutschland	41,2
1948	USA	40,6
	Großbritannien	41,3
	Italien	41,5
1952	USA	40,1
	UdSSR	40,3
	Ungarn	40,5
1956	USA	39,5
	UdSSR	39,8
	Deutschland	40,3
1960	Deutschland	39,5
	UdSSR	40,1
	Großbritannien	40,2
1964	USA	39,0
	Polen	39,3
	Frankreich	39,3
1968	USA	38,2
	Kuba	38,3
	Frankreich	38,4
1972	USA	38,19
	UdSSR	38,50
	BR Deutschland	38,79
1976	USA	38,33
	DDR	38,66
	UdSSR	38,78
1980	UdSSR	38,26
	Polen	38,33
	Frankreich	38,53
1984	USA	37,83
	Jamaika	38,62
	Kanada	38,70
1988	UdSSR	38,19
	Großbritannien	38,28
	Frankreich	38,40
1992	USA	37,40
	Nigeria	37,98
	Kuba	38,00
1996	Kanada	37,69
	USA	38,05
	Brasilien	38,41
2000	USA	37,61
	Brasilien	37,90
	Kuba	38,04

4x400 m

1912	USA	3:16,6
	Frankreich	3:20,7
	Großbritannien	3:23,2
1920	Großbritannien	3:22,2
	Südafrika	3:24,2
	Frankreich	3:24,8
1924	USA	3:16,0
	Schweden	3:17,0
	Großbritannien	3:17,4
1928	USA	3:14,2
	Deutschland	3:14,8
	Kanada	3:15,4
1932	USA	3:08,2
	Großbritannien	3:11,2
	Kanada	3:12,8
1936	Großbritannien	3:09,0
	USA	3:11,0
	Deutschland	3:11,8
1948	USA	3:10,4
	Frankreich	3:14,8
	Schweden	3:16,0
1952	Jamaika	3:03,9
	USA	3:04,0
	Deutschland	3:06,6
1956	USA	3:04,8
	Australien	3:06,2
	Großbritannien	3:07,2
1960	USA	3:02,2
	Deutschland	3:02,7
	Jamaika-Trinidad	3:04,0
1964	USA	3:00,7
	Großbritannien	3:01,6
	Trinidad & Tobago	3:01,7
1968	USA	2:56,1
	Kenia	2:59,6
	BR Deutschland	3:00,5
1972	Kenia	2:59,8
	Großbritannien	3:00,5
	Frankreich	3:00,7
1976	USA	2:58,65
	Polen	3:01,43
	BR Deutschland	3:01,98
1980	UdSSR	3:01,1
	DDR	3:01,3
	Italien	3:04,3
1984	USA	2:57,91
	Großbritannien	2:59,13
	Nigeria	2:59,32
1988	USA	2:56,16
	Jamaika	3:00,30
	BR Deutschland	3:00,56
1992	USA	2:55,74
	Kuba	2:59,51
	Großbritannien	2:59,73
1996	USA	2:55,99
	Großbritannien	2:56,60
	Jamaika	2:59,42
2000	USA	2:56,35
	Nigeria	2:58,68
	Jamaika	2:58,78

20 km Gehen

(bis 1996 10 km)

1908	George Larner	GBR	1:15:57,4
(16km)	Ernest Webb	GBR	1:17:31,0
	Edward Spencer	GBR	1:21:20,2
1912	George Goulding	CAN	46:28,4
	Ernest Webb	GBR	46:50,4
	Fernando Altimani	ITA	47:37,6
1920	Ugo Frigerio	ITA	48:06,2
	Joseph Pearman	USA	49:40,8
	Charles Gunn	GBR	49:45,4
1924	Ugo Frigerio	ITA	47:49,0
	George Goodwin	GBR	200m
	Cecil McMaster	RSA	300m
1948	John Mikaelsson	SWE	45:13,2
	Ingemar Johansson	SWE	45:43,8
	Fritz Schwab	SUI	46:00,2
1952	John Mikaelsson	SWE	45:02,8
	Fritz Schwab	SUI	45:41,0
	Bruno Junk	URS	45:41,0
1956	Leonid Spirin	URS	1:31:27,4
	Antanas Mikenas	URS	1:32:03,0
	Bruno Junk	URS	1:32:12,0
1960	Wladimir Golubnitschi	URS	1:34:07,2
	Noel Freeman	AUS	1:34:16,4
	Stanley Vickers	GBR	1:34:56,4
1964	Kenneth Matthews	GBR	1:29:34,0
	Dieter Lindner	GER	1:31:13,2
	Wladimir Golubnitschi	URS	1:31:59,4
1968	Wladimir Golubnitschi	URS	1:33:58,4
	José Pedraza	MEX	1:34:00,0
	Nikolai Smaga	URS	1:34:03,4
1972	Peter Frenkel	GDR	1:26:42,4
	Wladimir Golubnitschi	URS	1:26:55,2
	Hans-Georg Reimann	GDR	1:27:16,6
1976	Daniel Bautista	MEX	1:24:40,6
	Hans-Georg Reimann	GDR	1:25:13,8
	Peter Frenkel	GDR	1:25:29,4
1980	Maurizio Damilano	ITA	1:23:25,5
	Pjotr Potschentschuk	URS	1:24:45,4
	Roland Wieser	GDR	1:25:58,2
1984	Ernesto Canto	MEX	1:23:13,0
	Raul Gonzalez	MEX	1:23:20,0
	Maurizio Damilano	ITA	1:23:26,0

1988	Josef Pribilinec	TCH	1:19:57,0
	Ronald Weigel	GDR	1:20:00,0
	Maurizio Damilano	ITA	1:20:14,0
1992	Daniel Plaza	ESP	1:21:45,0
	Guillaume Leblanc	CAN	1:22:25,0
	Giovanni de Benedictis	ITA	1:23:11,0
1996	Jefferson Perez	ECU	1:20:07,0
	Ilja Markow	RUS	1:20:16,0
	Bernardo Segura	MEX	1:20:23,0
2000	Robert Korzeniowski	POL	1:18:59
	Noe Hernandez	MEX	1:19:03
	Wladimir Andrejew	RUS	1:19:27

50 km Gehen

1932	Thomas Green	GBR	4:50:10,0
	Janis Dalinsch	LAT	4:57:20,0
	Ugo Frigerio	ITA	4:59:06,0
1936	Harold Whitlock	GBR	4:30:41,4
	Arthur Tell Schwab	SUI	4:32:09,2
	Adalberts Bubenko	LAT	4:32:42,2
1948	John Ljunggren	SWE	4:41:52,0
	Gaston Godel	SUI	4:48:17,0
	Tebbs Lloyd-Johnson	GBR	4:48:31,0
1952	Giuseppe Dordoni	ITA	4:28:07,8
	Josef Dolezal	TCH	4:30:17,8
	Antal Roka	HUN	4:31:27,2
1956	Norman Read	NZL	4:30:42,8
	Jewgeni Maskinskow	URS	4:32:57,0
	John Ljunggren	SWE	4:35:02,0
1960	Donald Thompson	GBR	4:25:30,0
	John Ljunggren	SWE	4:25:47,0
	Abdon Pamich	ITA	4:27:55,4
1964	Abdon Pamich	ITA	4:11:12,4
	Paul Nihill	GBR	4:11:31,2
	Ingvar Pettersson	SWE	4:14:17,4
1968	Christoph Höhne	GDR	4:20:13,6
	Antal Kiss	HUN	4:30:17,0
	Larry Young	USA	4:31:55,4
1972	Bernd Kannenberg	FRG	3:56:11,6
	Wenjamin Soldao	URS	3:58:24,0
	Larry Young	USA	4:00:46,0
1980	Hartwig Gauder	GDR	3:49:24,0
	Jorge Llopart	ESP	3:51:25,0
	Jewgeni Iwtschenko	URS	3:56:32,0
1984	Raul Gonzalez	MEX	3:47:26,0
	Bo Gustafsson	SWE	3:53:19,0
	Sandro Belluci	ITA	3:53:45,0
1988	Wjatscheslaw Iwanenko	URS	3:38:29,0
	Ronald Weigel	GDR	3:38:56,0
	Hartwig Gauder	GDR	3:39:45,0
1992	Andrej Perlow	EUN	3:50:13,0
	Carlos Mercenario	MEX	3:52:09,0
	Ronald Weigel	GER	3:53:45,0
1996	Robert Korzeniowski	POL	3:43:30,0
	Michail Schtennikow	RUS	3:43:46,0
	Valentine Massana	ESP	3:44:19,0
2000	Robert Korzeniowski	POL	3:42:22
	Aigars Fadejevs	LAT	3:43:40
	Joel Sanchez	MEX	3:44:36

Hochsprung

1896	Ellery Clark	USA	1,81
	James Connolly	USA	1,65
	Robert Garrett	USA	1,65
1900	Irving Baxter	USA	1,90
	Patrick Leahy	GBR	1,78
	Lajos Gönczy	HUN	1,75
1904	Samuel Jones	USA	1,803
	Garrett Serviss	USA	1,778
	Paul Weinstein	GER	1,778
1908	Harry Porter	USA	1,905
	2. Con Leahy	GBR	1,880
	2. Istvan Somodi	HUN	1,880
	2. Geo Andre	FRA	1,880
1912	Alma Richards	USA	1,93
	Hans Liesche	GER	1,91
	George Horine	USA	1,89
1920	Richmond Landon	USA	1,935
	Harold Muller	USA	1,90
	Bo Ekelund	SWE	1,90
1924	Harold Osborn	USA	1,98
	Leroy Brown	USA	1,95
	Pierre Lewden	FRA	1,92
1928	Robert King	USA	1,94
	Benjamin Hedges	USA	1,91
	Claude Ménard	FRA	1,91
1932	Duncan McNaughton	CAN	1,97
	Robert Van Osdel	USA	1,97
	Simeon Toribio	PHI	1,97
1936	Cornelius Johnson	USA	2,03
	David Albritton	USA	2,00
	Delos Thurber	USA	2,00
1948	John Winter	AUS	1,98
	Björn Paulson	NOR	1,95
	George Stanich	USA	1,95
1952	Walter Davis	USA	2,04
	Kenneth Wiesner	USA	2,01
	José Telles	BRA	1,98
1956	Charles Dumas	USA	2,12
	Charles Porter	AUS	2,10
	Igor Kaschkarow	URS	2,08
1960	Robert Schawlakadse	URS	2,16
	Waleri Brumel	URS	2,16
	John Thomas	USA	2,14
1964	Waleri Brumel	URS	2,18
	John Thomas	USA	2,18
	John Rambo	USA	2,16
1968	Dick Fosbury	USA	2,24
	Edward Caruthers	USA	2,22
	Walentin Gawrilow	URS	2,20
1972	Juri Tarmak	URS	2,23
	Stefan Junge	GDR	2,21
	Dwight Stones	USA	2,21
1976	Jacek Wszola	POL	2,25
	Gregory Joy	CAN	2,23
	Dwight Stones	USA	2,21
1980	Gerd Wessig	GDR	2,36
	Jacek Wszola	POL	2,31
	Jörg Freimuth	GDR	2,31
1984	Dietmar Mögenburg	FRG	2,35
	Patrik Sjöberg	SWE	2,33
	Jianhua Zhu	CHN	2,31
1988	Gennadi Awdejenko	URS	2,38
	2. Hollis Conway	USA	2,36
	2. Rudolf Powarnizyn	URS	2,36
	3. Patrik Sjöberg	SWE	2,36
1992	Javier Sotomayor	CUB	2,34
	2. Patrik Sjöberg	SWE	2,34
	3. Artur Partyka	POL	2,34
	3. Timothy Forsythe	AUS	2,34
	3. Hollis Cornway	USA	2,34
1996	Charles Austin	USA	2,39
	Artur Partyka	POL	2,37
	Steve Smith	GBR	2,35
2000	Sergej Kliugin	RUS	2,35
	Javier Sotomayor	CUB	2,32
	Abderrahmane Hammad	ALG	2,32

Stabhochsprung

1896	William Welles Hoyt	USA	3,30
	Albert Tyler	USA	3,25
	Evangelos Damaskos	GRE	2,85
1900	Irving Baxter	USA	3,30
	Michael Colkett	USA	3,25
	Carl-Albert Andersen	NOR	3,20
1904	Charles Dvorak	USA	3,505
	LeRoy Samse	USA	3,43
	Louis Wilkins	USA	3,43
1908	1. Edward Cooke	USA	3,71
	1. Alfred Gilbert	USA	3,71
	3. Edward Archibald	CAN	3,58
	3. Charles Jacobs	USA	3,58
	3. Bruno Söderström	SWE	3,58
1912	Harry Babcock	USA	3,95
	2. Frank Nelson	USA	3,85
	2. Marcus Wright	USA	3,85
	3. Bertil Uggla	SWE	3,80
	3. William Happenny	CAN	3,80
	3. Frank Murphy	USA	3,80
1920	Frank Foss	USA	4,09
	Henry Petersen	DEN	3,70
	Edwin Myers	USA	3,60
1924	Lee Barnes	USA	3,95
	Glen Graham	USA	3,95
	James Brooker	USA	3,90
1928	Sabin Carr	USA	4,20
	William Droegemuller	USA	4,10
	Charles McGinnis	USA	3,95
1932	William Miller	USA	4,315
	Shuhei Nishida	JPN	4,30
	George Jefferson	USA	4,20
1936	Earle Meadows	USA	4,35
	Shuhei Nishida	JPN	4,25
	Sueo Oe	JPN	4,25
1948	Guinn Owen Smith	USA	4,30
	Erkki Kataja	FIN	4,20
	Bob Richards	USA	4,20
1952	Bob Richards	USA	4,55
	Donald Laz	USA	4,50
	Ragnar Lundberg	SWE	4,40
1956	Bob Richards	USA	4,56
	Robert Gutowski	USA	4,53
	Georgios Roubanis	GRE	4,50
1960	Donald Bragg	USA	4,70
	Ronald Morris	USA	4,60
	Eeles Landström	FIN	4,55
1964	Fred Hansen	USA	5,10
	Wolfgang Reinhardt	GER	5,05
	Klaus Lehnertz	GER	5,00
1968	Bob Seagren	USA	5,40
	Claus Schiprowski	FRG	5,40
	Wolfgang Nordwig	GDR	5,40
1972	Wolfgang Nordwig	GDR	5,50
	Bob Seagren	USA	5,40
	Jan Johnson	USA	5,35
1976	Tadeusz Slusarski	POL	5,50
	Antti Kalliomäki	FIN	5,50
	Dave Roberts	USA	5,50
1980	Wladyslaw Kozakiewicz	POL	5,78
	2. Tadeusz Slusarski	POL	5,65
	2. Konstantin Wolkow	URS	5,65
1984	Pierre Quinon	FRA	5,75
	Mike Tully	USA	5,65
	3. Earl Bell	USA	5,60
	3. Thierry Vigneron	FRA	5,60
1988	Sergej Bubka	URS	5,90
	Radion Gataulin	URS	5,85
	Grigori Jegorow	URS	5,80
1992	Maxim Tarassow	EUN	5,80
	Igor Trandenkow	EUN	5,80
	Javier Garcia	ESP	5,75
1996	1. Jean Galfione	FRA	5,92
	2. Igor Trandenkow	RUS	5,92
	3. Andrej Tiwontschik	GER	5,92
2000	Nick Hysong	USA	5,90
	Lawrence Johnson	USA	5,90
	Maxim Tarassow	RUS	5,90

Weitsprung

1896	Ellery Clark	USA	6,35
	Robert Garrett	USA	6,18
	James Connolly	USA	6,11
1900	Alvin Kraenzlein	USA	7,185
	Meyer Prinstein	USA	7,175
	Patrick Leahy	GBR	6,950
1904	Meyer Prinstein	USA	7,34
	Daniel Frank	USA	6,89
	Robert Stangland	USA	6,88
1908	Francis Irons	USA	7,480
	Daniel Kelly	USA	7,090
	Calvin Bricker	CAN	7,085
1912	Albert Gutterson	USA	7,60
	Calvin Bricker	CAN	7,21
	Georg Aberg	SWE	7,18
1920	William Peterson	SWE	7,15
	Carl Johnson	USA	7,095
	Erik Abrahamson	SWE	7,08
1924	William DeHart Hubbard	USA	7,445
	Edward Gourdin	USA	7,275
	Sverre Hansen	NOR	7,26
1928	Edward Hamm	USA	7,73
	Silvio Cator	HAI	7,58
	Alfred Bates	USA	7,40
1932	Edward Gordon	USA	7,64
	Charles Lambert Redd	USA	7,60
	Chuhei Nambu	JPN	7,45
1936	Jesse Owens	USA	8,06
	Luz Long	GER	7,87
	Naoto Tajima	JPN	7,74
1948	Willie Steele	USA	7,825
	Thomas Bruce	AUS	7,555
	Herbert Douglas	USA	7,545
1952	Jerome Biffle	USA	7,57
	Meredith Gourdine	USA	7,53
	Ödön Földessy	HUN	7,30
1956	Gregory Bell	USA	7,83
	John Benett	USA	7,68
	Jorma Valkoma	FIN	7,48
1960	Ralph Boston	USA	8,12
	Irvin Roberson	USA	8,11
	Igor Ter-Owanesian	URS	8,04
1964	Lynn Davies	GBR	8,07
	Ralph Boston	USA	8,03
	Igor Ter-Owanesian	URS	7,99
1968	Bob Beamon	USA	8,90
	Klaus Beer	GDR	8,19
	Ralph Boston	USA	8,16
1972	Randy Williams	USA	8,24
	Hans Baumgartner	FRG	8,18
	Arnie Robinson	USA	8,03
1976	Arnie Robinson	USA	8,35
	Randy Williams	USA	8,11
	Frank Wartenberg	GDR	8,02
1980	Lutz Dombrowski	GDR	8,54
	Frank Paschek	GDR	8,21
	Waleri Podluschni	URS	8,18
1984	Carl Lewis	USA	8,54
	Gary Honey	AUS	8,24
	Giovanni Evangelisti	ITA	8,24
1988	Carl Lewis	USA	8,72
	Mike Powell	USA	8,49
	Larry Myricks	USA	8,27
1992	Carl Lewis	USA	8,67
	Mike Powell	USA	8,64
	Joe Greene	USA	8,34
1996	Carl Lewis	USA	8,50
	James Beckford	JAM	8,29
	Joe Greene	USA	8,24
2000	Ivan Pedroso	CUB	8,55
	Jai Taurima	AUS	8,49
	Roman Schurenko	UKR	8,31

Dreisprung

1896	James Connolly	USA	13,71
	Alexandre Tuffère	FRA	12,70
	Ioannis Persakis	GRE	12,52
1900	Meyer Prinstein	USA	14,47
	James Connolly	USA	13,97
	Lewis Sheldon	USA	13,64
1908	Timothy Ahearne	GBR	14,915
	J. Garfield MacDonald	CAN	14,760
	Edvard Larsen	NOR	14,395
1912	Gustaf Lindblom	SWE	14,76
	Georg Aberg	SWE	14,51
	Erik Almlöf	SWE	14,17
1920	Vilho Tuulos	FIN	14,505
	Folke Jansson	SWE	14,48
	Erik Almlöf	SWE	14,275
1924	Anthony Winter	AUS	15,525
	Luis Bruneto	ARG	15,425
	Vilho Tuulos	FIN	15,37
1928	Mikio Oda	JPN	15,21
	Levi Casey	USA	15,17
	Vilho Tuulos	FIN	15,11
1932	Chuhei Nambu	JPN	15,72
	Eric Svensson	SWE	15,32
	Kenkichi Oshima	JPN	15,12
1936	Naoto Tajima	JPN	16,00
	Masao Harada	JPN	15,66
	John Metcalfe	AUS	15,50
1948	Arne Ahman	SWE	15,40
	George Avery	AUS	15,365
	Ruhi Sarialp	TUR	15,025
1952	Adhemar Da Silva	BRA	16,22
	Leonid Scherbakow	URS	15,98
	Arnoldo Devonish	VEN	15,52
1956	Adhemar Da Silva	BRA	16,35
	Vilhjalmur Einarsson	ISL	16,26
	Witold Krejer	URS	16,02
1960	Jozef Szmidt	POL	16,81
	Wladimir Gorjajew	URS	16,63
	Witold Krejer	URS	16,43
1964	Jozef Szmidt	POL	16,85
	Oleg Fjedossejew	URS	16,58
	Wiktor Krawtschenko	URS	16,57
1968	Wiktor Sanejew	URS	17,39
	Nelson Prudencio	BRA	17,27
	Giuseppe Gentile	ITA	17,22
1972	Wiktor Sanejew	URS	17,35
	Jörg Drehmel	GDR	17,31
	Nelson Prudencio	BRA	17,05
1976	Wiktor Sanejew	URS	17,29
	James Butts	USA	17,18
	Joao Carlos de Oliviera	BRA	16,90
1980	Jaak Uudmäe	URS	17,35
	Wiktor Sanejew	URS	17,24
	Joao Carlos de Oliviera	BRA	17,22
1984	Al Joyner	USA	17,26
	Mike Conley	USA	17,18
	Keith Connor	GBR	16,87
1988	Christo Markov	BUL	17,61
	Igor Lapschin	URS	17,52
	Aleksander Kowalenko	URS	17,42
1992	Mike Conley	USA	18,17
	Charles Simpkins	USA	17,60
	Frank Rutherford	BAH	17,36
1996	Kenny Harrison	USA	18,09
	Jonathan Edwards	GBR	17,88
	Yoelbi Quesada	CUB	17,44
2000	Jonathan Edwards	GBR	17,71
	Yoel Garcia	CUB	17,47
	Denis Kapustin	RUS	17,46

Kugelstoßen

1896	Robert Garrett	USA	11,22
	Miltiades Gouskos	GRE	11,20
	Georgios Papasideris	GRE	10,36
1900	Richard Sheldon	USA	14,10
	Josiah McCracken	USA	12,85
	Robert Garrett	USA	12,37
1904	Ralph Rose	USA	14,808
	William Coe	USA	14,40
	Leon Feuerbach	USA	13,37
1908	Ralph Rose	USA	14,210
	Dennis Horgan	GBR	13,620
	John Garrels	USA	13,180
1912	Patrick McDonald	USA	15,34
	Ralph Rose	USA	15,25
	Lawrence Whitney	USA	13,93
1920	Frans ›Ville‹ Pörhölä	FIN	14,81
	Elmer Niklander	FIN	14,155
	Harry Liversedge	USA	14,15
1924	Clarence ›Bud‹ Houser	USA	14,995
	Glenn Hartranft	USA	14,895
	Ralph Hills	USA	14,64
1928	John Kuck	USA	15,87
	Herman Brix	USA	15,75
	Emil Hirschfeld	GER	15,72
1932	Leo Sexton	USA	16,005
	Harlow Rothert	USA	15,675
	Frantisek Douda	TCH	15,61
1936	Hans Woellke	GER	16,20
	Sulo Bärlund	FIN	16,12
	Gerhard Stöck	GER	15,66
1948	Wilbur Thompson	USA	17,12
	James Delaney	USA	16,68
	James Fuchs	USA	16,42
1952	Parry O'Brian	USA	17,41
	Darrow Hooper	USA	17,39
	James Fuchs	USA	17,06
1956	Parry O'Brian	USA	18,57
	Bill Nieder	USA	18,18
	Jiri Skobla	TCH	17,65
1960	Bill Nieder	USA	19,68
	Parry O'Brian	USA	19,11
	Dallas Long	USA	19,01
1964	Dallas Long	USA	20,33
	Randy Matson	USA	20,20
	Vilmos Varju	HUN	19,39
1968	Randy Matson	USA	20,54
	George Woods	USA	20,12
	Eduard Guschtschin	URS	20,09
1972	Wladyslaw Komar	POL	21,18
	George Woods	USA	21,17
	Hartmut Briesenick	GDR	21,14
1976	Udo Beyer	GDR	21,05
	Jewgeni Mironow	URS	21,03
	Alexander Baryschnikow	URS	21,00
1980	Wladimir Kisseljow	URS	21,35
	Alexander Baryschnikow	URS	21,08
	Udo Beyer	GDR	21,06
1984	Alessandro Andrei	ITA	21,26
	Michael Carter	USA	21,09
	Dave Laut	USA	20,97
1988	Ulf Timmermann	GDR	22,47
	Randy Barnes	USA	22,39
	Werner Günthör	SUI	21,99
1992	Michael Stulce	USA	21,70
	James Doehring	USA	20,96
	Wjatscheslaw Lykho	EUN	20,94
1996	Randy Barnes	USA	21,62
	John Godina	USA	20,79
	Alexander Bagatsch	UKR	20,75
2000	Arsi Harju	FIN	21,29
	Adam Nelson	USA	21,21
	John Godina	USA	21,20

Diskuswerfen

1896	Robert Garrett	USA	29,15
	Panagio Paraskevopoulos	GRE	28,95
	Sotirios Versis	GRE	28,78
1900	Rudolf Bauer	HUN	36,04
	Frantisek Janda-Suk	BOH	35,25
	Richard Sheldon	USA	34,60
1904	Martin Sheridan	USA	39,28
	Ralph Rose	USA	39,28
	Nicolaos Georgantas	GRE	37,68
1908	Martin Sheridan	USA	40,890
	Merritt Giffin	USA	40,700
	Marquis Horr	USA	39,445
1912	Armas Taipale	FIN	45,21
	Richard Byrd	USA	42,32
	James Duncan	USA	42,28
1920	Elmer Niklander	FIN	44,685
	Armas Taipale	FIN	44,19
	Augustus Pope	USA	42,13
1924	Clarence ›Bud‹ Houser	USA	46,155
	Vilho Niittymaa	FIN	44,95
	Thomas Lieb	USA	44,83
1928	Clarence ›Bud‹ Houser	USA	47,32
	Lauri Antero Kivi	FIN	47,23
	James Corson	USA	47,10
1932	John Anderson	USA	49,49
	Henri Jean Laborde	USA	48,47
	Paul Winter	FRA	47,85
1936	Kenneth Carpenter	USA	50,48
	Gordon Dunn	USA	49,36
	Giorgio Oberweger	ITA	49,23
1948	Adolfo Consolini	ITA	52,78
	Giuseppe Tosi	ITA	51,78
	Fortune Gordien	USA	50,77
1952	Sim Iness	USA	55,03
	Adolfo Consolini	ITA	53,78
	James Dillion	USA	53,28
1956	Al Oerter	USA	56,36
	Fortune Gordien	USA	54,81
	Desmond Koch	USA	54,40
1960	Al Oerter	USA	59,18
	Richard Babka	USA	58,02
	Richard Cochran	USA	57,16
1964	Al Oerter	USA	61,00
	Ludvik Danek	TCH	60,52
	David Weill	USA	59,49
1968	Al Oerter	USA	64,78
	Lothar Milde	GDR	63,08
	Ludvik Danek	TCH	62,92
1972	Ludvik Danek	TCH	64,40
	Jay Silvester	USA	63,50
	Ricky Bruch	SWE	63,40
1976	Mac Wilkins	USA	67,50
	Wolfgang Schmidt	GDR	66,22
	John Powell	USA	65,70
1980	Wiktor Raschtschupkin	URS	66,64
	Imrich Bugar	TCH	66,38
	Luis Delis	CUB	66,32
1984	Rolf Danneberg	FRG	66,60
	Mac Wilkins	USA	66,30
	John Powell	USA	65,46
1988	Jürgen Schult	GDR	68,82
	Romas Ubartas	URS	67,48
	Rolf Danneberg	FRG	67,38
1992	Romas Ubartas	LIT	65,12
	Jürgen Schult	GER	64,94
	Roberto Moya	CUB	64,12

1996	Lars Riedel	GER	69,40
	Wladimir Dubrowschik	BLR	66,60
	Wassili Kaptiuch	BLR	65,80
2000	Virgilius Alekna	LTU	69,30
	Lars Riedel	GER	68,50
	Frantz Kruger	RSA	68,19

Hammerwerfen

1900	John Flanagan	USA	49,73
	Truxton Hare	USA	49,13
	Josiah McCracken	USA	42,46
1908	John Flanagan	USA	51,92
	Matthew McGrath	USA	51,18
	Cornelius Walsh	CAN	48,51
1912	Matthew McGrath	USA	54,74
	Duncan Gillis	CAN	48,39
	Clarence Childs	USA	48,17
1920	Patrick Ryan	USA	52,875
	Carl Johan Lind	SWE	48,43
	Basil Bennet	USA	48,25
1924	Frederick Tootell	USA	53,295
	Matthew McGrath	USA	50,84
	Malcolm Nokes	GBR	48,875
1928	Patrick O'Callaghan	IRL	51,39
	Ossian Skiöld	SWE	51,29
	Edmund Black	USA	49,03
1932	Patrick O'Callaghan	IRL	53,92
	Frans ›Wille‹ Pörhölä	FIN	52,27
	Peter Zaremba	USA	50,33
1936	Karl Hein	GER	56,49
	Erwin Blask	GER	55,04
	Oscar Fred Warngard	SWE	54,83
1948	Imre Nemeth	HUN	56,07
	Ivan Gubijan	YUG	54,27
	Robert Bennett	USA	53,73
1952	Jozsef Csermak	HUN	60,34
	Karl Storch	GER	58,86
	Imre Nemeth	HUN	57,74
1956	Harold Connolly	USA	63,19
	Michail Kriwonossow	URS	63,03
	Anatoli Samozwjetow	URS	62,56
1960	Wassili Rudenkow	URS	67,10
	Gyula Zsivotzky	HUN	65,79
	Tadeusz Rut	POL	65,64
1964	Romuald Klim	URS	69,74
	Gyula Zsivotzky	HUN	69,09
	Uwe Beyer	GER	68,09
1968	Gyula Zsivotzky	HUN	73,36
	Romuald Klim	URS	73,28
	Lazar Lovasz	HUN	69,78
1972	Anatoli Bondartschuk	URS	75,50
	Jochen Sachse	GDR	74,96
	Wassili Chmelewski	URS	74,04
1976	Juri Sedych	URS	77,52
	Alexej Spiridonow	URS	76,08
	Anatoli Bondartschuk	URS	75,48
1980	Juri Sedych	URS	81,80
	Sergej Litwinow	URS	80,64
	Juri Tamm	URS	78,96
1984	Juha Tiainen	FIN	78,08
	Karl-Hans Riehm	FRG	77,98
	Klaus Ploghaus	FRG	76,68
1988	Sergej Litwinow	URS	84,80
	Juri Sedych	URS	83,76
	Juri Tamm	URS	81,16
1992	Andrej Abduwaljew	EUN	82,54
	Igor Astapkowitsch	EUN	81,96
	Igor Nikulin	EUN	81,38
1996	Balazs Kiss	HUN	81,24
	Lance Deal	USA	81,12
	Oleksi Krikun	UKR	80,02
2000	Szymon Ziolkowski	POL	80,02
	Nicola Vizzoni	ITA	79,64
	Igor Astapkowitsch	BLR	79,17

Speerwerfen

1908	Eric Lemming	SWE	54,824
	Arne Halse	NOR	50,570
	Otto Nilsson	SWE	47,105
1912	Eric Lemming	SWE	60,64
	Julius Juho Saaristo	FIN	58,86
	Mor Kovacs	HUN	55,50
1920	Jonni Myyrä	FIN	65,78
	Urho Peltonen	FIN	63,50
	Paavo Jaale-Johansson	FIN	63,095
1924	Jonni Myyrä	FIN	62,96
	Gunnar Lindström	SWE	60,92
	Eugene Oberst	USA	58,35
1928	Erik Lundqvist	SWE	66,60
	Béla Szepes	HUN	65,26
	Olav Sunde	NOR	63,97
1932	Matti Järvinen	FIN	72,71
	Matti Sippala	FIN	69,80
	Eino Penttilä	FIN	68,70
1936	Gerhard Stöck	GER	71,84
	Yrjö Nikkanen	FIN	70,77
	Kaarlo Kalervo Toivonen	FIN	70,72
1948	Kai Tapio Routavaara	FIN	69,77
	Stephan Seymour	USA	67,56
	Jozsef Vorszegi	HUN	67,03
1952	Cyrus Young	USA	73,78
	William Miller	USA	72,46
	Toivo Hyytiäinen	FIN	71,89
1956	Egil Danielsen	NOR	85,71
	Janusz Sidlo	POL	79,98
	Wiktor Zybulenko	URS	79,50
1960	Wiktor Zybulenko	URS	84,64
	Walter Krüger	GER	79,36
	Gergely Kulcsar	HUN	78,57
1964	Pauli Nevala	FIN	82,66
	Gergely Kulcsar	HUN	82,32
	Janis Lusis	URS	80,57
1968	Janis Lusis	URS	90,10
	Jorma Kinnunen	FIN	88,58
	Gergely Kulcsar	HUN	87,06
1972	Klaus Wolfermann	FRG	90,48
	Janis Lusis	URS	90,46
	William Schmidt	USA	84,42
1976	Miklos Nemeth	HUN	94,58
	Hannu Siitonen	FIN	87,92
	Gherorghe Megelea	ROM	87,16
1980	Dainis Kula	URS	91,20
	Alexander Makarow	URS	89,64
	Wolfgang Hanisch	GDR	86,72
1984	Arto Härkönen	FIN	86,76
	David Ottley	GBR	85,74
	Kenth Eldebrink	SWE	83,72
1988	Tapio Korjus	FIN	84,28
	Jan Zelezny	TCH	84,12
	Seppo Räty	FIN	83,26
1992	Jan Zelezny	TCH	89,66
	Seppo Räty	FIN	86,60
	Steve Backley	GBR	83,38
1996	Jan Zelezny	CZE	88,16
	Steve Backley	GBR	87,44
	Seppo Räty	FIN	86,98
2000	Jan Zelezny	CZE	90,17
	Steve Backley	GBR	89,85
	Sergej Makarow	RUS	88,67

Zehnkampf

1904	Thomas Kiely	GBR	6036
	Adam Gunn	USA	5907
	Truxton Hare	USA	5813
1912	Jim Thorpe*	USA	8412
	Hugo Wieslander	SWE	7724
	Charles Lomberg	SWE	7414
	*Disqualifikation 1913, aufgehoben 1982		
1920	Helge Lövland	NOR	6804
	Brutus Hamilton	USA	6771
	Bertil Ohlson	SWE	6580
1924	Harold M. Osborn	USA	7710
	Emerson Norton	USA	7350
	Alexander Klumberg	EST	7329
1928	Paavo Yrjölä	FIN	8053
	Akilles ›Aki‹ Järvinen	FIN	7931
	John Kenneth Doherty	USA	7706
1932	James Bausch	USA	8462
	Akilles ›Aki‹ Järvinen	FIN	8292
	Wolrad Eberle	GER	8030
1936	Glenn Morris	USA	7900
	Robert Clark	USA	7601
	Jack Parker	USA	7275
1948	Bob Mathias	USA	7139
	Ignace Heinrich	FRA	6974
	Floyd Simmons	USA	6950
1952	Bob Mathias	USA	7887
	Milton Campbell	USA	6975
	Floyd Simmons	USA	6788
1956	Milton Campbell	USA	7937
	Rafer Johnson	USA	7587
	Wassili Kusnezow	URS	7465
1960	Rafer Johnson	USA	8392
	Yang Chuan-Kwang	TPE	8334
	Wassili Kusnezow	URS	7809
1964	Willi Holdorf	GER	7887
	Rein Aun	URS	7842
	Hans-Joachim Walde	GER	7809
1968	Bill Toomey	USA	8193
	Hans-Joachim Walde	FRG	8111
	Kurt Bendlin	FRG	8064
1972	Nikolai Awilow	URS	8454
	Leonid Litwinenko	URS	8035
	Ryszard Katus	POL	7984
1976	Bruce Jenner	USA	8618
	Guido Kratschmer	FRG	8411
	Nikolai Awilow	URS	8369
1980	Daley Thompson	GBR	8495
	Juri Kuzenko	URS	8331
	Sergej Scheljanow	URS	8135
1984	Daley Thompson	GBR	8797
	Jürgen Hingsen	FRG	8673
	Siegfried Wentz	FRG	8412
1988	Christian Schenk	GDR	8488
	Torsten Voss	GDR	8399
	David Steen	CAN	8328
1992	Robert Zmelik	TCH	8611
	Antonio Penalver	ESP	8412
	Dave Johnson	USA	8309
1996	Dan O'Brian	USA	8824
	Frank Busemann	GER	8706
	Tomas Dvorak	CZE	8664
2000	Erki Nool	EST	8641
	Roman Sebrle	CZE	8606
	Chris Huffins	USA	8595

Frauen

100 m

1928	Elizabeth Robinson	USA	12,2
	Fanny Rosenfeld	CAN	12,3
	Ethel Smith	CAN	12,3
1932	Stanislawa Walasiewicz	POL	11,9
	Hilda Strike	CAN	11,9
	Wilhelmina von Bremen	USA	12,0
1936	Helen Stephens	USA	11,5
	Stanislawa Walasiewicz	POL	11,7
	Käthe Krauß	GER	11,9
1948	Fanny Blankers-Koen	NED	11,9
	Dorothy Manley	GBR	12,2
	Shirley Strickland	AUS	12,2
1952	Marjorie Jackson	AUS	11,5
	Daphne Hasenjager-Robb	SAF	11,8
	Shirley Strickland	AUS	11,9
1956	Betty Cuthbert	AUS	11,5
	Christa Stubnick	GER	11,7
	Marlene Matthews	AUS	11,7
1960	Wilma Rudolph	USA	11,0
	Dorothy Hyman	GBR	11,3
	Guiseppina Leone	ITA	11,3
1964	Wyomia Tyus	USA	11,4
	Edith McGuire	USA	11,6
	Ewa Klobukowska	POL	11,6
1968	Wyomia Tyus	USA	11,0
	Barbara Ferrell	USA	11,1
	Irena Szewinska	POL	11,1
1972	Renate Stecher	GDR	11,07
	Raelene Boyle	AUS	11,23
	Silvia Chibas	CUB	11,24
1976	Annegret Richter	FRG	11,08
	Renate Stecher	GDR	11,13
	Inge Helten	FRG	11,17
1980	Ljudmila Kondratjewa	URS	11,06
	Marlies Göhr	GDR	11,07
	Ingrid Auerswald	GDR	11,14
1984	Evelyne Ashford	USA	10,97
	Alice Brown	USA	11,13
	Merlene Ottey-Page	JAM	11,16
1988	Florence Griffith-Joyner	USA	10,54
	Evelyne Ashford	USA	10,83
	Heike Drechsler	GDR	10,85
1992	Gail Devers	USA	10,82
	Juliet Cuthbert	JAM	10,83
	Irina Priwalowa	EUN	10,84
1996	1. Gail Devers	USA	10,94
	2. Merlene Ottey	JAM	10,94
	Gwen Torrence	USA	10,96
2000	Marion Jones	USA	10,75
	Ekaterini Thanou	GRE	11,12
	Tanya Lawrence	JAM	11,18

200 m

1948	Fanny Blankers-Koen	NED	24,4
	Audrey Williamson	GBR	25,1
	Audrey Patterson	USA	25,2
1952	Marjorie Jackson	AUS	23,7
	Bertha Brouwer	NED	24,2
	Nadeschda Khnykina	URS	24,2
1956	Betty Cuthbert	AUS	23,4
	Christa Stubnick	GER	23,7
	Marlene Matthews	AUS	23,8
1960	Wilma Rudolph	USA	24,0
	Jutta Heine	GER	24,4
	Dorothy Hyman	GBR	24,7
1964	Edith McGuire	USA	23,0
	Irena Kirszenstein	POL	23,1
	Marilyn Black	AUS	23,1
1968	I. Szewinska-Kirszenstein	POL	22,5
	Raelene Boyle	AUS	22,7
	Jennifer Lamy	AUS	22,8
1972	Renate Stecher	GDR	22,40
	Raelene Boyle	AUS	22,45
	Irena Szewinska	POL	22,74
1976	Bärbel Eckert	GDR	22,37
	Annegret Richter	FRG	22,39
	Renate Stecher	GDR	22,47
1980	Bärbel Wöckel-Eckert	GDR	22,03
	Natalja Botschina	URS	22,19
	Merlene Ottey	JAM	22,20
1984	Valerie Brisco-Hooks	USA	21,81
	Florence Griffith	USA	22,04
	Merlene Ottey-Page	JAM	22,09
1988	Florence Griffith-Joyner	USA	21,34
	Grace Jackson	JAM	21,72
	Heike Drechsler	GDR	21,95
1992	Gwen Torrence	USA	21,81
	Juliet Cuthbert	JAM	22,02
	Merlene Ottey	JAM	22,09
1996	Marie-José Perec	FRA	22,12
	Merlene Ottey	JAM	22,24
	Mary Onyali	NGR	22,38
2000	Marion Jones	USA	21,84
	Pauline Davis-Thompson	BAH	22,27
	Susanthika Jayasinghe	SRI	22,28

400 m

1964	Betty Cuthbert	AUS	52,0
	Ann Packer	GBR	52,2
	Judith Amoore	AUS	53,4
1968	Colette Besson	FRA	52,0
	Lillian Board	GBR	52,1
	Natalja Peteschkina	URS	52,2
1972	Monika Zehrt	GDR	51,08
	Rita Wilden	FRG	51,21
	Kathy Hammond	USA	51,64
1976	Irena Szewinska	POL	49,29
	Christina Brehmer	GDR	50,51
	Ellen Streidt	GDR	50,55
1980	Marita Koch	GDR	48,88
	Jarmila Kratochvilova	TCH	49,46
	Christina Lathan-Brehmer	GDR	49,66
1984	Valerie Brisco-Hooks	USA	48,83
	Chandra Cheeseborough	USA	49,05
	Kathryn Cook	GBR	49,42
1988	Olga Brysgina	URS	48,65
	Petra Müller	GDR	49,45
	Olga Nasarowa	URS	49,90
1992	Marie-José Perec	FRA	48,83
	Olga Brysgina	EUN	49,05
	Ximena Restrepo	COL	49,64
1996	Marie-José Perec	FRA	48,25
	Cathy Freeman	AUS	48,63
	Falilat Ogunkoya	NGR	49,10
2000	Cathy Freeman	AUS	49,11
	Lorraine Graham	JAM	49,58
	Katharine Merry	GBR	49,72

800 m

1928	Lina Radke-Batschauer	GER	2:16,8
	Kinuye Hitomi	JPN	2:17,6
	Inga Gentzel	SWE	2:17,8
1960	Ljudmila Schwezowa	URS	2:04,3
	Brenda Jones	AUS	2:04,4
	Ursula Donath	GER	2:05,6
1964	Ann Packer	GBR	2:01,1
	Maryvonne Dupureur	FRA	2:01,9
	Marise Ann Chamberlain	NZL	2:02,8
1968	Madeline Manning	USA	2:00,9
	Ileana Silai	ROM	2:02,5
	Maria Gommers	NED	2:02,6
1972	Hildegard Falck	FRG	1:58,6
	Nijole Sabaite	URS	1:58,7
	Gunhild Hoffmeister	GDR	1:59,2
1976	Tatjana Kasankina	URS	1:54,9
	Nikolina Schtereva	BUL	1:55,4
	Elfi Zinn	GDR	1:55,6
1980	Nadeshda Olisarenko	URS	1:53,5
	Olga Minejewa	URS	1:54,9
	Tatjana Prowidochina	URS	1:55,5
1984	Doina Melinte	ROM	1:57,60
	Kim Gallagher	USA	1:58,63
	Fita Lovin	ROM	1:58,83
1988	Sigrun Wodars	GDR	1:56,10
	Christine Wachtel	GDR	1:56,64
	Kim Gallagher	USA	1:56,91
1992	Ellen van Langen	NED	1:55,54
	Lilia Nurutdinowa	EUN	1:55,99
	Ana Fidelia Quirot	CUB	1:56,80
1996	Swetlana Masterkowa	RUS	1:57,73
	Ana Fidelia Quirot	CUB	1:58,11
	Maria Mutola	MOZ	1:58,71
2000	Maria Mutola	MOZ	1:56,15
	Stephanie Graf	AUT	1:56,64
	Kelly Holmes	GBR	1:56,80

1500 m

1972	Ljudmila Bragina	URS	4:01,4
	Gunhild Hoffmeister	GDR	4:02,8
	Paola Cacchi	ITA	4:02,9
1976	Tatjana Kasankina	URS	4:05,5
	Gunhild Hoffmeister	GDR	4:06,0
	Ulrike Klapezynski	GDR	4:06,1
1980	Tatjana Kasankina	URS	3:56,6
	Christiane Wartenberg	GDR	3:57,8
	Nadeshda Olisarenko	URS	3:59,6
1984	Gabriella Dorio	ITA	4:03,25
	Doina Melinte	ROM	4:03,76
	Maricica Puica	ROM	4:04,15
1988	Paula Ivan	ROM	3:53,96
	Laimute Baikauskaite	URS	4:00,24
	Tatjana Samolenko	URS	4:00,30
1992	Hassiba Boulmerka	ALG	3:55,30
	Ludmilla Rogaschewa	EUN	3:56,91
	Yunxia Qu	CHN	3:57,08
1996	Swetlana Masterkowa	RUS	4:00,83
	Gabriela Szabo	ROM	4:01,54
	Theresia Kiesl	AUT	4:03,02
2000	Nouria Merah-Benida	ALG	4:05,10
	Violeta Szekely	ROM	4:05,15
	Gabriela Szabo	ROM	4:05,27

3000 m

1984	Maricica Puica	ROM	8:35,96
	Wendy Sly	GBR	8:39,47
	Lynn Williams	CAN	8:42,14
1988	Tatjana Samolenko	URS	8:26,53
	Paula Ivan	ROM	8:27,15
	Yvonne Murray	GBR	8:29,02
1992	Elena Romanowa	EUN	8:46,04
	T. Dorowskitsch-Samolenko	EUN	8:46,85
	Angela Chalmers	CAN	8:47,22

5000 m

1996	Yunxia Wang	CHN	14:59,88
	Pauline Konga	KEN	15:03,49
	Roberta Brunet	ITA	15:07,52
2000	Gabriela Szabo	ROM	14:40,79
	Sonia O'Sullivan	IRL	14:41,02
	Gete Wami	ETH	14:42,23

10 000 m

1988	Olga Bandarenko	URS	31:05,21
	Liz McColgan-Lynch	GBR	31:08,44
	Jelena Schupijewa	URS	31:19,82
1992	Derartu Tulu	ETH	31:06,02
	Elana Meyer	RSA	31:11,75
	Lynn Jennings	USA	31:19,89
1996	Fernanda Ribeiro	POR	31:01,63
	Yunxia Wang	CHN	31:02,58
	Gete Wami	ETH	31:06,65
2000	Derartu Tulu	ETH	30:17,49
	Gete Wami	ETH	30:22,48
	Fernanda Ribeiro	POR	30:22,88

Marathon

1984	Joan Benoit	USA	2:24:52,0
	Grete Waitz	NOR	2:26:18,0
	Rosa Mota	POR	2:26:57,0
1988	Rosa Mota	POR	2:25:40,0
	Lisa Martin	AUS	2:25:53,0
	Kathrin Dörre	GDR	2:26:21,0
1992	Walentina Jegorowa	EUN	2:32:41,0
	Yuko Arimori	JPN	2:32:49,0
	Lorraine Moller	NZL	2:33:59,0
1996	Fatuma Roba	ETH	2:26:05,0
	Walentina Jegorowa	RUS	2:28:05,0
	Yuko Arimori	JPN	2:28:39,0
2000	Naoko Takahashi	JPN	2:23:14
	Lidia Simon	ROM	2:23:22
	Joyce Chepchumba	KEN	2:24:45

100 m Hürden (bis 1968 = 80m)

1932	Mildred ›Babe‹ Didriksen	USA	11,7
	Evelyne Hall	USA	11,7
	Marjorie Clark	SAF	11,8
1936	Ondina Valla	ITA	11,7
	Anni Steuer	GER	11,7
	Elizabeth Taylor	CAN	11,7
1948	Fanny Blankers-Koen	NED	11,2
	Maureen Gardner	GBR	11,2
	Shirley Strickland	AUS	11,4
1952	Shirley Strickland	AUS	10,9
	Maria Golubnitschaja	URS	11,1
	Maria Sander	GER	11,1
1956	Shirley Strickland	AUS	10,7
	Gisela Köhler	GER	10,9
	Norma Thrower	AUS	11,0
1960	Irina Press	URS	10,8
	Carole Quinton	GBR	10,9
	G. Birkemeyer-Köhler	GER	11,0
1964	Karin Balzer	GER	10,5
	Teresa Ciepla	POL	10,5
	Pamela Kilborn	AUS	10,5
1968	Maureen Caird	AUS	10,3
	Pamela Kilborn	AUS	10,4
	Chi Cheng	TPE	10,4
1972	Annelie Ehrhardt	GDR	12,59
	Valeria Bufanu	ROM	12,84
	Karin Balzer	GDR	12,90
1976	Johanna Schaller	GDR	12,77
	Tatjana Anissimowa	URS	12,78
	Natalja Lebedjewa	URS	12,80
1980	Wera Komissowa	URS	12,56
	Johanna Klier-Schaller	GDR	12,63
	Lucyna Langer	POL	12,66
1984	Benita Fitzgerald-Brown	USA	12,84
	Shirley Strong	GBR	12,88
	3. Michele Chardonnet	FRA	13,06
	3. Kim Turner	USA	13,06
1988	Jordanka Donkova	BUL	12,38
	Gloria Siebert	GDR	12,61
	Claudia Zaczkiewicz	FRG	12,75
1992	Paraskevi Patoulidou	GRE	12,94
	La Vonna Martin	USA	12,69
	Jordanka Donkova	BUL	12,70

1996	Ludmila Engquist	SWE	12,58
	Brigita Bukovec	SLO	12,59
	Patricia Girard-Leno	FRA	12,65
2000	Olga Schischigina	KAZ	12,65
	Glory Alozie	NGR	12,68
	Melissa Morrison	USA	12,76

400 m Hürden

1984	Nawal El Moutawakel	MAR	54,61
	Judi Brown	USA	55,20
	Cristina Cojocaru	ROM	55,41
1988	Deborah Flintoff-King	AUS	53,17
	Tatjana Ledowskaja	URS	53,18
	Ellen Fiedler	GDR	53,63
1992	Sally Gunnell	GBR	53,23
	Sandra Farmer-Patrick	USA	53,69
	Janeene Vickers	USA	54,31
1996	Deon Hemmings	JAM	52,82
	Kim Batten	USA	53,08
	Tonja Buford-Bailey	USA	53,22
2000	Irina Priwalowa	RUS	53,02
	Deon Hemmings	JAM	53,45
	Nouzha Bidouane	MAR	53,57

4x100 m

1928	Kanada	48,4
	USA	48,8
	Deutschland	49,0
1932	USA	47,0
	Kanada	47,0
	Großbritannien	47,6
1936	USA	46,9
	Großbritannien	47,6
	Kanada	47,8
1948	Niederlande	47,5
	Australien	47,6
	Kanada	47,8
1952	USA	45,9
	Deutschland	45,9
	Großbritannien	46,2
1956	Australien	44,5
	Großbritannien	44,7
	USA	44,9
1960	USA	44,5
	Deutschland (DDR)	44,8
	Polen	45,0
1964	Polen	43,6
	USA	43,9
	Großbritannien	44,0
1968	USA	42,8
	Kuba	43,3
	UdSSR	43,4
1972	BR Deutschland	42,81
	DDR	42,95
	Kuba	43,36
1976	DDR	42,55
	BR Deutschland	42,59
	UdSSR	43,09
1980	DDR	41,60
	UdSSR	42,10
	Großbritannien	42,43
1984	USA	41,65
	Kanada	42,77
	Großbritannien	43,11
1988	USA	41,98
	DDR	42,09
	UdSSR	42,75
1992	USA	42,11
	EUN	42,16
	Nigeria	42,81
1996	USA	41,95
	Bahamas	42,14
	Jamaika	42,24
2000	Bahamas	41,95
	Jamaika	42,13
	USA	42,20

4x400 m

1972	DDR	3:23,0
	USA	3:25,2
	BR Deutschland	3:26,5
1976	DDR	3:19,23
	USA	3:22,81
	UdSSR	3:24,24
1980	UdSSR	3:20,2
	DDR	3:20,4
	Großbritannien	3:27,5
1984	USA	3:18,29
	Kanada	3:21,21
	BR Deutschland	3:22,98
1988	UdSSR	3:15,18
	USA	3:15,51
	DDR	3:18,29
1992	EUN	3:20,20
	USA	3:20,92
	Großbritannien	3:24,23
1996	USA	3:20,91
	Nigeria	3:21,04
	Deutschland	3:21,14
2000	USA	3:22,62
	Jamaika	3:23,25
	Russland	3:23,46

20 km Gehen

1992	Yueling Chen	CHN	44,32
(10 km)	Jelena Nikolajewa	EUN	44,33
	Chunxiu Li	CHN	44,41
1996	Jelene Nikolajewa	RUS	41,49
(10 km)	Elisabetta Perrone	ITA	42,12
	Yan Wang	CHN	42,19
2000	Liping Wang	CHN	1:29:04
	Kjersti Plätzer	NOR	1:29:33
	Maria Vasco	ESP	1:30:23

Hochsprung

1928	Ethel Catherwood	CAN	1,59
	Carolina Anna Gisolf	NED	1,56
	Mildred Wiley	USA	1,56
1932	Jean Shiley	USA	1,657
	Mildred ›Babe‹ Didriksen	USA	1,657
	Eva Dawes	CAN	1,60
1936	Ibolya Csak	HUN	1,60
	Dorothy Odam	GBR	1,60
	Elfriede Kaun	GER	1,60
1948	Alice Coachman	USA	1,68
	Dorothy Tyler-Odam	GBR	1,68
	Micheline Ostermeyer	FRA	1,61
1952	Esther Brand	SAF	1,67
	Sheila Lerwill	GBR	1,65
	Alexandra Tschudina	URS	1,63
1956	Mildred McDaniel	USA	1,76
	2. Thelma Hopkins	GBR	1,67
	2. Maria Pissarjewa	URS	1,67
1960	Iolanda Balas	ROM	1,85
	2. Jaroslawa Jozwiakowska	POL	1,71
	2. Dorothy Shirley	GBR	1,71
1964	Iolanda Balas	ROM	1,90
	Michele Brown-Mason	AUS	1,80
	Taissija Tschentschik	URS	1,78
1968	Miloslava Rezkova	TCH	1,82
	Antonina Okorokowa	URS	1,80
	Walentina Kosyr	URS	1,80
1972	Ulrike Meyfarth	FRG	1,92
	Jordanka Blagoeva	BUL	1,88
	Ilona Gusenbauer	AUT	1,88
1976	Rosi Ackermann	GDR	1,93
	Sara Simeoni	ITA	1,91
	Jordanka Blagoeva	BUL	1,91
1980	Sara Simeoni	ITA	1,97
	Urszula Kielan	POL	1,94
	Jutta Kirst	GDR	1,94
1984	Ulrike Meyfarth	FRG	2,02
	Sara Simeoni	ITA	2,00
	Joni Huntley	USA	1,97
1988	Louise Ritter	USA	2,03
	Stefka Kostadinova	BUL	2,01
	Tamara Bykowa	URS	1,99
1992	Heike Henkel	GER	2,02
	Alina Astafei	ROM	2,00
	Ioanet Quintero	CUB	1,97
1996	Stefka Kostadinova	BUL	2,05
	Niki Bakogianni	GRE	2,03
	Inga Babakowa	UKR	2,01
2000	Jelena Jelesina	RUS	2,01
	Hestrie Cloete	RSA	2,01
	Oana Manuela Pantelimon	ROM	1,99
	Kajsa Bergqvist	SWE	1,99

Stabhochsprung

2000	Stacy Dragila	USA	4,60
	Tatiana Grigorieva	AUS	4,55
	Vala Flosadottir	ISL	4,50

Weitsprung

1948	Olga Gyarmati	HUN	5,695
	N. Simonetto De Portela	ARG	5,60
	Ann Britt-Leyman	SWE	5,575
1952	Yvette Williams	NZL	6,24
	Alexandra Tschudina	URS	6,14
	Shirley Cawley	GBR	5,92
1956	Elzbieta Krzesinska	POL	6,35
	Willye White	USA	6,09
	Dwalischwili-Khnykina	URS	6,07
1960	Wera Krepkina	URS	6,37
	Elzbieta Krzesinska	POL	6,27
	Hildrun Claus	GER	6,21
1964	Mary Rand	GBR	6,76
	Irena Kirszenstein	POL	6,60
	Tatjana Schelkanowa	URS	6,42
1968	Viorica Viscopoleanu	ROM	6,82
	Sheila Sherwood	GBR	6,68
	Tatjana Talyschewa	URS	6,66
1972	Heide Rosendahl	FRG	6,78
	Diana Jorgova	BUL	6,77
	Eva Suranova	TCH	6,67
1976	Angela Voigt	GDR	6,72
	Kathy McMillan	USA	6,66
	Lidija Alfejewa	URS	6,60
1980	Tatjana Kolpakowa	URS	7,06
	Brigitte Wujak	GDR	7,04
	Tatjana Skatschko	URS	7,01
1984	Anisoara Stanciu	ROM	6,96
	Vali Ionescu	ROM	6,81
	Susan Hernshaw	GBR	6,80
1988	Jackie Joyner-Kersee	USA	7,40
	Heike Drechsler	GDR	7,22
	Galina Tschistjakowa	URS	7,11
1992	Heike Drechsler	GER	7,14
	Inessa Krawets	EUN	7,12
	Jackie Joyner-Kersee	USA	7,07
1996	Chioma Ajunwa	NGR	7,12
	Fiona May	ITA	7,02
	Jackie Joyner-Kersee	USA	7,00
2000	Heike Drechsler	GER	6,99
	2. Fiona May	ITA	6,92
	3. Marion Jones	USA	6,92

Dreisprung

1996	Inessa Krawets	UKR	15,33
	2. Inna Lasowskaja	RUS	14,98
	3. Sarka Kasparkova	CZE	14,98
2000	Teresa Marinowa	BUL	15,20
	Tatjana Lebedewa	RUS	15,00
	Olena Howorowa	UKR	14,96

Kugelstoßen

1948	Micheline Ostermeyer	FRA	13,75
	Amelia Piccinini	ITA	13,09
	Ine Schäffer	AUT	13,08
1952	Galina Sybina	URS	15,28
	Marianne Werner	GER	14,57
	Klawdija Totschenowa	URS	14,50
1956	Tamara Tyschkewitsch	URS	16,59
	Galina Sybina	URS	16,53
	Marianne Werner	GER	15,61
1960	Tamara Press	URS	17,32
	Johanna Lüttge	GER	16,61
	Earlene Brown	USA	16,42
1964	Tamara Press	URS	18,14
	Renate Garisch	GER	17,61
	Galina Sybina	URS	17,45
1968	Margitta Gummel	GDR	19,61
	Marita Lange	GDR	18,78
	Nadeschda Tschischowa	URS	18,19
1972	Nadeschda Tschischowa	URS	21,03
	Margitta Gummel	GDR	20,22
	Ivanka Christova	BUL	19,35
1976	Ivanka Christova	BUL	21,16
	Nadeschda Tschischowa	URS	20,96
	Helena Fibingerova	TCH	20,67
1980	Ilona Slupianek	GDR	22,41
	Swetlana Kratschewskaja	URS	21,42
	Margitta Pufe	GDR	21,20
1984	Claudia Losch	FRG	20,48
	Mihaela Loghin	ROM	20,47
	Gael Martin	AUS	19,19
1988	Natalja Lissowskaja	URS	22,24
	Kathrin Neimke	GDR	21,07
	Li Meisu	CHN	21,06
1992	Swetlana Kriwelewa	EUN	21,06
	Zhihong Huang	CHN	20,47
	Kathrin Neimke	GER	19,78
1996	Astrid Kumbernuss	GER	20,56
	Xinmei Sui	CHN	19,88
	Irina Schudoroschkina	RUS	19,35
2000	Janina Korolschik	BLR	20,56
	Larisa Peleschenko	RUS	19,92
	Astrid Kumbernuss	GER	19,62

Diskuswerfen

1928	Halina Konopacka	POL	39,62
	Lillian Copeland	USA	37,08
	Ruth Svedberg	SWE	35,92
1932	Lillian Copeland	USA	40,58
	Ruth Osborn	USA	40,12
	Jadwiga Wajsowna	POL	38,75
1936	Gisela Mauermayer	GER	47,63
	Jadwiga Wajsowna	POL	46,22
	Paula Mollenhauer	GER	39,80
1948	Micheline Ostermeyer	FRA	41,92
	Edera Cordiale Gentile	ITA	41,17
	Jacqueline Mazeas	FRA	40,47
1952	Nina Romaschkowa	URS	51,42
	Jelisaweta Bagrjanzewa	URS	47,08
	Nina Dumbadse	URS	46,29
1956	Olga Fikotova	TCH	53,69
	Irina Begljakowa	URS	52,54
	N. Ponomarjowa-Romaschkowa	URS	52,02
1960	Nina Ponomarjowa	URS	55,10
	Tamara Press	URS	52,59
	Lia Manoliu	ROM	52,36
1964	Tamara Press	URS	57,27
	Ingrid Lotz	GER	57,21
	Lia Manoliu	ROM	56,97
1968	Lia Manoliu	ROM	58,28
	Liesel Westermann	FRG	57,76
	Jolan Kleiber	HUN	54,90

1972	Faina Melnik	URS	66,62
	Argentina Menis	ROM	65,06
	Vassilka Stoeva	BUL	64,34
1976	Evelin Schlaak	GDR	69,00
	Maria Vergova	BUL	67,30
	Gabriele Hinzmann	GDR	66,84
1980	Evelin Jahl-Schlaak	GDR	69,96
	Maria Petkova-Vergova	BUL	67,90
	Tatjana Lessowaja	URS	67,40
1984	Ria Stalman	NED	65,36
	Leslie Deniz	USA	64,86
	Florenta Craciunescu	ROM	63,64
1988	Martina Hellmann	GDR	72,30
	Diana Gansky	GDR	71,88
	Zvetanka Khristova	BUL	69,74
1992	Maritza Marten	CUB	70,06
	Zvetanka Khristova	BUL	67,78
	Daniela Costian	AUS	66,20
1996	Ilke Wyludda	GER	69,66
	Natalia Sadowa	RUS	66,48
	Elja Zwerewa	BLR	65,64
2000	Ellina Zwerewa	BLR	68,40
	Anastasia Kelesidou	GRE	65,71
	Irina Jatschenko	BLR	65,20

Hammerwerfen

2000	Kamila Skolimowska	POL	71,16
	Olga Kusenkowa	RUS	69,77
	Kirsten Münchow	GER	69,28

Speerwerfen

1932	Mildred ›Babe‹ Didriksen	USA	43,68
	Ellen Braumüller	GER	43,49
	Tilly Fleischer	GER	43,00
1936	Tilly Fleischer	GER	45,18
	Luise Krüger	GER	43,29
	Maria Kwasniewska	POL	41,80
1948	Herma Bauma	AUT	45,57
	Kaisa Parviainen	FIN	43,79
	Lily Carlstedt	DEN	42,08
1952	Dana Zatopkova	TCH	50,47
	Alexandra Tschudina	URS	50,01
	Jelena Gortschakowa	URS	49,76
1956	Inese Jaunzeme	URS	53,86
	Marlene Ahrens	CHI	50,38
	Nadeschda Konjajewa	URS	50,28
1960	Elwira Osolina	URS	55,98
	Dana Zatopkova	TCH	53,78
	Birute Kalediene	URS	53,45
1964	Mihaela Penes	ROM	60,54
	Marta Rudas	HUN	58,27
	Jelena Gortschakowa	URS	57,06
1968	Angela Nemeth	HUN	60,36
	Mihaela Penes	ROM	59,92
	Eva Janko	AUT	58,04
1972	Ruth Fuchs	GDR	63,88
	Jacqueline Todten	GDR	62,54
	Kathryn Joan Schmidt	USA	59,94
1976	Ruth Fuchs	GDR	65,94
	Marion Becker	FRG	64,70
	Kathryn Joan Schmidt	USA	63,96
1980	Maria Colon Ruenes	CUB	68,40
	Saida Gunba	URS	67,76
	Ute Hommola	GDR	66,56
1984	Tessa Sanderson	GBR	69,56
	Tiina Lillak	FIN	69,00
	Fatima Whitbread	GBR	67,14
1988	Petra Felke	GDR	74,68
	Fatima Whitbread	GBR	70,32
	Beate Koch	GDR	67,30
1992	Silke Renk	GER	68,34
	Natalia Schikolenko	EUN	68,26
	Karen Forkel	GER	66,86
1996	Heli Rantanen	FIN	67,94
	Louise McPaul	AUS	65,54
	Trine Hattestad	NOR	64,98
2000	Trine Hattestad	NOR	68,91
	Mirella Maniani-Tzelili	GRE	67,51
	Osleidys Menendez	CUB	66,18

Siebenkampf (bis 1980 Fünfkampf)

1964	Irina Press	URS	5246
	Mary Rand	GBR	5035
	Galina Bystrowa	URS	4956
1968	Ingrid Becker	FRG	5098
	Elisabeth Prokop	AUT	4966
	Annamaria Toth	HUN	4959
1972	Mary Peters	GBR	4801
	Heide Rosendahl	FRG	4791
	Burglinde Pollak	GDR	4768
1976	Siegrun Siegl	GDR	4745
	Christine Laser	GDR	4745
	Burglinde Pollak	GDR	4740
1980	Nadeschda Tkatschenko	URS	5083
	Olga Rukawitschnikowa	URS	4937
	Olga Kuragina	URS	4875
1984	Glynis Nunn	AUS	6390
	Jackie Joyner	USA	6385
	Sabine Everts	FRG	6363
1988	Jackie Joyner-Kersee	USA	7291
	Sabine John	GDR	6897
	Anke Behmer	GDR	6858
1992	Jackie Joyner-Kersee	USA	7044
	Irina Belowa	EUN	6845
	Sabine Braun	GER	6649
1996	Ghada Shouaa	SYR	6780
	Natascha Sasanowitsch	BLR	6563
	Denise Lewis	GBR	6489
2000	Denise Lewis	GBR	6584
	Jelena Prochorowa	RUS	6531
	Natalja Sasanowitsch	BLR	6527

MEHRKAMPF

Moderner Fünfkampf

Einzel, Männer

1912	Gösta Lilliehöök	SWE	27
	Gösta Asbrink	SWE	28
	Georg de Laval	SWE	35
1920	Gustaf Dyrssen	SWE	18
	Erik de Laval	SWE	23
	Gösta Runö	SWE	27
1924	Bo Lindmann	SWE	18
	Gustaf Dyrssen	SWE	39,5
	Bertil Uggla	SWE	45
1928	Sven Thofelt	SWE	47
	Bo Lindmann	SWE	50
	Helmut Kahl	GER	52
1932	Johan Oxenstierna	SWE	32
	Bo Lindmann	SWE	35,5
	Richard Mayo	USA	38,5
1936	Gotthard Handrick	GER	31,5
	Charles Leonard	USA	39,5
	Silvano Abba	ITA	45,5
1948	William Grut	SWE	16
	George Moore	USA	47
	Gösta Gärdin	SWE	49
1952	Lars Hall	SWE	32
	Gabor Benedek	HUN	39
	Istvan Szondy	HUN	41
1956	Lars Hall	SWE	4833,0
	Olavi Mannonen	FIN	4774,5
	Väinö Korhonen	FIN	4750,0
1960	Ferenc Nemeth	HUN	5024
	Imre Nagy	HUN	4988
	Robert Beck	USA	4981
1964	Ferenc Török	HUN	5116
	Igor Nowikow	URS	5067
	Albert Mokejew	URS	5039
1968	Björn Ferm	SWE	4964
	Andras Balczo	HUN	4953
	Pawel Lednjew	URS	4795
1972	Andras Balczo	HUN	5412
	Boris Onischtschenko	URS	5335
	Pawel Lednjew	URS	5328

1976	Janusz Peciak-Pyciak	POL	5520
	Pawel Lednjew	URS	5485
	Jan Bartu	TCH	5466
1980	Anatoli Starostin	URS	5568
	Tomas Szombathelyi	HUN	5502
	Pawel Lednjew	URS	5382
1984	Daniele Masala	ITA	5469
	Svante Rasmuson	SWE	5456
	Carlo Massullo	ITA	5406
1988	Janos Martinek	HUN	5404
	Carlo Massullo	ITA	5379
	Wachtang Jagoraschwili	URS	5367
1992	Arkadiusz Skrzypaszek	POL	5559
	Attila Mizser	HUN	5446
	Eduard Zenowka	EUN	5361
1996	Alexander Parygin	KAZ	5551
	Eduard Zenowka	RUS	5530
	Janos Martinek	HUN	5501
2000	Dimitri Swatkowski	RUS	5376
	Gabor Balogh	HUN	5353
	Pavel Dowgal	BLR	5338

Mannschaft, Männer

1952	Ungarn	166
	Schweden	182
	Finnland	213
1956	UdSSR	13690,5
	USA	13482,0
	Finnland	13185,5
1960	Ungarn	14863
	UdSSR	14309
	USA	14192
1964	UdSSR	14961
	USA	14189
	Ungarn	14173
1968	Ungarn	14325
	UdSSR	14248
	Frankreich	13289
1972	UdSSR	15968
	Ungarn	15348
	Finnland	14812
1976	Großbritannien	15559
	Tschechoslowakei	15451
	Ungarn	15395
1980	UdSSR	16126
	Ungarn	15912
	Schweden	15845
1984	Italien	16060
	USA	15568
	Frankreich	15565
1988	Ungarn	15886
	Italien	15571
	Großbritannien	15276
1992	Polen	16018
	EUN	15924
	Italien	15760

Einzel, Frauen

2000	Stephanie Cook	GBR	5318
	Emily DeRiel	USA	5310
	Kate Allenby	GBR	5273

Triathlon

Einzel, Männer

2000	Simon Whitfield	CAN	1:48:24,02
	Stephan Vuckovic	GER	1:48:37,58
	Jan Rehula	CZE	1:48:46,64

Einzel, Frauen

2000	Brigitte MacMahon	SUI	2:00:40,52
	Michellie Jones	AUS	2:00:42,55
	Magali Messmer	SUI	2:01:08,83

RADSPORT

Bahn

Sprint, Männer

1896	Paul Masson	FRA	
	Stamatios Nikolopoulos	GRE	
	Adolf Schmal	AUT	
1900	Georges Taillandier	FRA	
	Fernand Sanz	FRA	
	John Henry Lake	USA	
1920	Maurice Peeters	NED	
	Thomas Johnson	GBR	
	Harry Ryan	GBR	
1924	Lucien Michard	FRA	
	Jacob Meijer	NED	
	Jean Cugnot	FRA	
1928	Roger Beaufrand	FRA	
	Antoine Mazairac	NED	
	Willy Falck-Hansen	DEN	
1932	Jacobus Van Egmond	NED	2:1
	Louis Chaillot	FRA	
	Bruno Pellizzari	ITA	
1936	Toni Merkens	GER	2:0
	Arie Van Vliet	NED	
	Louis Chaillot	FRA	
1948	Mario Ghella	ITA	2:0
	Reg Harris	GBR	
	Axel Schandorff	DEN	
1952	Enzo Sacchi	ITA	
	Lional Cox	AUS	
	Werner Potzernheim	GER	
1956	Michel Rousseau	FRA	2:0
	Guglielmo Pesenti	ITA	
	Richard Ploog	AUS	
1960	Sante Gaiardoni	ITA	2:0
	Leo Sterckx	BEL	
	Valentino Gasparella	ITA	
1964	Giovanni Pettenella	ITA	2:0
	Sergio Bianchetto	ITA	
	Daniel Morelon	FRA	
1968	Daniel Morelon	FRA	2:0
	Giordano Turrini	ITA	
	Pierre Trentin	FRA	
1972	Daniel Morelon	FRA	2:0
	John Nicholson	AUS	
	Omar Pchakadse	URS	
1976	Anton Tkac	TCH	2:1
	Daniel Morelon	FRA	
	Jürgen Geschke	GDR	
1980	Lutz Heßlich	GDR	2:0
	Yave Cahard	FRA	
	Sergej Kapylow	URS	
1984	Mark Gorski	USA	2:0
	Nelson Vails	USA	
	Tsutomu Sakamoto	JPN	
1988	Lutz Heßlich	GDR	2:0
	Nikolai Kowsch	URS	
	Gary Neiwand	AUS	
1992	Jens Fiedler	GER	2:0
	Gary Neiwand	AUS	
	Curt Harnett	CAN	
1996	Jens Fiedler	GER	2:0
	Marty Nothstein	USA	
	Curt Harnett	CAN	
2000	Marty Nothstein	USA	2:0
	Florian Rousseau	FRA	
	Jens Fiedler	GER	2:0

Olympischer Sprint, Männer

2000	Frankreich	44,233
	Großbritannien	44,680
	Australien	45,161

1000 m Zeitfahren, Männer

1928	Willy Falck-Hansen	DEN	1:14,2
	Gerard Van Drakestein	NED	1:15,1
	Edgar Gray	AUS	1:15,3
1932	Edgar Gray	AUS	1:13,0
	Jacobus Van Egmond	NED	1:13,3
	Charles Rampelberg	FRA	1:13,4
1936	Arie Van Vliet	NED	1:12,0
	Pierre Georget	FRA	1:12,8
	Rudolf Karsch	GER	1:13,2
1948	Jaques Dupont	FRA	1:13,5
	Pierre Nihant	BEL	1:14,5
	Thomas Godwin	GBR	1:15,0
1952	Russel Mockridge	AUS	1:11,1
	Marino Morettini	ITA	1:13,7
	Raymond Robinson	RSA	1:13,0
1956	Leandro Faggin	ITA	1:09,8
	Ladislaw Foucek	TCH	1:11,4
	Alfred Swift	RSA	1:11,6
1960	Sante Gaiardoni	ITA	1:07,27
	Dieter Gieseler	GER	1:08,75
	Rostislaw Wargaschkin	URS	1:08,86
1964	Patrick Sercu	BEL	1:09,59
	Giovanni Pettenella	ITA	1:10,09
	Pierre Trentin	FRA	1:10,42
1968	Pierre Trentin	FRA	1:03,91
	Niels Fredborg	DEN	1:04,61
	Janusz Kierzkowski	POL	1:04,63
1972	Niels Fredborg	DEN	1:06,44
	Danny Clark	AUS	1:06,87
	Jürgen Schütze	GDR	1:07,02
1976	Klaus-Jürgen Grünke	GDR	1:05,927
	Michel Vaarten	BEL	1:07,516
	Niels Fredborg	DEN	1:07,617
1980	Lothar Thoms	GDR	1:02,955
	Alexander Panfilow	URS	1:04,845
	David Weller	JAM	1:05,241
1984	Fredy Schmidtke	FRG	1:06,10
	Curt Harnett	CAN	1:06,44
	Fabrice Colas	FRA	1:06,65
1988	Alexander Kiritschenko	URS	1:04,499
	Martin Vinnicombe	AUS	1:04,784
	Robert Lechner	FRG	1:05,114
1992	Jose Moreno	ESP	1:03,342
	Shane Kelly	AUS	1:04,288
	Erin Hartwell	USA	1:04,753
1996	Florian Rousseau	FRA	1:02,712
	Erin Hartwell	USA	1:02,940
	Takanobu Jumonji	JPN	1:03,261
2000	Jason Queally	GBR	1:01,609
	Stefan Nimke	GER	1:02,487
	Shane Kelly	AUS	1:02,818

4000 m Verfolgung, Männer

1964	Jiri Daler	TCH	5:04,75
	Giorgio Ursi	ITA	5:05,96
	Preben Isaksson	DEN	
1968	Daniel Rebillard	FRA	4:41,71
	Mogens Frey Jensen	DEN	4:42,43
	Xaver Kurmann	SUI	
1972	Knut Knudsen	NOR	4:45,74
	Xaver Kurmann	SUI	4:51,96
	Hans Lutz	FRG	
1976	Gregor Braun	FRG	4:47,61
	Herman Ponsteen	NED	4:49,72
	Thomas Huschke	GDR	
1980	Robert Dill-Bundi	SUI	4:35,66
	Alain Bondue	FRA	4:42,96
	Hans-Henrik Oersted	DEN	
1984	Steve Hegg	USA	4:39,35
	Rolf Götz	FRG	4:43,82
	Leonard Nitz	USA	
1988	Gintautas Umaras	URS	4:32,00
	Dean Woods	AUS	4:35,00
	Bernd Dittert	GDR	
1992	Chris Boardman	GBR	
	Jens Lehmann	GER	eingeholt
	Gary Anderson	NZL	
1996	Andrea Collinelli	ITA	4:20,893
	Philippe Ermenault	FRA	4:22,714
	Bradley McGee	AUS	
2000	Robert Bartko	GER	4:18,515
	Jens Lehmann	GER	4:23,824
	Brad McGee	AUS	4:19,250

4000 m Mannschaft, Männer

1908	Großbritannien (1810m)	2:18,6
	Deutschland	2:28,6
	Kanada	2:29,6
1920	Italien	5:20,0
	Großbritannien	
	Südafrika	
1924	Italien	5:15,0
	Polen	
	Belgien	
1928	Italien	5:01,8
	Niederlande	5:06,2
	Großbritannien	
1932	Italien	4:53,0
	Frankreich	4:55,7
	Großbritannien	
1936	Frankreich	4:45,0
	Italien	4:51,0
	Großbritannien	
1948	Frankreich	4:57,8
	Italien	5:36,7
	Großbritannien	
1952	Italien	4:46,1
	Südafrika	4:53,6
	Großbritannien	
1956	Italien	4:37,4
	Frankreich	4:39,4
	Großbritannien	
1960	Italien	4:30,90
	Deutschland (DDR)	4:35,78
	UdSSR	
1964	Deutschland	4:35,67
	Italien	4:35,74
	Niederlande	
1968	Dänemark	4:22,44
	BR Deutschland	DQ
	Italien	
1972	BR Deutschland	4:22,14
	DDR	4:25,25
	Großbritannien	
1976	BR Deutschland	4:21,06
	UdSSR	4:27,15
	Großbritannien	
1980	UdSSR	4:15,70
	DDR	4:19,67
	Tschechoslowakei	
1984	Australien	4:25,99
	USA	4:29,85
	BR Deutschland	
1988	UdSSR	4:13,31
	DDR	4:14,09
	Australien	
1992	Deutschland	4:08,79
	Australien	4:10,21
	Dänemark	
1996	Frankreich	4:05,930
	Rußland	4:07,730
	Australien	
2000	Deutschland	3:59,710
	Ukraine	4:04,520
	Großbritannien	4:01,979

Punktefahren, Männer

1984	Roger Ilegems	BEL	37
	Uwe Messerschmidt	FRG	15
	Jose Manuel Youshimatz	MEX	29/1
1988	Dan Frost	DEN	38
	Leo Peelen	NED	26
	Morat Ganejew	URS	46/1
1992	Giovanni Lombardi	ITA	44
	Leo van Bon	NED	43
	Cedric Mathy	BEL	41
1996	Silvio Martinello	ITA	37
	Brian Walton	CAN	29
	Suart O'Grady	AUS	27
2000	Juan Llaneras	ESP	14
	Milton Wynants	URU	1/18
	Alexej Markow	RUS	1/16

Keirin, Männer

2000	Florian Rousseau	FRA	11,020
	Gary Neiwand	AUS	
	Jens Fiedler	GER	

Zweier-Mannschaft, Männer

2000	McGrory/Aitken	AUS	26
	De Wilde/Gilmore	BEL	22
	Villa/Martinello	ITA	15

Sprint, Frauen

1988	Erika Salumiae	URS	2:1
	Chr. Luding-Rothenburger	GDR	
	Connie Paraskevin-Young	USA	
1992	Erika Salumiae	EST	2:1
	Annett Neumann	GER	
	Ingrid Haringa	NED	
1996	Felicia Ballanger	FRA	2:0
	Michelle Ferris	AUS	
	Ingrid Haringa	NED	
2000	Felicia Ballanger	FRA	2:1
	Oksana Gritschina	RUS	
	Irina Janowejtsch	UKR	2:0

500 m Zeitfahren, Frauen

2000	Felicia Ballanger	FRA	34,140
	Michelle Ferris	AUS	34,696
	Cuihua Jiang	CHN	34,768

3000 m Verfolgung, Frauen

1992	Petra Roßner	GER	3:41,753
	Kathryn Watt	AUS	3:43,438
	Rebecca Twigg	USA	
1996	Antonella Bellutti	ITA	3:33,595
	Marion Clignet	FRA	3:38,571
	Judith Arndt	GER	
2000	Leontien Zijlaard	NED	3:33,360
	Marion Clignet	FRA	3:38,751
	Yvonne McGregor	GBR	3:38,850

Punktefahren, Frauen

1996	Nathalie Lancien	FRA	24
	Ingrid Haringa	NED	23
	Lucy Tyler-Sharman	AUS	17
2000	Antonella Bellutti	ITA	19
	Leontien Zijlaard	NED	16
	Olga Sliussarjewa	RUS	15

Cross

Mountain-Bike, Männer

1996	Bart Jan Brentjens	NED	2:17:38
	Thomas Frischknecht	SUI	2:20:13
	Miguel Martinez	FRA	2:20:36
2000	Miguel Martinez	FRA	2:09:02
	Filip Meirhaeghe	BEL	2:10:03
	Christoph Sauser	SUI	2:11:20

Mountain-Bike, Frauen

1996	Paola Pezzo	ITA	1:50:51
	Alison Sydor	CAN	1:51:58
	Susan DeMattei	USA	1:52:36
2000	Paola Pezzo	ITA	1:49:24
	Barbara Blatter	SUI	1:49:51
	Margarita Fullana	ESP	1:49:57

Straße

Straßenrennen, Männer

1896	A. Konstantinidis	GRE	3:22:31
	August Goedrich	GER	3:42:18
	F. Battel	GBR	
1912	Rudolph Lewis	RSA	10:42:39
	Frederick Grubb	GBR	10:51:24
	Carl Shutte	USA	10:52:38
1920	Harry Stenqvist	SWE	4:40:01
	Henry Kaltenbrun	RSA	4:41:26
	Fernand Canteloube	FRA	4:42:54
1924	Armand Blanchonet	FRA	6:20:48
	Henri Hoevennaers	BEL	6:30:27
	Rene Hamel	FRA	6:30:51
1928	Henry Hansen	DEN	4:47:18
	Frank Southall	GBR	4:55:06
	Gösta Carlsson	SWE	5:00:17
1932	Attilio Pavesi	ITA	2:28:05
	Guglielmo Segato	ITA	2:29:21
	Bernhard Britz	SWE	2:29:45
1936	Robert Charpentier	FRA	2:33:05
	Guy Lapebie	FRA	2:33:05
	Ernst Nievergelt	SUI	2:33:05
1948	Jose Beyaert	FRA	5:18:12
	Gerardus Voorting	NED	5:18:16
	Lode Wouters	BEL	5:18:16
1952	Andre Noyelle	BEL	5:06:03
	Robert Grondelaers	BEL	5:06:51
	Edi Ziegler	GER	5:07:47
1956	Ercole Baldini	ITA	5:21:17
	Arnaud Geyre	FRA	5:23:16
	Alan Jackson	GBR	5:23:16
1960	Wiktor Kapitanow	URS	4:20:37
	Livio Trape	ITA	4:20:37
	Willy v. d. Berghen	BEL	4:20:57
1964	Mario Zanin	ITA	4:39:51
	Kjell Rodian	DEN	4:39:51
	Walter Godefroot	BEL	4:39:51
1968	Pierfranco Vianelli	ITA	4:41:25
	Leif Mortensen	DEN	4:42:49
	Gösta Pettersson	SWE	4:43:15
1972	Hennie Kuiper	NED	4:14:37
	Kevin Sefton	AUS	4:15:04
	Bronze nicht vergeben		
1976	Bernt Johansson	SWE	4:46:52
	Giuseppe Martinelli	ITA	4:47:23
	Mieczyslaw Nowicki	POL	4:47:23
1980	Sergej Suchorutschenkow	URS	4:48:28
	Czeslaw Lang	POL	4:51:26
	Juri Barinow	URS	4:51:29
1984	Alexi Grewal	USA	4:59:57
	Steve Bauer	CAN	4:59:07
	Dag-Otto Lauritzen	NOR	5:00:18
1988	Olaf Ludwig	GDR	4:32:22
	Bernd Gröne	FRG	4:32:25
	Christian Henn	FRG	4:32:46
1992	Fabio Casartelli	ITA	4:35:21
	Hendrik Dekker	NED	4:35:22
	Danis Ozols	LAT	4:35:24
1996	Pascal Richard	SUI	4:53:56
	Rolf Sörensen	DEN	4:53:56
	Maximilian Sciandri	GBR	4:53:58
2000	Jan Ullrich	GER	5:29:08
	Alexander Winokurow	KAZ	5:29:17
	Andreas Klöden	GER	5:29:20

Einzelzeitfahren, Männer

1996	Miguel Indurain	ESP	1:04:05
	Abraham Olano	ESP	1:04:17
	Chris Boardman	GBR	1:04:36
2000	Wjatscheslaw Jekimow	RUS	57:40
	Jan Ullrich	GER	57:48
	Lance Armstrong	USA	58:14

100-km-Mannschaftsrennen, Männer

(bis 1952 Zeitaddition aus Einzelrennen, 1956 Platzaddition)

1912	Schweden	44:35:33,6
	Großbritannien	44:44:39,2
	USA	44:47:55,5
1920	Frankreich	19:16:43,2
	Schweden	19:23:10,0
	Belgien	19:28:44,4
1924	Frankreich	19:30:13,4
	Belgien	19:46:55,4
	Schweden	19:59:41,4
1928	Dänemark	15:09:14,0
	Großbritannien	15:14:49,0
	Schweden	15:27:49,0
1932	Italien	7:27:15,2
	Dänemark	7:38:10,2
	Schweden	7:39:12,6
1936	Frankreich	7:39:16,2
	Schweiz	7:39:20,4
	Belgien	7:39:21,2
1948	Belgien	15:58:17,4
	Großbritannien	16:03:31,6
	Frankreich	16:08:19,4
1952	Belgien	15:20:46,6
	Italien	15:33:27,3
	Frankreich	15:38:58,1
1956	Frankreich	22 P.
	Großbritannien	23 P.
	Deutschland	27 P.
1960	Italien	2:14:33,53
	Deutschland (DDR)	2:16:56,31
	UdSSR	2:18:41,67

1964	Niederlande	2:26:31,19
	Italien	2:26:55,39
	Schweden	2:27:11,52
1968	Niederlande	2:07:49,06
	Schweden	2:09:26,60
	Italien	2:10:18,74
1972	UdSSR	2:11:17,8
	Polen	2:11:47,5
	Bronze nicht vergeben	
1976	UdSSR	2:08:53,0
	Polen	2:09:13,0
	Dänemark	2:12:20,0
1980	UdSSR	2:01:21,7
	DDR	2:02:53,2
	Tschechoslowakei	2:02:53,9
1984	Italien	1:58:28,0
	Schweiz	2:02:38,0
	USA	2:02:46,0
1988	DDR	1:57:47,7
	Polen	1:57:54,2
	Schweden	1:59:47,3
1992	Deutschland	2:01:39,0
	Italien	2:02:39,0
	Frankreich	2:05:25,0

Straßenrennen, Frauen

1984	Conny Carpenter-Phinney	USA	2:11:14
	Rebecca Twigg	USA	2:11:14
	Sandra Schumacher	FRG	2:11:14
1988	Monique Knol	NED	2:00:52
	Jutta Niehaus	FRG	2:00:52
	Laima Silporite	URS	2:00:52
1992	Kathryn Watt	AUS	2:04:42
	Jeannie Longo-Ciprelli	FRA	2:05:02
	Monique Knol	NED	2:05:03
1996	Jeannie Longo-Ciprelli	FRA	2:36:13
	Imelda Chiappa	ITA	2:36:38
	Clara Hughes	CAN	2:36:44
2000	Leontien Zijlaard	NED	3:06:31
	Hanka Kupfernagel	GER	3:06:31
	Diana Ziliute	LTU	3:06:31

Einzelzeitfahren, Frauen

1996	Sulfia Sabirowa	RUS	36:40
	Jeannie Longo-Ciprelli	FRA	37:00
	Clara Hughes	CAN	37:13
2000	Leontien Zijlaard	NED	42:00
	Mari Holden	USA	42:37
	Jeannie Longo-Ciprelli	FRA	42:52

REITSPORT

Springreiten, Einzel

1900	Aime Haegeman	BEL	2:16,0
	Georges van de Poele	BEL	2:17,6
	Louis de Champsavin	FRA	2:26,0
1912	Jean Cariou	FRA	4/5
	Rabod Wilh. v. Kröcher	GER	4/7
	Eman. Blommaert de Soye	BEL	5
1920	Tom. Lequio di Assaba	ITA	2
	Alessandro Valerio	ITA	3
	Carl Gustaf Lewenhaupt	SWE	4
1924	Alphonse Gemuseus	SUI	6
	Tom. Lequio di Assaba	ITA	8,75
	Adam Krolikiewicz	POL	10
1928	Frantisek Ventura	TCH	0/0
	Pierre Bertran de Balanda	FRA	0/2
	Charley Kuhn	SUI	0/4
1932	Takeichi Nishi	JPN	8
	Harry D. Chamberlin	USA	12
	Clarence von Rosen jun.	SWE	16
1936	Kurt Hasse	GER	4/59,2
	Henri Rang	ROM	4/72,8
	Jozsef Platthy	HUN	8
1948	Humberto Mariles Cortes	MEX	6,25
	Ruben Uriza	MEX	8/0
	Jean François d'Orgeix	FRA	8/4
1952	Pierre Jonqueres d'Oriola	FRA	8/0
	Oscar Christi	CHI	8/4
	Fritz Thiedemann	GER	8/8
1956	Hans Günter Winkler	GER	4
	Raimondo d'Inzeo	ITA	8
	Piero d'Inzeo	ITA	11
1960	Raimondo d'Inzeo	ITA	12
	Piero d'Inzeo	ITA	16
	David Broome	GBR	23
1964	Pierre Jonqueres d'Oriola	FRA	9,00
	Hermann Schridde	GER	13,75
	Peter Robeson	GBR	16,00
1968	William Steinkraus	USA	4
	Marion Coakes	GBR	8
	David Broome	GBR	12
1972	Graziano Mancinelli	ITA	8/0
	Ann Elizabeth Moore	GBR	8/3
	Neal Shapiro	USA	8/8
1976	Alwin Schockemöhle	FRG	0
	Michel Vaillancourt	CAN	12/4
	Francois Mathy	BEL	12/8
1980	Jan Kowalczyk	POL	8
	Nikolai Korolkow	URS	9,50
	Joaquin Perez Heras	MEX	12
1984	Joe Fargis	USA	4/0
	Conrad Homfeld	USA	4/8
	Heidi Robbiani	SUI	8
1988	Pierre Durand	FRA	1,25
	Greg Best	USA	4/45,70
	Karsten Huck	FRG	4/54,75
1992	Ludger Beerbaum	GER	0,00
	Piet Raymakers	NED	0,25
	Noeman Dello Joio	USA	4,75
1996	Ulrich Kirchhoff	GER	1,00
	Willi Mellinger	SUI	4,00
	Alexandra Ledermann	FRA	4,00
2000	Jeroen Dubbeldam	NED	4,00
	Albert Voorn	NED	4,00
	Khaled Al Eid	KSA	4,00

Springreiten, Mannschaft

1912	Schweden	25
	Frankreich	32
	Deutschland	40
1920	Schweden	14,00
	Belgien	16,25
	Italien	18,75
1924	Schweden	42,25
	Schweiz	50,00
	Portugal	53,00
1928	Spanien	4
	Polen	8
	Schweden	10
1932	alle Mannschaften disqualifiziert	
1936	Deutschland	44
	Niederlande	51,5
	Portugal	56
1948	Mexiko	34,25
	Spanien	56,50
	Großbritannien	67,00
1952	Großbritannien	40,75
	Chile	45,75
	USA	52,25
1956	Deutschland	40,00
	Italien	66,00
	Großbritannien	69,00
1960	Deutschland	46,50
	USA	66,00
	Italien	80,50
1964	Deutschland	68,50
	Frankreich	77,75
	Italien	88,50
1968	Kanada	102,75
	Frankreich	110,50
	BR Deutschland	117,25
1972	BR Deutschland	32,00
	USA	32,25
	Italien	48,00
1976	Frankreich	40,00
	BR Deutschland	44,00
	Belgien	63,00
1980	UdSSR	16,00
	Polen	32,00
	Mexiko	39,25
1984	USA	12,00
	Großbritannien	36,75
	BR Deutschland	39,25
1988	BR Deutschland	17,25
	USA	20,50
	Frankreich	27,50
1992	Niederlande	12,00
	Österreich	16,75
	Frankreich	24,75
1996	Deutschland	1,75
	USA	12,00
	Brasilien	17,25
2000	Deutschland	15,00
	Schweiz	16,00
	Brasilien	24,00

Dressur, Einzel

1912	Carl Graf Bonde	SWE	15
	Gustaf A. Boltenstern sen.	SWE	21
	Hans v. Blixen-Finecke	SWE	32
1920	Janne Lundblad	SWE	27,937
	Bertil Sandström	SWE	26,312
	Hans von Rosen	SWE	24,875
1924	Ernst Linder	SWE	276,4
	Bertil Sandström	SWE	275,8
	Xavier Lesage	FRA	265,8
1928	Carl F. v. Langen-Parow	GER	237,42
	Marion Charles	FRA	231,00
	Ragnar Olson	SWE	229,78
1932	Xavier Lesage	FRA	343,75
	Marion Charles	FRA	305,42
	Hiram Tuttle	USA	300,50
1936	Heinz Pollay	GER	1760,0
	Friedrich Gerhard	GER	1745,5
	Alois Podhajsky	AUT	1721,5
1948	Hans Moser	SUI	492,5
	Andre Jousseaume	FRA	480,0
	Gustaf A. Bolstenstren jun.	SWE	477,5
1952	Henri Saint Cyr	SWE	561,0
	Lis Hartel	DEN	541,5
	Andre Jousseaume	FRA	541,0
1956	Henri Saint Cyr	SWE	860
	Lis Hartel	DEN	850
	Liselott Linsenhoff	GER	832
1960	Sergej Filatov	URS	2144
	Gustaf Fischer	SUI	2087
	Josef Neckermann	GER	2082
1964	Henri Chammartin	SUI	1504
	Harry Boldt	GER	1503
	Sergej Filatov	URS	1486
1968	Iwan Kissimov	URS	1572
	Josef Neckermann	FRG	1546
	Reiner Klimke	FRG	1537
1972	Liselott Linsenhoff	FRG	1229
	Jelena Petuschkowa	URS	1185
	Josef Neckermann	FRG	1177
1976	Christine Stückelberger	SUI	1486
	Harry Boldt	FRG	1435
	Reiner Klimke	FRG	1395
1980	Elisabeth Theurer	AUT	1370
	Juri Kowschow	URS	1300
	Wiktor Ugrjumow	URS	1234
1984	Reiner Klimke	FRG	1504
	Anne Grethe Jensen	DEN	1442
	Otto Hofer	SUI	1364
1988	Nicole Uphoff	FRG	1521
	Margit Otto-Crepin	FRA	1462
	Christine Stückelberger	SUI	1417
1992	Nicole Uphoff	GER	1626
	Isabell Werth	GER	1551
	Klaus Balkenhol	GER	1515
1996	Isabell Werth	GER	235,09
	Anky van Grunsven	NED	233,02
	Sven Rothenberger	NED	224,94
2000	Anky van Grunsven	NED	239,18
	Isabell Werth	GER	234,19
	Ulla Salzgeber	GER	230,57

Dressur, Mannschaft

1928	Deutschland	669,72
	Schweden	650,86
	Niederlande	642,96
1932	Frankreich	2818,75
	Schweden	2678,00
	USA	2576,75
1936	Deutschland	5074,0
	Frankreich	4846,0
	Schweden	4627,5
1948	Frankreich	1269,0
	USA	1256,0
	Portugal	1182,0
1952	Schweden	1597,5
	Schweiz	1579,0
	Deutschland	1501,0
1956	Schweden	2475
	Deutschland	2346
	Schweiz	2346
1960	nicht ausgetragen	
1964	Deutschland	2558,0
	Schweiz	2526,0
	UdSSR	2311,0
1968	BR Deutschland	2699
	UdSSR	2657
	Schweiz	2547
1972	UdSSR	5095
	BR Deutschland	5083
	Schweden	4849
1976	BR Deutschland	5156
	Schweiz	4684
	USA	4647
1980	UdSSR	4383
	Bulgarien	3580
	Rumänien	3346
1984	BR Deutschland	4955
	Schweiz	4673
	Schweden	4630
1988	BR Deutschland	4302
	Schweiz	4164
	Kanada	3969
1992	Deutschland	5224
	Niederlande	4742
	USA	4643
1996	Deutschland	5553
	Niederlande	5437
	USA	5309
2000	Deutschland	5632
	Niederlande	5579
	USA	5166

Military, Einzel

1912	Axel Nordlander	SWE	46,59
	Friedrich v. Rochow	GER	46,42
	Jean Cariou	FRA	46,32
1920	Helmer Mörner	SWE	1775,00
	Age Lundström	SWE	1738,75
	Ettore Caffaratti	ITA	1733,75
1924	A. v. d. Voort van Zijp	NED	1976,0
	Frode Kirkebjerg	DEN	1855,5
	Sloan Doak	USA	1845,5
1928	Ch. F. Pahud Mortanges	NED	1969,82
	Gerard de Kruyff	NED	1967,26
	Bruno Neumann	GER	1928,60
1932	Ch. F. Pahud Mortanges	NED	1813,833
	Earl Thomson	USA	1811,000
	Clarence von Rosen jun.	SWE	1809,416
1936	Ludwig Stubbendorff	GER	39,90
	Earl Thomson	USA	99,90
	Hans Mathiesen-Lunding	DEN	102,20
1948	Bernard Chevallier	FRA	4,00
	Frank Henry	USA	21,00
	Robert Selfelt	SUI	25,00
1952	Hans v. Blixen-Finecke jun.	SWE	28,33
	Guy Lefrant	FRA	54,50
	Wilhelm Büsing	GER	55,50
1956	Petrus Kastenmann	SWE	66,63
	August Lütke-Westhues	GER	84,87
	Frank Weldon	GBR	85,48
1960	Lawrence Morgan	AUS	7,15
	Neale Lavis	AUS	16,50
	Anton Bühler	SUI	51,21
1964	Mauro Checcoli	ITA	64,40
	Carlos Moratorio	ARG	56,40
	Fritz Ligges	GER	49,20
1968	Jean-Jacques Guyon	FRA	38,86
	Derek Allhusen	GBR	41,61
	Michael Page	USA	52,31
1972	Richard Meade	GBR	57,73
	Alessandro Argenton	ITA	43,33
	Jan Jönsson	SWE	39,67
1976	Edmund Coffin	USA	114,99
	John Plumb	USA	125,85
	Karl Schultz	FRG	129,45
1980	Euro Frederico Roman	ITA	108,60
	Alexander Blinow	URS	120,80
	Juri Salnikow	URS	151,60
1984	Mark Todd	NZL	51,60
	Karen Stives	USA	54,20
	Virginia Holgate	GBR	56,80
1988	Mark Todd	NZL	42,60
	Ian Stark	GBR	52,80
	Virginia Leng-Holgate	GBR	56,80
1992	Matthew Ryan	AUS	70,00
	Herbert Blöcker	GER	81,30
	Blyth Tait	NZL	87,60
1996	Blyth Tait	NZL	45,80
	Sally Clark	NZL	60,40
	Kerry Millikin	USA	73,70
2000	David O'Connor	USA	34,00
	Andrew Hoy	AUS	39,80
	Mark Todd	NZL	42,00

Military, Mannschaft

1912	Schweden	139,06
	Deutschland	138,48
	USA	137,33
1920	Schweden	5057,50
	Italien	4735,00
	Belgien	4560,00
1924	Niederlande	5297,5
	Schweden	4743,5
	Italien	4512,5
1928	Niederlande	5865,68
	Norwegen	5395,68
	Polen	5067,92
1932	USA	5038,083
	Niederlande	4689,083
	Bronze nicht vergeben	
1936	Deutschland	676,65
	Polen	991,70
	Großbritannien	9195,50
1948	USA	161,50
	Schweden	165,00
	Mexiko	305,25
1952	Schweden	221,94
	Deutschland	235,49
	USA	587,16
1956	Großbritannien	355,48
	Deutschland	475,91
	Kanada	572,72
1960	Australien	128,18
	Schweiz	386,02
	Frankreich	515,71
1964	Italien	85,80
	USA	65,86
	Deutschland	56,73
1968	Großbritannien	175,93
	USA	245,87
	Australien	331,26
1972	Großbritannien	+95,53
	USA	+10,81
	BR Deutschland	-18,00
1976	USA	441,00
	BR Deutschland	584,60
	Australien	599,54
1980	UdSSR	457,00
	Italien	656,20
	Mexiko	1172,85
1984	USA	186,00
	Großbritannien	189,20
	BR Deutschland	234,00
1988	BR Deutschland	225,95
	Großbritannien	256,80
	Neuseeland	271,20
1992	Australien	288,60
	Neuseeland	290,80
	Deutschland	300,30
1996	Australien	203,85
	USA	261,10
	Neuseeland	268,55
2000	Australien	145,80
	Großbritannien	161,00
	USA	175,80

SCHWIMMEN

Männer

50 m Freistil

1988	Matt Biondi	USA	22,14
	Tom Jager	USA	22,36
	Gennadi Prigoda	URS	22,71
1992	Alexander Popow	EUN	21,91
	Matt Biondi	USA	22,09
	Tom Jager	USA	22,3
1996	Alexander Popow	RUS	22,13
	Gary Hall jr.	USA	22,26
	Fernando Scherer	BRA	22,29
2000	Gary Hall jr.	USA	21,98
	Anthony Ervin	USA	21,98
	Pieter van den Hoogenband	NED	22,03

100 m Freistil

1896	Alfred Hajos	HUN	1:22,2
	Efstathios Choronhas	GRE	1:23,0
	Otto Herschmann	AUT	
1904	Zoltan Halmay	HUN	1:02,8
(100y)	Charles Daniels	USA	
	J. Scott Leary	USA	
1908	Charles Daniels	USA	1:05,6
	Zoltan Halmay	HUN	1:06,2
	Harald Julin	SWE	1:08,0
1912	Duke Paoa Kahanamoku	USA	1:03,4
	Cecil Healy	AUS	1:04,6
	Kenneth Huszagh	USA	1:05,6
1920	Duke Paoa Kahanamoku	USA	1:01,4
	Pua Kela Kealoha	USA	1:02,6
	William Harris	USA	1:03,0
1924	Johnny Weissmuller	USA	59,0
	Duke Paoa Kahanamoku	USA	1:01,4
	Samuel Kahanamoku	USA	1:01,8
1928	Johnny Weissmuller	USA	58,6
	Istvan Barani	HUN	59,8
	Katsuo Takaishi	JPN	1:00,0
1932	Yasuji Miyazaki	JPN	58,2
	Tatsugo Kawaishi	JPN	58,6
	Albert Schwartz	USA	58,8
1936	Ferenc Csik	HUN	57,6
	Masanori Yusa	JPN	57,9
	Shigeo Arai	JPN	58,0
1948	Walter Ris	USA	57,3
	Alan Ford	USA	57,8
	Geza Kadas	HUN	58,1
1952	Clarke Scholes	USA	57,4
	Hiroshi Suzuki	JPN	57,4
	Göran Larsson	SWE	58,2
1956	Jon Henricks	AUS	55,4
	John Devitt	AUS	55,8
	Gary Chapman	AUS	56,7
1960	John Devitt	AUS	55,2
	Lance Larsson	USA	55,2
	Manuel Dos Santos	BRA	55,4
1964	Don Schollander	USA	53,4
	Robert McGregor	GBR	53,5
	Hans-Joachim Klein	FRG	54,0
1968	Mike Wenden	AUS	52,2
	Kenneth Walsh	USA	52,8
	Mark Spitz	USA	53,0
1972	Mark Spitz	USA	51,22
	Jerry Heidenreich	USA	51,65
	Wladimir Bure	URS	51,77
1976	Jim Montgomery	USA	49,99
	Jack Babashoff	USA	50,81
	Peter Nocke	FRG	51,31
1980	Jörg Woithe	GDR	50,40
	Per Holmertz	SWE	50,91
	Per Johansson	SWE	51,29
1984	Ambrose ›Rowdy‹ Gaines	USA	49,80
	Mark Stockwell	AUS	50,24
	Per Johansson	SWE	50,31
1988	Matt Biondi	USA	48,63
	Chris Jacobs	USA	49,08
	Stephan Caron	FRA	49,62
1992	Alexander Popow	EUN	49,02
	Gustavo Borges	BRA	49,43
	Stephan Caron	FRA	49,50
1996	Alexander Popow	RUS	48,74
	Gary Hall jr.	USA	48,81
	Gustavo Borges	BRA	49,02

2000	Pieter van den Hoogenband	NED	48,30
	Alexander Popow	RUS	48,69
	Gary Hall jr.	USA	48,73

200 m Freistil

1900	Frederick C. V. Lane	AUS	2:25,2
(220y)	Zoltan Halmay	HUN	2:31,4
	Karl Ruberl	AUT	2:32,0
1904	Charles Daniels	USA	2:44,2
(220y)	Francis Gailey	USA	2:46,0
	Emil Rausch	GER	2:56,0
1968	Mike Wenden	AUS	1:55,2
	Don Schollander	USA	1:55,8
	John Nelson	USA	1:58,1
1972	Mark Spitz	USA	1:52,78
	Steve Genter	USA	1:53,73
	Werner Lampe	FRG	1:53,99
1976	Bruce Furniss	USA	1:50,29
	John Naber	USA	1:50,50
	Jim Montgomery	USA	1:50,58
1980	Sergej Kopljakow	URS	1:49,81
	Andrej Krylow	URS	1:50,76
	Graeme Brewer	AUS	1:51,60
1984	Michael Gross	FRG	1:47,44
	Michael Heath	USA	1:49,10
	Thomas Fahrner	FRG	1:49,69
1988	Duncan Armstrong	AUS	1:47,25
	Anders Holmertz	SWE	1:47,89
	Matt Biondi	USA	1:47,99
1992	Jewgeni Sadowyi	EUN	1:46,70
	Anders Holmertz	SWE	1:46,86
	Antti Kasvio	FIN	1:47,63
1996	Danyon Loader	NZL	1:47,63
	Gustavo Borges	BRA	1:48,08
	Daniel Kowalski	AUS	1:48,25
2000	Pieter van den Hoogenband	NED	1:45,35
	Ian Thorpe	AUS	1:45,83
	Massimiliano Rosolino	ITA	1:46,65

400 m Freistil

1896	Paul Neumann	AUT	8:12,6
(500m)	Antonios Pepanos	GRE	
	Efstathios Choropas	GRE	
1904	Charles Daniels	USA	6:16,2
(440y)	Francis Gailey	USA	6:22,0
	Otto Wahle	AUT	6:39,0
1908	Henry Taylor	GBR	5:36,8
	Frank Beaurepaire	AUS	5:44,2
	Otto Cheff	AUT	5:56,0
1912	George Hodgson	CAN	5:24,4
	John Hatfield	GBR	5:25,8
	Harold Hardwick	AUS	5:31,2
1920	Norman Ross	USA	5:26,8
	Ludy Langer	USA	5:29,0
	George Vernot	CAN	5:29,6
1924	Johnny Weissmuller	USA	5:04,2
	Arne Borg	SWE	5:05,6
	Andrew ›Boy‹ Charlton	AUS	5:06,6
1928	Alberto Zorrilla	ARG	5:01,6
	Andrew ›Boy‹ Charlton	AUS	5:03,6
	Arne Borg	SWE	5:04,6
1932	Clarence ›Buster‹ Crabbe	USA	4:48,4
	Jean Taris	FRA	4:48,5
	Tsutomu Oyokota	JPN	4:52,3
1936	Jack Medica	USA	4:44,5
	Shumpei Uto	JPN	4:45,6
	Shozo Makino	JPN	4:48,1
1948	William Smith	USA	4:41,0
	James McLane	USA	4:43,4
	John Marshall	AUS	4:47,7
1952	Jean Boiteux	FRA	4:30,7
	Ford Konno	USA	4:31,3
	Per-Olof Ostrand	SWE	4:35,2
1956	Murray Rose	AUS	4:27,3
	Tsuyoshi Yamanaka	JPN	4:30,4
	George Breen	USA	4:32,5
1960	Murray Rose	AUS	4:18,3
	Tsuyoshi Yamanaka	JPN	4:21,4
	John Konrads	AUS	4:21,8
1964	Don Schollander	USA	4:12,2
	Frank Wiegand	GER	4:14,9
	Allan Wood	AUS	4:15,1
1968	Mike Burton	USA	4:09,0
	Ralph Hutton	CAN	4:11,7
	Alain Mosconi	FRA	4:13,3
1972	Brad Cooper	AUS	4:00,27
	Steve Genter	USA	4:01,94
	Tom McBreen	USA	4:02,64
1976	Brian Goodell	USA	3:51,93
	Tim Shaw	USA	3:52,54
	Wladimir Raskatow	URS	3:55,76
1980	Wladimir Salnikow	URS	3:51,31
	Andrej Krylow	URS	3:53,24
	Ivar Stukolkin	URS	3:53,95
1984	George Dicarlo	USA	3:51,23
	John Mykkanen	USA	3:51,49
	Justin Lemberg	AUS	3:51,79
1988	Uwe Daßler	GDR	3:46,95
	Duncan Armstrong	AUS	3:47,15
	Artur Wojdat	POL	3:47,34
1992	Jewgeni Sadowyi	EUN	3:45,00
	Kieren Perkins	AUS	3:45,16
	Anders Holmertz	SWE	3:46,77
1996	Danyon Loader	NZL	3:47,97
	Paul Palmer	GBR	3:49,00
	Daniel Kowalski	AUS	3:49,39
2000	Ian Thorpe	AUS	3:40,59
	Massimiliano Rosolino	ITA	3:43,40
	Klete Keller	USA	3:47,00

1500 m Freistil

1896	Alfred Hajos	HUN	18:22,2
(1200m)	Jean Andreou	GRE	21:03,4
	Efstathios Chorophas	GRE	
1900	John Arthur Jarvis	GBR	13:40,2
(1000m)	Otto Wahle	AUT	14:53,6
	Zoltan Holmay	HUN	15:16,4
1904	Emil Rausch	GER	27:18,2
(1609m)	Geza Kiss	HUN	28:28,2
	Francis Gailey	USA	28:54,0
1908	Henry Taylor	GBR	22:48,4
	Thomas Battersby	GBR	22:51,2
	Frank Beaurepaire	AUS	22:56,2
1912	George Hodgson	CAN	22:00,0
	John Hatfield	GBR	22:39,0
	Harold Hardwick	AUS	23:15,4
1920	Norman Ross	USA	22:23,2
	Georges Vernot	CAN	22:36,4
	Frank Beaurepaire	AUS	23:04,0
1924	Andrew ›Boy‹ Charlton	AUS	20:26,6
	Arne Borg	SWE	20:41,4
	Frank Beaurepaire	AUS	21:48,4
1928	Arne Borg	SWE	19:51,8
	Andrew ›Boy‹ Charlton	AUS	20:02,6
	Clarence ›Buster‹ Crabbe	USA	20:28,8
1932	Kusuo Kitamura	JPN	19:12,4
	Shozo Makino	JPN	19:14,1
	James Cristy	USA	19:39,5
1936	Noboru Terada	JPN	19:13,7
	Jack Medica	USA	19:34,0
	Shumpei Uto	JPN	19:34,5
1948	James McLane	USA	19:18,5
	John Marshall	AUS	19:31,3
	György Mitro	HUN	19:43,2
1952	Ford Konno	USA	18:30,3
	Shiro Hashizume	JPN	18:41,4
	Tetsuo Okamoto	BRA	18:51,3
1956	Murray Rose	AUS	17:58,9
	Tsuyoshi Yamanaka	JPN	18:00,3
	George Breen	USA	18:08,2
1960	John Konrads	AUS	17:19,6
	Murray Rose	AUS	17:21,7
	George Breen	USA	17:30,6
1964	Robert Windle	AUS	17:01,7
	John Nelson	USA	17:03,0
	Allan Wood	AUS	17:07,7
1968	Michael Burton	USA	16:38,9
	John Kinsella	USA	16:57,3
	Gregory Brough	AUS	17:04,7
1972	Michael Burton	USA	15:52,58
	Graham Windeatt	AUS	15:58,48
	Douglas Northway	USA	16:09,25
1976	Brian Goodell	USA	15:02,40
	Bobby Hackett	USA	15:03,91
	Stephen Holland	AUS	15:04,66
1980	Wladimir Salnikow	URS	14:58,27
	Alexander Tschajew	URS	15:14,30
	Max Metzker	AUS	15:14,49
1984	Michael O'Brian	USA	15:05,20
	George Dicarlo	USA	15:10,29
	Stefan Pfeiffer	FRG	15:12,11
1988	Wladimir Salnikow	URS	15:00,40
	Stefan Pfeiffer	FRG	15:02,69
	Uwe Daßler	GDR	15:06,15
1992	Kieren Perkins	AUS	14:43,48
	Glen Housman	AUS	14:55,29
	Jörg Hoffmann	GER	15:02,29
1996	Kieren Perkins	AUS	14:56,40
	Daniel Kowalski	AUS	15:02,43
	Graeme Smith	GBR	15:02,48
2000	Grant Hackett	AUS	14:48,33
	Kieren Perkins	AUS	14:53,59
	Chris Thompson	USA	14:56,81

100 m Rücken

1904	Walter Brack	GER	1:16,8
(100y)	Georg Hoffmann	GER	1:18,0
	Georg Zacharias	GER	1:19,6
1908	Arno Bieberstein	GER	1:24,6
	Ludvig Dam	DEN	1:26,6
	Herbert Haresnape	GBR	1:27,0
1912	Harry Hebner	USA	1:21,2
	Otto Fahr	GER	1:22,4
	Paul Kellner	GER	1:24,0
1920	Warren Paoa Kealoha	USA	1:15,2
	Raymond Kegeris	USA	1:16,2
	Gérard Blitz	BEL	1:19,0
1924	Warren Paoa Kealoha	USA	1:13,2
	Paul Wyatt	USA	1:15,4
	Karoly Bartha	HUN	1:17,8
1928	George Kojak	USA	1:08,2
	Walter Laufer	USA	1:10,0
	Paul Wyatt	USA	1:12,0
1932	Masaji Kiyokawa	JPN	1:08,6
	Toshio Irie	JPN	1:09,8
	Kentaro Kawatsu	JPN	1:10,0
1936	Adolf Kiefer	USA	1:05,9
	Albert Van de Weghe	USA	1:07,7
	Masaji Kiyokawa	JPN	1:08,4
1948	Allen Stack	USA	1:06,4
	Robert Cowell	USA	1:06,5
	Georges Vallerey	FRA	1:07,8
1952	Yoshinobu Oyakawa	USA	1:05,4
	Gilbert Bozon	FRA	1:06,2
	Jack Taylor	USA	1:06,4
1956	David Theile	AUS	1:02,2
	John Monckton	AUS	1:03,2
	Frank McKinney	USA	1:04,5
1960	David Theile	AUS	1:01,9
	Frank McKinney	USA	1:02,1
	Robert Bennett	USA	1:02,3
1964	nicht ausgetragen		
1968	Roland Matthes	GDR	58,7
	Charles Hickcox	USA	1:00,2
	Ronald Mills	USA	1:00,5
1972	Roland Matthes	GDR	56,58
	Michael Stamm	USA	57,70
	John Murphy	USA	58,35
1976	John Naber	USA	55,49
	Peter Rocca	USA	56,34
	Roland Matthes	GDR	57,22
1980	Bengt Baron	SWE	56,53
	Wiktor Kusnezow	URS	56,99
	Wladimir Dolgow	URS	57,63
1984	Richard ›Rick‹ Carey	USA	55,79
	David Wilson	USA	56,35
	Mike West	CAN	56,49
1988	Daichi Suzuki	JPN	55,05
	David Berkoff	USA	55,18
	Igor Poljanski	URS	55,20
1992	Mark Tewksbury	CAN	53,98
	Jeff Rouse	USA	54,04
	David Berkoff	USA	54,78
1996	Jeff Rouse	USA	54,10
	Rodolfo Falcon	CUB	54,98
	Neisser Bent Valsquez	CUB	55,02
2000	Lenny Krayzelburg	USA	53,72
	Matthew Welsh	AUS	54,07
	Stev Theloke	GER	54,82

200 m Rücken

1900	Ernst Hoppenberg	GER	2:47,0
	Karl Ruberl	AUT	2:56,0
	Johannes Drost	NED	3:01,0
1964	Jed Graef	USA	2:10,3
	Gary Dilley	USA	2:10,5
	Robert Bennett	USA	2:13,1
1968	Roland Matthes	GDR	2:09,6
	Michel Ivey	USA	2:10,6
	Jack Horsley	USA	2:10,9
1972	Roland Matthes	GDR	2:02,82
	Michael Stamm	USA	2:04,09
	Mitchell Ivey	USA	2:04,33
1976	John Naber	USA	1:59,19
	Peter Rocca	USA	2:00,55
	Dan Harrigan	USA	2:01,35
1980	Sandor Wladar	HUN	2:01,93
	Zoltan Verraszto	HUN	2:02,40
	Mark Kerry	AUS	2:03,14
1984	Richard ›Rick‹ Carey	USA	2:00,23
	Frédéric Delcourt	FRA	2:01,75
	Cameron Henning	CAN	2:02,37
1988	Igor Poljanski	URS	1:59,37
	Frank Baltrusch	GDR	1:59,60
	Paul Kingsman	NZL	2:00,48
1992	Martin Lopez-Zubero	ESP	1:58,47
	Wladimir Selkow	EUN	1:58,87
	Stefano Battistelli	ITA	1:59,40
1996	Brad Bridgewater	USA	1:58,54
	Tripp Schwenk	USA	1:58,99
	Emanuele Merisi	ITA	1:59,18
2000	Lenny Krayzelburg	USA	1:56,76
	Aaron Peirsol	USA	1:57,35
	Matthew Welsh	AUS	1:57,59

100 m Brust

1968	Donald McKenzie	USA	1:07,7
	Wladimir Kossinski	URS	1:08,0
	Nikolai Pankin	URS	1:08,0
1972	Nobutaka Taguchi	JPN	1:04,94
	Thomas Bruce	USA	1:05,43
	John Hencken	USA	1:05,61
1976	John Hencken	USA	1:03,11
	David Wilkie	GBR	1:03,43
	Arwydas Juzaitis	URS	1:04,23
1980	Duncan Goodhew	GBR	1:03,34
	Arsen Miskarow	URS	1:03,82
	Peter Evans	AUS	1:03,96
1984	Steve Lundquist	USA	1:01,65
	Victor Davis	CAN	1:01,99
	Peter Evans	AUS	1:02,97
1988	Adrian Moorhouse	GBR	1:02,04
	Karoly Güttler	HUN	1:02,05
	Dimitri Wolkow	URS	1:02,20
1992	Nelson Diebel	USA	1:01,50
	Norbert Rozsa	HUN	1:01,68
	Philip Rogers	AUS	1:01,76
1996	Frederick Deburghgraeve	BEL	1:00,65
	Jeremy Linn	USA	1:00,77
	Mark Warneke	GER	1:01,33
2000	Domenico Fioravanti	ITA	1:00,46
	Ed Moses	USA	1:00,73
	Roman Sloudnow	RUS	1:00,91

200 m Brust

1908	Frederick Holman	GBR	3:09,2
	William Robinson	GBR	3:12,8
	Pontus Hanson	SWE	3:14,6
1912	Walter Bathe	GER	3:01,8
	Wilhelm Lützow	GER	3:05,0
	Kurt Malisch	GER	3:08,0
1920	Hakan Malmrot	SWE	3:04,4
	Thor Henning	SWE	3:09,2
	Arvo Aaltonen	FIN	3:12,2
1924	Robert Skelton	USA	2:56,6
	Joseph de Combe	BEL	2:59,2
	William Kirschbaum	USA	3:01,0
1928	Yoshiyuki Tsuruta	JPN	2:48,8
	Erich ›Ete‹ Rademacher	GER	2:50,6
	Teofilo Yldefonzo	PHI	2:56,4
1932	Yoshiyuki Tsuruta	JPN	2:45,4
	Reizo Koike	JPN	2:46,6
	Teofilo Yldefonzo	PHI	2:47,1
1936	Tetsuo Hamuro	JPN	2:41,5
	Erwin Sietas	GER	2:42,9
	Reizo Koike	JPN	2:44,2
1948	Joseph Verdeur	USA	2:39,3
	Keith Carter	USA	2:40,2
	Robert Sohl	USA	2:43,9
1952	John Davies	AUS	2:34,4
	Bowen Stassforth	USA	2:34,7
	Herbert Klein	GER	2:35,9
1956	Masaru Furukawa	JPN	2:34,7
	Masahiro Yoshimura	JPN	2:36,7
	Charis Junitschew	URS	2:36,8
1960	William Mulliken	USA	2:37,4
	Yoshihiko Osaki	JPN	2:38,0
	Wieger Mensonides	NED	2:39,7
1964	Ian O'Brian	AUS	2:27,8
	Georgi Prokopenko	URS	2:28,2
	Chester Jastremski	USA	2:29,6
1968	Felipe Munoz	MEX	2:28,7
	Wladimir Kossinski	URS	2:29,2
	Brian Job	USA	2:29,9
1972	John Hencken	USA	2:21,55
	David Wilkie	GBR	2:23,67
	Nobutaka Taguchi	JPN	2:23,88
1976	David Wilkie	GBR	2:15,11
	John Hencken	USA	2:17,26
	Rick Colella	USA	2:19,20
1980	Robertas Schulpa	URS	2:15,85
	Alban Vermes	HUN	2:16,93
	Arsen Miskarow	URS	2:17,28
1984	Victor Davis	CAN	2:13,34
	Glenn Beringen	AUS	2:15,79
	Etienne Dagon	SUI	2:17,41
1988	Jozsef Szabo	HUN	2:13,52
	Nick Gillingham	GBR	2:14,12
	Sergio Lopez	ESP	2:15,21
1992	Mike Barrowman	USA	2:10,16
	Norbert Rozsa	HUN	2:11,23
	Nick Gillingham	GBR	2:11,29
1996	Norbert Rozsa	HUN	2:12,57
	Karoly Güttler	HUN	2:13,03
	Andrej Kornejew	RUS	2:13,17
2000	Domenico Fioravanti	ITA	2:10,87
	Terence Parkin	RSA	2:12,50
	Davide Rummolo	ITA	2:12,73

100 m Schmetterling

1968	Doug Russell	USA	55,9
	Mark Spitz	USA	56,4
	Ross Wales	USA	57,2
1972	Mark Spitz	USA	54,27
	Bruce Robertson	CAN	55,56
	Jerry Heidenreich	USA	55,74
1976	Matt Vogel	USA	54,35
	Joe Bottom	USA	54,50
	Gary Hall	USA	54,65
1980	Pär Arvidsson	SWE	54,92
	Roger Pyttel	GDR	54,94
	David Lopez	ESP	55,13
1984	Michael Gross	FRG	53,08
	Pablo Morales	USA	53,23
	Glenn Buchanan	AUS	53,85
1988	Anthony Nesty	SUR	53,00
	Matt Biondi	USA	53,01
	Andrew Jameson	GBR	53,30
1992	Pablo Morales	USA	53,32
	Rafal Szukala	POL	53,35
	Anthony Nesty	SUR	53,41
1996	Denis Pankratow	RUS	52,27
	Scott Miller	AUS	52,53
	Wladislaw Kulikow	RUS	53,13
2000	Lars Frölander	SWE	52,00
	Michael Klim	AUS	52,18
	Geoff Huegill	AUS	52,22

200 m Schmetterling

1956	William Yorzik	USA	2:19,3
	Takashi Ishimoto	JPN	2:23,8
	György Tumpek	HUN	2:23,9
1960	Michael Troy	USA	2:12,8
	Neville Hayes	AUS	2:14,6
	David Gillanders	USA	2:15,3
1964	Kevin Berris	AUS	2:06,6
	Carl Robie	USA	2:07,5
	Fred Schmidt	USA	2:09,3
1968	Carl Robie	USA	2:08,7
	Martin Woodroffe	GBR	2:09,0
	John Ferris	USA	2:09,3
1972	Mark Spitz	USA	2:00,70
	Gary Hall	USA	2:02,86
	Robin Backhaus	USA	2:03,23
1976	Mike Bruner	USA	1:59,23
	Steven Gregg	USA	1:59,54
	Bill Forrester	USA	1:59,96
1980	Sergej Fessenko	URS	1:59,76
	Philip Hubble	GBR	2:01,20
	Roger Pyttel	GDR	2:01,39
1984	Jon Sieben	AUS	1:57,04
	Michael Gross	FRG	1:57,40
	Rafael Vidal Castro	VEN	1:57,51
1988	Michael Gross	FRG	1:56,94
	Benny Nielsen	DEN	1:58,24
	Anthony Mosse	NZL	1:58,28
1992	Melvin Stewart	USA	1:56,26
	Danyon Loader	NZL	1:57,93
	Franck Esposito	FRA	1:58,51
1996	Denis Pankratow	RUS	1:56,51
	Tom Malchow	USA	1:57,44
	Scott Goodman	AUS	1:57,48
2000	Tom Malchow	USA	1:55,35
	Denis Sylantjew	UKR	1:55,76
	Justin Norris	AUS	1:56,17

200 m Lagen

1968	Charles Hickcox	USA	2:12,0
	Greg Buckingham	USA	2:13,0
	John Ferris	USA	2:13,3
1972	Gunnar Larsson	SWE	2:07,17
	Alexander ›Tim‹ McKee	USA	2:08,37
	Steve Furniss	USA	2:08,45
1984	Alex Baumann	CAN	2:01,42
	Pablo Morales	USA	2:03,05
	Neil Cochran	GBR	2:04,38
1988	Tamas Darnyi	HUN	2:00,17
	Patrick Kühl	GDR	2:01,61
	Wadim Jarostschuk	URS	2:02,40
1992	Tamas Darnyi	HUN	2:00,76
	Greg Burgess	USA	2:00,97
	Attila Czene	HUN	2:01,00
1996	Attila Czene	HUN	1:59,91
	Jani Sievinen	FIN	2:00,13
	Curtis Myden	CAN	2:01,13
2000	Massimiliano Rosolino	ITA	1:58,98
	Tom Dolan	USA	1:59,77
	Tom Wilkens	USA	2:00,87

400 m Lagen

1964	Richard Roth	USA	4:45,4
	Roy Saari	USA	4:47,1
	Gerhard Hetz	GER	4:51,0
1968	Charles Hickcox	USA	4:48,4
	Gary Hall	USA	4:48,7
	Michael Holthaus	FRG	4:51,4
1972	Gunnar Larsson	SWE	4:31,981
	Alexander ›Tim‹ McKee	USA	4:31,983
	Andras Hargitay	HUN	4:32,700
1976	Rod Strachan	USA	4:23,68
	Alexander ›Tim‹ McKee	USA	4:24,62
	Andrej Smirnow	URS	4:26,90
1980	Alexander Sidorenko	URS	4:22,89
	Sergej Fesenko	URS	4:23,43
	Zoltan Verraszto	HUN	4:24,24
1984	Alex Baumann	CAN	4:17,41
	Ricardo Prado	BRA	4:18,45
	Robert Woodhouse	AUS	4:20,50
1988	Tamas Darnyi	HUN	4:14,75
	David Wharton	USA	4:17,36
	Stefano Battistelli	ITA	4:18,01
1992	Tamas Darnyi	HUN	4:14,23
	Eric Namesnik	USA	4:15,57
	Luca Sacchi	ITA	4:16,34
1996	Tom Dolan	USA	4:1490
	Eric Namesnik	USA	4:15,25
	Curtis Myden	CAN	4:16,28

2000	Tom Dolan	USA	4:11,76
	Erik Vendt	USA	4:14,23
	Curtis Myden	CAN	4:15,33

4x100 m Freistil

1964	USA	3:33,2
	Deutschland	3:37,2
	Australien	3:39,1
1968	USA	3:31,7
	UdSSR	3:34,2
	Australien	3:34,7
1972	USA	3:26,42
	UdSSR	3:29,72
	DDR	3:32,42
1984	USA	3:19,03
	Australien	3:19,68
	Schweden	3:22,69
1988	USA	3:16,53
	UdSSR	3:18,33
	DDR	3:19,82
1992	USA	3:16,74
	EUN	3:17,56
	Deutschland	3:17,90
1996	USA	3:15,41
	Rußland	3:17,06
	Deutschland	3:17,20
2000	Australien	3:13,67
	USA	3:13,86
	Brasilien	3:17,40

4x200 m Freistil

1908	Großbritannien	10:55,6
	Ungarn	10:59,0
	USA	11:02,8
1912	Australasien (AUS/NZL)	10:11,2
	USA	10:20,2
	Großbritannien	10:28,2
1920	USA	10:04,4
	Australien	10:25,4
	Großbritannien	10:37,2
1924	USA	9:53,4
	Australien	10:02,2
	Schweden	10:06,8
1928	USA	9:36,2
	Japan	9:41,4
	Kanada	9:47,8
1932	Japan	8:58,4
	USA	9:10,5
	Ungarn	9:31,4
1936	Japan	8:51,5
	USA	9:03,0
	Ungarn	9:12,3
1948	USA	8:46,0
	Ungarn	8:48,4
	Frankreich	9:08,0
1952	USA	8:31,1
	Japan	8:33,5
	Frankreich	8:45,9
1956	Australien	8:23,6
	USA	8:31,5
	UdSSR	8:34,7
1960	USA	8:10,2
	Japan	8:13,2
	Australien	8:13,8
1964	USA	7:52,1
	Deutschland	7:59,3
	Japan	8:03,8
1968	USA	7:52,3
	Australien	7:53,7
	UdSSR	8:01,6
1972	USA	7:35,78
	BR Deutschland	7:41,69
	UdSSR	7:45,76
1976	USA	7:23,22
	UdSSR	7:27,97
	Großbritannien	7:32,11
1980	UdSSR	7:23,50
	DDR	7:28,60
	Brasilien	7:29,30
1984	USA	7:15,69
	BR Deutschland	7:15,73
	Großbritannien	7:24,78
1988	USA	7:12,51
	DDR	7:13,68
	BR Deutschland	7:14,35
1992	EUN	7:11,95
	Schweden	7:15,51
	USA	7:16,23
1996	USA	7:14,84
	Schweden	7:17,56
	Deutschland	7:17,71
2000	Australien	7:07,05
	USA	7:12,64
	Niederlande	7:12,70

4x100 m Lagen

1960	USA	4:05,4
	Australien	4:12,0
	Japan	4:12,2
1964	USA	3:58,4
	Deutschland	4:01,6
	Australien	4:02,3
1968	USA	3:54,9
	DDR	3:57,5
	UdSSR	4:00,7
1972	USA	3:48,16
	DDR	3:52,12
	Kanada	3:52,26
1976	USA	3:42,22
	Kanada	3:45,94
	BR Deutschland	3:47,29
1980	Australien	3:45,70
	UdSSR	3:45,92
	Großbritannien	3:47,71
1984	USA	3:39,30
	Kanada	3:43,23
	Australien	3:43,25
1988	USA	3:36,93
	Kanada	3:39,28
	UdSSR	3:39,96
1992	USA	3:36,93
	EUN	3:38,56
	Kanada	3:39,66
1996	USA	3:34,84
	Rußland	3:37,55
	Australien	3:39,56
2000	USA	3:33,73
	Australien	3:35,27
	Deutschland	3:35,88

Frauen

50 m Freistil

1988	Kristin Otto	GDR	25,49
	Wenyi Yang	CHN	25,64
	3. Katrin Meißner	GDR	25,71
	3. Jil Sterkel	USA	25,71
1992	Wenyi Yang	CHN	24,79
	Young Zhuang	CHN	25,08
	Angel Martino	USA	25,23
1996	Amy van Dyken	USA	24,87
	Jingyi Le	CHN	24,90
	Sandra Völker	GER	25,14
2000	Inge De Bruijn	NED	24,32
	Therese Alshammar	SWE	24,51
	Dara Torres	USA	24,63

100 m Freistil

1912	Fanny Durack	AUS	1:22,2
	Wilhelmina Wylie	AUS	1:25,4
	Jennie Fletcher	GBR	1:27,0
1920	Ethelda Bleintrey	USA	1:13,6
	Irene Guest	USA	1:17,0
	Frances Schroth	USA	1:17,2
1924	Ethel Lackie	USA	1:12,4
	Mariechen Wehselau	USA	1:12,8
	Gertrude Ederle	USA	1:14,2
1928	Albina Osipowich	USA	1:11,0
	Eleonor Garatti	USA	1:11,4
	Margaret Joyce Cooper	GBR	1:13,6
1932	Helene Madison	USA	1:06,8
	Willemijntje de Ouden	NED	1:07,8
	Eleanor Garatti-Saville	USA	1:08,2
1936	Hendrika Mastenbroek	NED	1:05,9
	Jeanette Campbell	ARG	1:06,4
	Gisela Arendt	GER	1:06,6
1948	Greta Andersen	DEN	1:06,3
	Ann Curtis	USA	1:06,5
	Marie-Louise Vaessen	NED	1:07,6
1952	Katalin Szöke	HUN	1:06,8
	Johanna Maria Termeulen	NED	1:07,0
	Judit Temes	HUN	1:07,1
1956	Dawn Fraser	AUS	1:02,0
	Lorraine Crapp	AUS	1:02,3
	Faith Leech	AUS	1:05,1
1960	Dawn Fraser	AUS	1:01,2
	Chris Von Saltza	USA	1:02,8
	Natalie Steward	GBR	1:03,1
1964	Dawn Fraser	AUS	59,5
	Sharon Stouder	USA	59,9
	Kathleen Ellis	USA	1:00,8
1968	Jan Henne	USA	1:00,0
	Susan Pedersen	USA	1:00,3
	Linda Gustavson	USA	1:00,3
1972	Sandra Neilson	USA	58,59
	Shirley Babashoff	USA	59,02
	Shane Gould	AUS	59,06
1976	Kornelia Ender	GDR	55,65
	Petra Priemer	GDR	56,49
	Enith Brigitha	NED	56,65
1980	Barbara Krause	GDR	54,79
	Caren Metschuk	GDR	55,16
	Ines Diers	GDR	55,65
1984	1. Carrie Steinseifer	USA	55,92
	1. Nancy Hogshead	USA	55,92
	Annemarie Verstappen	NED	56,08
1988	Kristin Otto	GDR	54,93
	Yong Zhuang	CHN	55,47
	Catherine Plewinski	FRA	55,49
1992	Yong Zhuang	CHN	54,64
	Jenny Thompson	USA	54,84
	Franziska van Almsick	GER	54,94
1996	Jingyi Le	CHN	54,50
	Sandra Völker	GER	54,88
	Angel Martino	USA	54,93
2000	Inge De Bruijn	NED	53,83
	Therese Alshammar	SWE	54,33
	Dara Torres	USA	54,43
	Jenny Thompson	USA	54,43

200 m Freistil

1968	Debbie Meyer	USA	2:10,5
	Jan Henne	USA	2:11,0
	Jane Barkman	USA	2:11,2
1972	Shane Gould	AUS	2:03,56
	Shirley Babashoff	USA	2:04,33
	Keena Rothhammer	USA	2:04,92
1976	Kornelia Ender	GDR	1:59,26
	Shirley Babashoff	USA	2:01,22
	Enith Brigitha	NED	2:01,40
1980	Barbara Krause	GDR	1:58,33
	Ines Diers	GDR	1:59,64
	Carmela Schmidt	GDR	2:01,44
1984	Mary Wayte	USA	1:59,23
	Cynthia Woodhead	USA	1:59,50
	Annemarie Verstappen	NED	1:59,69
1988	Heike Friedrich	GDR	1:57,65
	Silvia Poll	CRC	1:58,67
	Manuela Stellmach	GDR	1:59,01
1992	Nicole Haislett	USA	1:57,90
	Franziska van Almsick	GER	1:58,00
	Kerstin Kielgaß	GER	1:59,67
1996	Claudia Poll	CRC	1:58,16
	Franziska van Almsick	GER	1:58,57
	Dagmar Hase	GER	1:59,56
2000	Susie O'Neill	AUS	1:58,24
	Martina Moravcova	SVK	1:58,32
	Claudia Poll	CRC	1:58,81

400 m Freistil

1920	Ethelda Bleibtrey	USA	4:34,0
(300m)	Margaret Woodbridge	USA	4:42,8
	Frances Schroth	USA	4:52,0
1924	Martha Norelius	USA	6:02,2
	Helen Wainwright	USA	6:03,8
	Gertrude Ederle	USA	6:04,8
1928	Martha Norelius	USA	5:42,8
	Maria Braun	NED	5:57,8
	Josephine McKim	USA	6:00,2
1932	Helene Madison	USA	5:28,5
	Leonore Kight	USA	5:28,6
	Jennie Makaal	RSA	5:47,3
1936	Hendrika Mastenbroek	NED	5:26,4
	Ragnhild Hveger	DEN	5:27,5
	Leonore Wingard-Kight	USA	5:29,0
1948	Ann Curtis	USA	5:17,8
	Karen Margarete Harup	DEN	5:21,2
	Catherine Gibson	GBR	5:22,5
1952	Valeria Gyenge	HUN	5:12,1
	Eva Novak	HUN	5:13,7
	Evelyn Kawamoto	USA	5:14,6
1956	Lorraine Crapp	AUS	4:54,6
	Dawn Fraser	AUS	5:02,5
	Sylvia Ruuska	USA	5:07,1
1960	Chris Von Saltza	USA	4:50,6
	Jane Cederqvist	SWE	4:53,9
	Catharina Lagerberg	NED	4:56,9
1964	Virginia Duenkel	USA	4:43,3
	Marilyn Ramenofsky	USA	4:44,6
	Terri Lee Stickels	USA	4:47,2
1968	Debbie Meyer	USA	4:31,8
	Linda Gustavson	USA	4:35,5
	Karen Moras	AUS	4:37,0
1972	Shane Gould	AUS	4:19,04
	Novella Calligaris	ITA	4:22,44
	Gudrun Wegner	GDR	4:23,11
1976	Petra Thümer	GDR	4:09,89
	Shirley Babashoff	USA	4:10,46
	Shannon Smith	CAN	4:14,60
1980	Ines Diers	GDR	4:08,76
	Petra Schneider	GDR	4:09,16
	Carmela Schmidt	GDR	4:10,86
1984	Tiffany Cohen	USA	4:07,10
	Sarah Hardcastle	GBR	4:10,27
	June Croft	GBR	4:11,49
1988	Janet Evans	USA	4:03,95
	Heike Friedrich	GDR	4:05,94
	Anke Möhring	GDR	4:06,62
1992	Dagmar Hase	GER	4:07,18
	Janet Evans	USA	4:07,37
	Hayley Lewis	AUS	4:11,22
1996	Michelle Smith	IRL	4:07,25
	Dagmar Hase	GER	4:08,30
	Kirsten Vlieghuis	NED	4:08,70
2000	Brooke Bennett	USA	4:05,80
	Diana Munz	USA	4:07,07
	Claudia Poll	CRC	4:07,83

800 m Freistil

1968	Debbie Meyer	USA	9:24,0
	Pamela Kruse	USA	9:35,7
	Maria Teresa Ramirez	MEX	9:38,5
1972	Keena Rothhammer	USA	8:53,68
	Shane Gould	AUS	8:56,39
	Novella Calligaris	ITA	8:57,46
1976	Petra Thümer	GDR	8:37,14
	Shirley Babashoff	USA	8:37,59
	Wendy Weinberg	USA	8:42,60
1980	Michelle Ford	AUS	8:28,90
	Ines Diers	GDR	8:32,55
	Heike Dähne	GDR	8:33,48
1984	Tiffany Cohen	USA	8:24,95
	Michele Richardson	USA	8:30,73
	Sarah Hardcastle	GBR	8:32,60
1988	Janet Evans	USA	8:20,20
	Astrid Strauß	GDR	8:22,09
	Julie McDonald	AUS	8:22,93
1992	Janet Evans	USA	8:25,52
	Hayley Lewis	AUS	8:30,34
	Jana Henke	GER	8:30,99
1996	Brooke Bennett	USA	8:27,89
	Dagmar Hase	GER	8:29,91
	Kirsten Vlieghuis	NED	8:30,84
2000	Brooke Bennett	USA	8:19,67
	Jana Klotschkowa	UKR	8:22,66
	Kaitlin Sandeno	USA	8:24,29

100 m Rücken

1924	Sybil Bauer	USA	1:23,2
	Phyllis Harding	GBR	1:27,4
	Aileen Riggin	USA	1:28,2
1928	Maria Johanna Braun	NED	1:22,0
	Ellen Elizabeth King	GBR	1:22,2
	Margaret Joyce Cooper	GBR	1:22,8
1932	Eleanor Holm	USA	1:19,4
	Philomena Bonny Mealing	AUS	1:21,3
	Elizabeth Valerie Davies	GBR	1:22,5
1936	Dina ›Nida‹ Senff	NED	1:18,9
	Hendrika Mastenbroek	NED	1:19,2
	Alice Bridges	USA	1:19,4
1948	Karen Margarete Harup	DEN	1:14,4
	Suzanne Zimmerman	USA	1:16,0
	Judy Davies	AUS	1:16,7
1952	Joan Harrison	RSA	1:14,3
	Greetja Wielema	NED	1:14,5
	Jean Stewart	NZL	1:15,8
1956	Judith Grinham	GBR	1:12,9
	Carin Cone	USA	1:12,9
	Margaret Edwards	GBR	1:13,1
1960	Lynn Burke	USA	1:09,3
	Natalie Steward	GBR	1:10,8
	Sotoko Tanaka	JPN	1:11,4
1964	Cathy Ferguson	USA	1:07,7
	Christine ›Kiki‹ Caron	FRA	1:07,9
	Virginia Duenkel	USA	1:08,0
1968	Kaye Hall	USA	1:06,2
	Elaine Tanner	CAN	1:06,7
	Jane Swagerty	USA	1:08,1
1972	Melissa Belote	USA	1:05,78
	Andrea Gyarmati	HUN	1:06,26
	Susan Atwood	USA	1:06,34
1976	Ulrike Richter	GDR	1:01,83
	Birgit Treiber	GDR	1:03,41
	Nancy Garapick	CAN	1:03,71
1980	Rica Reinisch	GDR	1:00,86
	Ina Kleber	GDR	1:02,07
	Petra Riedel	GDR	1:02,64
1984	Theresa Andrews	USA	1:02,55
	Betsy Mitchell	USA	1:02,63
	Jolanda DeRover	NED	1:02,91
1988	Kristin Otto	GDR	1:00,89
	Krisztina Egerszegi	HUN	1:01,56
	Cornelia Sirch	GDR	1:01,57
1992	Krisztina Egerszegi	HUN	1:00,68
	Tunde Szabo	HUN	1:01,14
	Lea Loveless	USA	1:01,43
1996	Beth Botsford	USA	1:01,19
	Whitney Hedgepeth	USA	1:01,47
	Marianne Kriel	RSA	1:02,12
2000	Diana Mocanu	ROM	1:00,21
	Mai Nakamura	JPN	1:00,55
	Nina Schiwanewskaja	ESP	1:00,89

200 m Rücken

1968	Lillian ›Pokey‹ Watson	USA	2:24,8
	Elaine Tanner	CAN	2:27,4
	Kaye Hall	USA	2:28,9
1972	Melissa Belote	USA	2:19,19
	Susan Atwood	USA	2:20,38
	Donna Gurr	CAN	2:23,22
1976	Ulrike Richter	GDR	2:13,43
	Birgit Treiber	GDR	2:14,97
	Nancy Garapick	CAN	2:15,60
1980	Rica Reinisch	GDR	2:11,77
	Cornelia Polit	GDR	2:13,75
	Birgit Treiber	GDR	2:14,14
1984	Jolanda DeRover	NED	2:12,38
	Amy White	USA	2:13,04
	Aneta Patrascoiu	ROM	2:13,29
1988	Krisztina Egerszegi	HUN	2:09,29
	Kathrin Zimmermann	GDR	2:10,61
	Cornelia Sirch	GDR	2:11,45
1992	Krisztina Egerszegi	HUN	2:07,06
	Dagmar Hase	GER	2:09,46
	Nicole Stevenson	AUS	2:10,20
1996	Krisztina Egerszegi	HUN	2:07,83
	Whitney Hedgepeth	USA	2:11,98
	Cathleen Rund	GER	2:12,06
2000	Diana Mocanu	ROM	2:08,16
	Roxana Maracineanu	FRA	2:10,25
	Miki Nakao	JPN	2:11,05

100 m Brust

1968	Djurdjica Bjedov	YUG	1:15,8
	G. Prosumentschikowa	URS	1:15,9
	Sharon Wichman	USA	1:16,1
1972	Catherine Carr	USA	1:13,58
	Galina Stepanowa-Prosumentschikowa	URS	1:14,99
	Beverly Whitfield	AUS	1:15,73
1976	Hannelore Anke	GDR	1:11,16
	Ljubow Russanowa	URS	1:13,04
	Marina Koschewaja	URS	1:13,30
1980	Ute Geweniger	GDR	1:10,22
	Elwira Wassilkowa	URS	1:10,41
	Susanne Nielsson	DEN	1:11,16
1984	Petra Van Staveren	NED	1:09,88
	Anne Ottenbrite	CAN	1:10,69
	Catherine Poirot	FRA	1:10,70
1988	Tanja Dangalakowa	BUL	1:07,95
	Antoaneta Frenkeva	BUL	1:08,74
	Silke Hörner	GDR	1:08,83
1992	Elena Rudkowskaja	EUN	1:08,00
	Anita Nall	USA	1:08,17
	Samantha Riley	AUS	1:09,25
1996	Penny Heyns	RSA	1:07,73
	Amanda Beard	USA	1:08,09
	Samantha Riley	AUS	1:09,18
2000	Megan Quann	USA	1:07,05
	Leisel Jones	AUS	1:07,49
	Penny Heyns	RSA	1:07,55

200 m Brust

1924	Lucy Morton	GBR	3:33,2
	Agnes Geraghty	USA	3:34,0
	Gladys Carson	GBR	3:35,4
1928	Hildegard Schrader	GER	3:12,6
	Mietje ›Marie‹ Baron	NED	3:15,2
	Lotte Mühe	GER	3:17,6
1932	Clare Dennis	AUS	3:06,3
	Hideko Maehata	JPN	3:06,4
	Else Jacobsen	DEN	3:07,1
1936	Hideko Maehata	JPN	3:03,6
	Martha Ganenger	GER	3:04,2
	Inge Sörensen	DEN	3:07,8
1948	Nelly van Vliet	NED	2:57,2
	Beatrice Lyons	AUS	2:57,7
	Eva Novak	HUN	3:00,2
1952	Eva Szekely	HUN	2:51,7
	Eva Novak	HUN	2:54,4
	Helen Gordon	GBR	2:57,6
1956	Ursula Happe	GER	2:53,1
	Eva Szekely	HUN	2:54,8
	Eva-Maria ten Elsen	GER	2:55,1
1960	Anita Lonsbrough	GBR	2:49,5
	Wiltrud Urselmann	GER	2:50,0
	Barbara Göbel	GER	2:53,6
1964	G. Prosumentschikowa	URS	2:46,4
	Claudia Kolb	USA	2:47,6
	Swetlana Babanina	URS	2:48,6
1968	Sharon Wichman	USA	2:44,4
	Djurdjica Bjedov	YUG	2:46,4
	G. Prosumentschikowa	URS	2:47,0
1972	Beverly Whitfield	AUS	2:41,71
	Dona Schoenfield	USA	2:42,05
	Galina Stepanowa-Prosumentschikowa	URS	2:42,36
1976	Marina Koschewaja	URS	2:33,35
	Marina Jurtschenja	URS	2:36,08
	Ljubow Russanowa	URS	2:36,22
1980	Lina Katschuschite	URS	2:29,54
	Swetlana Warganowa	URS	2:29,61
	Julia Bogdanowa	URS	2:32,39
1984	Anne Ottenbrite	CAN	2:30,38
	Susan Rapp	USA	2:31,15
	Ingrid Lempereur	BEL	2:31,40
1988	Silke Hörner	GDR	2:26,71
	Huang Xiaomin	CHN	2:27,49
	Antoaneta Frenkeva	BUL	2:28,34
1992	Kyoko Iwasaki	JPN	2:26,65
	Li Lin	CHN	2:26,85
	Anita Nall	USA	2:26,88
1996	Penny Heyns	RSA	2:25,41
	Amanda Beard	USA	2:25,75
	Agnes Kovacs	HUN	2:26,57

2000	Agnes Kovacs	HUN	2:24,35
	Kristy Kowal	USA	2:24,56
	Amanda Beard	USA	2:25,35

100 m Schmetterling

1956	Shelly Mann	USA	1:11,0
	Nancy Ramey	USA	1:11,9
	Mary Sears	USA	1:14,4
1960	Carolyn Schuler	USA	1:09,5
	Marianne Heemskerk	NED	1:10,4
	Janice Andrew	AUS	1:12,2
1964	Sharon Stouder	USA	1:04,7
	Ada Kok	NED	1:05,6
	Kathleen Ellis	USA	1:06,0
1968	Lynette McClements	AUS	1:05,5
	Ellie Daniel	USA	1:05,8
	Susan Shields	USA	1:06,2
1972	Mayumi Aoki	JPN	1:03,34
	Roswitha Beier	GDR	1:03,61
	Andrea Gyarmati	HUN	1:03,73
1976	Kornelia Ender	GDR	1:00,13
	Andrea Pollack	GDR	1:00,98
	Wendy Boglioli	USA	1:01,17
1980	Caren Metschuk	GDR	1:00,42
	Andrea Pollack	GDR	1:00,90
	Christiane Knacke	GDR	1:01,44
1984	Mary T. Meagher	USA	59,26
	Jenna Johnson	USA	1:00,19
	Karin Seick	FRG	1:00,36
1988	Kristin Otto	GDR	59,00
	Birte Weigang	GDR	59,45
	Hong Qian	CHN	59,52
1992	Hong Qian	CHN	58,62
	Chr. Ahmann-Leighton	USA	58,74
	Catherine Plewinski	FRA	59,01
1996	Amy van Dyken	USA	59,13
	Limin Liu	CHN	59,14
	Angel Martino	USA	59,23
2000	Inge De Bruijn	NED	56,61
	Martina Moravcova	SVK	57,97
	Dara Torres	USA	58,20

200 m Schmetterling

1968	Ada Kok	NED	2:24,7
	Helga Lindner	GDR	2:24,8
	Ellie Daniel	USA	2:25,9
1972	Karen Moe	USA	2:15,57
	Lynn Colella	USA	2:16,34
	Ellie Daniel	USA	2:16,74
1976	Andrea Pollack	GDR	2:11,41
	Ulrike Tauber	GDR	2:12,50
	Rosemarie Gabriel	GDR	2:12,86
1980	Ines Geißler	GDR	2:10,44
	Sybille Schönrock	GDR	2:10,45
	Michelle Ford	AUS	2:11,66
1984	Mary T. Meagher	USA	2:06,90
	Karen Phillips	AUS	2:10,56
	Ina Beyermann	FRG	2:11,91
1988	Kathleen Nord	GDR	2:09,51
	Birte Weigang	GDR	2:09,91
	Mary T. Meagher	USA	2:10,80
1992	Summer Sanders	USA	2:08,67
	Xiaohong Wang	CHN	2:09,01
	Susan O'Neill	AUS	2:09,03
1996	Susan O'Neill	AUS	2:07,76
	Petria Thomas	AUS	2:09,82
	Michelle Smith	IRL	2:09,91
2000	Misty Hyman	USA	2:05,88
	Susan O'Neill	AUS	2:06,58
	Petria Thomas	AUS	2:07,12

200 m Lagen

1968	Claudia Kolb	USA	2:24,7
	Sussan Pedersen	USA	2:28,8
	Jan Henne	USA	2:31,4
1972	Shane Gould	AUS	2:23,07
	Kornelia Ender	GDR	2:23,59
	Lynn Vidali	USA	2:24,06
1984	Tracy Caulkins	USA	2:12,64
	Nancy Hogshead	USA	2:15,17
	Michele Pearson	AUS	2:15,92
1988	Daniela Hunger	GDR	2:12,59
	Jelena Dendeberowa	URS	2:13,31
	Noemi Lung	ROM	2:14,85
1992	Li Lin	CHN	2:11,65
	Summer Sanders	USA	2:11,91
	Daniela Hunger	GER	2:13,92
1996	Michelle Smith	IRL	2:13,93
	Marianne Limpert	CAN	2:14,35
	Li Lin	CAN	2:14,74
2000	Jana Klotschkowa	UKR	2:10,68
	Beatrice Caslaru	ROM	2:12,57
	Cristina Teuscher	USA	2:13,32

400 m Lagen

1964	Donna De Varona	USA	5:18,7
	Sharon Finneran	USA	5:24,1
	Martha Randall	USA	5:24,2
1968	Claudia Kolb	USA	5:08,5
	Lynn Vidali	USA	5:22,2
	Sabine Steinbach	GDR	5:25,3
1972	Gail Neall	AUS	5:02,97
	Leslie Cliff	CAN	5:03,57
	Novella Calligaris	ITA	5:03,99
1976	Ulrike Tauber	GDR	4:42,77
	Cheryl Gibson	CAN	4:48,10
	Becky Smith	CAN	4:50,48
1980	Petra Schneider	GDR	4:36,29
	Sharron Davies	GDR	4:46,83
	Agnieszka Czopek	POL	4:48,17
1984	Tracy Caulkins	USA	4:39,24
	Suzanne Landells	AUS	4:48,30
	Petra Zindler	FRG	4:48,57
1988	Janet Evans	USA	4:37,76
	Noemi Lung	ROM	4:39,46
	Daniela Hunger	GDR	4:39,76
1992	Krisztina Egerszegi	HUN	4:36,54
	Li Lin	CHN	4:36,73
	Summer Sanders	USA	4:37,58
1996	Michelle Smith	IRL	4:39,18
	Allison Wagner	USA	4:42,03
	Krisztina Egerszegi	HUN	4:42,53
2000	Jana Klotschkowa	UKR	4:33,59
	Yasuko Tajima	JPN	4:35,96
	Beatrice Caslaru	ROM	4:37,18

4x100 m Freistil

1912	Großbritannien	5:52,8
	Deutschland	6:04,6
	Österreich	6:17,0
1920	USA	5:11,6
	Großbritannien	5:40,8
	Schweden	5:43,6
1924	USA	4:58,8
	Großbritannien	5:17,0
	Schweden	5:35,6
1928	USA	4:47,6
	Großbritannien	5:02,8
	Südafrika	5:13,4
1932	USA	4:38,0
	Niederlande	4:47,5
	Großbritannien	4:52,4
1936	Niederlande	4:36,0
	Deutschland	4:36,8
	USA	4:40,2
1948	USA	4:29,2
	Dänemark	4:29,6
	Niederlande	4:31,6
1952	Ungarn	4:24,4
	Niederlande	4:29,0
	USA	4:30,1
1956	Australien	4:17,1
	USA	4:19,2
	Südafrika	4:25,7
1960	USA	4:08,9
	Australien	4:11,3
	Deutschland	4:19,7
1964	USA	4:03,8
	Australien	4:06,9
	Niederlande	4:12,0
1968	USA	4:02,5
	DDR	4:05,7
	Kanada	4:07,2
1972	USA	3:55,19
	DDR	3:55,55
	BR Deutschland	3:57,93
1976	USA	3:44,.82
	DDR	3:45,50
	Kanada	3:48,81
1980	DDR	3:42,71
	Schweden	3:48,93
	Niederlande	3:49,51
1984	USA	3:43,43
	Niederlande	3:44,40
	BR Deutschland	3:45,56
1988	DDR	3:40,63
	Niederlande	3:43,39
	USA	3:44,25
1992	USA	3:39,46
	China	3:40,12
	Deutschland	3:41,60
1996	USA	3:39,29
	China	3:40,48
	Deutschland	3:41,48
2000	USA	3:36,61
	Niederlande	3:39,83
	Schweden	3:40,30

4x200 m Freistil

1996	USA	7:59,87
	Deutschland	8:01,55
	Australien	8:05,47
2000	USA	7:57,80
	Australien	7:58,52
	Deutschland	7:58,64

4x100 m Lagen

1960	USA	4:41,1
	Australien	4:45,9
	Deutschland	4:47,6
1964	USA	4:33,9
	Niederlande	4:37,0
	UdSSR	4:39,2
1968	USA	4:28,3
	Australien	4:30,0
	BR Deutschland	4:36,4
1972	USA	4:20,75
	DDR	4:24,91
	BR Deutschland	4:26,46
1976	DDR	4:07,95
	USA	4:14,55
	Kanada	4:15,22
1980	DDR	4:06,67
	Großbritannien	4:12,24
	UdSSR	4:13,61
1984	USA	4:08,34
	BR Deutschland	4:11,97
	Kanada	4:12,98
1988	DDR	4:03,74
	USA	4:07,90
	Kanada	4:10,49
1992	USA	4:02,54
	Deutschland	4:05,19
	EUN	4:06,44
1996	USA	4:02,88
	Australien	4:05,08
	China	4:07,34
2000	USA	3:58,30
	Australien	4:01,59
	Japan	4:04,16

Synchronschwimmen, Solo

1984	Traice Ruiz	USA	198,467
	Carolyn Waldo	CAN	195,300
	Miwako Motoyoshi	JPN	187,050
1988	Carolyn Waldo	CAN	200,150
	Traice Ruiz-Conforto	USA	197,633
	Mikako Kotani	JPN	191,850
1992	1. Kristen Babb-Sprague	USA	191,848
	1. Sylvie Frechette	CAN	**
	Fumiko Okuno	JPN	187,056

** Erhielt wegen Jury-Fehler erst nur Silber, 1993 vom IOC nachträglich ebenfalls Gold

Synchronschwimmen, Duett

1984	Costie/Ruiz	USA	195,584
	Hambrook/Kryczka	CAN	194,234
	Kimura/Motoyoshi	JPN	187,992
1988	Cameron/Waldo	CAN	197,717
	Sarah + Karen Josephson	USA	197,284
	Tanaka/Kotani	JPN	190,159
1992	Sarah + Karen Josephson	USA	192,175
	Penny + Vicky Vilagos	CAN	189,394
	Okuno/Takayama	JPN	186,868
2000	Brusnikina/Kisselewa	RUS	99,580
	Tachibana/Takeda	JPN	98,650
	Dedieu/Lignot	FRA	97,437

Synchronschwimmen, Team

1996	USA	99,720
	Kanada	98,367
	Japan	97,753
2000	Russland	99,146
	Japan	98,860
	Kanada	97,357

Kunstspringen, Männer

1908	Albert Zürner	GER	85,5
	Kurt Behrens	GER	85,3
	Gottlob Walz	GER	80,8
	George Gaidizik	USA	80,8
1912	Paul Günther	GER	79,23
	Hans Luber	GER	76,78
	Kurt Behrens	GER	73,73
1920	Louis Kuehn	USA	675,40
	Clarence Pinkston	USA	655,30
	Louis Balbach	USA	649,50
1924	Albert White	USA	696,4
	Peter Desjardins	USA	693,2
	Mickey Galitzen-Reilly	USA	653,0
1928	Peter Desjardins	USA	185,04
	Mickey Galitzen-Reilly	USA	174,06
	Farid Simaika	EGY	172,46
1932	Mickey Galitzen-Reilly	USA	161,38
	Harold Smith	USA	158,54
	Richard Degener	USA	151,82
1936	Richard Degener	USA	163,57
	Marshall Wayne	USA	159,56
	Albert Greene	USA	146,29
1948	Bruce Harlan	USA	163,64
	Miller Anderson	USA	157,29
	Sammy Lee	USA	145,52
1952	David Browning	USA	205,29
	Miller Anderson	USA	199,84
	Robert Clotworthy	USA	184,92
1956	Robert Clotworthy	USA	159,56
	Donald Harper	USA	156,23
	Joaquin Capilla Pérez	MEX	150,69
1960	Gary Tobian	USA	170,00
	Samuel Hall	USA	167,08
	Juan Botella	MEX	162,30
1964	Kenneth Sitzberger	USA	159,90
	Francis Gorman	USA	157,63
	Larry Andreasen	USA	143,77
1968	Bernie Wrightson	USA	170,15
	Klaus Dibiasi	ITA	159,74
	James Henry	USA	158,09
1972	Wladimir Wassin	URS	594,09
	Giorgio Cagnotto	ITA	591,63
	Craig Lincoln	USA	577,29
1976	Philip Boggs	USA	619,05
	Giorgio Cagnotto	ITA	570,48
	Alexander Kosenkow	URS	567,24
1980	Alexander Portnow	URS	905,025
	Carlos Giron	MEX	892,140
	Giorgio Cagnotto	ITA	871,500
1984	Greg Louganis	USA	754,41
	Liangde Tan	CHN	662,31
	Ronald Merriott	USA	661,32
1988	Greg Louganis	USA	730,60
	Liangde Tan	CHN	704,88
	Deliang Li	CHN	665,28
1992	Mark Lenzi	USA	676,53
	Liangde Tan	CHN	645,57
	Dimitri Sautin	EUN	627,78
1996	Xiong Ni	CHN	701,46
	Zhoucheng Yu	CHN	690,93
	Mark Lenzi	USA	686,49
2000	Xiong Ni	CHN	708,72
	Fernando Platas	MEX	708,42
	Dimitri Sautin	RUS	703,20

Kunstspringen, Synchron, Männer

2000	Xiong Ni/Hailiang Xiao	CHN	365,58
	Sautin/Dobroskok	RUS	329,97
	Newbery/Pullar	AUS	322,86

Turmspringen, Männer

1904	George Sheldon	USA	12,66
	Georg Hoffamnn	GER	11,66
	Frank Kehoe	USA	11,33
1908	Hjalmar Johansson	SWE	83,75
	Karl Malmström	SWE	78,73
	Arvid Spangberg	SWE	74,00
1912	Erik Adlerz	SWE	73,94
	Albert Zürner	GER	72,60
	Gustaf Blomgren	SWE	69,56
1920	Clarence Pinkston	USA	100,67
	Erik Adlerz	SWE	99,08
	Harry Prieste	USA	93,70
1924	Albert White	USA	97,46
	David Fall	USA	97,30
	Clarence Pinkston	USA	94,60
1928	Peter Desjardins	USA	6/98,74
	Farid Simaika	EGY	9/99,58
	Mickey Galitzen-Reilly	USA	15/92,34
1932	Harold Smith	USA	124,80
	Mickey Galitzen-Reilly	USA	124,28
	Frank Kurtz	USA	121,98
1936	Marshall Wayne	USA	113,58
	Albert Root	USA	110,60
	Hermann Stork	GER	110,31
1948	Sammy Lee	USA	130,05
	Bruce Harlan	USA	122,30
	Joaquin Capilla Pérez	MEX	113,52
1952	Sammy Lee	USA	156,28
	Joaquin Capilla Pérez	MEX	145,21
	Günther Haase	GER	141,31
1956	Joaquin Capilla Pérez	MEX	152,44
	Gary Tobian	USA	152,41
	Richard Connor	USA	149,79
1960	Robert Webster	USA	165,56
	Gary Tobian	USA	165,25
	Brian Phelps	GBR	157,13
1964	Robert Webster	USA	148,58
	Klaus Dibiasi	ITA	147,54
	Thomas Gompf	USA	146,57
1968	Klaus Dibiasi	ITA	164,18
	Alvaro Gaxiola	MEX	154,49
	Edwin Young	USA	153,93
1972	Klaus Dibiasi	ITA	504,12
	Richard Rydze	USA	480,75
	Giorgio Cagnotto	ITA	475,83
1976	Klaus Dibiasi	ITA	600,51
	Greg Louganis	USA	576,99
	Wladimir Alejnik	URS	548,61
1980	Falk Hoffmann	GDR	835,650
	Wladimir Alejnik	URS	819,705
	Dawid Ambarzumjan	URS	817,440
1984	Greg Louganis	USA	710,91
	Bruce Kimball	USA	643,50
	Kongzheng Li	CHN	638,28
1988	Greg Louganis	USA	638,61
	Xiong Ni	CHN	637,47
	Jesus Mena	MEY	594,39
1992	Shuwei Sun	CHN	677,31
	Scott Donie	USA	633,63
	Xiong Ni	CHN	600,15
1996	Dimitri Sautin	RUS	692,34
	Jan Hempel	GER	663,27
	Hailiang Xiao	CHN	658,20
2000	Liang Tian	CHN	724,53
	Jia Hu	CHN	713,55
	Dimitri Sautin	RUS	679,26

Turmspringen, Synchron, Männer

2000	Lukaschin/Sautin	RUS	365,04
	Hu/Tian	CHN	358,74
	Hempel/Meyer	GER	338,88

Kunstspringen, Frauen

1920	Aileen Riggin	USA	539,90
	Helen Wainwright	USA	534,80
	Thelma Payne	USA	534,10
1924	Betty Becker	USA	474,5
	Aileen Riggin	USA	460,4
	Caroline Fletcher	USA	436,4
1928	Helen Meany	USA	78,62
	Dorothy Poynton	USA	75,62
	Georgia Coleman	USA	73,38
1932	Georgia Coleman	USA	87,52
	Katherine Rawels	USA	82,56
	Jane Fauntz	USA	82,12
1936	Marjorie Gestring	USA	89,27
	Katherine Rawls	USA	88,35
	Dorothy Poynton-Hill	USA	82,36
1948	Vickie Draves	USA	108,74
	Zoe Ann Olsen	USA	108,23
	Patricia Elsener	USA	101,30
1952	Patricia McCormick	USA	147,30
	Mady Moreau	FRA	139,34
	Zoe Ann Jensen-Olsen	USA	127,57
1956	Patricia McCormick	USA	142,36
	Jeanne Stunyo	USA	125,89
	Irene MacDonald	CAN	121,40
1960	Ingrid Krämer	GER	155,81
	Paula Jean Pope-Myers	USA	141,24
	Elizabeth Ferris	GBR	139,09
1964	Ingrid Engel-Krämer	GER	145,00
	Jeanne Collier	USA	138,36
	Mary ›Patsy‹ Willard	USA	138,18
1968	Sue Gossick	USA	150,77
	Tamara Pogoschewa	URS	145,30
	Keala O'Sullivan	USA	145,23
1972	Maxine ›Micki‹ King	USA	450,03
	Ulrika Knape	SWE	434,19
	Marina Janicke	GDR	430,92
1976	Jennifer Chandler	USA	506,19
	Christa Köhler	GDR	469,41
	Cynthia McIngvale	USA	466,83
1980	Irina Kalinina	URS	725,910
	Martina Proeber	GDR	698,895
	Karin Guthke	GDR	685,245
1984	Sylvie Bernier	CAN	530,70
	Kelly McCormick	USA	527,46
	Christina Seufert	USA	517,62
1988	Min Gao	CHN	580,23
	Qing Li	CHN	534,33
	Kelly McCormick	USA	533,19
1992	Min Gao	CHN	572,40
	Irina Laschko	EUN	515,15
	Brita Baldus	GER	503,07
1996	Mingxia Fu	CHN	547,68
	Irina Laschko	RUS	512,19
	Anne Pelletier	CAN	509,64
2000	Mingxia Fu	CHN	609,42
	Jingjing Guo	CHN	597,81
	Dörte Lindner	GER	574,35

Kunstspringen, Synchron, Frauen

2000	Ilina/Pachalina	RUS	332,64
	Fu/Guo	CHN	321,60
	Sorokina/Schupina	UKR	290,34

Turmspringen, Frauen

1912	Greta Johansson	SWE	39,90
	Lisa Regnell	SWE	36,00
	Isabella White	GBR	34,00
1920	Stefani Fryland-Clausen	DEN	34,60
	Eileen Armstrong	GBR	33,30
	Eva Ollivier	SWE	33,30
1924	Caroline Smith	USA	10,5/33,2
	Betty Becker	USA	11,0/33,4
	Hjördis Töpel	SWE	15,5/32,8
1928	Betty Becker-Pinkston	USA	31,60
	Georgia Coleman	USA	30,60
	Lala Sjöqvist Larsson	SWE	29,20
1932	Dorothy Poynton	USA	40,26
	Georgia Coleman	USA	35,56
	Marion Roper	USA	35,22

1936	Dorothy Poyton-Hill	USA	33,93
	Velma Dunn	USA	33,63
	Käthe Köhler	GER	33,43
1948	Vickie Draves	USA	68,87
	Patricia Elsener	USA	66,28
	Birte Christoffersen	DEN	66,04
1952	Patricia McCormick	USA	79,37
	Paula Jean Myers	USA	71,63
	Juno Irwin-Stover	USA	70,49
1956	Patricia McCormick	USA	84,85
	Juno Irwin	USA	81,64
	Paula Jean Myers	USA	81,58
1960	Ingrid Krämer	GER	91,28
	Paula Jean Pope-Myers	USA	88,64
	Ninel Krutowa	URS	86,99
1964	Lesley Bush	USA	99,80
	Ingrid Engel-Krämer	GER	98,45
	Galina Alexejewa	URS	97,60
1968	Milena Duchkowa	TCH	109,59
	Natalja Lobanowa	URS	105,14
	Ann Peterson	USA	101,11
1972	Ulrika Knape	SWE	390,00
	Milena Duchkowa	TCH	370,92
	Marina Janicke	GDR	360,54
1976	Jelena Waizechowskaja	URS	406,59
	Ulrika Knape	SWE	402,60
	Deborah Wilson	USA	401,00
1980	Martina Jäschke	GDR	596,250
	Serward Emirsjan	URS	576,465
	Liana Zotadse	URS	575,925
1984	Jihong Zhou	CHN	435,51
	Michele Mitchell	USA	431,19
	Wendy Wyland	USA	422,07
1988	Yanmei Xu	CHN	445,20
	Michele Mitchell	USA	436,95
	Wendy Williams-Wyland	USA	400,44
1992	Mingxia Fu	CHN	461,43
	Elena Miroschina	EUN	411,63
	Ellen Clark	USA	401,91
1996	Mingxia Fu	CHN	521,58
	Annika Walter	GER	479,22
	Ellen Clark	USA	472,95
2000	Laura Wilkinson	USA	543,75
	Na Li	CHN	542,01
	Anne Montminy	CAN	540,15

Turmspringen, Synchron, Frauen

2000	Na Li/Xue Sang	CHN	345,12
	Heymans/Montminy	CAN	312,03
	Gilmore/Tourky	AUS	301,50

Wasserball, Männer

1900	Großbritannien	7:2
	Belgien	
	Frankreich	
1908	Großbritannien	9:2
	Belgien	
	Schweden	
1912	Großbritannien	3
	Schweden	2
	Belgien	1
1920	Großbritannien	3:2
	Belgien	
	Schweden	
1924	Frankreich	3:0
	Belgien	
	USA	
1928	Deutschland	5:2 n.V.
	Ungarn	
	Frankreich	
1932	Ungarn	8:0
	Deutschland	5:3
	USA	5:3
1936	Ungarn	5:1
	Deutschland	5:1
	Belgien	2:4
1948	Italien	6:0
	Ungarn	3:3
	Niederlande	2:4
1952	Ungarn	5:1
	Jugoslawien	5:1
	Italien	2:4
1956	Ungarn	10:0
	Jugoslawien	7:3
	UdSSR	6:4
1960	Italien	5:1
	UdSSR	3:3
	Ungarn	2:4
1964	Ungarn	5:1
	Jugoslawien	5:1
	UdSSR	2:4
1968	Jugoslawien	13:11 n.V.
	UdSSR	
	Ungarn	
1972	UdSSR	8:2
	Ungarn	8:2
	USA	6:4
1976	Ungarn	9:1
	Italien	6:4
	Niederlande	6:4
1980	UdSSR	10:0
	Jugoslawien	7:3
	Ungarn	6:4
1984	Jugoslawien	9:1
	USA	9:1
	BR Deutschland	5:5
1988	Jugoslawien	9:7 n.V.
	USA	
	UdSSR	
1992	Italien	9:8 n.V.
	Spanien	
	EUN	
1996	Spanien	7:5
	Kroatien	
	Italien	
2000	Ungarn	13:6
	Russland	
	Jugoslawien	8:3

Wasserball, Frauen

2000	Australien	4:3
	USA	
	Russland	4:3

SPORTSCHIESSEN

Bogenschießen, Einzel, Männer

1972	John Williams	USA	2528
	Gunnar Jervil	SWE	2481
	Kyösti Laasonen	FIN	2467
1976	Darell Pace	USA	2571
	Hiroshi Michinaga	JPN	2502
	Giancarlo Ferrari	ITA	2495
1980	Tomi Poikolainen	FIN	2455
	Boris Ischtschenko	URS	2452
	Giancarlo Ferrari	ITA	2449
1984	Darrell Pace	USA	2616
	Richard McKinney	USA	2564
	Hiroshi Yamamoto	JPN	2563
1988	Jay Barrs	USA	338
	Sung-Soo Park	KOR	336
	Wladimir Jeschejew	URS	335
1992	Sebastien Flute	FRA	110
	Joe-Hun Chung	KOR	107
	Simon Terry	GBR	
1996	Justin Huish	USA	112
	Magnus Petersson	SWE	107
	Kyo-Moon Oh	KOR	
2000	Simon Fairweather	AUS	113
	Victor Wunderle	USA	106
	Wietse van Alten	NED	114

Bogenschießen, Mannschaft, Männer

1988	Südkorea	986
	USA	972
	Großbritannien	968
1992	Spanien	238
	Finnland	236
	Großbritannien	
1996	USA	251
	Südkorea	250
	Italien	
2000	Südkorea	255:247
	Italien	
	USA	268:265

Bogenschießen, Einzel, Frauen

1972	Doreen Wilber	USA	2424
	Irena Szydlowska	POL	2407
	Emma Gaptschenko	URS	2403
1976	Luann Ryon	USA	2499
	Walentina Kowpan	URS	2460
	Zebinisso Rustamowa	URS	2407
1980	Keto Lossaberidse	URS	2491
	Natalja Butussowa	URS	2477
	Päivi Meriluoto	FIN	2449
1984	Hyang-Soon Seo	KOR	2568
	Li Lingjuan	CHN	2559
	Jin-Ho Kim	KOR	2555
1988	Soo-Nyung Kim	KOR	344
	Hee-Kyung Wang	KOR	332
	Yun Young-Sook	KOR	327
1992	Young-Jeong Cho	KOR	112
	Soo-Nyung Kim	KOR	105
	Natalia Walejewa	EUN	
1996	Kyung-Wook Kim	KOR	112
	Ying He	CHN	107
	Elena Sadownika	UKR	
2000	Mi-Jin Yun	KOR	107
	Nam-Soon Kim	KOR	106
	Soo-Nvung Kim	KOR	103

Bogenschießen, Mannschaft, Frauen

1988	Südkorea	982
	Indonesien	952
	USA	952
1992	Südkorea	236
	China	228
	EUN	
1996	Südkorea	245
	Deutschland	235
	Polen	
2000	Südkorea	251:239
	Ukraine	
	Deutschland	240:234

Tontauben-Trap, bis 1992 offen

1900	Roger de Barbarin	FRA	17
	Rene Guyot	FRA	17
	Justinien de Clary	FRA	17
1904	nicht ausgetragen		
1908	Walter Ewing	CAN	72
	George Beattie	CAN	60
	Alexander Maunder	GBR	57
	Anastasios Metaxas	GRE	57
1912	James Graham	USA	96
	Alfred Goeldel-Bronikowen	GER	94
	Harry Blau	RUS	91
1920	Mark Arie	USA	95
	Frank Troeh	USA	93
	Frank Wright	USA	87
1924	Gyula Halasy	HUN	98
	Konrad Huber	FIN	98
	Frank Hughes	USA	97
1928–1948	nicht ausgetragen		
1952	George Genereux	CAN	192
	Knut Holmquist	SWE	191
	Hans Liljedahl	SWE	190
1956	Galliano Rossini	ITA	195
	Adam Smelczynski	POL	190
	Alessandro Ciceri	ITA	188
1960	Ion Dumitrescu	ROM	192
	Galliano Rossini	ITA	191
	Sergej Kalinin	URS	190
1964	Ennio Mattarelli	ITA	198
	Pawel Senitschew	URS	194
	William Morris	USA	194
1968	John Braithwaite	GBR	198
	Thomas Garrigus	USA	196
	Kurt Czekalla	GDR	196
1972	Angelo Scalzone	ITA	199
	Michel Carrega	FRA	198
	Silvano Basagni	ITA	195
1976	Donald Haldeman	USA	190
	Armando Silva Marques	POR	189
	Ubaldesco Baldi	ITA	189
1980	Luciano Giovanetti	ITA	198
	Rustam Jambulatow	URS	196
	Jörg Damme	GDR	196
1984	Luciano Giovanetti	ITA	192
	Francisco Boza	ITA	192
	Daniel Carlisle	USA	192
1988	Dmitri Monakow	URS	222
	Miloslav Bednarik	TCH	222
	Frans Peeters	BEL	219
1992	Petr Hrdlicka	TCH	219
	Kazumi Watanabe	JPN	219
	Marco Venturini	ITA	218

Tontauben-Trap, Männer

1996	Michael Diamond	AUS	149
	Joshua Lakatos	USA	147
	Lance Bade	USA	147
2000	Michael Diamond	AUS	147,0
	Ian Peel	GBR	142,0
	Giovanni Pellielo	ITA	140,0

Tontauben-Trap, Frauen

2000	Daina Gudzineviciute	LTU	93
	Delphine Racinet	FRA	92
	E Gao	CHN	90

Doppel-Trap, Männer

1996	Russell Mark	AUS	189
	Albano Pera	ITA	183
	Bing Zhang	CHN	183
2000	Richard Faulds	GBR	187
	Russell Mark	AUS	187
	Feehaid Al Deehani	KUW	186

Doppel-Trap, Frauen

2000	Pia Hansen	SWE	148
	Deborah Galisio	ITA	144
	Kimberly Rhode	USA	139

Tontauben-Skeet Männer, bis 1992 offen

1968	Jewgeni Petrow	URS	198
	Romano Garagnani	ITA	198
	Konrad Wirnhier	FRG	198
1972	Konrad Wirnhier	FRG	195
	Jewgeni Petrow	URS	195
	Michael Buchheim	GDR	195
1976	Josef Panacek	TCH	198
	Eric Swinkels	NED	198
	Wieslaw Gawlikowski	POL	196
1980	Hans Rasmussen	DEN	196
	Lars-Göran Carlsson	SWE	196
	Roberto Castrillo	CUB	196
1984	Matthew Dryke	USA	198
	Ole Rasmussen	DEN	196
	Luca Scribani Rossi	ITA	196
1988	Axel Wegner	GDR	222
	Alfonso de Iruarrizaga	CHI	221
	Jorge Guardiola	ESP	220
1992	Shan Zhang**	CHN	223
	Juan Giha	PER	222
	Bruno Rossetti	ITA	222
1996	Ennio Falco	ITA	149
	Miroslaw Rzepkowski	POL	148
	Andrea Benelli	ITA	147
2000	Mykola Miltschew	UKR	150,0
	Petr Malek	CZE	148,0
	James Graves	USA	147,0

** Erstes Gold für eine Frau im offenen Schießwettbewerb

Tontauben-Skeet, Frauen

2000	Zemfira Meftachetdinowa	AZE	98,0
	Swetlana Demina	RUS	95,0
	Diana Igaly	HUN	93,0

KK, liegend, bis 1980 offen

1908	A. A. Carnell	GBR	387
	Harry Humby	GBR	386
	George Barnes	GBR	385
1912	Frederick Hird	USA	194
	William Milne	GBR	193
	Harry Burt	GBR	192
1920	Lawrence Nuesslein	USA	391
	Arthur Rothrock	USA	386
	Dennis Fenton	USA	385
1924	Pierre Coquelin de Lisle	FRA	398
	Marcus Dinwiddie	USA	396
	Josias Hartmann	SUI	394
1928	nicht ausgetragen		
1932	Bertil Rönnmark	SWE	294
	Gustavo Huet	MEX	294
	Zoltan Hradetzky-Soos	HUN	293
1936	Willy Rögeberg	NOR	300
	Ralf Berzsenyi	HUN	296
	Wladyslaw Karas	POL	296
1948	Arthur Cook	USA	599
	Walter Tomsen	USA	599
	Jonas Jonsson	SWE	597
1952	Iosif Sarbu	ROM	400
	Boris Andrejew	URS	400
	Arthur Jackson	USA	399
1956	Gerald Quellette	CAN	600
	Wassili Borissow	URS	599
	Gimour Boa	CAN	598
1960	Peter Kohnke	GER	590
	James Hill	USA	589
	Enrico Forcella	VEN	587
1964	Laszlo Hammerl	HUN	597
	Lones Wigger	USA	597
	Tommy Pool	USA	596
1968	Jan Kurka	TCH	598
	Laszlo Hammerl	HUN	598
	Ian Ballinger	NZL	597
1972	Ho-Jun Li	PRK	599
	Victor Auer	USA	598
	Nicolae Rotaru	ROM	598
1976	Karlheinz Smieszek	FRG	599
	Ulrich Lind	FRG	597
	Gennadi Luschtschikow	URS	595
1980	Karoly Varga	HUN	599
	Hellfried Heilfort	GDR	599
	Petar Zapianov	BUL	598

KK, liegend, Männer

1984	Edward Etzel	USA	599
	Michel Bury	FRA	596
	Michael Sullivan	GBR	596
1988	Miroslav Varga	TCH	703,9
	Young-Chul Cha	KOR	702,8
	Attila Zahonyi	HUN	701,9
1992	Eun-Chul Lee	KOR	702,5
	Harald Stenvaag	NOR	701,4
	Stevan Pletikosic	YUG	701,1
1996	Christian Klees	GER	704,8
	Sergej Beljajew	KAZ	703,3
	Jozef Gonci	SVK	701,9
2000	Jonas Edman	SWE	701,3
	Torben Grimmel	DEN	700,4
	Sergej Martinow	BLR	700,3

KK-3-Stellung, Männer

1952	Erling Kongshaug	NOR	1164
	Vilho Ylönen	FIN	1164
	Boris Andrejew	URS	1163
1956	Anatoli Bogdanow	URS	1172
	Otakar Horinek	TCH	1172
	Nils Sundberg	SWE	1167
1960	Wiktor Schamburkin	URS	1149
	Marat Nijasow	URS	1145
	Klaus Zähringer	GER	1139
1964	Lones Wigger	USA	1164
	Velitschko Velitschkov	BUL	1152
	Laszlo Hammerl	HUN	1151
1968	Bernd Klingner	FRG	1157
	John Writer	USA	1156
	Wiktor Parchimowitsch	URS	1154
1972	John Writer	USA	1166
	Lanny Basham	USA	1157
	Werner Lippoldt	FRG	1153
1976	Lanny Basham	USA	1162
	Margaret Murdock	USA	1162
	Werner Seibold	FRG	1160
1980	Wiktor Wlassow	URS	1173
	Bernd Hartstein	GDR	1166
	Sven Johansson	SWE	1165
1984	Malcolm Cooper	GBR	1173
	Daniel Nipkow	SUI	1163
	Alister Allan	GBR	1162
1988	Malcolm Cooper	GBR	1279,3
	Alister Allan	GBR	1275,6
	Kirill Iwanow	URS	1275,6
1992	Gratschia Petikian	EUN	1267,4
	Robert Foth	USA	1266,6
	Ryohei Koba	JPN	1265,9
1996	Jean-Pierre Amat	FRA	1273,9
	Sergej Beljajew	KAZ	1272,3
	Wolfram Waibl	AUT	1269,6
2000	Rajmond Debevec	SLO	1275,1
	Juha Hirvi	FIN	1270,5
	Harald Stenvaag	NOR	1268,6

Luftgewehr, Männer

1984	Philippe Heberle	FRA	589
	Andreas Kronthaler	AUT	587
	Barry Dagger	GBR	587
1988	Goran Maksimovic	YUG	695,6
	Nicolas Berthelot	FRA	694,2
	Johann Riederer	FRG	694,0
1992	Juri Fedkin	EUN	695,3
	Franck Badiou	FRA	691,9
	Johann Riederer	GER	691,7
1996	Artem Schadschibekow	RUS	695,7
	Wolfram Waibl	AUT	695,2
	Jean-Pierre Amat	FRA	693,1
2000	Yalin Cai	CHN	696,4
	Artem Schadschibekow	RUS	695,1
	Jewgeni Aleinikow	RUS	693,8

Laufende Scheibe, Männer

1972	Jakow Schelesnjak	URS	569
	Helmut Bellingrodt	COL	565
	John Kynoch	GBR	562
1976	Alexander Gasow	URS	579
	Alexander Kedjarow	URS	576
	Jerzy Greszkiewicz	POL	571
1980	Igor Sokolow	URS	589
	Thomas Pfeffer	GDR	589
	Alexander Gasow	URS	587
1984	Yuwei Li	CHN	587
	Helmut Bellingrodt	COL	584
	Huang Shiping	CHN	581
1988	Tor Heiestad	NOR	689
	Huang Shiping	CHN	687
	Gennadi Awramenko	URS	686
1992	Michael Jakosits	GER	673
	Anatoli Asrabajew	EUN	672
	Lubos Rakansky	TCH	670
1996	Ling Yang	CHN	685,8
	Jun Xiao	CHN	679,8
	Miroslav Janus	CZE	678,4
2000	Ling Yang	CHN	681,1
	Oleg Moldovan	MDA	681,0
	Zhiyuan Niu	CHN	677,4

Freie Pistole, Männer

Bei den frühen Spielen ist die Zuordnung zu den heutigen Disziplinen umstritten.

1896	Jean Phrangoudis	GRE	344
	Georgios Orphanidis	GRE	249
	Holger Nielsen	DEN	
1900	Conrad Röderer	SUI	503
	Achille Paroche	FRA	466
	Konrad Stäheli	SUI	453
1908	Paul van Asbroeck	BEL	490
	Reginald Storms	BEL	487
	James Goreman	USA	485

1912	Alfred Lane	USA	499
	Peter Dolfen	USA	474
	Charles Stewart	GBR	470
1920	Karl Frederick	USA	496
	Afranio Da Costa	BRA	489
	Alfred Lane	USA	481
1936	Torsten Ullman	SWE	559
	Erich Krempel	GER	544
	Charles des Jammonieres	FRA	540
1948	Edwin Vasquez Cam	PER	545
	Rudolf Schnyder	SUI	539
	Torsten Ullman	SWE	539
1952	Huelet Benner	USA	553
	Angel Leon Gozalo	ESP	550
	Ambrus Balogh	HUN	549
1956	Pentti Linnosvuo	FIN	556
	Machmud Umarow	URS	556
	Offut Pinion	USA	551
1960	Alexej Guschtschin	URS	560
	Machmud Umarow	URS	552
	Yoshihisa Yoshikawa	JPN	552
1964	Väinö Markannen	FIN	560
	Franklin Green	USA	557
	Yoshihisa Yoshikawa	JPN	554
1968	Grigori Kosych	URS	562
	Heinz Mertel	FRG	562
	Harald Vollmar	GDR	560
1972	Ragnar Skanaker	SWE	567
	Dan Iuga	ROM	562
	Rudolf Dollinger	AUT	560
1976	Uwe Potteck	GDR	573
	Harald Vollmar	GDR	567
	Rudolf Dollinger	AUT	562
1980	Alexander Melentjew	URS	581
	Harald Vollmar	GDR	568
	Ljubcho Diakov	BUL	565
1984	Haifeng Xu	CHN	566
	Ragnar Skanaker	SWE	565
	Yifu Wang	CHN	564
1988	Sorin Babii	ROM	660
	Ragnar Skanaker	SWE	657
	Igor Basinski	URS	657
1992	Konstantin Lukaschik	EUN	658
	Yifu Wang	CHN	657
	Ragnar Skanaker	SWE	657
1996	Boris Kokorew	RUS	666,4
	Igor Basinski	BLR	662,0
	Roberto di Donna	ITA	661,8
2000	Tanju Kirjakow	BUL	666,0
	Igor Basinski	BLR	663,3
	Martin Tenk	CZE	662,5

Schnellfeuer-Pistole, Männer

1896	John Payne	USA	442
	Summer Payne	USA	380
	N. Morakis	GRE	205
1912	Alfred Lane	USA	287
	Paul Palen	SWE	286
	Johan Hübner v. Holst	SWE	283
1920	Guilherme Paraense	BRA	274
	Raymond Bracken	USA	272
	Fritz Zulauf	SUI	269
1924	Henry Bailey	USA	18
	Vilhelm Carlberg	SWE	18
	Lennart Hannelius	FIN	18
1932	Renzo Morigi	ITA	36
	Heinz Hack	GER	36
	Domenico Matteucci	ITA	36
1936	Cornelius van Oyen	GER	36
	Heinz Hax	GER	35
	Torsten Ullman	SWE	34
1948	Karoly Takacs	HUN	580
	Carlos Diaz Saenz	ARG	571
	Sven Lundqvist	SWE	569
1952	Karoly Takacs	HUN	579
	Szilard Kun	HUN	578
	Gheorghe Lichiardopol	ROM	578
1956	Stefan Petrescu	ROM	587
	Jewgeni Tscherkassow	URS	585
	Gheorghe Lichiardopol	ROM	581
1960	William McMillan	USA	587
	Pentti Linnosvuo	FIN	587
	Alexander Sabelin	URS	587
1964	Pentti Linnosvuo	FIN	592
	Ion Tripsa	ROM	591
	Lubomir Nacovsky	TCH	590
1968	Josef Zapedzki	POL	593
	Marcel Rosca	ROM	591
	Renart Suleimanow	URS	591
1972	Josef Zapedzki	POL	595
	Ladislav Falta	TCH	594
	Wiktor Torschin	URS	593
1976	Norbert Klaar	GDR	597
	Jürgen Wiefel	GDR	596
	Roberto Ferraris	ITA	595
1980	Corneliu Ion	ROM	596
	Jürgen Wiefel	GDR	596
	Gerhard Petrisch	AUT	596
1984	Takeo Kamachi	JPN	595
	Corneliu Ion	ROM	593
	Rauno Bies	FIN	591

1988	Afanasis Kusmins	URS	698
	Ralf Schumann	GDR	696
	Zoltan Kovacs	HUN	693
1992	Ralf Schumann	GER	885
	Afanasis Kusmins	LAT	882
	Wladimir Wochmianin	EUN	882
1996	Ralf Schumann	GER	698,0
	Emil Milev	BUL	692,1
	Wladimir Wochmianin	KAZ	691,5
2000	Sergej Alifirenko	RUS	687,6
	Michel Ansermet	SUI	686,1
	Iulian Raicea	ROM	684,6

Luftpistole, Männer

1988	Taniu Kiriakov	BUL	687,9
	Erich Buljung	USA	687,9
	Haifeng Xu	CHN	684,5
1992	Yifu Wang	CHN	684,8
	Sergej Pyschanow	EUN	684,1
	Sorin Babii	ROM	684,1
1996	Roberto di Donna	ITA	684,2
	Yifu Wang	CHN	684,1
	Tanu Kiriakov	BUL	683,8
2000	Franck Dumoulin	FRA	688,9
	Yifu Wang	CHN	686,9
	Igor Basinski	BLR	682,7

KK-3-Stellungen, Frauen

1984	Xiaoxuan Wu	CHN	581
	Ulrike Holmer	FRG	578
	Wanda Jewell	USA	578
1988	Silvia Sperber	FRG	685,6
	Vesela Letcheva	BUL	683,2
	Walentina Tscherkassowa	URS	681,4
1992	Launi Meili	USA	684,3
	Nonka Matova	BUL	682,7
	Malgorzata Ksiozkiewicz	POL	681,5
1996	Aleksandra Ivosev	YUG	686,1
	Irina Gerasimenok	RUS	680,1
	Renata Mauer	POL	679,8
2000	Renata Mauer-Rozanska	POL	684,6
	Tatjana Goldobina	RUS	680,9
	Maria Feklistowa	RUS	679,9

Luftgewehr, Frauen

1984	Pat Spurgin	USA	393
	Edith Gufler	ITA	391
	Xiaoxuan Wu	CHN	389
1988	Irina Schilowa	URS	498,5
	Silvia Sperber	FRG	497,5
	Anna Maluchina	URS	495,8
1992	Kab-Soon Yeo	KOR	498,2
	Vesela Letcheva	BUL	495,3
	Aranka Binder	YUG	495,1
1996	Renata Mauer	POL	497,6
	Petra Horneber	GER	497,4
	Aleksandra Ivosev	YUG	497,2
2000	Nancy Johnson	USA	497,7
	Cho-Hyun Kang	KOR	497,5
	Jing Gao	CHN	497,2

Sportpistole, Frauen

1988	Nino Salukwadse	URS	690
	Tomoko Hasegawa	JPN	686
	Jasna Sekaric	YUG	686
1992	Marina Logwinenko	EUN	684
	Duihong Li	CHN	680
	Dorzhsuren Munkhbayar	MGL	679
1996	Duihong Li	CHN	687,9
	Diana Jorgova	BUL	684,8
	Marina Logwinenko	RUS	684,2
2000	Maria Grozdewa	BUL	690,3
	Luna Tao	CHN	689,8
	Lolita Evglewskaja	BLR	686,0

Luftpistole, Frauen

1984	Linda Thom	CAN	585
	Ruby Fox	USA	585
	Patricia Dench	AUS	583
1988	Jasna Sekaric	YUG	489,5
	Nino Salukwadse	URS	487,9
	Marina Donbranchewa	URS	485,2
1992	Logwinenko-Donbranchewa	EUN	486,4
	Jasna Sekaric	YUG	486,4
	Maria Grusdeva	BUL	481,6
1996	Olga Klochnewa	RUS	490,1
	Marina Logwinenko	RUS	488,5
	Maria Grusdeva	BUL	488,5
2000	Tao Luna	CHN	488,2
	Jasna Sekaric	YUG	486,5
	Annemarie Forder	AUS	484,0

TURNEN

Männer

Einzel-Mehrkampf

bei Punktgleichheit gleiche Platzierung

1900	Gustave Sandras	FRA	302
	Noel Bas	FRA	295
	Lucien Demanet	FRA	293
1904	Adolf Spinnler	SUI	43,49
	Julius Lenhart	AUT	43,00
	Wilhelm Weber	GER	41,60
1908	Alberto Braglia	ITA	317,0
	S. W. Tysal	GBR	312,0
	Louis Segura	ITA	297,0
1912	Alberto Braglia	ITA	135,00
	Louis Segura	FRA	132,50
	Adolfo Tunesi	ITA	131,50
1920	Giorgio Zampori	ITA	88,35
	Marco Torres	FRA	87,62
	Jean Gounot	FRA	87,45
1924	Leon Stukelj	YUG	110,340
	Robert Prazak	TCH	110,323
	Bedrich Supcik	TCH	106,930
1928	Georges Miez	SUI	247,500
	Harmann Hänggi	SUI	246,625
	Leon Stukelj	YUG	244,875
1932	Romero Neri	ITA	140,625
	Istvan Pelle	HUN	134,925
	Heikki Savolainen	FIN	134,575
1936	Alfred Schwarzmann	GER	113,100
	Eugen Mack	SUI	112,334
	Konrad Fry	GER	111,532
1948	Veikko Huhtanen	FIN	229,70
	Walter Lehmann	SUI	229,00
	Paavo Aaltonen	FIN	228,80
1952	Wiktor Tschukarin	URS	115,70
	Grant Schaginjan	URS	114,95
	Josef Stalder	SUI	114,75
1956	Wiktor Tschukarin	URS	114,25
	Takashi Ono	JPN	114,20
	Juri Titow	URS	113,80
1960	Boris Schacklin	URS	115,95
	Takashi Ono	JPN	115,90
	Juri Titow	URS	115,60
1964	Yukio Endo	JPN	115,95
	Shuji Tsurumi	JPN	115,40
	Boris Schacklin	URS	115,40
	Wiktor Lissizki	URS	115,40
1968	Sawao Kato	JPN	115,90
	Michail Woronin	URS	115,85
	Akinori Nakayama	JPN	115,65
1972	Sawao Kato	JPN	114,650
	Eizo Kenmotsu	JPN	114,575
	Akinori Nakayama	JPN	114,325
1976	Sikolai Andrianow	URS	116,650
	Sawao Kato	JPN	115,650
	Mitsuo Tsukahara	JPN	115,575
1980	Alexander Ditjatin	URS	118,650
	Nikolai Andrianow	URS	118,225
	Stojan Deltschev	BUL	118,000
1984	Koji Gushiken	JPN	118,700
	Peter Vidmar	USA	118,675
	Ning Li	CHN	118,575
1988	Wladimir Artjomow	URS	119,125
	Waleri Ljukin	URS	119,025
	Dmitri Bilosertschew	URS	118,975
1992	Witali Scherbo	EUN	59,025
	Grigori Misjutin	EUN	58,925
	Waleri Belenki	EUN	58,625
1996	Xiaoshuang Li	CHN	58,423
	Alexej Nemow	RUS	58,374
	Witali Scherbo	BLR	58,197
2000	Alexej Nemow	RUS	58,474
	Yang Wei	CHN	58,361
	Alexander Beresch	UKR	58,212

Boden

1932	Istvan Pelle	HUN	9,60
	Georges Miez	SUI	9,47
	Mario Lertora	ITA	9,23
1936	Georges Miez	SUI	18,666
	Josef Walter	SUI	18,500
	Konrad Frey	GER	18,466
	Eugen Mack	SUI	18,466
1948	Ferenc Pataki	HUN	38,70
	Janos Mogyorosi-Klencs	HUN	38,40
	Zdenek Ruzicka	TCH	38,10
1952	William Thoresson	SWE	19,25
	Tadao Uesako	JPN	19,15
	Jerzy Jokiel	POL	19,15
1956	Walentin Muratow	URS	19,20
	Nobuyuki Aihara	JPN	19,10
	William Thoresson	SWE	19,10
	Wiktor Tschukarin	URS	19,10
1960	Nobuyuki Aihara	JPN	19,450
	Juri Titow	URS	19,325
	Franco Menichelli	ITA	19,275
1964	Franco Menichelli	ITA	19,450
	Wiktor Lissizki	URS	19,350
	Yukio Endo	JPN	19,350
1968	Sawao Kato	JPN	19,475
	Akinori Nakayama	JPN	19,400
	Takashi Kato	JPN	19,275
1972	Nikolai Andrianow	URS	19,175
	Akinori Nakayama	JPN	19,125
	Shigeru Kasamatsu	JPN	19,025
1976	Nikolai Andrianow	URS	19,450
	Wladimir Martschenko	URS	19,425
	Peter Kormann	USA	19,300
1980	Roland Brückner	GDR	19,750
	Nikolai Andrianow	URS	19,725
	Alexander Ditjatin	URS	19,700
1984	Ning Li	CHN	19,925
	Yun Lou	CHN	19,775
	Koji Sotomura	JPN	19,700
	Philippe Vatuone	FRA	19,700
1988	Sergej Scharkow	URS	19,925
	Wladimir Artjomow	URS	19,900
	Yun Lou	CHN	19,850
	Yukio Iketani	JPN	19,850
1992	Xiaoshuang Li	CHN	9,925
	Yukio Iketani	JPN	9,787
	Grigori Misjutin	EUN	9,787
1996	Ioannis Melissanidis	GRE	9,850
	Xiaoshuang Li	CHN	9,837
	Alexej Nemow	RUS	9,800
2000	Igor Vihrovs	LAT	9,812
	Alexej Nemow	RUS	9,800
	Jordan Jowtschew	BUL	9,787

Seitpferd

1896	Louis Zutter	SUI	
	Hermann Weingärtner	GER	
	Gyula Kakas	HUN	
1924	Josef Wilhelm	SUI	21,23
	Jean Gutweniger	SUI	21,13
	Antoine Rebetez	SUI	20,73
1928	Hermann Hänggi	SUI	19,75
	Georges Miez	SUI	19,25
	Heikki Savolainen	FIN	18,83
1932	Istvan Pelle	HUN	19,07
	Omero Bonoli	ITA	18,87
	Frank Haubold	USA	18,57
1936	Konrad Frey	GER	19,333
	Eugen Mack	SUI	19,167
	Albert Bachmann	SUI	19,067
1948	Paavo Aaltonen	FIN	38,70
	Veikko Huhtanen	FIN	38,70
	Heikki Savolainen	FIN	38,70
	Luigi Zanetti	ITA	38,30
	Guido Figone	ITA	38,20
1952	Wiktor Tschukarin	URS	19,50
	Jewgeni Korolkow	URS	19,40
	Grant Schaginjan	URS	19,40
1956	Boris Schacklin	URS	19,25
	Takashi Ono	JPN	19,20
	Wiktor Tschukarin	URS	19,10
1960	Boris Schacklin	URS	19,375
	Eugen Ekman	FIN	19,375
	Shuji Tsurumi	JPN	19,150
1964	Miroslav Cerar	YUG	19,525
	Shuji Tsurumi	JPN	19,325
	Juri Zapenko	URS	19,200
1968	Miroslav Cerar	YUG	19,325
	Olli Eino Laiho	FIN	19,225
	Michail Woronin	URS	19,200
1972	Wiktor Klimenko	URS	19,125
	Sawao Kato	JPN	19,000
	Eizo Kenmotsu	JPN	18,950
1976	Zoltan Magyar	HUN	19,700
	Eizo Kenmotsu	JPN	19,575
	Nikolai Andrianow	URS	19,525
	Michael Nikolay	GDR	19,525
1980	Zoltan Magyar	HUN	19,925
	Alexander Ditjatin	URS	19,800
	Michael Nikolay	GDR	19,775
1984	Ning Li	CHN	19,950
	Peter Vidmar	USA	19,950
	Timothy Dagett	USA	19,825
1988	Dimitri Bilosertschew	URS	19,950
	Zsolt Borkai	HUN	19,950
	Lubomir Geraskov	BUL	19,950
1992	Gil-Su Pae	PRK	9,925
	Witali Scherbo	EUN	9,925
	Andreas Wecker	GER	9,887
1996	Donghua Li	SUI	9,875
	Marius Urzica	ROM	9,825
	Alexej Nemow	RUS	9,787
2000	Marius Urzica	ROM	9,862
	Eric Poujade	FRA	9,825
	Alexej Nemow	RUS	9,800

Ringe

1896	Ioannis Mitropoulos	GRE	
	Hermann Weingärtner	GER	
	Petros Persakis	GRE	
1924	Francesco Martino	ITA	21,553
	Robert Prazak	TCH	21,483
	Ladislav Vacha	TCH	21,430
1928	Leon Stukelj	YUG	19,25
	Ladislav Vacha	TCH	19,17
	Emanuel Löffler	TCH	18,83
1932	George Gulack	USA	18,97
	William Denton	USA	18,60
	Giovanni Lattuada	ITA	18,50
1936	Alois Hudec	TCH	19,433
	Leon Stukelj	YUG	18,867
	Matthias Volz	GER	18,667
1948	Karl Frei	SUI	39,60
	Michael Reusch	SUI	39,10
	Zdenek Ruzicka	TCH	38,50
1952	Grant Schaginjan	URS	19,75
	Wiktor Tschukarin	URS	19,55
	Hans Eugster	SUI	19,40
	Dmitri Leonkin	URS	19,40
1956	Albert Asarjan	URS	19,35
	Walentin Muratow	URS	19,15
	Masao Takemoto	JPN	19,10
	Masami Kubota	JPN	19,10
1960	Albert Asarjan	URS	19,725
	Boris Schacklin	URS	19,500
	Takashi Ono	JPN	19,425
	Velik Kspsazov	BUL	19,425
1964	Takuji Hayata	JPN	19,475
	Franco Menichelli	ITA	19,425
	Boris Schacklin	URS	19,400
1968	Akinori Nakayama	JPN	19,450
	Michail Woronin	URS	19,325
	Sawao Kato	JPN	19,225
1972	Akinori Nakayama	JPN	19,350
	Michail Woronin	URS	19,275
	Mitsuo Tsukahara	JPN	19,225
1976	Nikolai Andrianow	URS	19,650
	Alexander Ditjatin	URS	19,550
	Danut Grecu	ROM	19,500
1980	Alexander Ditjatin	URS	19,875
	Alexander Tkatschew	URS	19,725
	Jiri Tabak	TCH	19,600
1984	Koji Gushiken	JPN	19,850
	Ning Li	CHN	19,850
	Mitchell Gaylord	USA	19,825
1988	Holger Behrend	GDR	19,925
	Dimitri Bilosertschew	URS	19,925
	Sven Tippelt	GDR	19,875
1992	Witali Scherbo	EUN	9,937
	Jing Li	CHN	9,875
	Xiaoshuang Li	CHN	9,862
	Andreas Wecker	GER	9,862
1996	Juri Chechi	ITA	9,887
	Dan Burinca	ROM	9,812
	Szilveszter Csollany	HUN	9,812
2000	Szilveszter Csollany	HUN	9,850
	Dimosthenis Tampakos	GRE	9,762
	Jordan Jowtschew	BUL	9,737

Pferdsprung

1896	Carl Schumann	GER	
	Louis Zutter	SUI	
	Bronze nicht vergeben		
1924	Frank Kriz	USA	9,98
	Jan Koutny	TCH	9,97
	Bohumil Morkovsky	TCH	9,93
1928	Eugen Mack	SUI	9,58
	Emanuel Löffler	TCH	9,50
	Stane Derganc	YUG	9,46
1932	Savino Guglielmetti	ITA	18,03
	Alfred Jochim	USA	17,77
	Edward Carmichael	USA	17,53
1936	Alfred Schwarzmann	GER	19,200
	Eugen Mack	SUI	18,967
	Matthias Volz	GER	18,467
1948	Paavo Aaltonen	FIN	39,10
	Olavi Armas Rove	FIN	39,00
	Janos Mogyorosi-Klencs	HUN	38,50
	Ferenc Pataki	HUN	38,50
	Leo Sotornik	TCH	38,50
1952	Wiktor Tschukarin	URS	19,20
	Masao Takemoto	JPN	19,15
	Tadao Uesako	JPN	19,10
	Takashi Ono	JPN	19,10
1956	Helmut Bantz	GER	18,85
	Walentin Muratow	URS	18,85
	Juri Titow	URS	18,75

1960	Boris Schaklin	URS	19,350
	Takashi Ono	JPN	19,350
	Wladimir Portnoi	URS	19,225
1964	Haruhiro Yamashita	JPN	19,600
	Wiktor Lissizki	URS	19,325
	Hannu Rantakari	FIN	19,300
1968	Michail Woronin	URS	19,000
	Yukio Endo	FIN	18,950
	Sergej Diomidow	URS	18,925
1972	Klaus Köste	GDR	18,850
	Wiktor Klimenko	URS	18,825
	Nikolai Andrianow	URS	18,800
1976	Nikolai Andrianow	URS	19,450
	Mitsuo Tsukahara	JPN	19,375
	Hiroshi Kajiyama	JPN	19,275
1980	Nikolai Andrianow	URS	19,825
	Alexander Ditjatin	URS	19,800
	Roland Brückner	GDR	19,775
1984	Yun Lou	CHN	19,950
	Ning Li	CHN	19,825
	Koji Gushiken	JPN	19,825
	Mitchell Gaylord	USA	19,825
	Shinji Morisue	JPN	19,825
1988	Yun Lou	CHN	19,875
	Silvio Kroll	GDR	19,862
	Yong-Hoon Park	KOR	19,775
1992	Witali Scherbo	EUN	9,856
	Grigori Misjutin	EUN	9,781
	Ok Youl You	KOR	9,762
1996	Alexej Nemow	RUS	9,787,
	Hong-Chul Yeo	KOR	9,756
	Witali Scherbo	BLR	9,724
2000	Gervasio Deferr	ESP	9,712
	Alexej Bondarenko	RUS	9,587
	Leszek Blanik	POL	9,475

Barren

1896	Alfred Flatow	GER	
	Louis Zutter	SUI	
	Hermann Weingärtner	GER	
1924	August Güttinger	SUI	21,63
	Robert Prazak	TCH	21,61
	Giorgio Zampori	ITA	21,45
1928	Ladislav Vacha	TCH	18,83
	Josip Primozic	YUG	18,50
	Hermann Hänggi	SUI	18,08
1932	Romeo Neri	ITA	18,97
	Istvan Pelle	HUN	18,60
	Heikki Savolainen	FIN	18,27
1936	Konrad Frey	GER	19,067
	Michael Reusch	SUI	19,034
	Alfred Schwarzmann	GER	18,967
1948	Michael Reusch	SUI	39,50
	Veikko Huhtanen	FIN	39,30
	Christian Kipfer	SUI	39,10
	Josef Stalder	SUI	39,10
1952	Hans Eugster	SUI	19,65
	Wiktor Tschukarin	URS	19,60
	Josef Stalder	SUI	19,50
1956	Wiktor Tschukarin	URS	19,20
	Masami Kubota	JPN	19,15
	Takashi Ono	JPN	19,10
	Masao Takemoto	JPN	19,10
1960	Boris Schaklin	URS	19,400
	Giovanni Carminucci	ITA	19,375
	Takashi Ono	JPN	19,350
1964	Yukio Endo	JPN	19,600
	Shuji Tsurumi	JPN	19,450
	Franco Menichelli	ITA	19,350
1968	Akinori Nakayama	JPN	19,475
	Michail Woronin	URS	19,425
	Wiktor Klimenko	URS	19,225
1972	Sawao Kato	JPN	19,475
	Shigeru Kasamatsu	JPN	19,375
	Eizo Kenmotsu	JPN	19,250
1976	Sawao Kato	JPN	19,675
	Nikolai Andrianow	URS	19,500
	Mitsuo Tsukahara	JPN	19,475
1980	Alexander Tkatschew	URS	19,775
	Alexander Ditjatin	URS	19,750
	Roland Brückner	GDR	19,650
1984	Bart Conner	USA	19,950
	Nobuyuki Kajitani	JPN	19,925
	Mitchell Gaylord	USA	19,850
1988	Wladimir Artjomow	URS	19,925
	Waleri Ljukin	URS	19,900
	Sven Tippelt	GDR	19,750
1992	Witali Scherbo	EUN	9,900
	Jing Li	CHN	9,812
	Linyao Guo	CHN	9,800
	Masayuki Matsunaga	JPN	9,800
	Igor Korobtschinski	EUN	9,800
1996	Rustam Scharipow	UKR	9,825
	Jair Lynch	USA	9,825
	Witali Scherbo	BLR	9,800
2000	Xiaopeng Li	CHN	9,825
	Joo-Hyung Lee	KOR	9,812
	Alexej Nemow	RUS	9,800

Reck

1896	Harmann Weingärtner	GER	
	Alfred Flatow	GER	
	Pet Messas	GRE	
1924	Leon Stukelj	YUG	19,730
	Jean Gutweniger	SUI	19,236
	Andre Higelin	FRA	19,163
1928	Georges Miez	SUI	19,17
	Romero Neri	ITA	19,00
	Eugen Mack	SUI	18,92
1932	Dallas Bixler	USA	18,33
	Heikki Savolainen	FIN	18,07
	Einari Teräsvirta	FIN	18,07
1936	Ale Saarvala	FIN	19,367
	Konrad Frey	GER	19,267
	Alfred Schwarzmann	GER	19,233
1948	Josef Stalder	SUI	39,70
	Walter Lehmann	SUI	39,40
	Veikko Huhtanen	GER	39,20
1952	Jack Günthard	SUI	19,55
	Josef Stalder	SUI	19,50
	Alfred Schwarzmann	GER	19,50
1956	Takashi Ono	JPN	19,60
	Juri Titow	URS	19,40
	Masao Takemoto	JPN	19,30
1960	Takashi Ono	JPN	19,600
	Masao Takemoto	JPN	19,525
	Boris Schacklin	URS	19,475
1964	Boris Schacklin	URS	19,625
	Juri Titow	URS	19,550
	Miroslav Cerar	YUG	19,500
1968	Michail Woronin	URS	19,550
	Akinori Nakayama	JPN	19,550
	Eizo Kenmotsu	JPN	19,375
1972	Mitsuo Tsukahara	JPN	19,725
	Sawao Kato	JPN	19,525
	Shigeru Kasamatsu	JPN	19,450
1976	Mitsuo Tsukahara	JPN	19,675
	Eizo Kenmotsu	JPN	19,500
	Eberhard Gienger	FRG	19,475
	Henri Boerio	FRA	19,475
1980	Stojan Deltschev	BUL	19,825
	Alexander Ditjatin	URS	19,750
	Nikolai Andrianow	URS	19,675
1984	Shinji Morisue	JPN	20,00
	Tong Fei	CHN	19,975
	Koji Gushiken	JPN	19,950
1988	Wladimir Artjomow	URS	19,900
	Waleri Ljukin	URS	19,900
	Holger Behrendt	GDR	19,800
	Marius Gherman	ROM	19,800
1992	Trent Dimas	USA	9,875
	Andreas Wecker	GER	9,837
	Grigori Misjutin	EUN	9,837
1996	Andreas Wecker	GER	9,850
	Krasimir Dunev	BUL	9,825
	Alexej Nemow	RUS	9,800
	Witali Scherbo	BLR	9,800
	Bin Fan	CHN	9,800
2000	Alexej Nemow	RUS	9,787
	Benjamin Varonian	FRA	9,787
	Joo-Hyung Lee	KOR	9,775

Mannschaft

1908	Schweden	438
	Norwegen	425
	Finnland	405
1912	Italien	265,75
	Ungarn	227,25
	Großbritannien	184,50
1920	Italien	359,855
	Belgien	346,785
	Frankreich	340,100
1924	Italien	839,058
	Frankreich	820,528
	Schweiz	816,661
1928	Schweiz	1718,625
	Tschechoslowakei	1712,250
	Jugoslawien	1648,750
1932	Italien	541,850
	USA	522,275
	Finnland	509,775
1936	Deutschland	657,430
	Schweiz	654,802
	Finnland	638,468
1948	Finnland	1358,30
	Schweiz	1356,70
	Ungarn	1330,85
1952	UdSSR	574,40
	Schweiz	567,50
	Finnland	564,20
1956	UdSSR	568,25
	Japan	566,40
	Finnland	555,95
1960	Japan	575,20
	UdSSR	572,70
	Italien	559,05
1964	Japan	577,95
	UdSSR	575,45
	Deutschland	565,10
1968	Japan	575,90
	UdSSR	571,10
	DDR	557,15
1972	Japan	571,25
	UdSSR	564,05
	DDR	559,70
1976	Japan	576,85
	UdSSR	576,45
	DDR	564,65
1980	UdSSR	589,60
	DDR	581,15
	Ungarn	575,00
1984	USA	591,40
	China	590,80
	Japan	586,70
1988	UdSSR	593,350
	DDR	588,450
	Japan	585,600
1992	EUN	585,450
	China	580,375
	Japan	578,250
1996	Rußland	576,778
	China	575,539
	Ukraine	571,541
2000	China	231,919
	Ukraine	230,306
	Russland	230,019

Frauen

bei Punktgleichheit gleiche Platzierung

Einzel-Mehrkampf

1952	Maria Gorochowskaja	URS	76,78
	Nina Botscharowa	URS	75,94
	Margit Korondi	HUN	75,82
1956	Larissa Latynina	URS	74,933
	Agnes Keleti	HUN	74,633
	Sofia Mutarowa	URS	74,466
1960	Larissa Latynina	URS	77,031
	Sofia Mutarowa	URS	76,696
	Polina Astachowa	URS	76,164
1964	Vera Caslavska	TCH	77,564
	Larissa Latynina	URS	76,998
	Polina Astachowa	URS	76,965
1968	Vera Caslavska	TCH	78,25
	Sinaida Woronina	URS	76,85
	Natalja Kutschinskaja	URS	76,75
1972	Ljudmila Turischtschewa	URS	77,025
	Karin Janz	GDR	76,875
	Tamara Lasakowitsch	URS	76,850
1976	Nadia Comaneci	ROM	79,275
	Nelli Kim	URS	78,675
	Ljudmila Turischtschewa	URS	78,625
1980	Jelena Dawydowa	URS	79,150
	Maxi Gnauck	GDR	79,075
	Nadia Comaneci	ROM	79,075
1984	Mary Lou Retton	USA	79,175
	Ecaterina Szabo	ROM	79,125
	Simona Pauca	ROM	78,675
1988	Jelena Schuschunowa	URS	79,662
	Daniela Silivas	ROM	79,637
	Swetlana Boginskaja	URS	79,400
1992	Tatjana Gutsu	EUN	39,737
	Shannon Miller	USA	39,725
	Lavinia Milosovici	ROM	39,687
1996	Lilia Podkopajewa	UKR	39,255
	Gina Gogean	ROM	39,075
	Simona Amanar	ROM	39,067
2000	Simona Amanar	ROM	38,642
	Maria Olaru	ROM	38,581
	Xuan Liu	CHN	38,418

Pferdsprung

1952	Jekaterina Kalintschuk	URS	19,20
	Maria Gorochowskaja	URS	19,19
	Galina Minaitschewa	URS	19,16
1956	Larissa Latynina	URS	18,833
	Tamara Manina	URS	18,799
	Ann Colling-Pettersson	SWE	18,733
1960	Margerita Nikolajewa	URS	19,316
	Sofia Murotowa	URS	19,049
	Larissa Latynina	URS	19,016
1964	Vera Caslavska	TCH	19,483
	Larissa Latynina	URS	19,283
	Birgit Radochla	GER	19,283
1968	Vera Caslavska	TCH	19,775
	Erika Zuchold	GDR	19,625
	Sinaida Woronina	URS	19,550
1972	Karin Janz	GDR	19,525
	Erika Zuchold	GDR	19,275
	Ljudmila Turischtschewa	URS	19,250
1976	Nelli Kim	URS	19,800
	Ljudmila Turischtschewa	URS	19,650
	Carola Dombeck	GDR	19,650
1980	Natalja Schaposchnikowa	URS	19,725
	Steffi Kräker	GDR	19,675
	Melita Rühn	ROM	19,650
1984	Ecaterina Szabo	ROM	19,875
	Mary Lou Retton	USA	19,850
	Lavinia Agache	ROM	19,750
1988	Swetlana Boginskaja	URS	19,905
	Gabriela Potorac	ROM	19,830
	Daniela Silivas	ROM	19,818
1992	Henrietta Onodi	HUN	9,925
	Lavinia Milosovici	ROM	9,925
	Tatjana Lissenko	EUN	9,912
1996	Simona Amanar	ROM	9,825
	Huilan Mo	CHN	9,768
	Gina Gogean	ROM	9,750
2000	Elena Zamolodschikowa	RUS	9,731
	Andreea Raducan	ROM	9,693
	Ekaterina Lobazniuk	RUS	9,674

Stufenbarren

1952	Margit Korondi	HUN	19,40
	Maria Gorochowskaja	URS	19,26
	Agnes Keleti	HUN	19,16
1956	Agnes Keleti	HUN	18,966
	Larissa Latynina	URS	18,833
	Sofia Muratowa	URS	18,800
1960	Polina Astachowa	URS	19,616
	Larissa Latynina	URS	19,416
	Tamara Ljuchina	URS	19,399
1964	Polina Astachowa	URS	19,332
	Katalin Makray	HUN	19,216
	Larissa Latynina	URS	19,199
1968	Vera Caslavska	TCH	19,650
	Karin Janz	GDR	19,500
	Sinaida Woronina	URS	19,425
1972	Karin Janz	GDR	19,675
	Olga Korbut	URS	19,450
	Erika Zuchold	GDR	19,450
1976	Nadia Comaneci	ROM	20,000
	Teodora Ungureanu	ROM	19,800
	Marta Egervary	HUN	19,775
1980	Maxi Gnauck	GDR	19,875
	Emilia Eberle	ROM	19,850
	Steffi Kräker	GDR	19,775
	Melita Rühn	ROM	19,775
	Maria Filatowa	URS	19,775
1984	Yanhong Ma	CHN	19,950
	Julianne McNamara	USA	19,950
	Mary Lou Retton	USA	19,800
1988	Daniela Silivas	ROM	20,000
	Dagmar Kersten	GDR	19,987
	Jelena Schuschunowa	URS	19,962
1992	Li Lu	CHN	10,000
	Tatjana Gutsu	EUN	9,975
	Shannon Miller	USA	9,962
1996	Swetlana Chorkina	RUS	9,850
	Wenjing Bi	CHN	9,837
	Amy Chow	USA	9,837
2000	Swetlana Chorkina	RUS	9,862
	Jie Ling	CHN	9,837
	Yun Yang	CHN	9,787

Schwebebalken

1952	Nina Botscharowa	URS	19,22
	Maria Gorochowskaja	URS	19,13
	Margit Korondi	HUN	19,02
1956	Agnes Keleti	HUN	18,800
	Tamara Manina	URS	18,633
	Eva Bosakova	TCH	18,633
1960	Eva Bosakova	TCH	19,283
	Larissa Latynina	URS	19,233
	Sofia Muratowa	URS	19,232
1964	Vera Caslavska	TCH	19,449
	Tamara Manina	URS	19,399
	Larissa Latynina	URS	19,382
1968	Natalja Kutschinskaja	URS	19,650
	Vera Caslavska	TCH	19,575
	Larissa Petrik	URS	19,250
1972	Olga Korbut	URS	19,400
	Tamara Lasakowitsch	URS	19,375
	Karin Janz	GDR	18,975
1976	Nadia Comaneci	ROM	19,950
	Olga Korbut	URS	19,725
	Teodora Ungureanu	ROM	19,700
1980	Nadia Comaneci	ROM	19,800
	Jelena Dawydowa	URS	19,750
	Natalja Schaposchnikowa	URS	19,725
1984	Simona Pauca	ROM	19,800
	Ecaterina Szabo	ROM	19,800
	Kathy Johnson	USA	19,650
1988	Daniela Silivas	ROM	19,924
	Jelena Schuschunowa	ROM	19,875
	Gabriela Potorac	ROM	19,837
	Phoebe Mills	USA	19,837
1992	Tatjana Lissenko	EUN	9,975
	Li Lu	CHN	9,912
	Shannon Miller	USA	9,912
1996	Shannon Miller	USA	9,862
	Lilia Podkopajewa	UKR	9,825
	Gina Gogean	ROM	9,787
2000	Xuan Liu	CHN	9,825
	Ekaterina Lobazniuk	RUS	9,787
	Elena Produnowa	RUS	9,775

Boden

1952	Agnes Keleti	HUN	19,36
	Maria Gorochowskaja	URS	19,20
	Margit Korondi	HUN	19,00
1956	Agnes Keleti	HUN	18,733
	Larissa Latynina	URS	18,733
	Elena Leustean	ROM	18,700
1960	Larissa Latynina	URS	19,583
	Polina Astachowa	URS	19,532
	Tamara Ljuchina	URS	19,499
1964	Larissa Latynina	URS	19,599
	Polina Astachowa	URS	19,500
	Aniko Janosi-Ducza	HUN	19,300
1968	Larissa Petrik	URS	19,675
	Vera Caslavska	TCH	19,675
	Natalja Kutschinskaja	URS	19,650
1972	Olga Korbut	URS	19,575
	Ljudmila Turischtschewa	URS	19,550
	Tamara Lasakowitsch	URS	19,450
1976	Nelli Kim	URS	19,850
	Ljudmila Turischtschewa	URS	19,825
	Nadia Comaneci	ROM	19,750
1980	Nelli Kim	URS	19,875
	Nadia Comaneci	ROM	19,875
	Natalja Schaposchnikowa	URS	19,825
	Maxi Gnauck	GDR	19,825
1984	Ecaterina Szabo	ROM	19,975
	Julianne McNamara	USA	19,950
	Mary Lou Retton	USA	19,775
1988	Daniela Silivas	ROM	19,937
	Swetlana Boginskaja	URS	19,887
	Diana Dudeva	BUL	19,850
1992	Lavinia Milosovici	ROM	10,000
	Henrietta Onodi	HUN	9,950
	Tatjana Gutsu	EUN	9,912
	Cristina Bontas	ROM	9,912
	Shannon Miller	USA	9,912
1996	Lilia Podkopajewa	UKR	9,887
	Simona Amanar	ROM	9,850
	Dominique Dawes	USA	9,837
2000	Elena Zamolodschikowa	RUS	9,850
	Swetlana Chorkina	RUS	9,812
	Simona Amanar	ROM	9,712

Mannschaft

1928	Niederlande	316,75
	Italien	289,00
	Großbritannien	258,25
1936	Deutschland	506,50
	Tschechoslowakei	503,60
	Ungarn	499,00
1948	Tschechoslowakei	445,45
	Ungarn	440,55
	USA	422,63
1952	UdSSR	527,03
	Ungarn	520,96
	Tschechoslowakei	503,32
1956	UdSSR	444,80
	Ungarn	443,50
	Rumänien	438,20
1960	UdSSR	382,320
	Tschechoslowakei	373,323
	Rumänien	372,053
1964	UdSSR	380,890
	Tschechoslowakei	379,989
	Japan	377,889
1968	UdSSR	382,85
	Tschechoslowakei	382,20
	DDR	379,10
1972	UdSSR	380,50
	DDR	376,55
	Ungarn	368,25
1976	UdSSR	390,35
	Rumänien	387,15
	DDR	385,10
1980	UdSSR	394,90
	Rumänien	393,50
	DDR	392,55
1984	Rumänien	392,20
	USA	391,20
	China	388,60
1988	UdSSR	395,475
	Rumänien	394,125
	DDR	390,875
1992	EUN	395,666
	Rumänien	395,079
	USA	394,704
1996	USA	389,225
	Rußland	388,404
	Rumänien	388,246
2000	Rumänien	154,608
	Russland	154,403
	China	154,008

Rhythmische Sportgymnastik

1984	Lori Fung	CAN	57,950
	Doina Staiculescu	ROM	57,900
	Regina Weber	FRG	57,700

1988	Marina Lobatsch	URS	60,000
	Adriana Dunavska	BUL	59,950
	Alexandra Timoschenko	URS	59,875
1992	Alexandra Timoschenko	EUN	59,037
	Carolina Pascual	ESP	58,100
	Oksana Skaldina	EUN	57,912
1996	Ekaterina Serebrianskaja	UKR	39,683
	Janina Batirschina	RUS	39,382
	Elena Witrischenko	UKR	39,331
2000	Julia Barsukowa	RUS	39,632
	Julia Raskina	BLR	39,548
	Alina Kabajewa	RUS	39,466

Sportgymnastik, Gruppe

1996	Spanien	38,933
	Bulgarien	38,866
	Rußland	38,365
2000	Russland	39,500
	Weißrussland	39,500
	Griechenland	39,283

Trampolin, Einzel, Männer

2000	Alexander Moskalenko	RUS	41,7
	Ji Wallace	AUS	39,3
	Mathieu Turgeon	CAN	39,1

Trampolin, Einzel, Frauen

2000	Irina Karawajewa	RUS	38,9
	Oksana Zihulewa	UKR	37,7
	Karen Cockburn	CAN	37,4

WASSERSPORT

Kanu, Männer

Einer-Kajak 500 m

1976	Vasile Diba	ROM	1:46,41
	Zoltan Sztanity	HUN	1:46,95
	Rüdiger Helm	GDR	1:48,30
1980	Wladimir Parfenowitsch	URS	1:43,43
	John Sumegi	AUS	1:44,12
	Vasile Diba	ROM	1:44,90
1984	Ian Ferguson	NZL	1:47,84
	Lars-Erik Moberg	SWE	1:48,18
	Bernard Bregeon	FRA	1:48,41
1988	Zsolt Gyulay	HUN	1:44,73
	Andreas Stähle	GDR	1:46,18
	Paul MacDonald	NZL	1:46,47
1992	Mikko Kolehmainen	FIN	1:40,34
	Zsolt Gyulay	HUN	1:40,64
	Knut Holmann	NOR	1:40,71
1996	Antonio Rossi	ITA	1:37,423
	Knut Holmann	NOR	1:38,339
	Piotr Markiewicz	POL	1:38,615
2000	Knut Holmann	NOR	1:57,84
	Petar Merkow	BUL	1:58,39
	Michael Kolganov	ISR	1:59,56

Einer-Kajak 1000 m

1936	Gregor Hradetzky	AUT	4:22,9
	Helmut Cämmerer	GER	4:25,6
	Jakubus Kraaier	NED	4:35,1
1948	Gert Fredriksson	SWE	4:33,2
	Johan Kobberup	DEN	4:39,9
	Henri Eberhardt	FRA	4:41,4
1952	Gert Fredriksson	SWE	4:07,9
	Thorvald Strömberg	FIN	4:09,7
	Louis Gantois	FRA	4:20,1
1956	Gert Fredriksson	SWE	4:12,8
	Igor Pissarjew	URS	4:15,3
	Lajos Kiss	HUN	4:16,2
1960	Erik Hansen	DEN	3:53,00
	Imre Szöllösi	HUN	3:54,02
	Gert Fredriksson	SWE	3:55,89
1964	Rolf Peterson	SWE	3:57,13
	Mihaly Hesz	HUN	3:57,28
	Aurel Vernescu	ROM	4:00,77
1968	Mihaly Hesz	HUN	4:02,63
	Alexander Schaparenko	URS	4:03,58
	Erik Hansen	DEN	4:04,39
1972	Alexander Schaparenko	URS	3:48,06
	Rolf Peterson	SWE	3:48,35
	Geza Csapo	HUN	3:49,38
1976	Rüdiger Helm	GDR	3:48,20
	Geza Csapo	HUN	3:48,84
	Vasile Diba	ROM	3:49,65
1980	Rüdiger Helm	GDR	3:48,77
	Alain Lebas	FRA	3:50,20
	Ion Birladeanu	ROM	3:50,49
1984	Alan Thompson	NZL	3:45,73
	Milan Janic	YUG	3:46,88
	Greg Barton	USA	3:47,38
1988	Greg Barton	USA	3:55,27
	Grant Davies	AUS	3:55,28
	Andre Wohllebe	GDR	3:55,55
1992	Clint Robinson	AUS	3:37,26
	Knut Holmann	NOR	3:37,50
	Greg Barton	USA	3:37,93
1996	Knut Holmann	NOR	3:25,785
	Beniamino Bonomi	ITA	3:27,073
	Clint Robinson	AUS	3:29,713
2000	Knut Holmann	NOR	3:33,26
	Petar Merkow	BUL	3:34,64
	Tim Brabants	GBR	3:35,05

Einer-Kajak 10 000 m

1936	Ernst Krebs	GER	46:01,6
	Fritz Landertinger	AUT	46:14,7
	Ernest Riedel	USA	47:23,9
1948	Gert Fredriksson	SWE	50:47,7
	Kurt Wires	FIN	51:18,2
	Ejvind Skabo	NOR	51:35,4
1952	Thorvald Strömberg	FIN	47:22,8
	Gert Fredriksson	SWE	47:34,1
	Michel Scheuer	GER	47:54,5
1956	Gert Fredriksson	SWE	47:43,4
	Ferenc Hatlaczky	HUN	47:53,3
	Michel Scheuer	GER	48:00,3

Zweier-Kajak 500 m

1976	Olbricht/Mattern	GDR	1:35,87
	Romanowski/Nagorny	URS	1:36,81
	Serghei/Malihin	ROM	1:38,50
1980	Parfenowitsch/Tschuchrai	URS	1:32,38
	Menendez/Del Riego	ESP	1:33,65
	Olbricht/Helm	GDR	1:34,00
1984	Ferguson/MacDonald	NZL	1:34,21
	Moberg/Bengtsson	SWE	1:35,26
	Fisher/Morris	CAN	1:35,41
1988	Ferguson/MacDonald	NZL	1:33,98
	Nagajew/Denissow	URS	1:34,15
	Abraham/Csipes	HUN	1:34,32
1992	Bluhm/Gutsche	GER	1:28,27
	Freimut/Kurpiewski	POL	1:29,84
	Rossi/Dreossi	ITA	1:30,00
1996	Bluhm/Gutsche	GER	1:28,697
	Bonomi/Scarpa	ITA	1:28,729
	Trim/Collins	AUS	1:29,409
2000	Kammerer/Storcz	HUN	1:47,05
	Collins/Trim	AUS	1:47,89
	Rauhe/Wieskötter	GER	1:48,77

Zweier-Kajak 1000 m

1936	Kainz/Dorfner	AUT	4:03,8
	Tilker/Bondroit	GER	4:08,9
	Tates/van der Kroft	NED	4:12,2
1948	Berglund/Klingström	SWE	4:07,3
	W. Hansen/Jensen	DEN	4:07,5
	Axelsson/Björklof	FIN	4:08,7
1952	Wires/Hietanen	FIN	3:51,1
	Glasser/Hedberg	SWE	3:51,1
	Raub/Wiedermann	AUT	3:51,4
1956	Scheuer/Miltenberger	GER	3:49,6
	Demitkow/Kaaleste	URS	3:51,4
	Raub/Wiedermann	AUT	3:55,8
1960	Fredriksson/Sjödelius	SWE	3:34,73
	Meszaros/Szente	HUN	3:34,91
	Kaplaniak/Zielinski	POL	3:37,34
1964	Sjödelius/Utterberg	SWE	3:38,54
	Geurts/Hoekstra	NED	3:39,30
	Büker/Zander	GER	3:40,69
1968	Scharparenko/Morosow	URS	3:37,54
	Giczi/Timar	HUN	3:38,44
	Seibold/Pfaff	AUT	3:40,71
1972	Gorbatschow/Kratasjuk	URS	3:31,23
	Deme/Ratkai	HUN	3:32,00
	Szuszukiewicz/Piszcz	POL	3:33,83
1976	Romanowski/Nagorny	URS	3:29,01
	Olbricht/Mattern	GDR	3:29,33
	Bako/Szabo	HUN	3:30,36
1980	Parfenowitsch/Tschuchrai	URS	3:26,72
	Szabo/Joos	HUN	3:28,49
	Ramos-Misione/Menendez	ESP	3:28,66
1984	Fisher/Morris	CAN	3:24,22
	Bregeon/Lefoulon	FRA	3:25,97
	Kelly/Kenny	AUS	3:26,80
1988	Barton/Bellingham	USA	3:32,42
	Ferguson/MacDonald	NZL	3:32,71
	Foster/Graham	AUS	3:33,76
1992	Bluhm/Gutsche	GER	3:16,10
	Olsson/Sundqvist	SWE	3:17,70
	Kotowicz/Bialkowski	POL	3:18,86
1996	Rossi/Scarpa	ITA	3:09,190
	Bluhm/Gutsche	GER	3:10,518
	Duschev/Kazanov	BUL	3:11,206
2000	Rossi/Bonomi	ITA	3:14,46
	Oscarsson/Nilsson	SWE	3:16,07
	Bartfai/Vereb	HUN	3:16,35

Zweier-Kajak 10 000 m

1936	Wevers/Landen	GER	41:45,0
	Kalisch/Steinhuber	AUT	42:05,4
	Fahlborg/Larsson	SWE	43:06,1
1948	Akerlund/Wetterström	SWE	46:09,4
	Mathisen/Östbye	NOR	46:44,8
	Axelsson/Björklof	FIN	46:48,2
1952	Wires/Hietanen	FIN	44:21,3
	Akerlund/Wetterström	SWE	44:21,7
	Varga/Gurovits	HUN	44:26,6
1956	Uranyi/Fabian	HUN	43:37,0
	Briel/Kleine	GER	43:40,6
	Green/Brown	AUS	43:43,2

Kajak 4x500 m

1960	Deutschland	7:39,43
	Ungarn	7:44,02
	Dänemark	7:46,09

Vierer-Kajak 1000 m

1964	UdSSR	3:14,67
	Deutschland	3:15,39
	Rumänien	3:15,51
1968	Norwegen	3:14,38
	Rumänien	3:14,81
	Ungarn	3:15,10
1972	UdSSR	3:14,02
	Rumänien	3:15,07
	Norwegen	3:15,27
1976	UdSSR	3:08,69
	Spanien	3:08,95
	DDR	3:10,76
1980	DDR	3:13,76
	Rumänien	3:15,35
	Bulgarien	3:15,46
1984	Neuseeland	3:02,28
	Schweden	3:02,81
	Frankreich	3:03,94
1988	Ungarn	3:00,20
	UdSSR	3:01,40
	DDR	3:02,37
1992	Deutschland	2:54,18
	Ungarn	2:54,82
	Australien	2:56,97
1996	Deutschland	2:51,528
	Ungarn	2:53,184
	Rußland	2:53,996
2000	Ungarn	2:55,18
	Deutschland	2:55,70
	Polen	2:57,19

Einer-Canadier 500 m

1976	Alexander Rogow	URS	1:59,23
	John Wood	CAN	1:59,58
	Matija Ljubek	YUG	1:59,60
1980	Sergej Postrechin	URS	1:53,37
	Lubomir Ljubenov	BUL	1:53,49
	Olaf Heukrodt	GDR	1:54,38
1984	Larry Cain	CAN	1:57,01
	Henning Jakobsen	DEN	1:58,45
	Costica Olaru	ROM	1:59,86
1988	Olaf Heukrodt	GDR	1:56,42
	Michail Sliwinski	URS	1:57,26
	Martin Marinov	BUL	1:57,27
1992	Nikolai Buchalov	BUL	1:51,15
	Michail Sliwinski	EUN	1:51,40
	Olaf Heukrodt	GER	1:53,00
1996	Martin Doktor	CZE	1:49,934
	Slavomir Knazovicky	SVK	1:50,510
	Imre Pulai	HUN	1:50,758
2000	György Kolonics	HUN	2:24,81
	Maxim Opalew	RUS	2:25,80
	Andreas Dittmer	GER	2:27,59

Einer-Canadier 1000 m

1936	Francis Amyot	CAN	5:32,1
	Bohuslav Karlik	TCH	5:36,9
	Erich Koschik	GER	5:39,0
1948	Josef Holecek	TCH	5:42,0
	Douglas Bennett	CAN	5:53,3
	Robert Boutigny	FRA	5:55,9
1952	Josef Holecek	TCH	4:56,3
	Janos Parti	HUN	5:03,6
	Olavi Ojanperä	FIN	5:08,5
1956	Leon Rotman	ROM	5:05,3
	Istvan Hernek	HUN	5:06,2
	Alexander Silajew	URS	5:12,7
1960	Janos Parti	HUN	4:33,93
	Alexander Silajew	URS	4:34,41
	Leon Rotman	ROM	4:35,87
1964	Jürgen Eschert	GER	4:35,14
	Andrei Igorov	ROM	4:37,89
	Jewgeni Penjajew	URS	4:38,31
1968	Tibor Tatai	HUN	4:36,14
	Detlef Lewe	FRG	4:38,31
	Witali Galkow	URS	4:40,42
1972	Ivan Patzaichin	ROM	4:08,94
	Tomas Wichmann	HUN	4:12,42
	Detlef Lewe	FRG	4:13,63
1976	Matija Ljubek	YUG	4:09,51
	Wassili Jurtschenko	URS	4:12,57
	Tomas Wichmann	HUN	4:14,11
1980	Lubomir Ljubenov	BUL	4:12,38
	Sergej Postrechin	URS	4:13,53
	Eckhard Leue	GDR	4:15,02
1984	Uli Eicke	FRG	4:06,32
	Larry Cain	CAN	4:08,67
	Henning Jakobsen	DEN	4:09,51
1988	Iwan Klementjew	URS	4:12,78
	Jörg Schmidt	GDR	4:15,83
	Nikolai Buchalov	BUL	4:18,94
1992	Nikolai Buchalov	BUL	4:05,92
	Iwan Klementjew	LAZ	4:06,60
	György Zala	HUN	4:07,35
1996	Martin Doktor	CZE	3:54,418
	Iwan Klementjew	LAT	3:54,954
	György Zala	HUN	3:56,366
2000	Andreas Dittmer	GER	3:54,37
	Ledys Frank Balceiro	CUB	3:56,07
	Steve Giles	CAN	3:56,43

Einer-Canadier 10 000 m

1948	Frantisek Capek	TCH	1:02:05,2
	Frank Havens	USA	1:02:40,4
	Norman Lane	CAN	1:04:35,3
1952	Frank Havens	USA	57:41,1
	Gabor Novak	HUN	57:49,2
	Alfred Jindra	TCH	57:53,1
1956	Leon Rotman	ROM	56:41,0
	Janus Parti	HUN	57:11,0
	Gennadi Bucharin	URS	57:14,5

Zweier-Canadier 500 m

1976	Petrenko/Winogradow	URS	1:45,81
	Opara/Gronowicz	POL	1:47,77
	Buday/Frey	HUN	1:48,35
1980	Foltan/Vaskuti	HUN	1:43,39
	Patzaichin/Capusta	ROM	1:44,12
	Ananiev/Ilkov	BUL	1:44,83
1984	Ljubek/Nisovic	YUG	1:43,67
	Patzaichin/Simionov	ROM	1:45,68
	Miguez/Suarez	ESP	1:47,71
1988	Reneiski/Tschurawski	URS	1:41,77
	Dopierala/Lbik	POL	1:43,61
	Renaud/Bettin	FRA	1:43,81
1992	Masseikow/Dowgalenok	EUN	1:41,54
	Papke/Spelly	GER	1:41,68
	Marinov/Stoyanov	BUL	1:41,94
1996	Kolonics/Horvath	HUN	1:40,420
	Jurawschi/Reneischi	MDA	1:40,456
	Andriev/Obreja	ROM	1:41,336
2000	Novak/Pulai	HUN	1:51,28
	Jedraszko/Baraszkiewicz	POL	1:51,53
	Pricop/Popescu	ROM	1:54,26

Zweier-Canadier 1000 m

1936	Syrovatka/Brzak-Felix	TCH	4:50,1
	Weinstabl/Proisl	AUT	4:53,8
	Saker/Charters	CAN	4:56,7
1948	Brzak-Felix/Kudrna	TCH	5:07,1
	Lysak/Macknowski	USA	5:08,2
	Dransart/Gandil	FRA	5:15,2
1952	Rasch/Haunstoft	DEN	4:38,3
	Brzak-Felix/Kudrna	TCH	4:42,9
	Drews/Soltau	GER	4:48,3
1956	Alexe/Ismailciuc	ROM	4:47,4
	Charin/Botew	URS	4:48,6
	Wieland/Mohacsi	HUN	4:54,3
1960	Geischtor/Makarenko	URS	4:17,94
	Dezi/La Macchia	ITA	4:20,77
	Farkas/Törö	HUN	4:20,89
1964	Schimitsch/Oschtschepkow	URS	4:04,64
	Boudehen/Chapuis	FRA	4:06,52
	Norrbohm/Sörensen	DEN	4:07,48
1968	Patzaichin/Covaliov	ROM	4:07,18
	Wichmann/Petrikovics	HUN	4:08,77
	Prokupez/Samotin	URS	4:11,30
1972	Cesiunas/Lobanow	URS	3:52,60
	Patzaichin/Covaliov	ROM	3:52,63
	Damjanov/Stefanov	BUL	3:58,10
1976	Petrenko/Winogradow	URS	3:52,76
	Danilov/Simionov	ROM	3:54,28
	Buday/Frey	HUN	3:55,66
1980	Patzaichin/Simionov	ROM	3:47,65
	Heukrodt/Madeja	GDR	3:49,53
	Jurtschenko/Lobanow	URS	3:51,28
1984	Patzaichin/Simionov	ROM	3:40,60
	Ljubek/Nisovic	YUG	3:41,56
	Hoyer/Renaud	FRA	3:48,01
1988	Reneiski/Tschurawski	URS	3:48,36
	Heukrodt/Spelly	GDR	3:51,44
	Dopierala/Lbik	POL	3:54,33
1992	Papke/Spelly	GER	3:37,42
	Nielsson/Frederiksen	DEN	3:39,26
	Hoyer/Boivin	FRA	3:39,51
1996	Dittmer/Kirchbach	GER	3:31,870
	Glavan/Borsan	ROM	3:32,294
	Kolonics/C. Horvath	HUN	3:32,514
2000	Pricop/Popescu	ROM	3:37,35
	Rojas/Pereira	CUB	3:38,75
	Uteß/Kober	GER	3:41,12

Zweier-Canadier 10 000 m

1936	Mottl/Skrland	TCH	50:33,5
	Saker/Charters	CAN	51:15,8
	Weinstabl/Proisl	AUT	51:28,0
1948	Lysak/Macknowski	USA	55:35,4
	Havel/Pecka	TCH	57:38,5
	Dransart/Gandil	FRA	58:00,8
1952	Turlier/Laudet	FRA	54:08,3
	Lane/Hawgood	CAN	54:09,9
	Drews/Soltau	GER	54:28,1
1956	Charin/Botew	URS	54:02,4
	Dransart/Renaud	FRA	54:48,3
	Farkas/Hunics	HUN	55:15,6

Kanu, Frauen

Einer-Kajak 500 m

1948	Karen Hoff	DEN	2:31,9
	Alida v. d. Anker-Doedens	NED	2:32,8
	Fritzi Schwingl	AUT	2:32,9
1952	Sylvi Saimo	FIN	2:18,4
	Gertrude Liebhart	AUT	2:18,8
	Nina Sawina	URS	2:21,6
1956	Jelisaweta Dementjewa	URS	2:18,9
	Therese Zenz	GER	2:19,6
	Tove Söby	DEN	2:22,3
1960	Antonina Seredina	URS	2:08,08
	Therese Zenz	GER	2:08,22
	Daniela Walkowiak	POL	2:10,46
1964	Ljudmila Schwedosjuk	URS	2:12,87
	Hilde Lauer	ROM	2:15,35
	Marcia Jones	USA	2:15,68
1968	L. Pinajewa-Schwedosjuk	URS	2:11,09
	Renate Breuer	FRG	2:12,71
	Victoria Dumitru	ROM	2:13,22
1972	Julia Rjabtschinskaja	URS	2:03,17
	Mieke Jaapies	NED	2:04,03
	Anna Pfeffer	HUN	2:05,50
1976	Carola Zirzow	GDR	2:01,05
	Tatjana Korschunowa	URS	2:03,07
	Klara Rajnai	HUN	2:05,10
1980	Birgit Fischer	GDR	1:57,96
	Vanja Gescheva	BUL	1:59,48
	Antonina Melnikowa	URS	1:59,66
1984	Agneta Andersson	SWE	1:58,72
	Barbara Schüttpelz	FRG	1:59,93
	Annemiek Derckx	NED	2:00,11
1988	V. Zvetkowa-Gescheva	BUL	1:55,19
	Birgit Schmidt-Fischer	GDR	1:55,31
	Izabella Dylewska	POL	1:57,30
1992	Birgit Schmidt	GER	1:51,60
	Rita Koban	HUN	1:51,96
	Izabella Dylewska	POL	1:52,36
1996	Rita Koban	HUN	1:47,655
	Caroline Brunet	CAN	1:47,891
	Josefa Idem	ITA	1:48,731
2000	Josefa Idem Guerrini	ITA	2:13,84
	Caroline Brunet	CAN	2:14,64
	Katrin Borchert	AUS	2:15,13

Zweier-Kajak 500 m

1960	Seredina/Schubina	URS	1:54,76
	Zenz/Hartmann	GER	1:56,66
	Fried-Banfalvy/Egresi	HUN	1:58,22
1964	Esser/Zimmermann	GER	1:56,95
	Fox/Perrier	USA	1:59,16
	Lauer/Sideri	ROM	2:00,25
1968	Esser/Zimmermann	FRG	1:56,44
	Pfeffer/Sagi-Rozsnyoi	HUN	1:58,60
	Pinajewa/Kuryschko	URS	1:58,61
1972	Pinajewa/Kuryschko	URS	1:53,50
	Kaschube/Grabowski	GDR	1:54,30
	Nichiforov/Dumitru	ROM	1:55,01
1976	Gopowa/Kreff	URS	1:51,15
	Pfeffer/Rajnai	HUN	1:51,69
	Köster/Zirzow	GDR	1:51,81
1980	Genäuß/Bischof	GDR	1:43,88
	Alexejewa/Trofimowa	URS	1:46,91
	Rakusz/Zakarias	HUN	1:47,95
1984	Olsson/Andersson	SWE	1:45,25
	Barre/Holloway	CAN	1:47,13
	Schüttpelz/Idem	FRG	1:47,32
1988	Schmidt/Nothnagel	GDR	1:43,46
	Zwetkova/Paliska	BUL	1:44,06
	Derckx/Cox	NED	1:46,00
1992	Portwich/v. Seck	GER	1:40,29
	Gunnarsson/Andersson	SWE	1:40,41
	Koban/Donusz	HUN	1:40,81
1996	Andersson/Gunnarsson	SWE	1:39,329
	Fischer/Portwich	GER	1:39,689
	Wood/Borchert	AUS	1:40,641
2000	Fischer/Wagner	GER	1:56,99
	Kovacs/Szabo	HUN	1:58,58
	Sokolowska/Pastuszka	POL	1:58,78

Vierer-Kajak 500 m

1984	Rumänien	1:38,34
	Schweden	1:38,87
	Kanada	1:39,40
1988	DDR	1:40,78
	Ungarn	1:41,88
	Bulgarien	1:42,63
1992	Ungarn	1:38,32
	Deutschland	1:38,47
	Schweden	1:39,79
1996	Deutschland	1:31,077
	Schweiz	1:32,701
	Schweden	1:32,917
2000	Deutschland	1:34,53
	Ungarn	1:34,94
	Rumänien	1:37,01

Kanuslalom

1976–1988 nicht ausgetragen

Einer-Kajak, Männer

1972	Siegbert Horn	GDR	4:28,56
	Norbert Sattler	AUT	4:30,76
	Harald Gimpel	GDR	4:37,95
1992	Pierpaolo Ferrazzi	ITA	1:46,89
	Sylvain Curinier	FRA	1:47,06
	Jochen Lettmann	GER	1:48,52
1996	Oliver Fix	GER	1:41,22
	Andraz Vehovar	SLO	1:41,65
	Thomas Becker	GER	1:42,79
2000	Thomas Schmidt	GER	217,25
	Paul Ratcliffe	GBR	223,71
	Pierpaolo Ferrazzi	ITA	225,03

Einer-Canadier, Männer

1972	Reinhard Eiben	GDR	5:15,84
	Reinhold Kauder	FRG	5:27,89
	Jamie McEwan	USA	5:35,95
1992	Lukas Pollert	TCH	1:53,69
	Gareth Marriott	GBR	1:56,48
	Jacky Avril	FRA	1:57,18
1996	Michal Martikan	SVK	1:51,03
	Lukas Pollert	CZE	1:51,17
	Patrice Estanguet	FRA	1:52,84
2000	Tony Estanguet	FRA	231,87
	Michal Martikan	SVK	233,76
	Juraj Mincik	SVK	234,22

Zweier-Canadier, Männer

1972	Hofmann/Amend	GDR	5:10,68
	Schumacher/Baues	FRG	5:11,90
	Louis+Claude Orly	FRA	5:15,10
1992	Strausbaugh/Jacobi	USA	2:02,41
	Simek/Rohan	TCH	2:04,25
	Adisson/Forgues	FRA	2:04,38
1996	Adisson/Forgues	FRA	1:58,82
	Simek/Rohan	CZE	1:60,16
	Ehrenberg/Senft	GER	1:63,72
2000	Peter und Pavol Hochschorner	SVK	237,74
	Krzysztof Kolomanski/ Michal Staniszewski	POL	243,81
	Marek Jiras/Tomas Mader	CZE	249,45

Einer-Kajak, Frauen

1972	Angelika Bahmann	GDR	6:04,50
	Gisela Grothaus	FRG	6:38,15
	Magdalena Wunderlich	FRG	6:40,50
1992	Elisabeth Micheler	GER	2:06,41
	Danielle Woodward	AUS	2:08,27
	Dona Chladek	USA	2:11,75
1996	Stepanka Hilgertova	CZE	1:69,49
	Dona Chladek	USA	1:69,49
	Myriam Fox-Jerusalmi	FRA	1:71,00
2000	Stepanka Hilgertova	CZE	247,04
	Brigitte Guibal	FRA	251,88
	Anne-Lise Bardet	FRA	254,77

Rudern, Männer

Einer

1900	Henri Barrelet	FRA	7:35,6
	Andre Gaudin	FRA	7:41,6
	George Saint Ashe	GBR	8:15,6
1908	Harry Blackstaff	GBR	9:26,0
	Alexander McCulloch	GBR	1 Länge
	Bernhard von Gaza	GER	
	Karoly Levitzky	HUN	
1912	William Kinnear	GBR	7:47,6
	Polydore Veirman	BEL	7:56,0
	Everard Butler	CAN	
	Minkel Kuusik	RUS	
1920	John Kelly, sen.	USA	7:35,0
	Jack Beresford	GBR	7:36,0
	Clarence Hadfield	NZL	7:48,0
1924	Jack Beresford	GBR	7:49,2
	William Gimore	USA	7:54,0
	Josef Schneider	SUI	8:01,1
1928	Henry Pearce	AUS	7:11,0
	Ken Myers	USA	7:20,8
	Theodore Collet	GBR	
1932	Henry Pearce	AUS	7:44,4
	William Miller	USA	7:45,2
	Guillermo Douglas	URU	8:13,6
1936	Gustav Schäfer	GER	8:21,5
	Josef Hasenöhrl	AUS	8:25,8
	Daniel Barrow	USA	8:28,0
1948	Mervyn Wood	AUS	7:24,4
	Eduardo Risso	URU	7:38,2
	Romolo Catasta	ITA	7:51,4
1952	Juri Tjukalow	URS	8:12,8
	Mervyn Wood	AUS	8:14,5
	Teodor Kocerka	POL	8:19,4
1956	Wjatscheslaw Iwanow	URS	8:02,5
	Stuart Mackenzie	AUS	8:07,7
	John Kelly, jun.	USA	8:11,8
1960	Wjatscheslaw Iwanow	URS	7:13,96
	Achim Hill	GER	7:20,21
	Teodor Kocerka	POL	7:21,26
1964	Wjatscheslaw Iwanow	URS	8:22,51
	Achim Hill	GER	8:26,24
	Gottfried Kottmann	SUI	8:29,68
1968	Jan Wienese	NED	7:47,80
	Jochen Meißner	FRG	7:52,00
	Alberto Demiddi	ARG	7:57,19
1972	Juri Malyschew	URS	7:10,12
	Alberto Demiddi	ARG	7:11,53
	Wolfgang Güldenpfennig	GDR	7:14,45
1976	Pertti Karppinen	FIN	7:29,03
	Peter-Michael Kolbe	FRG	7:31,67
	Joachim Dreifke	GDR	7:38,03
1980	Pertti Karppinen	FIN	7:09,61
	Wassili Jakuscha	URS	7:11,66
	Peter Kersten	GDR	7:14,88
1984	Pertti Karppinen	FIN	7:00,24
	Peter-Michael Kolbe	FRG	7:02,19
	Robert Mills	CAN	7:10,38
1988	Thomas Lange	GDR	6:49,86
	Peter-Michael Kolbe	FRG	6:54,77
	Eric Verdonk	NZL	6:58,66
1992	Thomas Lange	GER	6:51,40
	Vaclav Chalupa	TCH	6:52,93
	Kajetan Broniewski	POL	6:56,82
1996	Xeno Müller	SUI	6:44,85
	Derek Porter	CAN	6:47,45
	Thomas Lange	GER	6:47,72
2000	Rob Waddell	NZL	6:48,90
	Xeno Müller	SUI	6:50,55
	Marcel Hacker	GER	6:50,83

Doppel-Zweier

1920	Costello/Kelly	USA	7:09,0
	Annoni/Dones	ITA	7:19,0
	Giran/Ple	FRA	7:21,0
1924	Costello/Kelly	USA	6:34,0
	Detton/Stock	FRA	6:38,0
	Bosshard/Thoma	SUI	3 Längen
1928	Costello/McIlvaine	USA	6:41,4
	Wright/Guest	CAN	6:51,0
	Losert/Flessl	AUT	
1932	Gilmore/Myers	USA	7:17,4
	Buhtz/Boetzelen	GER	7:22,8
	Pratt/De Mille	CAN	7:27,6
1936	Beresford/Southwood	GBR	7:20,8
	Kaidel/Pirsch	GER	7:26,2
	Verey/Ustupski	POL	7:36,2
1948	Burnell/Bushnell	GBR	6:51,03
	Parsner/A. Larsen	DEN	6:55,3
	Jones/Rodriguez	URU	7:12,4
1952	Guerrero/Cappozzo	ARG	7:32,2
	Shilin/Jemtschuk	URS	7:38,3
	Seijas/Rodriguez	URU	7:43,7
1956	Berkutow/Tjukalow	URS	7:24,0
	Costello/Gardiner	USA	7:32,2
	Riley/Wood	AUS	7:37,4
1960	Kozak/Schmidt	TCH	6:47,50
	Berkutow/Tjukalow	URS	6:50,49
	Hürlimann/Larcher	SUI	6:52,22
1964	Dubrowski/Tjurin	URS	7:10,66
	Cromwell/Storm	USA	7:13,16
	Andrs/Hofmann	TCH	7:14,23
1968	Saas/Timoschinin	URS	6:51,82
	van Dis/Droog	NED	6:52,80
	Maher/Nunn	USA	6:54,21
1972	Timoschinin/Korschikow	URS	7:01,77
	F. Hansen/Thörgersen	NOR	7:02,58
	Böhmer/Schmied	GDR	7:05,55
1976	Frank + Alf Hansen	NOR	7:13,20
	Baillieu/Hart	GBR	7:15,26
	Schmied/Bertow	GDR	7:18,87
1980	Dreifke/Kröppelien	GDR	6:24,33
	Pancic/Stanulov	YUG	6:26,34
	Pecka/Vochoska	TCH	6:29,07
1984	Lewis/Enquist	USA	6:36,87
	Deloof/Crois	BEL	6:38,19
	Pancic/Stanulov	YUG	6:39,59
1988	Florijn/Rienks	NED	6:21,13
	Schwerzmann/Bodenmann	SUI	6:22,59
	Martschenko/Jakuscha	URS	6:22,87
1992	Hawkins/Antonie	AUS	6:17,32
	Jonke/Zerbst	AUT	6:18,42
	Zwolle/Rienks	NED	6:22,82
1996	Tizzano/Abbagnale	ITA	6:16,98
	Undseth/Stoerseth	NOR	6:18,42
	Kowal/Barathay	FRA	6:19,85
2000	Spik/Cop	SLO	6:16,63
	Tufte/Bekken	NOR	6:17,98
	Calabrese/Sartori	ITA	6:20,49

Zweier-ohne

1908	Fenning/Thompson	GBR	9:41,0
	Fairbairn/Verdon	GBR	2,5 Längen
	Toms/Jackes	CAN	
	Hahnke/Düskow	GER	
1924	Beijnen/Rösingh	NED	8:19,4
	Bouton/Piot	FRA	8:21,6
	Bronze nicht vergeben		
1928	Moeschter/Müller	GER	7:06,4
	O'Brian/Nisbet	GBR	7:08,8
	McDowell/Schmitt	USA	
1932	Clive/Edwards	GBR	8:00,0
	Stiles/Thompson	NZL	8:02,4
	Budzynski/Mikolajczak	POL	8:08,2
1936	Eichhorn/Strauß	GER	8:16,1
	Olsen/H. Larsen	DEN	8:19,2
	Podesta/Curatella	ARG	8:23,0
1948	Wilson/Laurie	GBR	7:21,1
	Hans + Josef Kalt	SUI	7:23,9
	Fanetti/Boni	ITA	7:31,5
1952	Logg/Price	USA	8:20,7
	Knuysen/Baetens	BEL	8:23,5
	Schmid/H. Kalt	SUI	8:32,7
1956	Fifer/Hecht	USA	7:55,4
	Buldakow/W. Iwanow	URS	8:03,9
	Sageder/Kloimstein	AUT	8:11,8
1960	Boreiko/Golowanow	URS	7:02,01
	Sageder/Kloimstein	AUT	7:03,69
	Lehtel/Pitkänen	FIN	7:03,80
1964	Hungerford/Jackson	CAN	7:32,94
	Blaisse/Venemans	NED	7:33,40
	Schwan/Hottenrott	GER	7:38,63
1968	Bothe/Lucke	GDR	7:26,56
	Hough/Johnson	USA	7:25,71
	Christiansen/I. Larsen	DEN	7:31,84
1972	Brietzke/Mager	GDR	6:53,16
	Fischer/Bachmann	SUI	6:57,06
	Luynenburg/Stokvis	NED	6:58,70
1976	Jörg + Bernd Landvoigt	GDR	7:23,31
	Coffey/Staines	USA	7:26,73
	van Roye/Strauß	FRG	7:30,03
1980	Jörg + Bernd Landvoigt	GDR	6:48,01
	Juri + Nikolai Pimenow	URS	6:50,50
	Wiggin/Carmichael	GBR	6:51,47
1984	Iosub/Toma	ROM	6:45,39
	Climent/Lasurtegui	ESP	6:48,47
	Grepperud/Loken	NOR	6:51,81
1988	Holmes/Redgrave	GBR	6:36,84
	Neagu/Dobre	ROM	6:38,06
	Presern/Mujkic	YUG	6:41,01
1992	Redgrave/Pinsent	GBR	6:27,72
	Höltzenbein/Ettingshausen	GER	6:32,68
	Cop/Zvegelj	SLO	6:33,4
1996	Redgrave/Pinsent	GBR	6:20,09
	Weightman/Scott	AUS	6:21,02
	Andrieux/Rolland	FRA	6:22,15
2000	Andrieux/Rolland	FRA	6:32,97
	Murphy/Bea	USA	6:33,80
	Long/Tomkins	AUS	6:34,26

Zweier-mit

1900	Brandt/Klein	NED	7:34,2
	Martinet/Waleff	FRA	7:34,4
	Deltour/Vedrenne	FRA	7:57,2
1920	Olgeni/Scatturin	ITA	7:56,0
	Poix/Bouton	FRA	7:57,0
	Candeveau/Felber	SUI	
1924	Candeveau/Felber	SUI	8:39,0
	Olgeni/Scatturin	ITA	8:39,1
	Butler/Wilson	USA	3 Längen
1928	Hans + Karl Schöchlin	SUI	7:42,6
	A. + E. Marcelle	FRA	7:48,4
	Flament/de Coninck	BEL	
1932	Kieffer/Schauers	USA	8:25,8
	Braun/Slazak	POL	8:31,2
	Brusa/Giriat	FRA	8:41,2
1936	Adamski/Gustmann	GER	8:36,9
	Bergamo/Santin	ITA	8:49,7
	Tapie/Furcade	FRA	8:54,0
1948	Henriksen/Pedersen	DEN	8:00,5
	Steffe/Tarlao	ITA	8:12,2
	Szendey/Zsitnik	HUN	8:25,2
1952	Mercier/Salles	FRA	8:28,6
	Manchen/Heinhold	GER	8:32,1
	Pedersen/Svendsen	DEN	8:34,9
1956	Ayrault/C. Findlay	USA	8:26,1
	von Groddeck/Arndt	GER	8:29,2
	Jemtschuk/Shilin	URS	8:31,0
1960	Knubel/Renneberg	GER	7:29,14
	Bagdonavicus/Jukna	URS	7:30,17
	Draeger/C. Findlay	USA	7:34,58
1964	Ferry/C. Findlay	USA	8:21,23
	Jacques+Georges Morel	FRA	8:23,15
	Bos/Rouwe	NED	8:23,42
1968	Baran/Sambo	ITA	8:04,81
	Suselbeek/van Nes	NED	8:06,80
	Krab/Jörgensen	DEN	8:08,07
1972	Gunkel/Lucke	GDR	7:17,25
	Oldrich+Pavel Svojanowsky	TCH	7:19,57
	Tudor/Ceapura	ROM	7:21,36
1976	Ulrich/Jährling	GDR	7:58,99
	Bechterew/Schurkalow	URS	8:01,82
	O. + O. Svojanovsky	TCH	8:03,28
1980	Ulrich/Jährling	GDR	7:02,54
	Perewersew/Krjuschkin	URS	7:03,35
	Mrduljas/Celent	YUG	7:04,92
1984	C. + G. Abbagnale	ITA	7:05,99
	Popescu/Tomoiaga	ROM	7:11,21
	Still/Espeseth	USA	7:12,81
1988	C. + G. Abbagnale	ITA	6:58,79
	Kirchoff/Rensch	GDR	7:00,63
	Holmes/Redgrave	GBR	7:01,95
1992	John + Greg Searle	GBR	6:49,83
	C. + G. Abbagnale	ITA	6:50,98
	Popescu/Taga	ROM	6:51,58

Doppel-Vierer, Männer

1976	DDR	6:18,65
	UdSSR	6:19,89
	Tschechoslowakei	6:21,77
1980	DDR	5:49,81
	UdSSR	5:51,47
	Bulgarien	5:52,38
1984	BR Deutschland	5:57,55
	Australien	5:57,98
	Kanada	5:59,07
1988	Italien	5:53,37
	Norwegen	5:55,08
	DDR	5:56,13
1992	Deutschland	5:45,17
	Norwegen	5:47,09
	Italien	5:47,33
1996	Deutschland	5:56,93
	USA	5:59,10
	Australien	6:01,65
2000	Italien	5:45,56
	Niederlande	5:47,91
	Deutschland	5:48,64

Vierer-ohne

1900	Gent	BEL	7:16,8
	Toulouse	FRA	7:23,8
	Roubaix	FRA	7:47,2
1908	Oxford	GBR	8:34,0
	Leander	GBR	2 Längen
	Amsterdam	NED	
	Toronto	CAN	
1924	Großbritannien		7:08,6
	Kanada		7:18,0
	Schweiz		2 Längen
1928	Großbritannien		6:36,0
	USA		6:37,0
	Italien		
1932	Großbritannien		6:58,2
	Deutschland		7:03,0
	Italien		7:04,0
1936	Deutschland		8:36,9
	Italien		8:49,7
	Frankreich		8:54,0
1948	Italien		6:39,0
	Dänemark		6:43,5
	USA		6:47,7
1952	Jugoslawien		7:16,0
	Frankreich		7:18,9
	Finnland		7:23,3
1956	Kanada		7:08,8
	USA		7:18,4
	Frankreich		7:20,9
1960	USA		6:26,26
	Italien		6:28,78
	UdSSR		6:29,62
1964	Dänemark		6:59,30
	Großbritannien		7:00,47
	USA		7:01,37
1968	DDR		6:39,18
	Ungarn		6:41,64
	Italien		6:44,01
1972	DDR		6:24,27
	Neuseeland		6:25,64
	BR Deutschland		6:28,41
1976	DDR		6:37,42
	Norwegen		6:41,22
	Tschechoslowakei		8:03,28
1980	DDR		6:08,17
	UdSSR		6:11,81
	Großbritannien		6:16,58
1984	Neuseeland		6:03,48
	USA		6:06,10
	Dänemark		6:07,72
1988	DDR		6:03,11
	USA		6:05,53
	BR Deutschland		6:06,22
1992	Australien		5:55,04
	USA		5:56,68
	Slovenien		5:58,24
1996	Australien		6:06,37
	Frankreich		6:07,03
	Großbritannien		6:07,28
2000	Großbritannien		5:56,24
	Italien		5:56,62
	Australien		5:57,61

Vierer-mit

1900	1. Finale		
	Roubaix	FRA	7:11,0
	Lyon	FRA	7:18,0
	Hammonia Hamburg	GER	7:18,2
1900	2. Finale		
	Germania Hamburg	GER	5:59,0
	Amsterdam	NED	6:33,0
	Ludwigshafen	GER	6:35,0
1912	Ludwigshafen	GER	6:59,4
	Thames London	GBR	2 Längen
	Oslo	NOR	
	Kopenhagen	DEN	
1920	Schweiz		6:54,0
	USA		6:58,0
	Norwegen		7:02,0
1924	Schweiz		7:18,4
	Frankreich		7:21,6
	USA		1 Länge
1928	Italien		6:47,8
	Schweiz		7:03,4
	Polen		
1932	Deutschland		7:19,0
	Italien		7:19,2
	Polen		7:26,8
1936	Deutschland		7:16,2
	Schweiz		7:24,3
	Frankreich		7:33,3
1948	USA		6:50,3
	Schweiz		6:53,3
	Dänemark		6:58,6
1952	Tschechoslowakei		7:33,4
	Schweiz		7:36,5
	USA		7:37,0
1956	Italien		7:19,4
	Schweden		7:22,4
	Finnland		7:30,9
1960	Deutschland		6:39,12
	Frankreich		6:41,62
	Italien		6:43,72
1964	Deutschland		7:00,44
	Italien		7:02,84
	Niederlande		7:04,46
1968	Neuseeland		6:45,62
	DDR		6:48,20
	Schweiz		6:49,04
1972	BR Deutschland		6:31,85
	DDR		6:33,30
	Tschechoslowakei		6:35,64
1976	UdSSR		6:40,22
	DDR		6:42,70
	BR Deutschland		6:46,96
1980	DDR		6:14,51
	UdSSR		6:19,05
	Polen		6:22,52
1984	Großbritannien		6:20,28
	USA		6:23,68
	Neuseeland		6:26,44
1988	DDR		6:10,74
	Rumänien		6:13,58
	Neuseeland		6:15,78
1992	Rumänien		5:59,37
	Deutschland		6:00,34
	Polen		6:03,27

Achter

1900	Philadelphia	USA	6:09,8
	Gent	BEL	6:13,8
	Amsterdam	NED	6:23,0
1908	Leander	GBR	7:52,0
	Gent	BEL	2 Längen
	Cambridge	GBR	
	Toronto	CAN	
1912	Leander	GBR	6:15,0
	Oxford	GBR	6:19,0
	Berlin	GER	
1920	USA		6:02,6
	Großbritannien		6:05,0
	Norwegen		6:36,0
1924	USA		6:33,4
	Kanada		6:49,0
	Italien		1 Länge
1928	USA		6:03,2
	Großbritannien		6:05,6
	Kanada		

1932 USA		6:37,6
Italien		6:37,8
Kanada		6:40,4
1936 USA		6:25,4
Italien		6:26,0
Deutschland		6:26,4
1948 USA		5:56,7
Großbritannien		6:06,9
Norwegen		6:10,3
1952 USA		6:25,9
UdSSR		6:31,2
Australien		6:33,1
1956 USA		6:35,2
Kanada		6:37,1
Australien		6:39,2
1960 Deutschland		5:57,18
Kanada		6:01,52
Tschechoslowakei		6:04,84
1964 USA		6:18,23
Deutschland		6:23,29
Tschechoslowakei		6:25,11
1968 Deutschland		6:07,00
Australien		6:07,98
UdSSR		6:09,11
1972 Neuseeland		6:08,94
USA		6:11,61
DDR		6:11,67
1976 DDR		5:58,29
Großbritannien		6:00,82
Neuseeland		6:03,51
1980 DDR		5:49,05
Großbritannien		5:51,92
UdSSR		5:52,66
1984 Kanada		5:41,32
USA		5:41,74
Australien		5:42,40
1988 BR Deutschland		5:46,05
UdSSR		5:48,01
USA		5:48,26
1992 Kanada		5:29,53
Rumänien		5:29,67
Deutschland		5:31,00
1996 Niederlande		5:42,74
Deutschland		5:44,58
Rußland		5:45,77
2000 Großbritannien		5:33,08
Australien		5:33,88
Kroatien		5:34,85

Doppel-Zweier, Leicht

(Durchschnittsgewicht max. 70kg)

1996 Michael + Marcus Gier	SUI	6:23,47
v. d. Linden/Aardewijn	NED	6:26,48
Edwards/Hick	AUS	6:26,69
2000 Kucharski/Sycz	POL	6:21,75
Luini/Pettinari	ITA	6:23,47
Touron/Chapelle	FRA	6:24,85

Vierer-ohne, Leicht

(Durchschnittsgewicht max. 70kg)

1996 Dänemark		6:09,58
Kanada		6:10,13
USA		6:12,29
2000 Frankreich		6:01,68
Australien		6:02,09
Dänemark		6:03,51

Rudern, Frauen

(bis 1984 = 1000 m, ab 1988 = 2000 m)

Einer

1976 Christine Scheiblich	GDR	4:05,56
Joan Lind	USA	4:06,21
Jelena Antonowa	URS	4:10,24
1980 Sanda Toma	ROM	3:40,69
Antonina Machina	URS	3:41,65
Martina Schröder	GDR	3:43,54
1984 Valeria Racila	ROM	3:40,68
Charlotte Geer	USA	3:43,89
Ann Haesebrouck	BEL	3:45,72
1988 Jutta Behrendt	GDR	7:47,19
Anne Marden	USA	7:50,28
Magdalena Georgieva	BUL	7:53,65
1992 Elisabeta Lipa	ROM	7:25,54
Annelies Bredael	BEL	7:26,64
Silken Laumann	CAN	7:28,85
1996 Jekaterina Schodotowitsch	BLR	7:32,21
Silken Laumann	CAN	7:35,15
Trine Hansen	DEN	7:37,10
2000 Ekaterina Karsten	BLR	7:28,14
Rumjana Nejkowa	BUL	7:28,15
Katrin Rutschow-Stomporowski	GER	7:28,99

Doppel-Zweier

1976 Otzetova/Jordanova	BUL	3:44,36
Jahn/Boesler	GDR	3:47,86
Kaminskaite/Ramoschkene	URS	3:49,93
1980 Chlopzewa/Popowa	URS	3:16,27
Linse/Westphal	GDR	3:17,63
Homeghi/Racila	ROM	3:18,91
1984 Popescu/Oleniuc	ROM	3:26,75
G. + N. Hellemans	NED	3:29,13
Daniele + Silken Laumann	CAN	3:29,82
1988 Peter/Schröter	GDR	7:00,48
Lipa/Cogeanu	ROM	7:04,36
Ninova/Madina	BUL	7:06,03
1992 Köppen/Boron	GER	6:49,00
Cochelea/Lipa	ROM	6:51,47
Gu/Lu	CHN	6:55,16
1996 McBean/Heddle	CAN	6:56,84
Cao/Zhang	CHN	6:58,35
Eijs/van Nes	NED	6:58,72
2000 Thieme/Boron	GER	6:55,44
Van Dishoeck/Van Nes	NED	7:00,36
Sakickiene/Poplavskaja	LTU	7:01,71

Zweier-ohne

1976 Kelbetscheva/Gruitscheva	BUL	4:01,22
Noack/Dähne	GDR	4:01,64
Eckbauer/Einöder	FRG	4:02,35
1980 Steindorf/Klier	GDR	3:30,49
Dluzewska/Koscianska	POL	3:30,95
Barbulova-Kelbetscheva/ Kurbatova-Gruitscheva	BUL	3:32,39
1984 Arba/Horvat	ROM	3:32,60
Craig/Smith	CAN	3:36,06
Becker/Volkner	FRG	3:40,50
1988 Arba/Homeghi	ROM	7:28,13
Stojanova/Berberova	BUL	7:31,95
Payne/Hannen	NZL	7:35,68
1992 McBean/Heddle	CAN	7:06,22
Werremeier/Schwerzmann	GER	7:07,96
Seaton/Pierson	USA	7:08,11
1996 Stil/Slatter	AUS	7:01,39
Schwen/Kraft	USA	7:01,78
Gosse/Cortin	FRA	7:03,82
2000 Damian/Ignat	ROM	7:11,00
Taylor/Slatter	AUS	7:12,56
Ryan/Kraft	USA	7:13,00

Doppel-Vierer

1976 DDR		3:29,99
UdSSR		3:32,49
Rumänien		3:32,76
1980 DDR		3:15,32
UdSSR		3:15,73
Bulgarien		3:16,10
1984 Rumänien		3:14,11
USA		3:15,57
Dänemark		3:16,02
1988 DDR		6:21,06
UdSSR		6:23,47
Rumänien		6:23,81
1992 Deutschland		6:20,18
Rumänien		6:24,34
EUN		6:25,07
1996 Deutschland		6:27,48
Ukraine		6:30,36
Kanada		6:30,38
2000 Deutschland		6:19,58
Großbritannien		6:21,64
Russland		6:21,65

Vierer-ohne (bis 1988 Vierer-mit)

1976 DDR		3:45,08
Bulgarien		3:48,24
UdSSR		3:49,38
1980 DDR		3:19,27
Bulgarien		3:20,75
UdSSR		3:20,92
1984 Rumänien		3:19,30
Kanada		3:21,55
Australien		3:23,29
1988 DDR		6:56,00
China		6:58,78
Rumänien		7:01,13
1992 Kanada		6:30,85
USA		6:31,86
Deutschland		6:32,34

Achter

1976 DDR		3:33,32
UdSSR		3:36,17
USA		3:38,68
1980 DDR		3:03,32
UdSSR		3:04,29
Rumänien		3:05,63
1984 USA		2:59,80
Rumänien		3:00,87
Niederlande		3:02,92
1988 DDR		6:15,17
Rumänien		6:17,44
China		6:21,83
1992 Kanada		6:02,92
Rumänien		6:06,26
Deutschland		6:07,80
1996 Rumänien		6:19,73
Kanada		6:24,05
Weißrußland		6:24,44
2000 Rumänien		6:06,44
Niederlande		6:09,39
Kanada		6:11,58

Doppel-Zweier, Leicht

(Durchschnittsgewicht max. 57kg)

1996 Burcica/Macoviciuc	ROM	7:12,78
Bell/Burns	USA	7:14,65
Joyce/Lee	AUS	7:16,56
2000 Burcica/Alupei	ROM	7:02,64
Viehoff/Blasberg	GER	7:02,95
Collins/Garner	USA	7:06,37

Segeln

Star

1932 Gray/Libano	USA	46
Rastey/Jaffe	GBR	35
Asther/Sunden-Culberg	SWE	28
1936 Bischoff/Weise	GER	80
Laurin/Wallentin	SWE	64
de Vries Lentsch/Maas	NED	63
1948 Hilary + Paul Smart	USA	5828
Cardenas sen. + jun.	CUB	4949
Maas/Stutterheim	NED	4731
1952 Straulino/Rode	ITA	7635
Reid/Price	USA	7216
Mascarenhas/Andrade	POR	4903
1956 Williams/Low	USA	5876
Straulino/Rode	ITA	5649
Knowles/Farrington	BAH	5223
1960 Pinegin/Schutkow	URS	7619
Jose/Mario Quina	POR	6665
Parks/Halperin	USA	6269
1964 Knowles/Cooke	BAH	5664
Stearns/Williams	USA	5556
Pettersson/Sundström	SWE	5527
1968 North/Barrett	USA	14,4
P. Lunde/Viken	NOR	43,7
Cavallo/Gargano	ITA	44,7
1972 Forbes/Anderson	AUS	28,1
Pettersson/Westerdahl	SWE	44,0
Kuhweide/Meyer	FRG	44,4
1976 nicht ausgetragen		
1980 Mankin/Musytschenko	URS	24,7
Raudaschl/Ferstl	AUT	31,7
Gorla/Peraboni	ITA	36,1
1984 W.E. Buchan/Erickson	USA	29,7
Griese/Marcour	FRG	41,4
Gorla/Peraboni	ITA	43,5
1988 McIntyre/Vaile	GBR	45,7
Reynolds/Haenel	USA	48,0
T. Grael/Falcao	BRA	50,0
1992 Reynolds/Haenel	USA	31,4
Davis/Cowie	NZL	58,4
McDonald/Jespersen	CAN	62,7
1996 T. Grael/Ferreira	BRA	25,0
Wallen/Lohse	SWE	29,0
Beashel/Giles	AUS	32,0
2000 Reynolds/Liljedahl	USA	34
Walker/Covell	GBR	35
T. Grael/Ferreira	BRA	39

Flying Dutchman

1960 P. Lunde/Bergvall	NOR	6774
H.M. Fogh/Petersen	DEN	5991
Mulka/von Bredow	GER	5882
1964 Pedersen/Wells	NZL	6255
Musto/Morgan	GBR	5556
Melges/Bentsen	USA	5158
1968 Pattison/Macdonald-Smith	GBR	3,0
Libor/Naumann	FRG	43,7
Conrad/Cordes	BRA	48,4
1972 Pattison/Davies	GBR	22,7
Yves + Marc Pajot	FRA	40,7
Libor/Naumann	FRG	51,1
1976 Jörg + Eckart Diesch	FRG	34,7
Pattison/Brooke	GBR	51,7
Conrad/Ficker	BRA	52,1
1980 Abascal/Noguer	ESP	19,0
Wilkins/Wilkinson	IRL	30,0
Szabolcs + Zsolt Detre	HUN	45,7
1984 McKee/W. C. Buchan	USA	19,7
McLaughlin/Bastet	CAN	22,7
Richards/Allam	GBR	48,7
1988 Bojsen-Möller/Grönborg	DEN	31,4
Pollen/Bjorkum	NOR	37,4
McLaughlin/Millen	CAN	48,4
1992 Luis Doreste/Manrique	ESP	29,7
Foerster/Bourdow	USA	32,7
Jorgen + Jens Mölle-Bojsen	DEN	37,7

Laser

1996 Robert Scheidt	BRA	26,0
Ben Ainslie	GBR	37,0
Peer Moberg	NOR	46,0
2000 Ben Ainslie	GBR	45
Robert Scheidt	BRA	46
Michael Blackburn	AUS	62

Soling

1972 USA (Melges)	USA	8,7
Schweden (Wennerström)	SWE	31,7
Kanada (Miller)	CAN	47,1
1976 Dänemark (P. Jensen)	DEN	46,7
USA (Kolius)	USA	47,4
DDR (Below)	GDR	47,4
1980 Dänemark (P. Jensen)	DEN	23,0
UdSSR (B. Budnikow)	URS	30,4
Griechenland (Boudouris)	GRE	31,1
1984 USA (Haines)	USA	33,7
Brasilien (T. Grael)	BRA	43,4
Kanada (H.M. Fogh)	CAN	49,7
1988 DDR (Schümann)	GDR	11,7
USA (Kostecki)	USA	14,0
Dänemark (Bank)	DEN	52,7
1992 Dänemark (Bank)	DEN	2:0
USA (Mahaney)	USA	
Großbritannien (Smith)	GBR	
1996 Deutschland (Schümann)	GER	3:0
Rußland (Madrigali)	RUS	
USA (Beadsworth)	USA	
2000 Dänemark		4:3
Deutschland		
Norwegen		3:1

Tornado

1976 White/Osborn	GBR	18,0
McFaull/Rothwell	USA	36,0
Spengler/Schmall	FRG	37,7
1980 Welter/Björkström	BRA	21,4
Due/Kjergard	DEN	30,4
Marström/Ragnarsson	SWE	33,7
1984 Sellers/Timms	NZL	14,7
Smyth/Glaser	USA	37,0
Cairns/Anderson	AUS	50,4
1988 Le Deroff/Henard	FRA	16,0
Sellers/Timms	NZL	35,4
L. Grael/Freitas	BRA	40,1
1992 Loday/Henard	FRA	40,4
Smyth/Notary	USA	42,0
Booth/Forbes	AUS	44,4
1996 Leon/Ballester	ESP	30,0
Booth/Landenberger	AUS	42,0
L.Greal/Pellicano	BRA	43,0
2000 Hagara/Steinacher	AUT	16
Bundock/Forbes	AUS	25
Gäbler/Schwall	GER	38

49er

2000 Johanson/Jarvi	FIN	55
Barker/Hiscocks	GBR	60
McKee/McKee	USA	64

Finn-Dinghy, Männer

1924 Leon Huybrechts	BEL	
Henrik Robert	NOR	
Hans Dittmar	FIN	
1928 Sven Thorell	SWE	
Henrik Robert	NOR	
Bertil Broman	FIN	
1932 Jacques Lebrun	FRA	87
Adriaan Maas	NED	85
Santiago Cansino	ESP	76
1936 Daniel Kagchelland	NED	163
Werner Krogmann	GER	150
Peter Scott	GBR	131
1948 Paul Elvström	DEN	5543
Ralph Evans	USA	5408
Jacobus de Jong	NED	5204
1952 Paul Elvström	DEN	8209
Charles Currey	GBR	5449
Rickard Sarby	SWE	5051
1956 Paul Elvström	DEN	7509
Andre Nelis	BEL	6254
John Marvon	USA	5953
1960 Paul Elvström	DEN	8171
Alexander Tschutschelow	URS	6520
Andre Nelis	BEL	5934
1964 Willi Kuhweide	GER	7638
Peter Barrett	USA	6373
Henning Wind	DEN	6190
1968 Walentin Mankin	URS	11,7
Hubert Raudaschl	AUT	53,4
Fabio Albarelli	ITA	55,1
1972 Serge Maury	FRA	58,0
Ilias Hatzipavlis	GRE	71,0
Wiktor Potapow	URS	74,7
1976 Jochen Schümann	GDR	35,4
Andrej Balaschow	URS	39,7
John Bertrand	AUS	46,4
1980 Esko Rechardt	FIN	36,7
Wolfgang Mayrhofer	AUT	46,7
Andrej Balaschow	URS	47,4
1984 Russel Coutts	NZL	34,7
John Bertrand	USA	37,0
Terry Neilson	CAN	37,7
1988 Jose Luis Doreste	ESP	38,1
Peter Holmberg	ISV	40,4
John Cutler	NZL	45,0
1992 Jose van der Ploeg	ESP	33,4
Brian Ledbetter	USA	54,7
Craig Monk	NZL	64,7
1996 Mateusz Kusznierewicz	POL	32,0
Sebastien Godefroid	BEL	45,0
Roy Heiner	NED	50,0
2000 Iain Percy	GBR	35
Luca Devoti	ITA	46
Fredrik Loof	SWE	47

470er

(bis 1984 offen, dann Männer)

1976 Hübner/Harro	FRG	42,4
Gorostegui/Millet	ESP	49,7
Brown/Ruff	AUS	57,0
1980 Rizzo/Penido	BRA	36,4
J. Borowski/Swensson	GDR	38,7
Lindgren/Tallberg	FIN	39,7
1984 Luis Doreste/Molina	ESP	33,7
Benjamin/Steinfeld	USA	43,0
Peponnet/Pillot	FRA	49,4
1988 Peponnet/Pillot	FRA	34,7
Tuno + Toomas Tyniste	URS	46,0
Shadden/McKee	USA	51,0
1992 Calafat/Sanchez	ESP	50,0
Reeser/Burnham	USA	66,7
Tuno + Toomas Toniste	EST	68,7
1996 Braslawets/Matwijenko	UKR	40,0
Merricks/Walker	GBR	61,0
Rocha/Barreto	POR	62,0
2000 King/Turnbull	AUS	38
Foerster/Merrick	USA	42
Conte/De la Fuente	ARG	57

Europe-Klasse, Frauen

1992 Linda Andersen	NOR	48,7
Natalia via Dufresne	ESP	57,4
Julia Trotman	USA	62,7
1996 Kristine Roug	DEN	24,0
Margriet Matthijsse	NED	30,0
Courtenay Becker-Dey	USA	39,0
2000 Shirley Robertson	GBR	37
Margriet Matthysse	NED	39
Serena Amato	ARG	51

470er, Frauen

1988 Jolly/Jewell	USA	26,7
Söderström/Bengtsson	SWE	40,0
Moskalenko/Tsunichowskaja	URS	45,4
1992 Zabell/Guerra	ESP	30,7
Egnot/Shearer	NZL	39,7
Isler/Healy	USA	42,4
1996 Zabell/Via Dufresne	ESP	25,0
Shige/Kinoshita	JPN	36,0
Pakolschik/Taran	UKR	38,0
2000 Armstrong/Stowell	AUS	33
Isler/Glaser	USA	47
Taran/Pacholtschejk	UKR	48

Surfen (Mistral), Männer

1984 Stephan van den Berg	NED	27,7
Randall Steele	USA	46,0
Bruce Kendall	NZL	46,4
1988 Bruce Kendall	NZL	35,4
Jan Boersma	AHO	42,7
Michael Gebhardt	USA	48,0
1992 Franck David	FRA	70,7
Mike Gebhardt	USA	71,1
Lars Kleppich	AUS	98,7
1996 Nikolaos Kaklamanakis	GRE	17,0
Carlos Espinola	ARG	19,0
Gal Fridman	ISR	21,0
2000 Christoph Sieber	AUT	38
Carlos Espinola	ARG	43
Aaron McIntosh	NZL	48

Surfen (Mistral), Frauen

1992 Barbara Kendall	NZL	47,8
Xiaodong Zhang	CHN	65,8
Dorien de Vries	NED	68,7
1996 Lai Shan Lee	HKG	16,0
Barbara Kendall	NZL	24,0
Alessandra Sensini	ITA	28,0
2000 Alessandra Sensini	ITA	15
Amelie Lux	GER	15
Barbara Kendall	NZL	19

Die Teilnehmer der XVII. Olympischen Sommerspiele

Badminton

Grether, Nicole	GER-Uerdingen	17.10.1974
Helber, Michael	GER-Wiesbaden	04.10.1970
Keck, Michael	GER-Bischmisheim	10.02.1969
Pitro, Nicol	GER-Friedrichshafen	07.10.1975
Siegemund, Björn	GER-Friedrichshafen	30.09.1973
Stechmann, Karen	GER-Langenfeld	15.09.1971

Boxen

Catic, Adnan	GER-Leverkusen	31.01.1979
Huste, Falk	GER-Frankfurt/Oder	06.11.1971
Huste, Kay	GER-Berlin	18.11.1974
Koc, Cengiz	GER-Berlin	09.09.1977
Köber, Sebastian	GER-Frankfurt/Oder	28.05.1979
Küchler, Steven	GER-Halle	05.11.1975
Schuster, Norman	GER-Halle	13.12.1979
Zakarjan, Vardan	GER-Flensburg	16.11.1970

Fechten

Kayser, Oliver	AUT-Innsbruck	08.10.1973
Ludwig, Michael	AUT-Mödling	19.12.1972
Marik, Christoph	AUT-Wiener Neustadt	12.11.1977
Rentmeister, Andrea	AUT-Graz	28.12.1977
Robatsch, Marcus	AUT-Innsbruck	12.11.1971
Switak, Michael	AUT-Innsbruck	29.12.1973
Wendt, Joachim »Benny«	AUT-Mödling	08.12.1962
Bau, Sabine	GER-Tauberbischofsheim	19.07.1969
Bauer, Dennis	GER-Koblenz	18.12.1980
Bissdorf, Ralf	GER-Heidenheim	15.03.1971
Bokel, Claudia	GER-Bonn	30.08.1973
Breutner, Richard	GER-Bonn	10.09.1979
Duplitzer Imke	GER-Heidenheim	28.07.1975
Fiedler, Jörg	GER-Tauberbischofsheim	21.02.1978
König Rita	GER-Tauberbischofsheim	12.03.1977
Kothny, Willy	GER-Koblenz	10.05.1979
Lehmann, Eero	GER-Tauberbischofsheim	17.05.1974
Nass, Katja	GER-Offenbach	26.11.1968
Schmitt, Arnd	GER-Leverkusen	13.07.1965
Steifensand, Mark Konstantin	GER-Heidenheim	14.05.1966
Weber, Alexander	GER-Tauberbischofsheim	04.01.1978
Weber, Monika	GER-Bonn	07.02.1966
Wienand, Wolfgang	GER-Bonn	22.02.1972
Fischer, Marcel	SUI-Biel	14.08.1978
Hablützel-Bürki, Gianna	SUI-Bern	22.12.1969
Lamon, Sophie	SUI-Sion	08.02.1985
Romagnoli, Diana	SUI-Zürich	14.02.1977
Waller, Laurent	SUI-Genf	28.12.1966

Fußball

Angerer, Nadine	GER-München	10.11.1978
Brandebusemeyer, Nicole	GER-Brauweiler-Pulheim	09.10.1974
Fitschen, Doris	GER-Frankfurt	25.10.1968
Götte, Jeannette	GER-Flaesheim-Hillen	13.03.1979
Gottschlich, Stefanie	GER-Wolfsburg	05.08.1978
Grings, Inka	GER-Duisburg	31.10.1978
Hingst, Ariane	GER-Potsdam	25.07.1979
Hoffmann, Melanie	GER-Duisburg	29.11.1974
Jones, Steffi	GER-Frankfurt	22.12.1972
Lingor, Renate	GER-Frankfurt	11.10.1975
Meinert, Maren	GER-Brauweiler Pulheim	05.08.1973
Minnert, Sandra	GER-Frankfurt	07.04.1973
Müller, Claudia	GER-Wolfsburg	21.05.1974
Prinz, Birgit	GER-Frankfurt	25.10.1977
Rottenberg, Silke	GER-Brauweiler Pulheim	25.01.1972
Stegemann, Kerstin	GER-Flaesheim-Hillen	29.09.1977
Wiegmann, Bettina	GER-Brauweiler Pulheim	07.10.1971
Wunderlich, Tina	GER-Frankfurt	10.10.1977

Gewichtheben

Betker, Lars	GER-Frankfurt/Oder	29.09.1971
Huster, Marc	GER-Riesa	01.07.1970
Riesterer, Monique	GER-Berlin	03.12.1971
Steinhöfel, Ingo	GER-Chemnitz	29.05.1967
Weller, Ronny	GER-Mutterstadt	22.07.1969

Handball

Antic, Svetlana	AUT-Besançon/FRA	13.11.1964
Bozovic, Stanka	AUT-Südstadt	17.11.1962
Cieloch, Renata	AUT-Südstadt	05.03.1975
Dschandschgawa, Tatjana	AUT-Südstadt	25.02.1964
Engl, Birgit	AUT-Südstadt	04.03.1979
Fridrikas, Ausrele	AUT-Oslo/NOR	30.04.1967
Fritz, Laura	AUT-Hersfeld/GER	02.08.1978
Logwin, Tatjana	AUT-Südstadt	25.08.1974
Maier, Ariane	AUT-Südstadt	10.10.1981
Meltzer, Doris	AUT-Südstadt	21.06.1973
Morhammer, Iris	AUT-Wiener Neustadt	28.04.1973
Ofenböck, Stephanie	AUT-Südstadt	17.03.1981
Rusnatschenko, Natalia	AUT-Südstadt	13.05.1969
Strass, Barbara	AUT-Frederikshavn/DEN	26.05.1974
Sypkus, Rima	AUT-Wiener Neustadt	05.01.1967
Teodorovic, Sorina-Gratiela	AUT-Oslo/NOR	21.07.1970
Baur, Markus	GER-Wetzlar	02.01.1971
Bezdicek, Mike	GER-Minden	28.06.1968
Fritz, Henning	GER-Magdeburg	21.09.1974
Holpert, Jan	GER-Flensburg	04.05.1968
Kehrmann, Florian	GER-Lemgo	26.06.1977
Kretzschmar, Stefan	GER-Magdeburg	17.02.1973
Kunze, Jörg	GER-Großwallstadt	20.03.1968
Lakenmacher, Sven	GER-Nettelstedt	26.05.1971
Petersen, Klaus-Dieter	GER-Kiel	06.11.1968
Roos, Bernd	GER-Großwallstadt	01.09.1967
Schwarzer, Christian	GER-Barcelona/ESP	23.10.1969
Stephan, Daniel	GER-Lemgo	03.08.1973
von Behren, Frank	GER-Minden	28.09.1976
Wenta, Bogdan	GER-Flensburg	19.11.1963
Zerbe, Volker	GER-Lemgo	30.06.1968

Hockey

Arnold, Clemens	GER-Harvestehude	31.01.1978
Barth, Friederike	GER-Rüsselsheim	27.04.1975
Bechmann, Christoph	GER-Harvestehude	23.11.1971
Becker, Britta	GER-Großflottbek	11.05.1973
Beyer, Birgit	GER-Köln	13.12.1967
Casaretto, Caroline	GER-München	24.05.1978
Crone, Philipp	GER-München	16.03.1977
Dickenscheid, Tanja	GER-Rüsselsheim	17.06.1969
Domke, Oliver	GER-Rüsselsheim	22.03.1976
Eimer, Christoph	GER-München	12.03.1977
Emmerling, Björn	GER-Rüsselsheim	16.11.1975
Ernsting-Krienke, Nadine	GER-Braunschweig	05.02.1974
Grässer, Simone	GER-Leverkusen	04.04.1970
Green, Michael	GER-Harvestehude	05.05.1972
Gude, Franziska	GER-Köln	19.03.1976
Kauschke, Katrin	GER-Berlin	13.09.1971
Keller, Natascha	GER-Berlin	11.10.1994
Klecker, Denise	GER-Rüsselsheim	26.01.1972
Kunz, Florian	GER-Gladbach	22.02.1972
Lätzsch, Heike	GER-Köln	19.12.1973
Mayerhöfer, Christian	GER-Dürkheim	16.06.1971
Michel, Björn	GER-München	07.02.1975
Möller, Inga	GER-Berlin	27.04.1973
Moissl, Ulli	GER-Frankfurt	02.01.1974
Reinelt, Sascha	GER-Harvestehude	11.10.1978
Reitz, Christopher	GER-Rüsselsheim	03.04.1973
Rinne, Fanny	GER-Mannheim	15.04.1980
Rodewald, Marion	GER-Raffelberg	24.12.1976
Wein, Christian	GER-Barcelona/ESP	06.06.1979
Weißenborn, Tibor	GER-Berlin	20.03.1981
Witthaus, Matthias	GER-Krefeld	11.10.1982
Zwehl, Julia	GER-Braunschweig	20.03.1976

Judo

Birkfellner, Franz	AUT-Innsbruck	20.11.1976
Reiter, Patrick	AUT-Abensberg/GER	17.08.1972
Stangl, Christoph	AUT-Straßwalchen	19.06.1978

Gradante, Anna-Maria	GER-Remscheid	26.12.1976
Gürschner, Daniel	GER-Cottbus	27.02.1973
Gussenberg, Oliver	GER-Osnabrück	21.04.1978
Köppen, Sandra	GER-Brandenburg	15.05.1975
Kühnen, Uta	GER-Berlin	07.08.1975
Möller, Frank	GER-Berlin	08.09.1970
Schmidt, Martin	GER-Berlin	04.07.1969
Spittka, Marko	GER-Frankfurt/Oder	22.04.1971
von Rekowski, Anja	GER-Hannover	13.12.1975
Wanner, Florian	GER-Großhadern	02.02.1978
Wansart, Yvonne	GER-Elsdorf	21.05.1974
Aschwanden, Sergei	SUI-Bussigny	22.12.1975
Moret, David	SUI-Carouge	01.04.1979
Schmutz, Isabelle	SUI-Lausanne	12.02.1971

Kanu

Köhler, Manueal	AUT-Graz	25.04.1969
Oblinger, Helmut	AUT-Braunau	14.03.1973
Oblinger-Peters, Violetta	AUT-Braunau	14.10.1977
Profanter, Uschi	AUT-Graz	22.03.1968
Bach, Björn	GER-Magdeburg	21.06.1976
Dittmer, Andreas	GER-Neubrandenburg	16.04.1972
Driehorst, Claudia	GER-Mannheim	01.02.1979
Ehrenberg, Andre	GER-Bad Kreuznach	02.01.1972
Fischer, Birgit	GER-Mannheim	25.02.1962
Gille, Christian	GER-Leipzig	06.01.1976
Hirt, Susanne	GER-Augsburg	15.08.1973
Ihle, Andreas	GER-Magdeburg	02.06.1979
Kaufmann, Sören	GER-Augsburg	08.05.1971
Kober, Lars	GER-Berlin	19.10.1976
Liwowski, Lutz	GER-Essen	30.07.1967
Mucke, Manuela	GER-Potsdam	30.01.1975
Pfannmüller, Stefan	GER-Halle	04.12.1980
Planert, Mandy	GER-Leipzig	26.01.1975
Rauhe, Ronald	GER-Berlin	03.10.1981
Schäfer, Jan	GER-Essen	18.10.1974
Schmidt, Thomas	GER-Bad Kreuznach	18.02.1976
Schuck, Anett	GER-Leipzig	04.11.1970
Senft, Andre	GER-Bad Kreuznach	28.09.1972
Ulm, Stefan	GER-Berlin	21.12.1975
Uteß, Stefan	GER-Neubrandenburg	31.10.1974
Wagner, Katrin	GER-Potsdam	13.10.1977
Westphalen, Marc	GER-Potsdam	14.07.1977
Wieskötter, Tim	GER-Potsdam	12.03.1979
Winter, Olaf	GER-Essen	18.07.1973
Zabel, Mark	GER-Magdeburg	12.08.1973
Zereske, Thomas	GER-Neubrandenburg	22.05.1966
Bachmann, Adrian	SUI-Romanshorn	12.07.1976
Friedli, Sandra	SUI-Bern/Schaffhausen	25.10.1974
Röthenmund, Mathias	SUI-Zürich	22.10.1974

Leichtathletik

Ambrosch, Klaus	AUT-Salzburg	23.05.1973
Auer, Doris	AUT-Wien	10.05.1971
Buchleitner, Michael	AUT-Enzersdorf	14.10.1969
Fedjuschina, Valentina	AUT-Wien	10.02.1965
Graf, Stephanie	AUT-Klagenfurt	26.04.1973
Högler, Gregor	AUT-Wien	27.06.1972
Horvath, Linda	AUT-Hartberg	10.02.1978
Kirchmann, Dr. Sigrid	AUT-Ebensee	29.03.1966
Lachkovics, Martin	AUT-Wien	25.01.1975
Lichtenegger, Elmar	AUT-Völkermarkt	25.05.1974
Mayr, Karin	AUT-Schwechat	04.06.1971
Pumper, Susanne	AUT-Wien	01.09.1970
Weidlinger, Günther	AUT-Natternbach	05.04.1978
Arndt, Jirka	GER-Berlin	01.08.1973
Balzer, Falk	GER-Jena	14.12.1973
Blume, Marc	GER-Wattenscheid	28.12.1973
Boyde, Kathrin	GER-Freiburg	04.12.1970
Braun, Sabine	GER-Wattenscheid	19.06.1965
Buder, Oliver-Sven	GER-Wattenscheid	23.06.1966
Buschbaum, Yvonne	GER-Stuttgart	14.07.1980
Busemann, Frank	GER-Dortmund	26.02.1975
Damaske, Tanja	GER-Berlin	16.11.1971
Dietzsch, Franka	GER-Neubrandenburg	22.01.1968
Drechsler, Heike	GER-Ludwigshafen	16.12.1964
Dreher, Claudia	GER-Leverkusen	02.05.1971
Ecker, Danny	GER-Leverkusen	21.07.1977
Eich, Carsten	GER-Fürth/München	09.01.1970
Ekpo-Umoh, Florence	GER-Mainz	27.12.1977
Erm, Andreas	GER-Berlin	12.03.1976
Ertl, Karin	GER-Fürth/München	23.06.1974
Esser, Markus	GER-Leverkusen	03.02.1980
Fietz, Michael	GER-Münster	13.11.1967
Friedek, Charles	GER-Leverkusen	26.08.1971
Gesell, Claudia	GER-Leverkusen	18.12.1977
Goller, Thomas	GER-Leipzig	28.10.1977
Gosh, Shanta	GER-Rehlingen	03.01.1975
Gummelt, Beate	GER-Berlin	04.02.1968
Hecht, Raymond	GER-Magdeburg	11.11.1968
Henry, Boris	GER-Saarbrücken	10.03.1978
Humbert, Nicole	GER-Landau	05.02.1972
Ihly, Robert	GER-Offenburg	05.05.1963
Kallabis, Damian	GER-Berlin	10.06.1973
Kleinert-Schmitt, Nadine	GER-Magdeburg	20.10.1975
Kobs, Karsten	GER-Leverkusen	16.09.1971
Kreißig, Wolfgang	GER-Mannheim	29.08.1970
Kumbernuss, Astrid	GER-Neubrandenburg	05.02.1970
Leberer, Ralf	GER-Ulm	26.10.1973
Lobinger, Tim	GER-Köln	03.09.1972
Maczey, Mike	GER-Schleswig	28.09.1972
Meißner, Heike	GER-Magdeburg	29.01.1970
Mensah, Amewu	GER-Berlin	21.03.1977
Mertens, Michael	GER-Göttingen	27.12.1965
Mikitenko, Irina	GER-Frankfurt	23.08.1972
Möllenbeck, Michael	GER-Wattenscheid	12.12.1969
Möller, Esther	GER-Dortmund	13.09.1977
Münchow, Kirsten	GER-Frankfurt	21.01.1977
Mulrain, Sabrina	GER-Rumeln	10.06.1978
Nerius, Steffi	GER-Leverkusen	01.07.1972
Oberem, Sonja	GER-Leverkusen	24.02.1973
Philipp, Andrea	GER-Dortmund	29.07.1971
Prah, Kofi Amoah	GER-Berlin	20.12.1974
Retzke, Astrid	GER-Halle/Saale	13.07.1973
Rhoden, Christian	GER-Leverkusen	27.03.1974
Riedel, Lars	GER-Chemnitz	28.06.1967
Rockmeier, Birgit	GER-Dortmund	29.11.1973
Rockmeier, Gabi	GER-Dortmund	29.11.1973
Rohländer-Fromm, Uta	GER-Halle/Saale	30.06.1969
Schmid, Stefan	GER-Karlstadt	06.05.1970
Schult, Jürgen	GER-Riesa	11.05.1960
Schulte, Sofia	GER-Siegen	08.04.1976
Schumann, Nils	GER-Großengottern	20.05.1978
Schwarthoff, Florian	GER-Ludwigshafen	07.05.1968
Stolle, Michael	GER-Leverkusen	17.12.1974
Tiedtke, Susen	GER-Chemnitz	23.01.1969
Trautmann, Denis	GER-Gleina	15.08.1972
Trautmann, Mike	GER-Gleina	13.03.1974
Urbansky, Ulrike	GER-Magdeburg	06.04.1977
Wagner, Marion	GER-Mainz	01.02.1978
Wassiluk, Petra	GER-Darmstadt	27.10.1969
Weis, Heinz	GER-Leverkusen	14.07.1963
Wyludda, Ilke	GER-Chemnitz	28.03.1969
Bäriswyl, Nicolas	SUI-Fribourg	10.04.1977
Belz, Christian	SUI-Bern	11.09.1974
Bucher, André	SUI-Beromünster	19.10.1976
Clerc, Laurent	SUI-Genf	12.04.1972
Della Santa, Paolo	SUI-Bellinzona	11.09.1973
Donders, Mireille	SUI-Bern	07.07.1974
Fischer, Sabine	SUI-Rapperswil-Jona	29.06.1973
Huber, Philipp	SUI-Zürich	18.02.1974
Monachon, Raphael	SUI-Courtelary	08.02.1973
Nauer, Daria	SUI-Bern	21.05.1966
Rochat-Moser, Franziska	SUI-Bern	17.08.1966
Rohr, Alain	SUI-Bern	25.12.1971
Röthlin, Viktor	SUI-Alpnach	14.10.1974
Weyermann, Anita	SUI-Bern	08.12.1977

Moderner Fünfkampf

Reiche, Elena	GER-Bonn	26.09.1979
Walther, Eric	GER-Berlin	13.03.1975
Dinichert, Florence	SUI-Bern	07.07.1977

Radsport

Brunnengraber, Dr. Michaela	AUT-Wien	16.12.1964
Buxhofer, Matthias	AUT-Feldkirch	30.09.1973
Graber, Roland	AUT-Wien	27.08.1972
Glomser, Gerrit	AUT-Salzburg	01.04.1975
Haselbacher, René	AUT-Wien	15.09.1977
Mühlbacher, Thomas	AUT-Geretsberg	11.05.1974
Riebenbauer, Werner	AUT-Wien	07.07.1974
Stocher, Franz	AUT-Pressbaum	23.03.1969
Wrolich, Peter	AUT-Wien	30.05.1974
Aldag, Rolf	GER-Ahlen	25.08.1968
Arndt, Judith	GER-Frankfurt/Oder	23.07.1976
Bartko, Robert	GER-Berlin	23.12.1975
Becke, Daniel	GER-Erfurt	12.03.1978
Bresser, Carsten	GER-St. Wendel	04.09.1970
Fiedler, Jens	GER-Chemnitz	15.02.1970
Freitag, Katrin	GER-Frankfurt/Oder	16.04.1974
Fulst, Guido	GER-Berlin	07.07.1970
Fumic, Lado	GER-Stuttgart	20.05.1976
Klöden, Andreas	GER-Berlin	22.06.1975
Kupfernagel, Hanka	GER-Berlin	19.03.1974
Lademann, Christian	GER-Berlin	30.10.1975
Lausberg, Sören	GER-Berlin	06.08.1969
Lehmann, Jens	GER-Gera	19.12.1967
Nimke, Stefan	GER-Schwerin	01.03.1978
Pollack, Olaf	GER-Cottbus	20.09.1973
Rossner, Petra	GER-Greiz	14.11.1966
Rund, Thorsten	GER-Cottbus	25.02.1976
Spitz, Sabine	GER-Rheinfelden	27.12.1971
Teutenberg, Ina-Yoko	GER-Büttgen	28.10.1974
Ullrich, Jan	GER-Merdingen	02.12.1973
van Eijden, Jan	GER-Dudenhofen	10.08.1976
Voigt, Jens	GER-Berlin	17.09.1971
Weichelt, Ulrike	GER-Erfurt	25.02.1977
Zabel, Erik	GER-Unna	07.07.1970
zu Putlitz, Hedda	GER-St. Wendel	04.09.1965
Kurt Betschart	SUI-Erstfeld	25.08.1968
Barbara Blatter	SUI-Steinmaur	22.12.1970
Nicole Brändli	SUI-Horgen	18.06.1979
Oscar Camenzind	SUI-Lugano	12.09.1971
Chantal Daucourt	SUI-Servion	23.06.1966
Priska Doppmann	SUI-Zug	10.05.1971
Laurent Dufaux	SUI-Ollon	20.05.1969
Thomas Frischknecht	SUI-Volketswil	17.02.1970
Mauro Gianetti	SUI-Kerzers	16.03.1964
Thomas Hochstrasser	SUI-Hagendorn	13.07.1976
Franco Marvulli	SUI-Hirslanden	11.11.1978
Bruno Risi	SUI-Erstfelden	06.09.1968
Christoph Sauser	SUI-Sigriswil	13.04.1976
Yvonne Schnorf	SUI-Hittnau	28.07.1965
Markus Zberg	SUI-Silenen	27.06.1974
Alex Zülle	SUI-Hirslanden	05.07.1968

Reiten

Bauer, Anton-Martin	AUT-Sachendorf	10.09.1963
Gmoser, Peter	AUT-Sieggraben	16.02.1971
Peter, Stefan	AUT-Grafendorf	10.04.1975
Becker, Otto	GER-Mühlen	03.12.1958
Beerbaum, Ludger	GER-Riesenbeck	26.08.1963
Capellmann, Nadine	GER-Würselen	09.07.1965
Dibowski, Andreas	GER-Luhmühlen	29.03.1966
Ehning, Markus	GER-Borken	19.04.1974
Hagener, Nele	GER-Luhmühlen	06.02.1976
Klimke, Ingrid	GER-Münster	01.04.1968
Köhncke, Marina	GER-Badendorf	08.03.1968

Nieberg, Lars	GER-Wäldershausen	24.07.1963
Rüder, Kai	GER-Neumünster	27.08.1971
Salzgeber, Ulla	GER-Bad Wörishofen	05.08.1958
Simons-de Ridderm, Alexandra	GER-Rossheide	29.10.1963
Werth, Isabell	GER-Groß-Schmettow	21.07.1969
Wyrwoll, Dr. Annette	GER-Fuchsenhof	14.11.1955
Bottani, Patricia	SUI-Bad Wörishofen/GER	17.11.1974
Cantamessa, Francoise	SUI-Dettighofen/GER	12.11.1968
Fuchs, Markus	SUI-St. Gallen	23.06.1955
Mändli, Beat	SUI-Amriswil	01.10.1969
McNaught, Lesley	SUI-Avenches	10.02.1964
Melliger, Willi	SUI-Neuendorf	26.07.1953
Ramseier, Daniel	SUI-Horgen	29.07.1963
Stückelberger, Christine	SUI-Bern	22.05.1947

Ringen

Juretzko, Adam	GER-Schifferstadt	30.09.1971
Kuhner, Othmar	GER-Aalen	23.12.1972
Leipold, Alexander	GER-Schifferstadt	02.06.1969
Sabejew, Arawat	GER-Schifferstadt	24.09.1968
Scheibe, Jürgen	GER-Schifferstadt	22.10.1968
Ter-Mkrtchyan, Alfred	GER-Köllerbach	01.01.1971
Thiele, Sven	GER-Halle/Saale	12.05.1969
Yildiz, Rifat	GER-Hösbach	01.04.1965
Zander, Thomas	GER-Aalen	25.08.1967
Zeiher, Wassili	GER-Schifferstadt	18.07.1971
Bürgler, Urs	SUI-Oberriet-Grabs	23.12.1971
Martinetti, Gregory	SUI-Martigny	05.11.1972
Motzer, Beat	SUI-Oberriet-Grabs	02.09.1970
Scherrer, Rolf	SUI-Willisau	24.05.1972

Rudern

Hartl, Raphael	AUT-Linz	26.09.1975
Jonke, Arnold	AUT-Pubersdorf	25.12.1962
Jurtschitsch, Helfried	AUT-Wachau-Dürnstein	17.07.1971
Kobau, Martin	AUT-Villach	11.11.1972
Lambing, Norbert	AUT-Wien	12.10.1976
Nussbaumer, Horst	AUT-Gmunden	13.06.1971
Sigl, Wolfgang	AUT-Ottensheim	23.12.1972
Wakolbinger, Bernd	AUT-Linz	02.02.1976
Barth, Claudia	GER-Ulm	28.01.1975
Blasberg, Claudia	GER-Dresden	14.02.1975
Boron, Kathrin	GER-Potsdam	04.11.1969
Diessner, Jörg	GER-Dresden	25.02.1977
Euler, Ingo	GER-Stuttgart	27.11.1971
Evers, Meike	GER-Ratzeburg	06.06.1977
Geisler, Marco	GER-Ratzeburg	18.01.1974
Hacker, Marcel	GER-Kassel	29.04.1977
Händle, Roland	GER-Würzburg	11.10.1967
Hajek, Andreas	GER-Halle	16.04.1968
Herzog, Jan	GER-Berlin	08.08.1974
Kirchhoff, Detlef	GER-Berlin	21.05.1967
Kowalski, Kerstin	GER-Potsdam	25.01.1976
Kowalski, Manja	GER-Potsdam	25.01.1976
Landvoigt, Ike	GER-Berlin	19.09.1973
Lutze, Manuale	GER-Magdeburg	20.03.1974
Mayer, Sebastian	GER-Breisach	16.07.1973
Meusel, Dirk	GER-Berlin	11.12.1977
Mielke, Marcus	GER-Berlin	31.01.1975
Roehnert, Stefan	GER-Koblenz	19.10.1977
Rühling, Bernhard	GER-Mainz	14.02.1969
Rutschow-Stomporowski, Katrin	GER-Berlin	02.04.1975
Schmidt, Thorsten	GER-Hannover	14.10.1978
Sens, Robert	GER-München	29.10.1977
Spaeter, Björn	GER-Radolfzell	04.09.1974
Thieme, Jana	GER-Halle	06.07.1970
Viehoff, Valerie	GER-Siegburg	16.02.1976

Volkert, Stephan	GER-Leverkusen	07.08.1971
Wech, Lenka	GER-Saarbrücken	09.04.1976
Wilms, Andre	GER-Magdeburg	18.09.1972
Erdlen, Michael	SUI-Thalwil	07.07.1970
Gier, Markus	SUI-Rorschach	01.01.1970
Gier, Michael	SUI-Rorschach	19.07.1967
Lüthi, Caroline	SUI-Luzern	11.02.1972
Müller, Xeno	SUI-Costa Mesa/USA	07.08.1972
Plugge, Kim	SUI-Stansstad	06.06.1975
Stofer, Christian	SUI-Sempach	23.01.1976
Stürm, Simon	SUI-Zürich	24.04.1973
Vogel, Pia	SUI-Sursee	08.01.1969
Vonarburg, André	SUI-Sempach	16.01.1978
Wicki, Bernadette	SUI-Hergiswil	30.06.1968

Sportschießen

Farnik, Thomas	AUT-Wien	06.01.1967
Haselsberger, Monika	AUT-Scheffau	23.09.1976
Knögler, Mario	AUT-Wels	02.07.1979
Waibel jun., Wolfram	AUT-Altach	22.02.1970
Bauer, Christian	GER-Fürth	29.08.1970
Bauer-Neumaier, Hans-Jürgen	GER-Weildorf	23.04.1968
Eckhardt, Maik	GER-Burghausen	04.06.1970
Ettner, Norbert	GER-München	09.10.1997
Fichtner, Thomas	GER-Wiesbaden	30.12.1966
Gevorgjan, Artur	GER-Bremen-Bassum	06.11.1965
Heinrich, Jan-Hendrik	GER-Osterholz	19.07.1963
Horneber, Petra	GER-Fürth	21.04.1965
Jakosits, Michael	GER-Homburg	21.01.1970
Kirmayer, Susanne	GER-Kirchberg	22.07.1968
Kurzer, Manfred	GER-Frankfurt/Oder	10.01.1970
Leonhard, Daniel	GER-Schluchsee	24.12.1972
Meininger, Carmen	GER-Fürth	11.03.1969
Mensing, Barbara	GER-Gelsenkirchen	23.09.1960
Pfeilschifter, Sonja	GER-München	29.01.1971
Pfohl, Cornelia	GER-Berlin	23.02.1971
Sachse, Sandra	GER-Welzheim	09.09.1969
Schanz, Waldemar	GER-Wiesbaden	09.08.1968
Schneider, Alexandra	GER-Düsseldorf	10.01.1977
Schuller, Swen	GER-Stuttgart	09.05.1971
Schumann, Anke	GER-Suhl	21.07.1959
Schumann, Ralf	GER-Suhl	10.06.1962
Stipberger, Ferdinand	GER-Knölling	10.06.1972
Stubbe, Christian	GER-Oberhausen	26.01.1982
Ansermet, Michel	SUI-Alpnach-Dorf	20.02.1965
Bühlmann, Gabriela	SUI-Arlesheim	27.04.1964
Scheuss, Oriana	SUI-Gossau	07.02.1972

Schwimmen

Draxler, Judith	AUT-Feldbach	24.03.1970
Fischer, Elvira	AUT-Eisenstadt	21.03.1978
Frece, Richard	AUT-Wien	09.08.1975
Kalteis, Hannes	AUT-St. Pölten	08.02.1982
Podoprigora, Maxim	AUT-Wien	18.04.1978
Reiff, Marion	AUT-Wien	21.05.1979
Richter-Libiseller, Anja	AUT-Wien	05.10.1977
Rogan, Markus	AUT-Schwechat	04.05.1982
Schmollinger, Patrick	AUT-Salzburg	02.09.1973
Windisch, Michael	AUT-Wolfsberg	09.08.1976
Zahrl, Petra	AUT-Wien	04.04.1981
Ahrens, Stefan	GER-Rostock	17.09.1976
Braun, Ralf	GER-Berlin	24.01.1973
Buschschulte, Antje	GER-Magdeburg	27.12.1978
Conrad, Lars	GER-Hannover	01.06.1976
Driesen, Steffen	GER-Wuppertal/Uerdingen	30.11.1981
Freitag, Meike	GER-Frankfurt	07.02.1979
Gerasch, Sylvia	GER-Berlin	16.03.1969
Harstick, Sara	GER-Hildesheim	08.09.1981
Hell, Heiko	GER-Elmshorn	05.05.1980
Hempel, Jan	GER-Dresden	21.08.1971

Henke, Jana	GER-Potsdam	01.10.1973
Herbst, Stefan	GER-Leutzsch	17.05.1978
Hetzer, Nicole	GER-Burghausen	18.02.1979
Hüging, Ina	GER-Münster	07.01.1980
Karn, Simone	GER-Heidelberg	16.12.1978
Keller, Christian	GER-Essen	03.08.1972
Kiedel, Michael	GER-Sindelfingen	23.12.1975
Kielgaß, Kerstin	GER-Berlin	06.12.1969
Klenz, Sabine	GER-Leutzsch	27.06.1974
Kotzian, Ditte	GER-Berlin	09.03.1979
Kruppa, Jens	GER-Riesa	03.06.1976
Kunzelmann, Stephan	GER-Hannover	22.11.1978
Letzin, Jirka	GER-Leipzig	08.02.1971
Lindner, Dörte	GER-Rostock	22.03.1974
Meißner, Katrin	GER-Berlin	17.01.1973
Meyer, Heiko	GER-Dresden	02.12.1976
Pohl, Stefan	GER-Halle/Saale	10.04.1978
Poleska, Anne	GER-Krefeld	20.02.1980
Rund, Cathleen	GER-Berlin	03.11.1977
Rupprath, Thomas	GER-Neuss	16.03.1977
Samulski, Daniela	GER-Berlin	31.05.1984
Schmalfuß, Conny	GER-Berlin	29.10.1975
Scholz, Anke	GER-Berlin	25.11.1978
Spanneberg, Torsten	GER-Berlin	13.04.1975
Steffen, Britta	GER-Schwedt	16.11.1983
Stockbauer, Hannah	GER-Erlangen	07.01.1982
Theloke, Stev	GER-Chemnitz	18.01.1978
Tröger, Christian	GER-München	06.10.1969
van Almsick, Franziska	GER-Berlin	05.04.1978
Völker, Sandra	GER-Hamburg	01.04.1974
Warnecke, Mark	GER-Essen	15.02.1970
Wels, Andreas	GER-Halle/Saale	01.01.1975
Wetzig, Ute	GER-Leipzig	11.04.1971
Bühler, Christoph	SUI-Langenthal	02.01.1974
Czaplicki, Agata	SUI-Agno	22.10.1983
Delaloye, Jean Romain	SUI-Lausannne	03.06.1981
Gilgen, Philipp	SUI-Badel	12.10.1976
Lütolf, Remo	SUI-Uster	18.02.1980
Maliev-Aviolat, Catherine	SUI-Lausanne	20.03.1970
Meyer, Philippe	SUI-Genf	09.05.1971
Novy, Karel	SUI-Vevey	12.06.1980
Perk, Madeleine	SUI-Zürich	13.05.1975
Platel, Yves	SUI-Vevey	07.12.1977
Rigamonti, Flavia	SUI-Breganzona	01.07.1981
Schmid, Belinda	SUI-Volketswil	31.01.1981
Schneider, Jacqueline	SUI-Niederhasli	12.08.1972
Strasser, Chantal	SUI-Agno	21.03.1978

Segeln

Cesky, Denise	AUT-Neusiedl am See	05.02.1976
Geritzer, Andreas	AUT-Neusiedl am See	11.12.1977
Hagara, Roman	AUT-Zell	30.04.1966
Sieber, Christoph	AUT-Stadl-Paura	09.01.1971
Steinacher, Hans Peter	AUT-Zell am See	09.09.1968
Auracher, Thomas	GER-Tegernsee	14.12.1969
Bahr, Gunnar	GER-Berlin	21.10.1974
Baronjan, Alexander	GER-Berlin	22.03.1976
Barth, Philip	GER-Kiel	10.03.1976
Baur, Markus	GER-Kiel	10.04.1971
Birkner, Nicola	GER-Berlin	07.12.1969
Borkowski, Ingo	GER-Berlin	02.10.1971
Bülle, Wibke	GER-Berlin	14.03.1970
Fellmann, Michael	GER-Sulzberg	20.12.1969
Gäbler, Roland	GER-Kiel	09.10.1964
Lux, Amelie	GER-Zwischenahn	05.04.1977
Meister, Stefan	GER-Berlin	10.08.1970
Niemann, Petra	GER-Berlin	14.08.1978
Pickel, Marc	GER-Kiel	12.12.1971
Schümann, Jochen	GER-Berlin	08.06.1954
Schwall, Rene	GER-Kiel	28.01.1971
Thieme, Frank	GER-Potsdam	18.03.1963
Brügger, Simon	SUI- Hilterfingen	17.09.1975
Erni, Lukas	SUI- Münsingen	25.07.1976

Käser, Anja	SUI- Wiesen	04.11.1979
Marazzi, Flavio	SUI- Bern	07.02.1978
Marazzi, Renato	SUI- Bern	30.01.1981
Maurer, Claude	SUI- Meilen	05.01.1975
Rüegge, Thomas	SUI- Kreuzlingen	05.10.1975
Theurer, Peter	SUI- Biel	30.07.1969

Taekwondo

Caliskan, Tuncay	AUT-Wattens	09.08.1977
Acharki, Aziz	GER-Attendorn	27.03.1972
Ebnoutalib, Faissal	GER-Dachau	20.11.1970
Helvacioglu, Fadime	GER-Bielefeld	24.05.1979

Tennis

Plischke, Sylvia	AUT-Innsbruck	20.07.1977
Schett, Barbara	AUT-Innsbruck	10.03.1976
Wartusch, Patricia	AUT-Südstadt	05.08.1978
Haas, Tommy	GER-München	03.04.1978
Kandarr, Jana	GER-Heidelberg	21.09.1976
Kiefer, Nicolas	GER-Holzminden	05.07.1977
Prinosil, David	GER-Amberg	09.03.1973
Schüttler, Rainer	GER-Bad Homburg	25.04.1976
Federer, Roger	SUI- Münchenstein	08.08.1981
Gagliardi, Emmanuelle	SUI- Monaco/MON	09.07.1976
Vavrinec, Miroslava	SUI- Kreuzlingen	04.01.1978

Tischtennis

Yi, Ding	AUT-Frickenhausen/GER	14.01.1959
Herczig, Judith	AUT-Schwechat	11.04.1976
Jindrak, Karl	AUT-Wien	10.12.1972
Liu, Jia	AUT-Linz	16.02.1982
Schlager, Werner	AUT-Sollenau	28.09.1972
Boll, Timo	GER-Gönnern	08.03.1981
Franz, Peter	GER-Ochsenhausen	25.04.1971
Gotsch, Qianhong	GER-Betzingen	07.09.1968
Roßkopf, Jörg	GER-Gönnern	22.05.1969
Schall, Elke	GER-Coesfeld	19.07.1973
Schöpp, Jie	GER-Kroppach	25.01.1968
Struse, Nicole	GER-Kroppach	31.05.1971
Tian-Zörner, Jing	GER-Burgwedel	09.02.1963

Triathlon

Enzenhofer, Johannes	AUT-Gallneukirchen	04.10.1965
Dittmer, Anja	GER-Neubrandenburg	22.09.1975
Franzmann, Joelle	GER-Trier	29.12.1978
Raelert, Andreas	GER-Rostock	11.08.1976
Vuckovic, Stephan	GER-Witten	22.06.1972
Guinchard, Jean-Christophe	SUI-Cova	01.11.1967
Hug, Reto	SUI-Buchs	24.01.1975
Keller, Markus	SUI-Bubikon	21.04.1967
Matter, Sibylle	SUI-Hergiswil	02.09.1973
McMahon, Brigitte	SUI-Baar	25.03.1967
Messmer, Magali	SUI-Bex	09.09.1971

Turnen

Arlt, Friederike	GER-Wattenscheid	07.09.1984
Asmus, Helene	GER-Wattenscheid	05.05.1982
Benicke, Susan	GER-Wattenscheid	14.09.1981
Dogonadse-Lilkendey, Anna	GER-Bad Kreuznach	15.02.1973
Fissler, Jeanine	GER-Wattenscheid	12.10.1980
Neuhaus, Selma	GER-Wattenscheid	16.10.1981
Nikiferow, Jan-Peter	GER-Berlin	08.11.1971
Nonin, Dimitri	GER-Berlin	05.04.1979
Pfeifer, Sergej	GER-Hannover	22.02.1977
Schaufler, Edita	GER-Wattenscheid	11.07.1980
Schumacher, Jessica	GER-Wattenscheid	13.01.1983
Seibel, Annika	GER-Dahn	30.11.1983
Serth, Michael	GER-Schaafheim	24.06.1975
Toba, Marius	GER-Hannover	09.01.1968
Tschernitschek, Rene	GER-Halle	30.03.1977
Wecker, Andreas	GER-Berlin	02.01.1970
Dieter Rehm	SUI- Samstagern	29.01.1974
Markus Wiesner	SUI- Liestal	07.10.1976

Volleyball

Berger, Nikolas	AUT-Felberthal	18.03.1974
Stamm, Oliver	AUT-Südstadt	25.10.1966
Ahmann, Jörg	GER-Eimsbüttel	12.02.1966
Benecke, Tina	GER-Tortoreto/ITA	14.10.1974
Dömeland, Beatrice	GER-Dresden	04.08.1973
Flemig, Judith	GER-Münster	22.05.1979
Friedrichsen, Maike	GER-Eutin	18.07.1970
Grün, Angelina	GER-Münster	02.12.1979
Hager, Axel	GER-Eimsbüttel	14.03.1969
Hart, Tanja	GER-Karbach	24.01.1974
Lahme, Susanne	GER-Perugia/ITA	10.09.1968
Müsch, Danja	GER-Wilhelmshöhe	14.04.1971
Oetke, Oliver	GER-Grafing	18.08.1968
Pachale, Hanka	GER-Modena/ITA	12.09.1976
Pietrek, Anja-Nadin	GER-Berlin	13.03.1979
Roll, Sylvia	GER-Calabria/ITA	29.05.1973
Scheuerpflug, Andreas	GER-Freiburg	13.07.1967
Schmidt, Ulrike	GER-Leverkusen	30.03.1969
Schultz, Christina	GER-Schwerin	10.11.1969
Staub, Gudula	GER-Leverkusen	31.12.1968
Sylvester, Judith	GER-Münster	13.10.1977
Tzscherlich, Tanja	GER-Dresden	15.02.1978
Laciga, Martin	SUI-Kerzers	25.01.1975
Laciga, Paul	SUI-Kerzers	24.11.1970